L'AMOUR DU FAUX

REAL LESSARD

L'AMOUR DU FAUX

HACHETTE

Autoportrait, 1958.

Il fait bon au soleil de Floride. Allongé sur le sable tiède, j'aspire la chaleur par tous les pores de ma peau. L'océan roule des vagues paresseuses qui s'affalent au bout de mes pieds dans un chuintement d'écume. Derrière ma tête, Miami ronronne. Une ville immense qui grouille et s'agite sans vacarme, c'est rassurant. Seul entre vagues et ville, je savoure mon bonheur. J'ai dix-huit ans, je suis libre comme l'air. Depuis mon enfance, j'ai rêvé de quitter mon Canada natal ; c'est fait, enfin ! Ce soir, à Miami, je commence à travailler dans les cuisines d'un restaurant où je gagnerai au moins de quoi me loger et me nourrir. Après, on verra.

Cette plage de la 69e Rue a toujours été le rendez-vous des Canadiens. Depuis mon arrivée ici, je m'y rends chaque jour. Je m'amuse à écouter le parler de chez moi alors que j'en suis tellement loin. Soudain, des éclats de voix attirent mon attention. Des voix de Français de France, qui ne roulent pas les *r*, ne font pas traîner les secondes syllabes, et claironnent des « Zut ! » plutôt que des « Tabernacle ! ». Intrigué, je me lève pour apercevoir un petit groupe, cinq hommes assez étranges qui discutent avec animation. Je me dirige vers eux pour mieux les distinguer.

Plus tard, j'apprendrai leurs noms : l'un, François Reichenbach, commence juste le tournage de *L'Amérique insolite*, et deviendra l'un des papes du cinéma. L'autre, Michael Margoulies, un petit homme blond et musclé, parle quatre langues, et finira dans la peau d'un éminent juriste. Le troisième, Bimberg, un Argentin, ne deviendra rien parce qu'il est déjà milliardaire. Le quatrième semble descendre directement du singe, avec des cheveux teints rouge carotte, des mains alourdies de bagues et de bracelets en tout genre ; il se prétend baron de Hory, fils du régent de Hongrie Horthy. Par la suite, je découvrirai que ce rejeton supposé de la grande noblesse magyare ne sait parler que de duchesses et de marquises, ne

7

s'intéresse qu'à Frederika de Grèce, et plisse le nez dès que l'on évoque Élisabeth d'Angleterre. On a ses têtes, même couronnées. Ses mensonges amusent certaines dames de la bonne société, qui feignent de les prendre pour argent comptant, et l'invitent à leur table. Ainsi, Lady Lawford, la mère de Peter, le célèbre acteur, demeurera l'une de ses inconditionnelles pendant de nombreuses années. Lui, finalement, s'appellera Elmyr de Hory, perdra sa particule sur un cahot, se rattrapera avec Dory, Van Hory, Daury, et terminera par de Hory — sans doute parce que Dupont était déjà pris.

Quant au cinquième personnage, mon regard était littéralement aspiré par ses yeux immenses, vert-de-gris : les yeux de Fernand Legros, un gaillard d'à peu près vingt-sept ans, avec un corps de danseur, des abdominaux d'athlète, des cheveux noirs et bouclés et un sourire qui dégageait une infinie douceur. Nous sommes restés l'un en face de l'autre, fascinés. Puis nous avons parlé. C'est à cette seconde que ma vie a basculé. Cela se passait le 7 avril 1958.

Chapitre I

Je n'aimais pas l'école. Je n'aimais pas les maristes avec leurs soutanes noires. Je n'aimais pas leur discipline ni leurs jugements définitifs sur toute chose. Pourtant, ce vendredi matin, quand je pénétrai en classe de dessin, je souriais de bonheur, affichant la morgue d'un vainqueur. Pour une fois, j'avais le sentiment d'avoir réussi un devoir de façon exemplaire ; il était là, posé devant moi, sur mon pupitre ; en le regardant, je savourais d'avance ma revanche sur tous ceux qui me traitaient de bon à rien. Le professeur nous avait imposé un sujet précis : une nature morte aux fruits. Nous devions reproduire une assiette chargée de pommes, citrons, bananes et raisin. Mais je ne sais quelle inspiration irrésistible m'avait conduit à supprimer les bananes et le raisin afin de construire une unité de formes et de couleurs que leur simple présence semblait interdire. Tout le week-end, j'étais resté enfermé dans ma chambre, en proie à une véritable fièvre créatrice, qui ne m'avait pas quitté jusqu'à la fin de mon travail. Alors, saisi par le résultat qui me semblait friser la perfection, j'avais dévalé l'escalier et traversé le jardin comme un fou, pour courir de toutes mes forces au milieu des bois. Seuls les arbres, les collines et le vent pouvaient partager mon excitation d'enfant.

Le cours de dessin n'avait lieu que le vendredi suivant, et les jours furent longs jusque-là. Mon attente avait toute la candeur et l'urgence des espoirs juvéniles. Quand, enfin, arriva l'heure du cours, n'eût été ma bonne éducation, je me serais mis à chanter. Frère Maurice, notre professeur, remonta l'allée centrale de la salle de classe, les bras croisés, l'œil sévère, faisant une pause devant chacun et grommelant quelques appréciations. Accoudé sur mon pupitre, je n'osais bouger un cil, de peur de me trahir. J'entendis son pas s'arrêter derrière moi. Il devait regarder le dessin par-dessus mon épaule. Mon cœur battait la chamade. J'étais muet,

9

pétrifié par le trac, celui-là même qu'éprouvent les stars avant d'entrer en scène. Frère Maurice demeura bien cinq minutes sans rien dire, m'observant, puis observant mon dessin. J'attendais en frémissant d'impatience. Soudain, sa voix s'éleva, métallique et tranchante :

— Lessard, je présume que vous avez pensé faire quelque chose de très intelligent ? Eh bien ! vous êtes un imbécile ! Vous ne saurez jamais peindre ! Ni dessiner !

Puis il s'empara du dessin, le déchira en morceaux qu'il lança rageusement à terre. Pour finir, il m'assena une gifle terrible, hurla que je déshonorais sa classe et me colla pour le lundi suivant. Abasourdi, je ramassai les restes épars de mon chef-d'œuvre qui gisaient sur le sol. J'étais humilié, touché au plus profond de mon être par ce qui me paraissait être une injustice inqualifiable. Ma raison chancelait sous les accès d'une colère fulgurante. Bientôt, je me laissai submerger. Sous le choc, je crois avoir insulté le révérend, puis j'ai claqué la porte avec violence et j'ai couru jusqu'à la maison, me suis jeté dans les bras de ma mère, secoué de sanglots convulsifs.

Elle essaya de me consoler. J'avais plus que jamais besoin de sa tendresse, mais l'infernal curé m'avait trop cruellement blessé pour que je puisse me calmer rapidement. J'avais quatorze ans. On venait de m'assassiner. De cet épisode désastreux, qui fut pour moi un véritable traumatisme, vient sans doute mon besoin d'être rassuré sur mon talent, d'être « reconnu ».

Ma mère recolla le dessin avec du Scotch et le donna à ma grand-mère qui le garda jusqu'à sa mort. Bien des années plus tard, en feuilletant des livres d'art, je découvris que mon aquarelle s'apparentait au cubisme. A l'époque, je n'en avais pas la moindre conscience, je ne connaissais rien à la peinture.

Je suis né en 1939 dans un pays immense et neuf, où tout aurait dû être possible : le Canada. Mon village s'appelle Mansonville et se situe là où le Québec cède la place au Vermont américain, au milieu de collines vertes qui plongent dans des torrents d'argent, ceux-là mêmes que je dévalais en canoë lorsque j'étais enfant ; mes copains m'avaient d'ailleurs surnommé « le Pirate ». Là-bas, à l'automne, les forêts se teintent d'or et les oies sauvages rayent le ciel de leur vol lourd et puissant. Quand vient l'hiver, tout n'est plus que froid crissant, silence et immobilité.

Ma famille vivait dans une maison de bois blanc, au toit de bardeaux, qui comptait quatorze pièces. Il nous fallait bien cela : nous étions huit enfants, quatre filles et quatre garçons. J'étais le troisième. Ma mère, aidée de mes sœurs, régnait sur les balais et les casseroles. Elle était — elle est toujours — douce et belle, avec d'épais cheveux sombres qu'elle portait sur les épaules, ou parfois en chignon. Mon père, grand, mince et fort bel homme, était froid et autoritaire, du genre méticuleux. Ce tempérament ordonné lui valut une carrière de gestionnaire dans l'administration où il sut ajouter les qualités d'un comptable épris de précision à sa science de technicien. Sans doute m'aimait-il bien, mais il ne me le dit jamais ; je ne l'ai compris que beaucoup plus tard, quand le destin me joua de vilains tours. Alors il hypothéqua sa maison et tous ses biens — qui n'étaient pas considérables — pour me venir en aide. Ce n'est qu'à la fin de sa vie, quand il était déjà très malade, que je remarquai ses yeux : verts, immenses, d'une surprenante beauté ; il avait fallu que je passe par l'enfer pour voir en lui autre chose que le reflet de ma propre solitude.

Nous menions une existence typiquement canadienne à cette époque-là : travail, famille, moralité obligatoire, messe le dimanche et vêpres en sus. Lorsque j'eus quinze ans, une jeune fille bouleversa tout cet univers, enflamma mon âme et mes sens. Elle s'appelait Loraine et devint ma tendre amie, c'est-à-dire que nous partions nous promener en groupe, mais qu'elle me regardait plus que les autres. Bien sûr, je faisais de même. Lorsque nos bras se frôlaient, nous rougissions de concert. Un jour, en revenant d'une baignade, je la découvris frigorifiée. En bon chevalier servant, je me mis en demeure de la réchauffer et la frictionnai vigoureusement. J'en profitai pour lui passer un peu la main sur la poitrine — geste terriblement osé. Le lendemain, réchauffée, elle me téléphona pour m'insulter. Mais elle ne dit rien à ses parents, et nous reprîmes nos tendres amours, sans les mains.

Ainsi vivais-je dans un monde de gens solides et tranquilles. Mon père voulait que je devienne ingénieur et fonctionnaire, comme lui. Moi, j'avais besoin de gaieté. Je rêvais du Brésil, de Rio, à cause du ciel bleu, de la mer, du soleil. Je voulais devenir artiste et passer ma vie à peindre. Dans ma chambre, j'avais accroché un poster où le Pain de Sucre trônait majestueusement, pour me rappeler qu'un jour je quitterais ce Canada trop immobile et trop sage.

La famille qui habitait la maison voisine de la nôtre voyageait beaucoup. Yvan, le fils, mon copain, me racontait des histoires qui me coupaient le souffle. L'une d'elles en particulier demeura gravée dans ma mémoire. Une fois, ses parents et lui avaient été reçus à Paris par Roger Hauert, un avocat spécialisé dans le droit des artistes. Le père d'Yvan, qui appartenait au barreau local, le connaissait fort bien. Yvan me dit que ce maître Hauert défendait

Picasso lui-même et qu'il était le mécène de Roberto Benzi. Dans son appartement, il avait vu un Van Gogh représentant un vase avec des tournesols, « grand comme la porte », des Chagall, des Dufy, des Derain ! Ces noms, il les avait sans doute appris là-bas. On avait dû lui répéter qu'il s'agissait de grands peintres, et il me chantait tous ces noms comme autant de formules magiques les yeux encore émerveillés. J'écoutais, enchanté, sans rien y compren dre. J'étais tellement ignare ! En revanche, quand il me parla de deux pianos à queue dans le salon, ma tête s'enflamma. Pendant des semaines, je ne m'imaginai plus que participant à des expéditions lointaines, séjournant à Rio et en France, patrie de tous les raffinements. J'allais devenir peintre et, dans mon salon, il y aurait deux pianos, comme chez maître Hauert ! A quinze ans, aucun rêve n'est trop beau !

Sans cesse, la peinture revenait dans mes projets d'avenir, je savais que j'étais fait pour elle ; certains naissent une cuiller en argent dans la bouche. Moi, je suis né un pinceau à la main. Dès mon plus jeune âge, j'ai eu la passion des images. J'en dessinais durant des heures entières sur de petits carnets. Des personnages de *cartoons,* des paysages recopiés sur des livres de classe, tout m'était bon.

Si mon père ne voulait rien entendre de mes ambitions artistiques, ma mère, elle, n'y voyait pas d'inconvénient. Elle m'encouragea même à suivre cette voie, jusqu'au jour où la télévision programma deux films, l'un sur Modigliani, incarné par Gérard Philipe, l'autre sur Van Gogh, avec Kirk Douglas. Deux destins maudits : le premier mourut de misère à trente-quatre ans, le second se trancha l'oreille au cours d'une crise de folie... La pauvre femme imagina que tous les peintres finissent ainsi, et décida de me sauver du malheur : je deviendrais avocat, comme notre voisin d'en face.

Cahin-caha, je fis mes études, puisqu'il le fallait. Lorsque vint le moment du baccalauréat, j'annonçai mon grand projet : sitôt l'examen passé, je prendrais la route, pour courir le monde et peindre. Mon père décréta qu'il n'en était pas question. A dix-sept ans, on obéit à ses parents, un point c'est tout. Ma mère tenta de me dissuader, puis elle finit par comprendre que ma décision était irrévocable. On discuta, on se disputa. Mes sœurs me défendirent, mais moi je ne voulais rien entendre. Au bout du compte, la famille entière parvint à la même conclusion : « Qu'il s'en aille, il lui arrivera des catastrophes ; c'est le seul moyen de lui faire entrer dans la tête que sa place est ici ! »

Pour partir, il me fallait de l'argent. Plutôt que d'en demander à mon père, je me mis à tondre toutes les pelouses du voisinage, ce qui me rapporta une vingtaine de dollars par semaine. Au bout de six mois, j'avais gagné de quoi aller jusqu'à la Terre de Feu. Du moins le croyais-je.

Un beau matin donc, en compagnie d'un copain d'école, je m'embarquai dans un Greyhound, l'un de ces gros bus qui sillonnent l'Amérique du Nord pour un prix modique. Nous avions décidé de rejoindre — c'est ce que je m'imaginais — l'autre côté du monde. Je voulais tout voir. Tout !

Nous avons traversé les États-Unis d'une seule traite en dormant dans le bus. Nos parents nous avaient recommandé de loger dans les Y.M.C.A., des auberges de jeunesse d'obédience chrétienne, donc réputées sérieuses. En riant, nous avons découvert qu'il s'agissait de lieux moins reluisants, hantés par des personnages aux mœurs parfois douteuses.

Arrivés à Acapulco, au Mexique, nous nous sommes précipités sur la plage. Devant nous, l'océan Pacifique roulait des vagues énormes, bleues comme l'été. Une foule de touristes bronzait sur le sable, nageait, riait. Soudain un cri d'agonie fit tourner les têtes. Les rires s'arrêtèrent et les enfants laissèrent tomber leurs ballons : un requin attaquait une nageuse. Des hommes plongèrent aussitôt pour sauver la malheureuse. Elle avait perdu une jambe. Je vis dans cet accident un bien mauvais présage. Le soir même, en faisant nos comptes, nous avons découvert que nous n'avions plus un sou. Nous nous sommes regardés, et puis nous avons baissé la tête, découragés. Moi, j'aurais peut-être essayé de continuer en travaillant ici et là, mon copain n'eut pas ce courage. Après avoir télégraphié à nos parents, ceux-ci nous envoyèrent un billet d'avion. Et c'est sans gloire aucune que nous avons regagné nos pénates. La politique du « Je te l'avais bien dit ! Tu n'aurais jamais dû partir ! » fonctionnait à merveille.

J'avais néanmoins goûté à la liberté. Mansonville ne m'en parut que plus étriqué. Pendant quelques semaines, je tournai en rond. Et puis un jour, je rencontrai un autre copain, Luc, qui m'emmena prendre un verre chez un de ses amis de Montréal, Colorado Mansfeld : c'était un monsieur d'une cinquantaine d'années, au nez retroussé et aux cheveux blonds, tchèque d'origine, naturalisé canadien ; un homme richissime sans jamais le montrer et un comte authentique sans juger bon de le préciser. Il pouvait parler des heures entières d'art, d'histoire, de n'importe quoi avec autant d'esprit que d'éducation. Chaque année, Colorado Mansfeld prenait la route au volant de son *station-waggon* et descendait vers le Mexique, puis il traversait l'océan et allait faire un tour sur ses terres européennes. Chaque fois, il emmenait deux ou trois compagnons avec lui. Sans doute se prit-il de sympathie pour Luc et pour moi car cette année-là, c'est à nous qu'il proposa de l'accompagner. C'était une offre inespérée, une vraie bouée de sauvetage : mon premier voyage trop vite terminé m'avait donné le goût de la liberté. Et puis à dix-sept ans, on ne temporise pas. Mes sœurs et ma mère durent comprendre mon impatience. Elles me connaissaient assez pour savoir que si je ne profitais pas de cette occasion, je risquais de me lancer dans toutes les folies, du moment qu'elles m'entraîneraient loin de Mansonville. Elles me donnèrent leurs économies, ce qui, au total, ne représentait que quelques centaines de dollars. Quand je quittai la maison, personne ne me prédit de retour misérable. Je partais, pour de bon.

Une fois de plus, je traversai les États-Unis. Colorado aimait camper et cuisiner sur un feu de bois. Chacun mettait la main à la pâte, qu'il s'agisse de conduire la voiture, de faire la vaisselle ou les courses. Nous étions trois bons copains, dont l'un était une encyclopédie vivante. En écoutant Colorado parler et raconter ses voyages, j'apprenais avec passion tout ce qui m'ennuyait à l'école.

C'est à La Nouvelle-Orléans que j'eus l'impression de découvrir enfin la vraie vie. Tout était nouveau, les Noirs dans la rue, la gaieté des promeneurs, l'architecture qui représentait à mes yeux le génie français, avec ses dentelles de bois autour des fenêtres et des dorures omniprésentes. De plus, le Carnaval battait son plein et une foule bigarrée déambulait en se bousculant le long des trottoirs, des hommes en complet à l'ancienne, des femmes en crinoline... Un spectacle que je dévorais des yeux émerveillé.

Comme à Acapulco, lors de ma précédente escapade, je pris quelques minutes pour faire mes comptes. Comme à Acapulco, ils se révélèrent catastrophiques. Mais cette fois-ci, je n'imaginai pas une seule seconde de demander à mon père un nouveau billet d'avion. La mort dans l'âme, je quittai mes compagnons, qui continuèrent vers le Mexique, pris la direction de la Floride et de Miami. Là-bas, j'en étais convaincu, je trouverais du travail, je louerais un appartement, et puis je me mettrais à peindre, enfin.

Chapitre II

Il n'y avait plus de Floride, ni de soleil, ni de sable tiède. Il y avait Fernand, qui me regardait, qui m'écoutait, qui me parlait... A vingt-sept ans, il avait déjà une folle existence derrière lui : né en Égypte mais citoyen français, il fut l'élève des jésuites de Beyrouth et d'ailleurs. Quand les Français quittèrent l'Égypte, ses parents et sa sœur s'installèrent à Villeneuve-Loubet, sur la Côte d'Azur ; lui alla à Paris, s'essaya au droit, suivit des cours de danse sous la direction d'un vieux monsieur et dansa aux Folies-Bergère, puis dans la compagnie du marquis de Cuevas. Depuis deux ans, il vivait aux États-Unis, vendant des lithographies à travers le pays.

Tout en lui me fascinait : sa façon de dire les choses, brillante, pleine d'esprit et d'étincelles, son visage si mobile, au menton un peu fort, à la bouche très dessinée, son regard qui m'hypnotisait, m'avalait. Sa façon de travailler surtout, faite d'errance bohème et de sérieux commerce. Des heures entières, je l'ai écouté, ébahi, émerveillé, oubliant Miami, l'océan, tout.

Le soir tombait. Je devais aller prendre mon poste au restaurant. A galoper entre les casseroles et les éviers, je ne vis pas le temps passer. Et quand je sortis, mon service terminé, je trouvai Fernand qui m'attendait au volant de sa voiture.

— J'ai pensé que ça t'intéresserait de voir ce que je vends...

Il sortit de son coffre une liasse de lithographies, certaines en couleurs, d'autres en noir et blanc. J'ouvris des yeux grands comme des soucoupes. Ce soir-là, Fernand m'emmena à son hôtel. Il avait dans sa chambre d'autres reproductions, œuvres de peintres dont je découvris en même temps le nom et le génie. Mes doigts ont caressé une femme de Matisse, Fernand m'a montré des Manet, des Monet, des Degas, des Renoir aussi... Jamais je n'avais approché tant de beauté, jamais je n'avais ressenti une telle émotion. C'était comme

15

si j'entrais en contact avec ces grands maîtres, par le toucher et par le regard, comme s'ils pénétraient en moi et m'imprégnaient. Durant ces instants, quelque chose d'indescriptible se produisit, une mutation, une révélation je crois. Le lendemain, Fernand me demandait de partir avec lui. L'idée de refuser son offre ne m'effleura même pas. De son côté, il savait que je l'accepterais sans hésitation. Il allait me faire connaître ce dont j'avais toujours rêvé : les voyages, l'aventure, la peinture...

Après le Mississippi, le Texas, le Colorado, le Nouveau-Mexique, le périple s'acheva en apothéose à Hollywood et Beverly Hills, là où vivent les stars ! Nous nous arrêtions dans les grandes villes et les villes moyennes, pour vendre nos lithos aux amateurs d'art. Fernand me confia qu'il s'était associé avec Elmyr de Hory, le soi-disant baron aux cheveux carotte, qui lui avait confié une partie de son stock.

Bien plus tard, il m'apprit qu'il s'agissait d'une vaste escroquerie montée par le Hongrois, escroquerie dont l'ampleur même justifie quelques explications ; il existe deux sortes de matrices : en pierre et en cuivre, la plus courante ; le terme de lithographie est couramment employé pour l'une comme pour l'autre. En général, l'artiste grave lui-même son sujet sur le support de son choix. Un imprimeur spécialisé se charge ensuite des tirages sur papier. Dans tous les cas, le nombre d'exemplaires est fixé à l'avance : cinquante, cent, ou plus ; quand il est atteint, on détruit la matrice. Mais Elmyr n'utilisait pas ce procédé. Il fabriquait simplement ses fausses lithos à partir de reproductions. La reproduction, quant à elle, part d'une banale photo. C'est un travail d'imprimerie classique. En Allemagne, entre les deux guerres, une firme répondant au nom de Bayer Gesellschaft réussit des reproductions d'une qualité si parfaite que personne au monde n'a pu l'égaler. Par curiosité, j'ai essayé d'en retrouver la trace, en vain. Bayer Gesellschaft avait dû disparaître pendant la dernière guerre. Seule sa production lui survécut, dont on trouvait quelques exemplaires, à une adresse qu'Elmyr connaissait. Quand ce dernier avait besoin d'argent, il commandait par lettre quelques Matisse, Derain ou autres, reproduits et imprimés. On les lui envoyait, toujours par la poste, et Elmyr les transformait en lithographies ou en dessins originaux. Dans les deux cas, le papier est identique, et de la meilleure qualité. Fernand m'a raconté comment il faisait : chaque reproduction comporte le cachet de l'imprimerie, dans la marge, apposé au recto et au verso. Avec un morceau de toile-émeri, le Hongrois grattait ces lettres jusqu'à les effacer. Il recouvrait l'illustration d'un fixatif, afin que nul ne puisse vérifier s'il s'agissait d'encre d'imprimerie, de crayon ou d'autre chose. Puis, comme les bords d'une lithographie ont toujours une découpe irrégulière, il les effritait, avec, une nouvelle fois, de la toile-émeri. Enfin, les artistes signent et numérotent chaque exemplaire au crayon, dans la marge. Il imitait donc les signatures, inventait des numéros en les choisissant bien, car plus le numéro est petit, plus la litho coûte cher. Pour finir, il encadrait soigneusement ses œuvres en laissant visible un petit coin du papier afin qu'on puisse voir les bords dentelés, signe de leur authenticité ! Repérer la différence entre l'impression d'une litho et celle d'une excellente reproduction aurait supposé un œil de spécialiste très averti. La clientèle américaine que visait Elmyr ne possédait pas cette science. Il jouait donc sur du velours.

Plus fort encore : il pouvait fabriquer un dessin « authentique » toujours à partir d'une simple reproduction. Le principe était similaire : un dessin imprimé est signé dans le motif, un original, dans la marge. Je ne sais comment il procédait, mais toujours est-il qu'Elmyr savait effacer la signature de l'impression, et la reporter dans la marge à l'encre de Chine ou au crayon ; un peu de fixatif, et le tour était joué !

Le pseudo-baron éparpilla donc ses faux à travers tout le pays. Des nouveaux riches, des artistes, des bourgeois payèrent mille ou deux mille dollars pour afficher la signature d'un Renoir ou d'un Dufy dans leur salon. Mais le Hongrois commit trop d'imprudences. A plusieurs reprises, il vendit deux, trois fois la même lithographie, avec le même numéro, et dans la même rue ! Quand M. Smith a un vrai Matisse chez lui, il en parle, bien sûr ; et quand M. Jones, son voisin, apprend qu'il en a acheté un autre, semblable en tout point, l'escroquerie devient évidente. A Chicago, le baron se surpassa, si bien qu'un marchand, sans doute un peu trop abusé, déposa plainte contre lui.

Aux États-Unis, pour prouver qu'un tableau est faux, le faussaire doit se présenter devant le tribunal et en peindre la réplique en présence du juge. Autant dire qu'il est impossible de prouver la moindre supercherie. En revanche, acheminer une œuvre douteuse par la poste représente un délit fort grave aux yeux de la loi fédérale. Malheureusement pour lui, Elmyr avait utilisé ce mode de livraison afin d'honorer quelques-unes de ses commandes. C'est sous ce prétexte qu'un mandat d'arrêt fut lancé contre lui. Cela ne l'empêcha nullement d'apparaître à tous les cocktails mondains de New York et d'ailleurs, sous des noms différents mais toujours flatteurs. Il préféra se retirer des affaires et chargea Fernand Legros de vendre à sa place ses lithos et ses dessins.

De 1956 à 1958, pendant les deux années précédant notre rencontre, Fernand avait sillonné les États-Unis avec une liste d'adresses d'amateurs dans la poche ainsi qu'une collection d'œuvres irrémédiablement fausses dans le coffre de sa voiture. A l'époque il ignorait ce dernier détail. Cette fois, le baron avait pris la précaution de ne pas numéroter des lithos semblables de la même façon. Seulement, à force d'entendre les gens se plaindre d'un certain baron de Hory qui les avait escroqués, il comprit que celui-ci l'avait transformé en aigrefin malgré lui.

Je ne savais rien de tout cela, Fernand ne s'en vantait point. Je remarquai seulement qu'il vouait une haine solide au Hongrois ; mais cela ne m'intéressait pas vraiment.

Fernand me laissait conduire la plupart du temps. « Je suis très fatigué », disait-il souvent. Lorsque nous arrivâmes à l'Holiday Inn de Baton Rouge, il était tellement épuisé qu'au lieu d'aller voir ses clients, il se mit directement au lit. Un peu inquiet, j'appelai un médecin qui diagnostiqua une vague grippe, rien de bien grave. Fernand décida de se reposer jusqu'à ce qu'il se sente mieux. Nous avions pris une chambre pour deux, par mesure d'économie ; afin de le laisser s'endormir tranquillement, je partis me promener en ville. Dans une papeterie, j'achetai un carnet de dessin et une boîte de gouache. Rien de sophistiqué, cinq couleurs primaires, noir, jaune, rouge, bleu et blanc, sans plus. De quoi m'amuser pendant quelques heures, pensais-je.

A l'hôtel, Fernand sommeillait, les joues rougies par la fièvre, murmurant parfois des mots sans suite, comme dans un délire. Sans faire de bruit, je m'installai sur l'autre lit, après avoir posé un verre d'eau sur la table de nuit. Que peindre ? Des cartes postales qu'il avait reçues au cours du voyage traînaient dans la chambre. Je les ai alors copiées à ma façon, et il en ressortit notamment une série d'aquarelles représentant des nymphes, personnages aux silhouettes élancées sur fond de nature.

A l'époque, j'étais fasciné par ce que l'on appelait la troisième dimension. Un film venait de sortir, « en relief », où il fallait mettre des lunettes stéréoscopiques pour percevoir cette fameuse dimension. C'est cette profondeur de champ que je voulais rendre, plus que toute autre chose, cette impression de pouvoir passer la main derrière les personnages... Toutes mes premières gouaches répondaient à cette exigence. Pour les nymphes, par exemple, l'inclinaison des arbres, les nuages blancs tachés de points jaunes, le ciel tout en dégradé devaient donner l'idée de contraste et de profondeur. De même pour les couleurs : les arbres commencent avec du rouge, parfois du rouge très clair, et finissent par toutes sortes de verts qui peuvent aller jusqu'au noir. Il y a aussi du jaune. Pour obtenir du relief, j'ai campé des personnages au premier plan, les colorant en bleu-vert. Derrière, j'ai tracé un champ rouge parsemé de petits coups de pinceau de marron, introduit un peu plus loin d'autres formes humaines, de nouveaux arbres et au fond, un champ ensoleillé. J'ai mélangé jusqu'à seize nuances dans un seul arbre.

Je travaillais à grands coups de pinceau, sans chercher la finition, peignis le ciel en noir, avec une brosse assez large pour faire de grands traits sombres. Les silhouettes des nymphes, je les avais esquissées au crayon, sur un fond déjà coloré, et ensuite seulement je le avais teintées. Aujourd'hui je serais bien en peine d'expliquer pourquoi j'ai utilisé du violet. Sans doute parce qu'il soulignait les contrastes.

Au milieu de la nuit, Fernand ouvrit les yeux. J'étais assis en tailleur sur mon lit, des papiers étalés autour de moi. Se soulevant sur un coude, il vit qu'il s'agissait de peintures. Soudain, ses yeux se sont écarquillés. Il m'a regardé, a regardé mes dessins, la bouche ouverte, abasourdi. Il y avait là cinq aquarelles gouachées déjà sèches, des ports avec des bateaux, des nus de femmes, personnages juste ébauchés, mains et torses inachevés, visages à peine esquissés. D'un livre d'estampes japonaises autrefois feuilleté, j'avais gardé l'idée de cerner de noir corps et objets ; et j'avais choisi des couleurs très fortes, très pures. Cela se passait il y a vingt-huit ans, mais je sens encore dans mes doigts la violence des coups de pinceau sur le papier, je retrouve la force de mon sentiment d'alors, un bonheur absolu mêlé de soulagement.

— Quelqu'un est venu ? Qui a peint cela ?

— C'est moi.

Il se souleva sur ses oreillers et s'empara de mes aquarelles. Il les regarda dix fois, vingt fois, sceptique, intrigué, surpris, émerveillé, cherchant sur mon visage la trace de ce qu'il découvrait sur ces papiers. Enfin il parla.

— Je n'ai jamais rien vu de plus beau ! De plus fort ! D'aussi intéressant ! Tu disais que tu veux devenir un grand peintre, mais tu y arriveras ! Je te le promets ! Continue, c'est excellent, continue ! Il était littéralement passionné par ce qu'il voyait. Quant à moi, de ma vie je n'avais été si heureux. Enfin quelqu'un appréciait ma peinture, la trouvait belle ! Et prometteuse ! Au lieu de déchirer mes dessins, on me félicitait, on m'encourageait ! Et ce n'était pas un ignorant comme frère Maurice, non, c'était un spécialiste de la peinture qui me distribuait ses louanges ! Le ciel avait certainement placé sur ma route ce guide éclairé, ce mentor qui pressentait ma carrière de peintre !

Flatté et stimulé, je repris mes pinceaux. Fernand en avait oublié sa fièvre et son épuisement. Les yeux grands ouverts, il me regarda, m'encouragea, avant de s'assoupir à nouveau. J'ai peint le reste de la nuit, exalté, heureux à en mourir. J'ai peint dans un état second. L'aube se leva bientôt, rose et bleue. Le lit était taché de gouache, il y avait de l'eau partout. J'étais moi-même maculé de couleurs, et je regardais le soleil rougeoyer, mort de fatigue, mais trop excité pour m'endormir. J'ai dû pourtant tomber d'un coup. Il faisait grand jour lorsque je me suis réveillé, en caleçon, étendu par terre au milieu de mes œuvres.

Sans le savoir, je venais de peindre toute une collection de Derain, de la plus belle époque, l'époque fauve. Le fauvisme est un mouvement artistique qui débuta vers 1903, en réaction peut-être contre l'impressionnisme, et se termina vers 1912. Les fauves peignaient avec des couleurs primaires, à grands coups de pinceau, très violemment. Van Gogh et Gauguin, en utilisant des couleurs pures et en amenuisant l'importance du dessin, préparèrent le terrain de ce qui fut salué par une cacophonie passionnée d'imprécations et de louanges au Salon d'automne de 1905. Mais bien vite, les amateurs d'art comprirent la valeur de cette école, et c'est ainsi que Matisse, Vlaminck, Derain bien sûr, Marquet, Dufy, Van Dongen, Braque et même Othon Friesz réussirent à percer. Pour certains, l'époque fauve ne dura qu'un an ou deux, pour d'autres plus longtemps. De nos jours, le fauvisme demeure l'un des courants artistiques les plus importants du xxe siècle. Et de ma propre vie. Fernand mesura immédiatement le parti qu'il pourrait tirer de mon travail, et peut-être aussi de ma naïveté. Maintenant, cela me paraît le comble du cynisme, mais à sa décharge, je dois convenir qu'il aimait passionnément la peinture, et que sans être un connaisseur particulièrement avisé, il avait du goût pour les belles toiles.

J'ai continué sur ma lancée ; en deux ou trois jours, j'avais peint près de vingt aquarelles. Tout en m'encourageant à poursuivre, ce qui résonnait à mes oreilles comme une musique divine, Fernand décréta que mon carnet de croquis était trop petit et de mauvaise qualité.

— C'est mesquin, déclara-t-il, en sautant hors de son lit, mû par une énergie nouvelle, délivré de ses fièvres et de sa fatigue.

Ma peinture lui avait rendu la vie.

— Et cette boîte de gouache est également indigne de ton talent !

Sur ces phrases définitives, il s'en alla rendre visite à quelques clients et, le soir, revint avec mon matériel : de l'excellent papier Arches français et une boîte de gouache « digne de mon talent », c'est-à-dire comportant une douzaine de tubes au moins.

— Tu comprends, en petit format, ton expression perd de sa force. Sur des formats plus grands, tu auras des possibilités bien supérieures !

Il avait raison, évidemment. J'ai voulu déchirer mes aquarelles dans un bel élan d'enthousiasme et de jeunesse, mais il m'a vivement retenu, me déclarant solennellement qu'il les garderait en souvenir, et m'a même demandé les lui dédicacer une par une. Pendant les deux jours qui suivirent, j'ai recommencé toutes mes gouaches, en grand format puisqu'il le voulait. Je tenais à lui montrer que j'étais à l'aise, quelle que soit la dimension de l'œuvre.

Moments d'euphorie et d'intense excitation. J'avais l'impression d'ouvrir pour la première fois les yeux sur le monde, de tout découvrir, la vie, le regard de l'autre, et la peinture. Quand j'eus terminé une vingtaine de grandes aquarelles gouachées, je les contemplai avec jubilation. Les couleurs chantaient sur la papier. Le grand format, il est vrai, donnait une force extraordinaire à mon travail.

Avais-je feuilleté des livres, jadis, qui m'avaient influencé sans que j'en sois conscient ? Je l'ignore. J'avais spontanément peint à la façon des fauves, préparant sans le savoir et en toute candeur, une collection de faux Derain, que Fernand Legros allait bientôt vendre à travers le monde, authentifiés et vantés par les critiques les plus respectés. Quand on sait que Derain a fait très peu d'aquarelles...

Aujourd'hui, je me dis que j'ai peut-être ainsi contribué à compléter l'œuvre des peintres qui m'ont inspiré.

Pour Legros, j'étais devenu la poule aux œufs d'or. Peut-être est-ce pour cela qu'il me proposa de me verser un salaire en échange des quelques services que je lui rendais déjà : je lui servais de secrétaire, de chauffeur, et même de garde-malade, bien que cela ne fût pas spécifié dans notre accord ! Ainsi pouvais-je garder une illusion d'indépendance. Pour quelques centaines de dollars par mois, il s'attachait un faussaire de talent. Mais il me fallut des années pour le comprendre.

Fernand se sentit un peu mieux, et nous repartîmes pour le Texas, à travers des paysages de pierres et de cailloux. Je ne trouvais pas cela monotone parce que j'étais heureux de vivre, de peindre, et d'être avec lui. Dans le coffre de la voiture, il y avait maintenant les lithographies, et une vingtaine d'aquarelles, soigneusement emballées et rangées dans une valise.

Très vite, hélas ! Fernand fut pris de vertiges, de nausées et de fortes poussées de fièvre. En arrivant à Houston, il accepta de se reposer un peu. Nous nous installâmes à nouveau dans un Holiday Inn. Notre chambre, au rez-de-chaussée, ouvrait sur le jardin et la piscine de l'hôtel, qui n'avait rien de luxueux ; quant à la piscine, elle répondait à une absolue nécessité, car il fait tellement chaud au Texas que sans eau fraîche ni air conditionné on y périrait de dessèchement.

Bien qu'il s'en défende, Fernand était très éprouvé et dormit presque quarante-huit heures. Quand il se sentit un peu mieux, il sortit voir des clients. De mon côté, j'avais pris mes pinceaux, mes tubes de gouache, de nouvelles cartes postales, et recommencé à peindre. Je travaillais vite, les couleurs se posaient où je voulais sur le papier, vivantes, vibrantes, et les images figées que je copiais s'animaient presque magiquement sous mes doigts.

Un après-midi, Fernand rendit visite à une certaine Mme de Ménil, une milliardaire d'origine française, propriétaire d'une véritable forêt de puits de pétrole, qui avait rassemblé une collection de tableaux célèbre dans le monde entier. Elle en fit exposer quelques-uns dans les galeries nationales du Grand Palais, en 1984, sous le titre « La Rime et la Raison ». La rencontre dut être écourtée car Fernand revint à l'hôtel alors que le soleil était encore haut dans le ciel, et il me surprit en pleine activité. Comme mes gouaches séchaient difficilement à cause de l'air conditionné, j'avais mis une table sur la terrasse pour travailler plus commodément. Mes peintures s'étalaient sur la pelouse, offertes à la chaleur de plomb qui les déshydratait à une telle vitesse que je pouvais faire toutes les retouches que je souhaitais. Et puis, pour le plaisir, j'avais aussi sorti mes aquarelles précédentes. Si bien qu'autour de moi, c'était comme un vaste chantier de couleurs, une fête immobile, fraîche et joyeuse. Au bout d'un moment, intrigués par mon manège, des touristes qui se reposaient autour de la piscine s'étaient approchées de la terrasse. Ils étaient une bonne dizaine qui admiraient et commentaient mes futurs *Nymphes*, *Bateaux* et *Ponts de Londres* avec l'enthousiasme et la sympathie des authentiques néophytes. J'étais aux anges. On eût dit un vernissage, champêtre et bon enfant.

Je reconnus le bruit de la voiture de Fernand, mais au lieu de se joindre à la fête, il jaillit comme un diable de sa boîte, se précipita sur mes aquarelles, les ramassa et les jeta dans la chambre. Puis il me fit rentrer moi-même, et c'est alors que j'essuyai pour la première fois de mon existence une colère de Fernand Legros. Il trépignait, martelait la table de nuit du poing, sa voix sifflait.

— Tu es complètement fou ! Qu'est-ce qui te prend d'étaler tout ça devant ces gens ?

Son visage se contracta, comme celui de frère Maurice autrefois. Je me mis à trembler, incapable de répondre, balbutiant des « Pourquoi ? » sans suite. Finalement, devant ma mine effondrée, il retrouva un semblant de calme et inventa une raison à sa rage :

— A cause du vent ! C'est très dangereux !

Le lendemain, nous avons repris la route, en direction de Denver, dans le Colorado. Je ne desserrais pas les dents. Fernand Legros se rendit compte qu'il avait été trop loin. Il déploya alors tout son charme pour me rassurer. Ce n'était pas si facile, car mes vieilles hantises étaient revenues à la surface. Le soir venu, il insista pour que nous nous arrêtions dans un restaurant de cuisine mexicaine où il commanda un somptueux dîner au champagne. En fin stratège, il utilisa le seul argument qui pouvait me dérider :

— Je bois à ta peinture, à ton talent, à tes succès futurs. Dès que tu auras assez d'œuvres pour remplir une salle de galerie, je t'organiserai une grande exposition à New York ou à Paris !

Il ne m'en fallait pas plus. Et du reste, je n'espérais rien d'autre. A la fin du repas, nous étions redevenus les meilleurs amis du monde. Fernand me demanda de rouler d'une seule traite jusqu'à Denver, puis il s'allongea sur la banquette arrière, et s'endormit. A midi, nous nous arrêtions devant le Denver Brown Palace Hotel, un nom ronflant pour un endroit « simple-mais-correct ». Fernand se coucha sans attendre.

Nous nous connaissions depuis quelques semaines à peine, et déjà la routine nous guettait : il nous suffisait d'arriver quelque part pour que Fernand s'endorme avec de la fièvre, que de mon côté je me jette sur mes pinceaux et mes cartes postales afin de travailler à mon art... N'eût été l'inquiétude que me causait son état, j'eus trouvé cela parfaitement ridicule !

Quand il eut repris quelques forces, Fernand téléphona à ses clients et organisa ses rendez-vous. Pour une fois, il ne se déplaça pas mais reçut chez lui, à l'hôtel. Il travaillait avec acharnement, ajoutant à la liste fournie par Elmyr de nouvelles adresses récoltées au hasard des rencontres et du commerce. Non content de vendre de fausses lithographies, il jouait de plus en plus le rôle d'intermédiaire dans des affaires de tableaux. Quand, par exemple, un collectionneur de Louisville décidait que le grand Matisse qui trônait dans son salon ne lui convenait plus parce qu'il s'en était lassé, ou parce que le fond n'allait pas avec sa nouvelle décoration, ou pour n'importe quelle raison, il en parlait à Legros. Celui-ci, voyageant sans cesse d'une ville à l'autre, fréquentant les amateurs d'art, avait toutes les chances de lui trouver un acheteur. Bien entendu, il prélevait sa commission au passage.

Il se construisit assez rapidement une réputation de connaisseur, on le consulta, pour des questions d'authenticité surtout. Ainsi, Mme de Ménil, la milliardaire de Houston, avait acheté deux gouaches de Fernand Léger à François Reichenbach, qui était marchand de tableaux avant de devenir cinéaste. Or la veuve du peintre les contestait. M. de Ménil, voyant sa femme inquiète, avait écrit à Fernand Legros pour lui demander de vérifier, s'il le pouvait, l'origine de ces gouaches. Legros fit donc son enquête, et apprit que Reichenbach avait acheté les tableaux à un éditeur suisse, Grosclaude, lequel les tenait d'une maîtresse suisse de

Fernand Léger. Ainsi, en bonne épouse trompée, Nadia Léger les contestait, mais cela ne les empêchait pas d'être parfaitement authentiques. Dans une nouvelle lettre, M. de Ménil remerciait Fernand et l'assurait de son amitié, ainsi que de son désir de poursuivre avec lui un aussi bon commerce. Favorablement impressionné, il le recommanda à ses amis et relations.

Ainsi agissait Fernand Legros, à ses débuts. Grâce à son savoir-faire, il parvint à tisser une véritable toile d'araignée à travers tout le pays, rendant visite aux uns, écrivant aux autres ; bientôt il fut connu, pour son sérieux et sa compétence, des collectionneurs, des amateurs, des directeurs de musées et du monde américain de l'art en général.

Une petite crise de foie ne saurait arrêter un tel homme. Pendant ces trois jours passés à Denver, il vendit de fausses lithos et de vrais tableaux, tandis que, dans la chambre d'à côté, je peignais des fauves sans discontinuer.

Au troisième matin, une domestique noire vint nettoyer ma chambre et aperçut mes peintures.

— Seigneur Jésus ! que c'est beau ! s'exclama-t-elle.

Elle ameuta le garçon d'étage, les femmes de chambres, les serveuses, enfin tout le personnel, jusqu'au directeur de l'établissement.

— Regardez le *french kid !* Un artiste, je vous dis !

Tous défilaient respectueusement devant mes gouaches. Je jubilais, j'exultais. L'approbation de ce public inopiné me comblait de joie. Alerté par le bruit, Fernand Legros survint et tomba sur cette foule. Il devint blanc comme un linge, se mit à trembler.

— Sortez tous ! Tout le monde dehors !

Ils détalèrent sans mot dire. Comme à Houston, il claqua la porte et se tourna vers moi.

— Tu dois avoir un grain ! Tant que tu y es, tu aurais dû convoquer le directeur du musée et les journalistes pour exhiber tes barbouillages !

Il écumait maintenant, ouvrit l'armoire, jeta les vêtements par terre, les roula en boule dans la valise, donna des coups de pied dans la commode, m'insulta avec une incroyable violence et termina en aboyant :

— On s'en va !

Là, vraiment, je n'y comprenais plus rien. A Houston, il y avait le vent ; qu'y avait-il donc à Denver ? Fernand était-il fou ? J'avais dix-huit ans, la violence de cet homme me terrifiait. Sans répondre, je fis mine de plier bagage et annonçai laconiquement, mais les larmes aux yeux, mon intention de retourner au Canada. Là-bas, au moins me laissait-on faire mes « barbouillages » sans m'insulter !

Comme à Houston, Fernand comprit qu'il avait dépassé la

mesure. D'une voix redevenue sucrée, pour ne pas dire mielleuse, il me joua son inimitable numéro de Christ recrucifié. Il me tira par la main jusqu'à la voiture, pleurnicha comme un bébé : si je le laissais seul dans cet état, il allait mourir au volant. J'avais trop de cœur pour le condamner de la sorte... Il s'était laissé emporter... Je n'avais pas perçu le vrai problème...

— Tu comprends, je vends des tableaux. Alors si on voit quelqu'un peindre à côté de moi, surtout aussi bien que toi, on peut s'imaginer que je le paie pour faire des faux...

Il se garda bien de préciser qu'à cette raison, fort plausible, s'en ajoutait une autre de taille : Elmyr, l'ombre d'Elmyr qui planait sur lui. Car, après tout, c'était cet escroc, officiellement démasqué, qui lui fournissait son stock de fausses lithos... Mais, vexé, ulcéré même par ces violences verbales, je persistai à fermer mes oreilles à ces excuses et exhortations. Le cœur brisé, je fis mine de ne pas entrer dans cette comédie qu'il me jouait pourtant si bien. Pendant plus d'une heure, je demeurai debout à côté de la voiture, sans accepter de m'asseoir sur le siège qui m'attendait. A bout d'arguments, il eut l'air d'abandonner la partie. Après un geste fataliste de la main, le visage attristé, il démarra enfin.

Je restai là, planté au beau milieu du parking. A peine avait-il tourné au coin de la rue, que je fondis en larmes comme un nourrisson. Après la trahison, je devais donc subir l'épreuve de la solitude... Évidemment, je n'avais pas la moindre envie de retourner à Mansonville. Ma vie avait pris son sens avec Fernand, et voilà que je le chassais...

Silencieusement, une voiture s'arrêta à ma hauteur. Legros me souriait avec douceur. Sans dire un mot, il me laissa le volant et s'allongea sur la banquette arrière. Il me passa une cassette et une voix chaude et sensuelle me bouleversa pour la première fois : « I cry a tear for you » (« Je verse une larme pour toi »). Après chaque dispute, Fernand fit jouer cette musique qui m'ensorcelait, me rendant doux comme un agneau. Chaque fois, je m'en voulus de tant de mièvrerie.

Chapitre III

Des millions d'ampoules, de tubes au néon clignotent sur Las Vegas. Une folie de lumières qui transforment la nuit en feu d'artifice. Nous sommes des centaines, pare-chocs contre pare-chocs, à entrer en lente caravane dans cette cité de toutes les outrances, comme des papillons attirés par la flamme des bougies. Beaucoup s'y brûleront, repartiront dimanche ruinés, désespérés, fuyant par l'une de ces routes qui ne mènent nulle part. Jamais je n'avais imaginé qu'il pût exister un lieu aussi splendide, aussi artificiel que Las Vegas, et aussi différent des immensités de neige et de silence dans lesquelles j'avais passé mon enfance.

Je voulais tout voir, tout toucher. Oubliant que Fernand n'était toujours pas rétabli, je l'ai traîné de casino en casino, de roulette en roulette, de machine à sous en machine à sous. Des femmes en vison et bigoudis jouaient comme on travaille à l'usine, tirant une manette à droite, une autre à gauche, l'œil rivé au cadran, marmonnant des prières pour que s'alignent enfin les trois oranges, les trois citrons, les trois n'importe quoi. Et lorsque résonnait dans le vacarme le chant des dollars qui tombent sur le plateau, c'était comme une jouissance mystique. Leur visage s'illuminait, leurs yeux se plissaient, gourmands, et, le souffle court, elles ramassaient leur argent pour le rendre aussitôt à la machine, pièce par pièce.

Tout vibrait à Las Vegas : les lumières, le métal et les humains, tout communiait à l'autel du jeu. Assourdis par le bruit, étourdis par cette ambiance hystérique, nous sommes ressortis respirer l'air libre pour nous faire happer par de nouveaux tourbillons aussi insensés.

Le lendemain, de bon matin, au lieu de me précipiter comme à l'accoutumée sur mes papiers et mes pinceaux, je me suis jeté dans la piscine de l'hôtel où nous étions descendus. Je me sentais bien, en proie à un état jusque-là jamais éprouvé et que j'étais incapable de définir. Mieux que le bonheur ; un mélange d'exaltation et d'ivresse, une sorte de légèreté de l'âme qui changeait mon regard sur le monde. Tout me semblait simple, évident, inutile. Tandis que je sortais ruisselant du bassin, Fernand m'a toisé en silence. Il mesurait les dangers que représentait cette ville trop brillante pour le jeune homme que j'étais alors. Toujours silencieux, il s'est installé sous un parasol afin de m'observer à son aise. Quelles pensées l'agitaient ? Probablement une inquiétude sourde que je peux aujourd'hui facilement deviner : la crainte que j'oublie jusqu'à mon désir de peindre.

L'après-midi, suivi de Fernand, je suis reparti vers les néons et les amusements pour tomber en arrêt devant une affiche de music-hall qui vantait un spectacle d'effeuillage. Un strip-tease ! Jamais je n'avais vu de femme nue. Ce n'est pas au Canada que j'aurais pu assister à semblable numéro. Chez nous, à Mansonville, les filles gardaient leur chemise de nuit même pendant leur nuit de noces. Émoustillé, je décidai d'aller voir un des spectacles. Ce qui, bien sûr, déchaîna une fois de plus les foudres de Fernand. « Vraiment, tu es un paysan ! » siffla-t-il, hors de lui. Mais comme j'y serais allé sans lui, il fut bien obligé de me suivre. Ainsi ai-je découvert le corps féminin ! Tableau somptueux, magnifique ! J'avais peint des nus d'après des cartes postales ou des photos, mais aucune ne savait rendre le satiné d'une peau, le moelleux d'une chair, l'harmonie parfaite d'un mouvement. Fernand avait beau me répéter qu'il s'agissait de spectacles grotesques, je ne l'entendais même plus, tout à mon émerveillement. Finalement, il prit son mal en patience et ce n'est qu'au bout de plusieurs séances qu'il sonna le repli, invoquant des rendez-vous urgents à Los Angeles.

J'aurais dû m'étonner de cette ville infinie où nul piéton ne saurait survivre tant les distances y sont longues, mais l'état de Fernand m'inquiétait à nouveau sérieusement. Il avait de plus en plus de difficultés à récupérer entre deux crises.

Nous nous étions installés dans un meublé de Beverly Hills, fort cher et loin de tout. Un après-midi, pendant que Fernand somnolait, je suis allé faire un tour à Hollywood, et j'ai déniché, par le plus grand des hasards, un appartement dans Orchid Avenue. Trois pièces en rez-de-chaussée, à un jet de pierre du fameux Chinese Theatre, là où Spencer Tracy, Gary Cooper et quelques autres stars ont imprimé la trace de leurs pieds et de leurs mains dans le ciment frais du trottoir. L'un de ces endroits mythiques où tous les amoureux du cinéma rêvent de venir en pèlerinage. Ce n'était pas mon cas, mais le quartier me plut. Il était gai, vivant. Ses habitants s'appelaient Charles Bronson, Ronald Reagan (à l'époque encore acteur de second rang). Il y régnait une ambiance que j'ai retrouvée plus tard en France, l'été, à Saint-Tropez : on s'habillait de la même façon folle, on se baladait de café en café, on se montrait autant pour s'exhiber que pour prendre sa mesure, et on discutait cinéma à longueur de journée.

Fernand a entériné mon choix, nous avons pris possession de nos nouveaux meubles. Ma première démarche fut de trouver un médecin. Les joues creusées, les yeux enfoncés dans les orbites, le teint jaune, mon compagnon ressemblait à un mort vivant. Sa petite grippe de Baton Rouge, sa petite crise de foie de Denver étaient en réalité une hépatite virale des plus sérieuses. Il lui fut aussitôt prescrit un repos absolu, le lit pendant quatre mois au moins. Interdiction de se lever, même pour se rendre à la salle de bains. A une liste impressionnante de médicaments, le médecin ajouta un régime très strict, sans alcool ni graisse d'aucune sorte.

Plus encore que la maladie, Fernand craignait la solitude. Il prit contact par téléphone avec ses amis et connaissances en ville. Certains répondirent à son appel par sympathie, d'autres par intérêt, dans l'espoir que son extrême faiblesse leur permettrait de lui soutirer quelques lithographies à bon compte : artistes, industriels, toutes sortes de célébrités vinrent lui rendre visite, dont Hedda Hopper elle-même. Aussi connue que sa consœur Elsa Maxwell, elle tenait une colonne de potins dans un grand quotidien californien ; les vedettes du cinéma hollywoodien tremblaient chaque matin en ouvrant leur journal, car d'une seule ligne elle pouvait décider de la carrière d'un film, ou même d'un homme. Hedda aimait bien Fernand. Quand elle vit l'état de délabrement dans lequel il avait sombré, elle lui envoya son médecin personnel, qui confirma le diagnostic. Il me mit en garde contre la contagion. Mais j'étais jeune et résistant, et la chance fit le reste.

De chauffeur et secrétaire, je me transformai en garde-malade, nounou et cuisinier spécialisé dans la poule au pot, le bœuf bouilli sans graisse, le poisson bouilli sans huile, les légumes sans beurre. L'humeur de Fernand était exécrable. Il détestait se sentir diminué et le sentiment d'isolement pesait lourdement sur son moral. J'ai passé des journées entières à son chevet, lui parlant, l'écoutant, le veillant comme un enfant, tandis qu'il bougonnait et rageait à tout propos, sitôt que ses forces le lui permettaient.

Un beau matin, une Thunderbird rutilante s'arrêta devant nos fenêtres. Le descendant des singes et des Magyars réunis, le baron Elmyr de Hory lui-même, en descendit. Comment nous avait-il retrouvés ? Mystère. Il voulait voir Fernand, lequel, d'un mouvement de tête, me fit signe de les laisser seuls. A peine avais-je le dos tourné que des insultes fusèrent. La discussion démarrait fort, si fort que Fernand eut bientôt un malaise et m'appela à la rescousse. Je me précipitai, pour entendre les derniers éclats d'une scène incroyable : Elmyr réclamait de l'argent à un Legros vociférant des refus obstinés. Puis, sous mes yeux ébahis, le Hongrois s'empara de mon bermuda, posé sur le bras d'un fauteuil. Dans la poche, il trouva deux cents dollars qu'il s'appropria sans autre forme de procès, puis il disparut avant que j'eusse pu esquisser le moindre geste.

Un mois plus tard, le baron était de retour sans sa limousine, un porte-folios collé contre la poitrine. Il était minable ; ses cheveux teints avaient pâli et laissaient percevoir trois bons centimètres de racines blanches. Toute sa superbe s'était envolée et il n'arborait plus que la triste mine de la déconfiture. Geignant et gémissant, il nous raconta qu'il avait dû mettre ses bagues au mont-de-piété, qu'il était au bout du rouleau, qu'il ne lui restait plus qu'à mourir. Et comme Fernand restait de glace, il se tourna vers moi :

— Toi, Réal, tu vas m'aider. Tu peux me sauver la vie en allant à la Galerie de Paris, derrière Pasadena. Je voudrais que tu présentes ces dessins et ces lithos qui me viennent de ma famille. Tu sais, les Hory étaient régents de Hongrie ! Regarde-moi, je ne peux pas me montrer dans cet état ! Et puis je ne suis pas en règle avec l'administration des impôts...

Du fond de son lit, Fernand me foudroya du regard. Mais Elmyr continuait d'égrener la litanie de ses malheurs : il n'avait plus un sou, alors qu'il aurait dû en recevoir d'Europe, et se disait obligé de mettre en vente ses terres magyares... Faiblesse, désir de nous débarrasser de l'importun, apitoiement ? Je ne sais pas ce qui m'a pris. J'ai saisi le porte-folios, sauté dans le bus, gagné la galerie et demandé le directeur. Un monsieur, nommé Bob, la quarantaine élégante, me reçut et m'écouta. Puis il examina les dessins, les trouva beaux et téléphona à deux ou trois de ses clients de Beverly Hills, ainsi qu'au directeur du musée voisin, qui nous rejoignirent quelques instants plus tard. Immédiatement, le directeur du musée s'est extasié. Son ton gourmand, ses mimiques inspirées, ses certitudes : oui, il avait entendu parler de la collection Horty et ces dessins lui paraissaient mieux qu'intéressants. Il n'en fallait pas plus pour allécher l'amateur et, sans balancer, l'un de ses clients m'a proposé dix mille dollars pour sept faux véritables. Des *nanars*, disent les professionnels.

J'avais carte blanche pour négocier, mais j'ignorais tout des prix qui se pratiquaient. Un coup de fil à la maison m'apprit que le baron était sorti, sans doute pour apaiser la fureur de Fernand. Je demandai un délai d'une heure pour obtenir l'accord du vendeur, repris un bus et tombai sur Elmyr qui faisait les cent pas devant la porte. En apprenant la proposition, il s'exclama :

— Mais c'est parfait ! Accepte ! Vas-y tout de suite !

Troisième autobus. J'arrivai à la galerie, où l'on me signa un chèque de dix mille dollars, à mon nom. A Orchid Avenue, je retrouvai Fernand blême de rage, enfoui au milieu de ses oreillers, et qui vira au vert quand je tendis le chèque à Elmyr. Qui me plaqua deux grosses bises sur les joues et conclut :

— Un jour, tu seras un grand marchand de tableaux ! Tiens, écris au verso : « Payer à l'ordre du baron de Herzog. » Ne crains rien, c'est un autre de mes titres ! A cause des impôts, tu comprends !

Pour la petite histoire, il y eut bien un baron de Herzog, mais en Suisse, jamais en Hongrie.

Fernand était au bord de l'apoplexie. Le baron ondula trois fois des hanches, et s'éclipsa en direction de la banque. Mais un quart d'heure plus tard, le téléphone sonnait :

— Allô ! Réal ? Écoute, mon petit, saute dans un taxi, il faut que tu viennes tout de suite. La banque me fait des difficultés : il n'y a que toi qui puisses encaisser le chèque.

Je me précipitai, le guichetier me donna la somme... Je la remis à Elmyr, qui tourna immédiatement les talons. Et il me fallut le rattraper en courant pour qu'au moins il paie les vingt-cinq dollars du taxi, car je ne les avais même pas !

Fernand ne décolérait pas. Il couvrit le baron d'insultes, sans me fournir la moindre explication, évidemment... Par chance, le soir même, nous avions deux invitées, deux dames antiquaires, divorcées, qui oscillaient entre trente-cinq et quarante ans avec autant de grâce que de gaieté. Ces deux originales avaient la réputation de donner des fêtes extraordinaires et, quand elles étaient complètement ivres, de distribuer leurs objets d'art aux invités. Leur présence, espérais-je, détendrait l'atmosphère.

A l'heure dite, elles se présentèrent, toutes papillonnantes et bruissantes. Nous commençâmes à discuter et à plaisanter, quand on sonna à la porte. C'était le baron, qui avait repris au clou ses bagues et ses diamants et s'était acheté une splendide Corvette noire avec des sièges de cuir rouge. Il me tendit un petit paquet.

— Réal, tu es un ange ! Jamais je ne t'oublierai !

Intrigué, je défis le paquet, et découvris un minuscule atomiseur de parfum Moustache ! Pour dix mille dollars ! En souvenir de ce somptueux présent, Fernand baptisa « vente Moustache » mon premier exploit commercial.

Elmyr me tapota la joue, salua à la ronde et repartit. Nous soupirâmes, Fernand de soulagement, les dames et moi d'étonnement car le personnage était vraiment insensé. Mais tandis que nous épiloguions sur son excentricité, le baron, du trottoir, inspecta nos fenêtres ouvertes. Probablement avait-il aperçu, lors de ses visites successives, que le porte-folios dans lequel Fernand rangeait son stock de fausses lithos et de faux dessins reposait dans une pièce déserte, appuyé contre un meuble. Il lui suffisait donc de tendre le bras...

Quand Legros découvrit le vol, ce qui ne tarda point, les deux Américaines ayant demandé à voir quelques-unes de ses pièces de collection, il se déchaîna à nouveau. Gesticulant comme un dément, les yeux exorbités, hurlant des chapelets d'insultes, il pulvérisa tout ce qui lui tombait sous la main. Les deux dames, un instant tétanisées, s'enfuirent sans attendre une hypothétique accalmie. Fernand ne s'en aperçut même pas. Il s'acharnait sur les meubles et les objets avec une sauvagerie insoupçonnée. La maladie semblait l'avoir quitté, à croire que la haine était, dans son cas, le remède miracle. Tassé dans un coin, j'assistai à la scène, dépassé, une fois de plus, par les événements. Lorsque l'appartement fut réduit à l'état d'un vaste capharnaüm, il enfila un pantalon, une chemise, et disparut en claquant la porte. Il ne m'avait pas jeté un seul regard. Des années plus tard, il se rappela cette scène : « A l'époque je ne pouvais rien te dire, m'assura-t-il, je ne pouvais pas te mettre en garde contre cette canaille sans être obligé de t'avouer la vraie nature de mon propre commerce. » En somme, il voulait me maintenir à l'écart de tous ces trafics et malversations dans lesquels il trempait. Explications que j'acceptais volontiers car, si sa vie durant Fernand a vendu mes peintures comme d'authentiques toiles de maître, je dois reconnaître qu'il a toujours essayé de le faire à mon insu.

Après de longues minutes, j'ai émergé de mon anéantissement. Étourdi, incapable de réfléchir, comme un somnambule, j'ai redressé les meubles renversés, balayé les débris qui jonchaient le sol, nettoyé, rangé, astiqué, et l'appartement a retrouvé peu à peu un semblant d'ordre. Ensuite je me suis allongé pour reprendre mes esprits. J'étais vidé ; je me suis endormi.

Au matin, Fernand n'était pas là. Rongé par l'angoisse, j'ai entrepris de faire le tour de nos quelques amis, espérant le découvrir réfugié chez l'un d'eux ; sans résultat. Je battis le quartier, rues et ruelles, bars, cinémas : toujours rien. Il s'était volatilisé. De guerre lasse, j'ai regagné l'appartement et me suis installé dans un fauteuil, face à la fenêtre, pour faire le guet. J'avais l'esprit agité de noires pensées, prêt à croire qu'il gisait déjà mort au fond de quelque impasse insalubre. Les bruits assourdis de la rue, l'interminable défilement des heures, la fatigue, l'inquiétude eurent bientôt raison de ma vigilance ; à nouveau je sombrai dans un profond sommeil.

Il était presque six heures du soir quand le claquement de la porte me réveilla en sursaut. Un pas traînant, une silhouette fantomatique animée d'un étrange roulis : Fernand se tenait devant moi, vert comme un noyé, ivre mort. Je l'ai quasiment porté sur le lit, où il s'est écroulé comme une masse, puis j'ai téléphoné au médecin qui est immédiatement accouru et lui a administré un médicament pour le faire dormir vingt-quatre heures. Malade comme il l'était, sa virée pouvait lui être fatale.

Pourtant, à son réveil, je sus tout de suite qu'il se tirerait d'affaire. Il possédait une résistance hors du commun. J'attendis qu'il eût bien repris ses esprits, et lui annonçai tout à trac que je rentrais au Canada. Je ne supportais plus ses crises de colère, et sa brutalité. Je m'étais préparé à une réaction violente : Fernand me joua au contraire le numéro de la douceur affligée. Il prit un air contrit, soupira :

— Tu devrais te remettre à peindre, mon ange. Les couleurs chasseront ces affreux souvenirs.

Il connaissait mon point faible, et j'étais encore trop naïf pour me méfier de ses manœuvres. D'une voix tremblante, il quémanda le droit de voir mes aquarelles « une dernière fois ». Bon enfant, je m'exécutai. Je les sortis de la valise où elles étaient roulées, tandis qu'il mettait une cassette. Pendant *Ne me quitte pas*, de Jacques Brel, il fit un vibrant éloge de mes qualités artistiques et, une fois encore, prédit tous les succès possibles d'une grande exposition de mes œuvres ; puis sa voix se brisa, évoqua avec regret la triste scène qu'il m'avait imposée, et ajouta que ce serait un désastre de gâcher une carrière qui s'annonçait tellement brillante, uniquement à cause d'un simple mouvement d'humeur. Et il conclut sa péroraison en me faisant comprendre que lui, et lui seul, saurait me conduire sur les voies du succès.

Ses arguments m'ébranlèrent, mais je ne voulus rien laisser paraître. Ma décision était prise. Désirant la marquer comme il convient, je demeurai sans boire ni manger pendant vingt-quatre heures — au terme desquelles je cédai, avec une dignité qui dut le faire sourire.

— J'attendrai que tu te sentes mieux, par amitié, dis-je, superbe.

Je n'ajoutai pas qu'ensuite je partirais.

Fernand était à nouveau le compagnon charmant avec lequel je pouvais me passionner pour une toile, en discuter des heures entières. Dans le calme revenu, je repris mes pinceaux, et replongeai dans le bonheur. Du fond de son lit, Fernand parvint à vendre quelques toiles à droite et à gauche, décrochant ainsi de maigres commissions d'intermédiaire ; il n'était pas en état de faire de véritables affaires, mais au moins pouvions-nous payer le loyer et manger nos viandes bouillies.

Les deux dames antiquaires, pas rancunières, avaient repris leurs visites. En fait, l'une d'elles — appelons-la Clara — était tombée amoureuse de Fernand, ce qui nous amusait beaucoup. Un matin, alors que je revenais du supermarché les bras chargés de paquets, je la trouvai dans la chambre de mon malade, à moitié couchée sur lui :

— Tu me sauves la vie, s'exclama-t-il en français en m'apercevant. Encore quelques minutes et elle me violait !

De ce jour, je me débrouillai pour ne plus laisser Fernand seul avec elle. Mais elle était fine joueuse. Quand elle comprit le manège, elle sortit sa botte secrète : Patricia, sa fille de dix-huit ans, une ravissante créature, plantureuse, avec de grands yeux bruns et une peau de pêche que nul maquillage ne peut imiter. Bientôt, nous devînmes les meilleurs amis du monde. Comme Clara recevait souvent des invitations à des premières de films, elle nous y envoyait, me remplaçant au chevet de Fernand. Je crois qu'elle ne parvint jamais à ses fins, mais elle était trop intelligente pour lui en vouloir. En attendant, j'étais ravi de sortir et d'échapper à ma triste vie de garde-malade. J'adorais ces sorties. Patricia était délicieuse. Nous nous émerveillions des toilettes somptueuses dont se paraient les vedettes, les mêmes têtes nous faisaient rire... nous nous entendions parfaitement. Au retour, j'étais heureux de raconter ma soirée à Fernand. Il avait compris qu'il fallait me laisser la bride sur le cou, et comme d'habitude il avait raison : je débordais d'une énergie nouvelle qui décuplait mon désir de peindre.

J'eus bientôt près d'une centaine d'aquarelles et de gouaches. C'est alors que je ressentis une étrange impression, une sensation de flottement, d'inutilité : je m'ennuyais. J'avais une petite montagne de papiers couverts de couleurs devant moi et je n'en percevais plus le sens. A quoi bon continuer ?

Lentement, je sombrai dans un état de morosité fort inhabituel qui alerta Fernand.

— Voyons, reprends-toi, il faut que tu travailles encore ! Quand tu seras prêt, je te présenterai au public.

Il avait beau dire, je n'avais plus envie de peindre. Un matin, regardant quelques-unes de mes gouaches, je lui parlai de frère Maurice et du dessin déchiré. Mille fois, il avait entendu le récit de ce triste événement, mais ce jour-là, toute ma rancœur accumulée se réveilla ; je me mis à pester contre mon ennemi, comme s'il se tenait devant moi.

— Regardez, frère Maurice, c'est beau, non ? M. Legros, le grand marchand de tableaux, va m'organiser une exposition !

Fernand vit dans cette colère un moyen de me détourner de mon ennui. Il entra dans le jeu, prétendit écrire au curé des lettres dithyrambiques vantant mon talent, mon acharnement au travail, le maudissant au passage, et lui promettant d'épouvantables représailles pour tout le mal qu'il m'avait fait. Rien ne pouvait m'enchanter davantage et je retrouvai un peu de bonne humeur. Là-dessus, Fernand eut une intuition :

— Et si tu traitais d'autres sujets ?

— Cela ne changera rien. C'est peindre qui ne m'intéresse plus...

— Mais si tu essayais une manière différente ? Tu as déjà fait de la peinture à l'huile ? Jamais ? Évidemment, c'est très ardu...

Il dévia la conversation sur un autre sujet et me laissa quelques jours pour réfléchir à cette idée, certain de ma réaction. J'avais besoin de relever de nouveaux défis pour reprendre goût à la vie, il lui suffisait d'attendre. Et comme il l'avait prévu, l'envie de peindre me revint, ou plutôt le désir d'affronter la vraie technique, celle des plus grands.

L'état de Legros s'étant amélioré, il décida d'effectuer une première sortie de convalescent. Le soleil était sur le point de se coucher, la chaleur du jour s'estompait. Nous partîmes nous promener, lentement, à petits pas, comme des vieux. Fernand était appuyé sur mon bras. Nous marchions sur Wilshire Boulevard, quand une vitrine attira notre attention. Il y avait des chevalets, des mallettes de peinture à l'huile, « *full artist material* », à vingt, trente et même soixante dollars. Il y avait encore des toiles vierges, superbes, « *French canvas — Fine french canvas for sale* », à des prix qui m'affolèrent.

— Voilà ce qu'il te faut. Demain, tu achèteras la boîte à vingt dollars, et une ou deux toiles, me dit-il. Mais évite les châssis, ça coûte trop cher !

Le lendemain, à la première heure, je pris la boîte à vingt dollars et deux toiles *Fine french canvas* roulées. Tremblant d'excitation, je fixai l'une d'elles sur une rallonge de la table de la cuisine, recensai mes outils — quelques tubes de couleurs primaires, une palette de bois — et, sous l'œil vigilant de mon mentor, j'expérimentai la vraie peinture.

Des heures durant, j'ai lutté contre cette matière nouvelle. Je ne savais pas mélanger les couleurs, ni les étaler ; il s'agissait d'un monde inconnu où tout semblait vouloir se rebeller, s'opposer à ma volonté. En désespoir de cause, j'abandonnai la première toile et fixai la seconde à sa place. Pendant un grand moment, je regardai cette surface blanche en dressant l'inventaire de toutes mes erreurs. Il fallait procéder autrement. Je trempai mon pinceau dans la couleur, puis traçai un long trait, sans une hésitation. Fernand, parti se reposer, revint quelques heures plus tard. Son visage eut la même expression d'émerveillement que le soir où il avait découvert mes premières gouaches. Je venais de terminer un groupe de nymphes, avec des coups de pinceau très forts, très apparents. L'ensemble dégageait une grande impression de puissance. Mais je n'étais pas vraiment satisfait et, les sourcils froncés, j'examinais mon travail en cherchant comment l'améliorer. Il eut un geste, comme pour retenir ma main, et s'approcha un peu plus de la toile. Les yeux plissés sous l'effet de la concentration, il recula d'un pas et, d'un ton souverain, décréta :

— Tu es fait pour la peinture à l'huile, la peinture à l'eau c'est de la peinture de pucelle !

La maison empestait la térébenthine sans que le malade manifeste le moindre signe de nausée : il guérissait.

La peinture à l'huile fut une révélation. Sans relâche, je cherchais à parfaire mes mélanges, à perfectionner mes superpositions. Après les transparences des gouaches et des aquarelles, je découvrais une matière nouvelle, bien plus riche en possibilités, infiniment plus complexe. J'étais si passionné que je ne parlais plus que de cela, à la grande joie de Fernand.

Dès qu'il fut en état de supporter de plus longues promenades, Legros prit l'habitude de m'emmener fouiller les boutiques de brocante du quartier ; nous les appelions les bric-à-brac. Il y dénichait des tableaux — des croûtes plutôt —, qu'il payait entre dix et quinze dollars. Ils avaient en commun leur laideur et leurs châssis, français et à clefs : une barre transversale les étayait et, aux quatre coins, un jeu de cales permettait de tendre parfaitement la toile. Fernand les recouvrait d'une épaisse couche de noir de plomb qui fait écran aux rayons X et à la lumière infra-rouge. Ensuite, il les passait au blanc de zinc afin que je puisse travailler sur une surface immaculée. Ainsi, nul ne pourrait jamais découvrir que le Derain authentique payé à prix d'or — et plus encore — avait été exécuté sur une toile de l'année. Tout cela, comme le reste, j'étais à cent lieues d'en comprendre la signification. A mes yeux, Fernand blanchissait simplement des toiles pour que je puisse m'exercer et je lui en étais reconnaissant.

Bientôt je maniais l'huile et la térébenthine aussi facilement que la gouache et l'aquarelle. C'est là, dans le décor de Formica et de carrelage de notre cuisine, que j'ai peint les plus beaux Derain fauves qu'on ait jamais vus, persuadé de faire du Réal Lessard. Je cherchais mon style. Comme Derain ou Vlaminck dans leur période fauve, j'avais dix-huit ans. Peut-être cette manière de peindre est-elle naturelle à cet âge de fougue et de violence. En outre, comme beaucoup de peintres, je ne signais pas mes toiles : à mes yeux, elles n'étaient jamais terminées — et puis surtout, je ne savais pas quel nom choisir. Réal ? Réal Lessard ? ou simplement Lessard ? Incapable de me décider, je remettais chaque fois ce problème au lendemain, convaincu que le jour où j'aurais enfin mon exposition, la solution m'apparaîtrait dans toute son évidence.

Une vingtaine de toiles s'ajoutèrent aux cent et quelques gouaches et aquarelles précédentes. Continuant de m'inspirer des cartes postales de toutes sortes que Fernand achetait — cartes anciennes, reproductions de toiles de maîtres, photos de capitales, de ports, de villages de la Côte d'Azur, etc. —, je peignis des paysages portuaires, des bateaux, des visages, des espaces sauvages. Lorsque Legros commença à vendre mes œuvres, Saint-Tropez et les vues de la Tamise se transformèrent en *Collioure* et *Tower Bridge* par Derain. Dès 1905, celui-ci vivait à Londres ; il avait alors vingt-cinq ans.

J'exécutai aussi quelques nouvelles nymphes dans un paysage : elles exprimaient ce que je concevais de la mythologie et reprenaient, j'imagine, certains motifs des cartes postales... Mais je n'irai pas jusqu'à prétendre que mes séjours aux strip-teases de Las Vegas n'y étaient pas aussi pour quelque chose.

Curieux de tout, je m'essayai au portrait et fis celui de Clara, notre amie antiquaire, d'après une de ses photos. Avec ses cheveux remontés en chignon, ses joues bien rondes et ses yeux noisette, elle ressemblait un peu à Alice Derain, la femme du maître. Lorsque, quelques années plus tard, Fernand Legros lui présenta la toile afin qu'elle l'authentifie, elle déclara qu'elle se reconnaissait, que c'était exactement elle, au temps de sa jeunesse !

Fernand m'avait dit et répété qu'un marchand de tableaux doit veiller à sa bonne réputation, et qu'un artiste peintre, dans son entourage immédiat, risquait d'être baptisé faussaire au cas où, par hasard, quelqu'un viendrait à contester l'une de ses toiles. J'avais fini par le comprendre. Je peignais quand j'étais certain de n'être pas dérangé, et je rangeais mon matériel dès que j'avais terminé. Seule trace de mon activité coupable : il flottait parfois dans l'atmosphère une légère odeur de peinture. Et pour être bien sûr d'échapper aux risques d'une rumeur malveillante, Fernand me fit exécuter une vague composition abstraite, qu'il laissa ostensiblement traîner dans l'entrée. A nos amis, il expliquait que je m'amusais à barbouiller pour me distraire. Ce « barbouillage-là » ne me blessa point. Il était commandé par la raison, et je l'acceptai.

Son hépatite n'étant plus qu'un mauvais souvenir, Fernand m'emmena régulièrement visiter des galeries. C'était la grande époque d'Hollywood. Le cinéma faisait couler des flots d'argent, qui se transformaient souvent en objets d'art, pour la plupart venus d'Europe.

Un jour, à Beverly Hills, je tombai en arrêt devant une affiche qui annonçait une exposition de gouaches de Fernand Léger. Il y avait deux personnages, deux femmes peut-être, qui se tenaient par l'épaule. Les couleurs étaient primaires, mais avec du gris. Les contours, noirs, étaient très dessinés sans en avoir l'air.

Le lendemain, Fernand m'accompagna à cette exposition. Pour moi, ce fut un choc déterminant. Chez Léger, tout est dans le trait, subtilement travaillé, et qui pourtant demeure flou ; la couleur vient en complément, au contraire des fauves. Mais elle est là quand même, forte, avec des jaunes splendides. Je parle bien entendu du Léger des années 1940 ou 1950, bien après son époque cubiste. J'aime aussi ses tableaux aux dégradés qui vont du noir jusqu'au blanc, en passant par des gris magnifiques.

Débordant d'enthousiasme, je suis revenu à l'appartement, et j'ai aussitôt exploré l'art de Fernand Léger. Les coups de pinceau brutaux du fauvisme ont cédé la place à des couleurs uniformes, plus régulières, qui exigeaient de la légèreté, de la finesse. C'était une nouvelle manière de traiter la peinture à l'huile qui, paradoxalement, me réconcilia avec l'aquarelle. Pendant deux ou trois mois, j'ai travaillé ce style, à l'huile comme à la gouache. J'avais fait du Derain sans le savoir, je faisais du Léger, en connaissance de cause, considérant cela comme une étude. Fernand jubilait, heureux, disait-il, de mon propre bonheur. Il ne pouvait sans doute pas s'empêcher de rêver aux bénéfices qu'il pourrait tirer de l'aventure. Des rêves silencieux, bien entendu.

Ma première œuvre à la manière de Léger fut un dessin en noir et blanc, à l'encre de Chine. Il représentait un personnage, tête et épaules, avec les mains en premier plan, et ressemblait à l'une des œuvres que j'avais admirées à l'exposition. Trois ans plus tard, en 1961, il devint célèbre dans toute l'Europe, transformé en affiche pour illustrer une exposition de l'artiste à Lausanne, à la galerie Bonnier. Legros l'avait fait authentifier, à mon insu, par Nadia Léger, la femme du maître, et par un de ses marchands, Kahnweiler, après l'avoir signé lui-même ; car « F. L. » signifie, au choix, Fernand Legros ou Fernand Léger — le prix faisant la différence !

Nous menions une vie de bohème, sans un sou en poche, mais des rêves plein la tête. Fernand me regardait peindre des heures durant, assis sur un tabouret, et sa présence me donnait plus d'enthousiasme encore : il incarnait ma confiance, il me donnait de l'assurance. Depuis, d'autres ont voulu en faire autant. Mais je ne supporte personne quand je travaille. Il n'y eut que lui.

Je peignais tableau après tableau pour mon exposition, persuadé que je serais bientôt un grand peintre, reconnu et respecté. Mais j'avais beau travailler sur des toiles d'occasion, nous dépensions plus que nous ne gagnions. Entre mes tubes de couleurs et les médicaments que Fernand continuait à prendre, nos quelques dollars finirent par s'épuiser. Je rendis visite à une amie canadienne qui habitait à l'autre bout de la ville. Elle me prêta cinquante dollars, vite dépensés en pot-au-feu, bœuf bouilli et légumes sans beurre. Un matin pourtant, le réfrigérateur se révéla désespérément vide ; il fallut bien l'admettre : c'était la misère. Pour oublier la faim qui nous menaçait, Fernand sortit mes gouaches et aquarelles de Baton Rouge et les étala à travers la chambre, afin de les regarder de son lit. Il soupira. Soudain la sonnette de l'entrée retentit. C'était Clara, en compagnie d'une amie, pilier du Tout-Hollywood, amoureuse de l'art et des tableaux. Elles découvrent l'exposition improvisée, s'émerveillent, s'enthousiasment. Enchanté, je m'approche, quand Fernand me lance en français : « Ne dis surtout pas que tu es l'auteur ! » Il adresse aux dames son sourire le plus charmeur, et dix minutes plus tard, la compagne de Clara avait acheté six aquarelles « d'un jeune peintre parisien » pour deux mille dollars.

Cette vente fut un véritable supplice. Dix fois, je voulus dire : « Le jeune Parisien, c'est moi ! », mais l'emprise de Legros était telle que je gardai le silence. Les louanges que j'avais entendues étaient sincères, force fut de m'en contenter. Avec mon exposition officielle, je prendrais ma revanche. Les deux mille dollars nous remirent à flot. Je pus regarnir le réfrigérateur, Fernand faire de nouvelles analyses et acheter de nouveaux médicaments. Quelques semaines plus tard, il se sentait définitivement rétabli et m'annonça qu'il reprenait ses activités. Auparavant, il devait faire un saut à New York. Il partit pour revenir aussitôt, une liasse de billets dans les poches, un porte-folios sous le bras, rempli de lithos et de dessins semblables à ceux que j'avais vus à Miami le jour de notre rencontre. Sans doute provenaient-ils d'une cache où il était allé les récupérer. J'appris en effet plus tard qu'il louait un petit appartement, pour trente dollars par mois, dans le Bowery, l'un des quartiers les plus sordides de la ville. J'appris encore qu'il avait sans doute vendu quelques-unes de mes gouaches, de Baton Rouge ou d'ailleurs.

Il reprit ses affaires comme avant, avec parfois des accès de fatigue. Ses magnifiques cheveux noirs et bouclés commencèrent à tomber. Pendant plus de six mois il avait frôlé la mort : une telle épreuve laisse des traces. Néanmoins, notre vie devint plus facile.

Bientôt, je pus agrémenter nos repas de mets nouveaux, grillades et salades prenant le relais du bœuf bouilli et des inévitables légumes sans beurre. Et quand les casseroles étaient lavées, rangées — immuable scénario —, je sortais mes pinceaux, mes tubes, pour travailler et travailler encore.

Une nouvelle exposition m'enthousiasma plus encore que celle de Fernand Léger : j'y examinai un portrait de femme par Van Dongen, qui m'électrisa, me fascina, me détacha de tout ce qui me passionnait jusqu'alors. Il fallait que je fasse du Van Dongen, du « à la manière de », bien sûr ; derrière tous les peintres qui m'ont inspiré, c'était ma propre identité que je cherchais, et chaque fois, leur science devenait mienne. En essayant chaque style, je repassais dans ma mémoire l'œuvre du peintre et me demandais : « Pourquoi a-t-il fait cela ? » Je reconstituais les gestes, les techniques, et quand je les avais maîtrisés parfaitement, je cherchais comment les améliorer. Le portrait qui m'avait subjugué datait de l'époque fauve, il parlait mon propre langage. Mais en plus il y avait là une façon de décrire les femmes qui m'intriguait. Van Dongen était un portraitiste très incisif, au coup de crayon extrêmement précis. En peu de traits, il traduisait le caractère, le mystère d'une physiono-mie. On pourrait presque, à son propos, parler d'un talent de caricaturiste, car tout chez lui est exagéré, mais toujours sensuel. Il créait ce trouble en utilisant des mélanges de roses, avec des reflets bleus ou rouges, allant parfois jusqu'à tracer les contours des visages en vert. Pour les ombres, il utilisait les couleurs du fond... Tout me paraissait d'une extrême subtilité. Je parle de lui au passé parce qu'il eut une période fabuleuse — entre 1905 et 1911 — et que par la suite, il essaya de se copier lui-même, en vain. Le sort lui joua un mauvais tour. Dans les années 30, il fut condamné à rembourser, avec dommages et intérêts, des tableaux récents qu'il avait vendus à des marchands et des collectionneurs, pour la simple raison qu'il les avait signés et datés de 1905 ou 1910, ses grandes années.

J'avais eu la chance de découvrir Van Dongen à travers l'une de ses meilleures toiles. En rentrant chez moi, de mémoire, j'en analysai les moindres détails. Cette fois, j'eus le sentiment qu'il était temps d'abandonner les cartes postales et les photos pour travailler d'après nature. Comme Van Dongen, je voulus percevoir la sensualité d'une chair, d'un regard, pour les reproduire. Dans le plus grand secret, puisque Fernand m'avait interdit de peindre devant quiconque, je demandai à Patricia de poser pour moi. Elle accepta et sut garder le silence, car elle-même n'osait pas avouer à sa mère qu'elle passait ses après-midi en ma compagnie. Par un étrange hasard, elle ressemblait à la femme que Van Dongen avait

40

immortalisée. J'avais adoré la toile, je tombai tout naturellement amoureux de Patricia. Ce fut une idylle charmante. Nous nous aimions en cachette, comme des enfants. Quand Fernand rentrait le soir, il découvrait des portraits de femme qui faisaient penser à la jeune fille, ou peut-être à sa mère ; il est vrai que j'avais le trait moins sûr qu'aujourd'hui. Il pensait que j'utilisais des photos, sans chercher plus loin, et me félicitait de travailler avec autant d'acharnement.

Hélas ! la supercherie ne dura qu'un temps. Un jour, Fernand revint plus tôt que d'habitude et découvrit l'affreuse vérité. Non seulement je peignais devant témoin, mais en plus, j'entretenais avec le témoin en question la plus douce des relations. Quand il vit sur le corps dévêtu de ma chère Patricia des traces de peinture, sa fureur ne connut plus de limites. En français, il m'abreuva d'injures ; en anglais, il expliqua à la pauvre petite que j'étais un être vicieux, pervers et dépravé, qui ne rêvait que de toucher les filles avec ses mains couvertes de couleurs vives ! Son venin craché, il lui jeta ses vêtements à la figure, la ramena chez sa mère en écumant de rage, le soutien-gorge dans une main, les draps maculés de peinture dans l'autre, en guise de pièces à conviction.

Clara, qui était fort éprise de Fernand, commença par le trouver magnifique dans sa colère. Elle ajouta qu'à dix-huit ans une fille peut prendre un amant sans que cela mérite un tel scandale. Que Patricia m'ait choisi, moi, l'ami de l'homme qu'elle convoitait, lui causait le plus grand plaisir. La Californie, même à cette époque, avait sur le plan des mœurs quelques siècles d'avance sur le Canada. Quant à moi, je me sentais fort gêné de cette histoire. J'étais amoureux de Patricia, mais pas au point de perdre Fernand. Peut-être, sans vouloir me l'avouer, trouvais-je sa jalousie agréable. Pour une fois, je l'avais justifiée.

Finalement cette péripétie, qui aurait pu devenir pénible, demeura bouffonne. Fernand refusa de rester une heure de plus dans un appartement que j'avais souillé, transporta nos pénates à l'hôtel Ambassador, sur le Wilshire Boulevard. Là, il prit une décision à la mesure de mon forfait : demain, nous partirions vers l'Europe ! Entre les strip-teaseuses de Las Vegas et moi, il avait mis quelques arpents de désert. Pour ma première sirène, il fallait au moins un océan !

Je voulus bien me séparer de Patricia, mais je refusai net de quitter la Californie sans avoir vu ses musées. Je rappelai à Fernand que tout au long de sa maladie, j'avais passé mes nuits et mes jours à son chevet. A lui de m'accompagner, maintenant. Trop heureux de me récupérer à si bon compte, il accepta. La peinture, une fois de plus, se révélait le terrain privilégié où nous aimions nous retrouver.

41

Pendant trois jours, nous avons écumé les musées de Los Angeles et des environs, allant d'émerveillement en émerveillement, reconsolidant notre amitié si durement ébranlée. Je découvrai des trésors venus de tous les coins d'Europe, madones de la Renaissance, portraits des xviie et xviiie siècles. Moi qui n'avais jamais feuilleté un livre d'art de ma vie, je rencontrais ces chefs-d'œuvre dans toute leur splendeur. Je passai surtout des heures devant les collections des post-impressionnistes et des impressionnistes. Vlaminck, Manet me furent ainsi révélés et le Picasso de l'époque bleue et rose. Je les ai tous admirés, comme un gosse, bouche bée, n'imaginant pas un seul instant qu'il y eût le moindre point commun entre ma peinture et la leur.

Chapitre IV

Un brouillard jaune et épais descend lentement sur Los Angeles. Par le hublot, je le regarde avec indifférence. L'avion a décollé, Fernand m'emmène en Europe... à Paris ! Nous ne laissons rien derrière nous, hormis quelques souvenirs, et mes tableaux confiés à un garde-meuble : nous les rapatrierons plus tard, quand nous posséderons de quoi payer le transport.

Escale à New York. Au bureau de la T.W.A., l'hôtesse nous apprend que tous les vols sont complets. Nous ne pourrons pas voyager ensemble. Finalement, j'obtiens un passage sur une ligne avec escale à Londres, tandis que Fernand, après quelques intrigues, reçoit un billet pour un vol direct vers Paris : il m'attendra à l'aéroport d'Orly. Malgré sa bonhomie de façade, je le sens inquiet. Juste avant le départ, j'ai reçu une lettre de ma mère qui m'annonçait que Loraine, mon amour d'adolescent, était elle aussi à Paris pour quelques jours, à l'hôtel X... Un voyage dont elle rêvait depuis plus de deux ans. Et voilà maintenant que Fernand, auquel j'ai raconté qu'à quinze ans j'avais fait le vœu d'épouser Lorraine « secrètement », s'imagine que je vais tenir ma promesse !

Comme prévu, nous nous retrouvons à Orly et, mes maigres bagages récupérés, nous nous engouffrons dans un taxi pour l'hôtel Pont-Royal, rue du Bac, où descendent les marchands de tableaux. C'est à travers les vitres embuées du véhicule que j'ai pour la première fois contemplé la tour Eiffel, ce monument de légende, la tête perdue dans les nuages. Les photos que j'avais tant regardées dans mes livres de gosse la trahissaient : elle m'apparaissait aujourd'hui comme une géante, affolante, irréelle ! Nous avons posé nos bagages, puis immédiatement Fernand m'a entraîné, à pied, de la rue du Bac à la Seine, le long du Louvre, sur les Champs-Élysées ; j'avais du mal à croire mes yeux, à imaginer que c'était bien moi, le petit Canadien, qui me promenais à travers cette capitale de tous les raffinements dont me parlaient jadis mes voisins...

Le soir même, nous sommes allés au Théâtre des Champs-Élysées assister au tour de chant de Joséphine Baker. Après le spectacle, Fernand m'entraîna dans les coulisses, où ses compagnons de danse, du temps où il était boy dans les revues, l'accueillirent avec chaleur : c'était sa manière de me signifier qu'en France je me trouvais sur son territoire. Dès le lendemain, il fut question de descendre sur la Côte d'Azur. Je me rebellai : comment ? nous venions d'arriver, et il fallait déjà partir ? Je voulais visiter la ville, et surtout revoir Loraine. Fernand comprit que je ne céderai pas. Après lui avoir promis sur ce que j'avais de plus cher de revenir vers lui, il consentit à me laisser une journée entière seul avec elle. Là-dessus, il me remit un billet de train de première classe, l'adresse de ses parents à Villeneuve-Loubet, et nous nous sommes quittés, lui, la mort dans l'âme, dévoré par la crainte de ma disparition, moi, heureux d'avoir su résister et, pour une fois, de n'avoir pas changé d'avis.

J'ai vécu vingt-quatre heures de bonheur absolu avec ma tendre, mon adorable Loraine. Main dans la main, comme des enfants, nous avons sillonné les rues des vieux quartiers, escaladé les escaliers de la butte Montmartre, poussé les portes des immeubles anciens pour découvrir des cours tranquilles. Ensemble, nous avons réalisé tous les rêves permis et interdits de notre adolescence. Le soir, au dîner, je lui ai appris que je peignais depuis des mois, travaillant avec Fernand Legros, le marchand de tableaux, qui allait organiser une exposition de mes toiles, ici même, à Paris, ou à New York... Bref, j'ai rêvé. Et si Fernand m'avait concédé une journée de plus, j'aurais pu devenir assez fort pour oublier mon serment, oublier le train, et épouser ma mie. Avant de m'embarquer, sans doute pour revenir à moi, je me suis rendu à une rétrospective Modigliani présentée à la galerie Charpentier. Contrairement aux autres peintres, et grâce à ce film qui avait tellement épouvanté ma mère, j'avais appris dès mon enfance à le connaître. J'aimais le personnage pour ses outrances, ses folies, son malheur. A la galerie Charpentier, je tombai en arrêt devant ses portraits : coup de passion pour ces yeux absents, ces cous allongés, ces nez longilignes, ces ovales et ces courbes du visage. Je découvris qu'il était fasciné par les arts grec, primitif, africain, khmer, et avait dessiné, rehaussées à l'aquarelle, des cariatides : hommes ou femmes, souvent de profil et les coudes relevés, qui soutiennent des balcons, ou le monde peut-être, tant leur effort est démesuré.

Curieusement, chaque fois qu'une œuvre me retient, j'éprouve le besoin d'en faire autant : est-ce l'instinct de mimétisme ? Je l'ignore. Mais il faut absolument que je comprenne comment l'artiste a travaillé, et quand j'y parviens, je me prends au jeu, et finis par peindre les tableaux qu'eux-mêmes n'ont pas eu le temps de faire. C'est ma façon de les aider, de compléter leur œuvre.

Entre Marseille et Cagnes-sur-Mer, pris d'un désir subit, j'ai entrepris à mon tour de dessiner des cariatides à la manière de Modigliani, avec l'idée, je l'avoue, d'accéder sans plus attendre aux secrets de sa technique. Assis à côté de moi, un vieux monsieur en costume trois-pièces, digne et respectable, au nez fort pointu, à la fine moustache noire et aux cheveux d'argent, m'observait.

— Vous savez ce que vous faites ? me demanda-t-il soudain.

Je l'ai regardé, un peu surpris, et j'ai bredouillé :

— Je viens de voir une rétrospective Modigliani...

— Jeune homme, vous devriez penser à faire les Beaux-Arts ! Je me présente : professeur Lionello Venturi.

Il s'agissait du plus grand spécialiste de Modigliani, auteur de nombreux ouvrages sur l'impressionnisme et le post-impression-nisme, grand expert, grand critique d'art, reconnu et respecté à travers toute l'Italie. Il m'apprit mille détails sur Modigliani et son époque. Nous avons parlé tableaux et peinture pendant tout le trajet. Mais quand le train s'arrêta en gare de Cagnes, j'avais déjà l'esprit ailleurs. Nous nous sommes salués, j'ai pris ma valise, et j'ai sauté sur le quai. Fernand m'attendait, anxieux à l'idée que j'aurais pu rester à Paris avec Loraine : en m'apercevant, son visage s'éclaira. Moi aussi, j'étais heureux de le revoir. Hélas ! à peine lui eus-je raconté ma rencontre avec le professeur Venturi qu'il se renfrogna de nouveau :

— Tu lui as demandé de te trouver une galerie pour ton exposition ?

— Pas du tout ! quelle idée ! Tu m'as promis de t'en occuper. Qu'est-ce qui te prend ?

— J'ai fait sa connaissance l'année dernière, à Rome, et je ne l'ai pas trouvé tellement sympathique. De quoi avez-vous parlé ?

— De Modigliani.

— C'est tout ?

— Oui.

— Et de moi ? As-tu dit que tu me connaissais ?

— Absolument pas.

— Tu en es certain ? C'est important, tu sais.

Je haussai les épaules. Il se calma et, quand je lui offris mes dessins, il se sentit tout à fait rassuré.

Ma romance avec Loraine lui avait appris que j'aimais l'indé-pendance. Ses parents ayant insisté pour qu'il habite chez eux, il m'aida donc à trouver près de l'hippodrome un petit studio, dont il garda une clef. Ainsi pouvait-il me surveiller à sa guise.

A Villeneuve-Loubet, j'ai approché un univers surprenant pour un citoyen du Nouveau Monde : la terre des pharaons en pleine Provence ! M. Legros père, né français, avait travaillé sa vie entière à la Compagnie du canal de Suez ; Mme Legros, née grecque, copte, égyptienne et syrienne tout à la fois, ne connaissait que le Proche-Orient. En 1956, lors de la nationalisation du canal par Nasser, les Legros rentrèrent en France et le père de Fernand prit sa retraite. Mais on continua de vivre à l'heure égyptienne. On ne parlait que du Nil, d'Assouan ou d'Alexandrie. Les amis qui passaient à toute heure, déracinés eux aussi, évoquaient les souvenirs de là-bas en sirotant leur pastis : on mangeait cairote, on pensait cairote. Il n'y avait que Marthe, la sœur de Fernand, qui échappait à l'obligatoire nostalgie. Elle habitait ailleurs et élevait ses deux enfants avec un mari cent pour cent français. De cette période, il me reste d'ailleurs des traces d'accent mi-méridional, mi-égyptien, et ma façon particulière de prononcer les *r*.

Avec la venue de l'automne, les feuilles rousses et les matins clairs, l'année 1958 approchait de sa fin. J'ai appris à aimer le paysage méditerranéen, tellement différent de la Californie et de la Floride. Ici, toutes les proportions me semblaient réduites. Un pays de poupées au bord d'une mer immense. Et cette mer elle-même me surprenait : elle était d'un vert unique, totalement étranger au profond vert atlantique de Miami, au vert pacifique de Los Angeles ou d'Acapulco. Au volant d'une vieille Hillman décapotable, que Fernand avait achetée pour trois fois rien, j'ai sillonné les petites routes qui s'entortillent sur les collines entre Saint-Paul-de-Vence, Antibes, Cagnes, Villefranche, Monaco. Je découvris des villages accrochés à leurs rochers, qui dégringolent de villas en jardins, de ruelles pavées en immeubles rayés de trop de balcons, jusqu'à d'anciens petits ports où dorment les yachts. J'appris à savourer la cuisine à l'ail et le rosé de Provence. Je profitai de la mer, du soleil, des montagnes et de l'hiver si doux qu'on dirait un printemps canadien.

Il était pourtant dit que nous ne connaîtrions jamais de vraie détente : un beau matin, deux gendarmes se présentèrent à la porte de la villa familiale. Ils demandèrent à rencontrer M. Fernand Legros. Je me trouvais dans le salon et, par la porte entrouverte, j'entendis des bribes de la conversation. Ces messieurs agissaient dans le cadre d'une commission rogatoire de la justice américaine qui avait entrepris des poursuites contre Elmyr de Hory. Celui-ci avait accumulé tant d'indélicatesses que le parquet de Chicago s'en était ému. Non qu'on lui reprochât son commerce de faux tableaux, crime impossible à établir aux États-Unis, mais parce qu'il avait utilisé les services postaux pour acheminer ses fausses attestations d'authenticité et de provenance des œuvres qu'il vendait. Ayant senti le vent tourner, le baron d'opérette avait alors quitté le pays, laissant à sa dernière dupe l'adresse du marchand chez qui il s'approvisionnait : Fernand Legros, Villeneuve-Loubet, France ! Plus que du culot, c'était de l'indécence ; d'autant que Fernand, pour une fois, n'avait rien à voir dans ces tripatouillages. Les policiers repartirent convaincus de l'innocence de mon compagnon, mais, dans leurs registres, le nom d'Elmyr l'escroc resterait désormais associé à celui de Legros, le marchand de tableaux. Cela s'appelle une épée de Damoclès.

Le 15 novembre, jour anniversaire de mes dix-neuf ans, Fernand décida de donner une grand fête et convia une bonne centaine de personnes. La maison de ses parents étant trop petite, il réquisitionna celle d'en face.

Ce fut une nuit inoubliable : le champagne coulait à flots et chaque bulle m'enchantait. Au Canada, une seule coupe de ce breuvage divin relevait du luxe le plus échevelé. Tous les amis d'Égypte étaient accourus ; c'est ainsi que j'ai fait la connaissance de Claude François, un gentil garçon avec un vilain nez qu'il s'empressa de remodeler dès qu'il en eut les moyens. A l'époque, il dansait au Palm Beach en attendant la gloire. M. Legros père lui avait enseigné les rudiments du violon quand il était petit. Depuis, il avait un peu étudié la guitare et nourrissait d'immenses ambitions. Toute ma vie, je le reverrai gratter ses six cordes tandis qu'il me répétait : « Tu verras, Réal, un jour je serai célèbre ! Je serai une vedette, aussi célèbre que Sacha Distel avec ses scoubidous ! »

La fête se termina par un petit déjeuner au soleil levant. Les plus sages s'en allèrent dormir, les autres, dont nous étions, s'entassèrent dans la grande décapotable américaine de Claude François, et mirent le cap sur l'Italie et San Remo ! C'est dans cet équipage que, le premier jour de mes dix-neuf ans, j'ai découvert le pays de Léonard de Vinci, de Michel-Ange et de Canaletto, cependant que Claude fredonnait *Scoubidou* et que Fernand déclamait des vers de Dante Alighieri !

En arrivant en France, Fernand Legros avait abandonné le commerce des fausses lithographies pour celui des tableaux vrais, mais réputés invendables : des toiles qui, sans raison majeure, ne plaisent à personne et somnolent des mois au fond des galeries. Grâce à son charme, il excellait dans cette entreprise. En fait, un cul-de-jatte lui aurait acheté des chaussettes. Mais je dois aussi reconnaître qu'il ne ménageait ni sa peine ni ses efforts. Il voyageait énormément, ayant compris que ce qui rebutait en France pouvait séduire en Suisse, ce qui faisait sourire Paris enthousiasmer New York.

Bientôt, les affaires devinrent florissantes. Je lui parlais souvent de mes expositions ; la peinture me manquait, mais il me rétorquait qu'il fallait y renoncer momentanément : mon studio était un véritable moulin où sa famille et ses amis avaient pris l'habitude de passer à toute heure du jour et de la nuit. Il suffisait que l'on me voie une seule fois un pinceau à la main, pour que se répande la rumeur d'un peintre travaillant à lui « arranger » ses toiles. Danger encore accentué par la visite des gendarmes.

J'acceptai à contrecœur ses raisons et entrepris de chercher comment passer mon temps de manière intelligente. Très vite s'imposa l'idée de reprendre mes études, de préparer une licence en droit, et de réaliser enfin le souhait que ma mère forma quand elle apprit que les peintres se coupent l'oreille et meurent d'alcoolisme, sinon de misère.

Là commencèrent les difficultés. En novembre, il est trop tard pour s'inscrire en faculté. De surcroît, il n'existait pas d'équivalence entre mon bac technique canadien et le bac français, préalable nécessaire à toute inscription. Je me suis donc présenté en classe de philosophie au lycée pour me plonger dans Kant, Heidegger et Platon. Ce qui représentait un effort colossal, car ma formation scolaire ne m'avait pas préparé à ce genre d'études. Mais j'étais déterminé et je me suis acharné. J'ai lu livre sur livre, appris des pages entières par cœur... tout cela pour essuyer à l'arrivée un échec cuisant. Il me fallait encore du temps pour combler mes lacunes. Les mois d'été se révélèrent presque insuffisants : la compréhension d'une examinatrice fit le reste et, à la session de septembre, je fus déclaré bachelier en philosophie.

Fernand redoublait d'activité. Pour plus de commodités, il estima que nous devions quitter Villeneuve-Loubet. La Suisse serait, dit-il, le pays idéal. Il n'en fallut pas plus : du jour au lendemain nous emménagions dans un appartement à Saint-Saphorin, un adorable village entouré de vignes, proche du lac Léman. Ses voyages étaient incessants et toujours un rien mystérieux — il était peu loquace sur ce sujet. Je savais seulement qu'il continuait à vendre ses toiles « invendables », touchait de royales commissions, complétait son carnet d'adresses. Il me racontait avoir eu froid à New York, chaud à Barcelone, frissonné à Paris... et moi, je restais seul. Pour tromper l'ennui, je lisais en abondance des livres sur la peinture, évidemment, mais aussi des romans, des études historiques, des policiers, tout ce qui me tombait sous la main. Et puis je remuais de noires pensées car je ne pouvais m'empêcher de faire des comptes : nous étions en Europe depuis quinze mois et je n'avais plus touché un pinceau. Lassé d'attendre et de ruminer, je finis un beau jour par attaquer Fernand de front et lui suggérai de me laisser peindre à nouveau ! Ici, à Saint-Saphorin, personne n'entrait à l'improviste comme à Villeneuve-Loubet. Visiblement surpris par ma requête, il ne répondit pas sur-le-champ et s'enferma quelques secondes dans une méditation insondable. La sanction tomba enfin :

— C'est le meilleur moyen de t'occuper ! Ta peinture te fait planer, mon ange !

J'en profitai pour évoquer mes tableaux restés aux États-Unis, et mon exposition, mais il éluda et passa vite à autre chose. Je n'ai pas insisté, ne voulant pas risquer une dispute. Et puis, pourquoi aurais-je douté de lui ?

Tubes, pinceaux, toiles furent rapidement achetés, et dans ce décor de montagnes et de lacs, j'ai renoué avec les gestes, les odeurs de ma vie. Sans que j'y prenne garde, Modigliani a surgi à travers mes ébauches. Je me suis mis à peindre des visages et des cariatides, comme si les images qui s'étaient déposées en moi au cours des mois écoulés avaient mûri pour rejaillir, intactes et fortes. Pour la première fois, j'ai imaginé mes sujets sans m'inspirer de cartes postales, ni d'aucun document. Fernand avait gardé mon carnet d'esquisses dessinées dans le train. Je peignis trente à quarante tableaux dans le meilleur style de Modigliani, et fis autant de croquis et de dessins. Une création effrénée qui n'était pas le fruit de ma volonté : j'étais comme envoûté, possédé par le peintre. Les tableaux s'imposaient à moi, les uns après les autres.

Plus je travaillais, plus je mettais au jour les ressorts les plus enfouis des créations de Modigliani. Osmose étonnante, bientôt plus rien ne m'échappa. En particulier, rien de ces femmes au long cou, au regard absent. Les yeux des créatures de Modigliani ! Apparemment simples, ils sont en réalité d'une extrême complexité, un trait noir définit leur forme. Au-dessus, à un millimètre à peine, un autre trait noir figure les cils, mais il est toujours brisé en son milieu ; de même pour les cils inférieurs. Si bien que l'œil finit par sembler isolé du réel, comme si une vitre invisible s'interposait entre lui et le monde. Je ne sais pas comment procédait Modigliani, mais j'avais obtenu ce résultat en malaxant la peinture avec mes mains : je déposais la couleur sur la toile — brun, vert ou noir —, et j'appuyais avec un doigt, écrasant la matière. Ensuite, à l'aide d'un autre doigt, je passais un voile de blanc, ce qui conférait au regard l'expression désirée. Enfin, le plus souvent, je terminais par une ombre d'ombre, usant d'une teinte nocturne, dans l'autre sens.

J'ai toujours, me semble-t-il, réalisé mes tableaux en utilisant à la fois des pinceaux et mes doigts. Durant cette période, peut-être ai-je eu tendance à multiplier l'intervention des doigts, mais je me souviens que dans la confection des Derain, j'y avais déjà largement recours. Les taches de lumière autour de ce qui est devenu *Le Pont de Londres,* ce sont mes doigts qui les composèrent, de même que les contours des visages de femmes. Si l'on retrouve mes toiles, on devrait sans trop de mal repérer mes empreintes digitales incrustées dans la peinture !

Au retour d'une expédition parisienne, Fernand découvrit mes premiers essais à la manière de Modigliani.

— C'est magnifique ! s'exclama-t-il. Continue, surtout continue !

L'occasion me parut propice et, une nouvelle fois, je lui rappelai mon exposition.

— Tu ne m'en dis jamais rien, relevai-je d'un ton sec.

— J'y travaille, qu'est-ce que tu crois ? J'ai pris des contacts à New York et à Paris. Seulement, c'est long, très long. Ça ne s'improvise pas. D'ailleurs, je retourne en Amérique en partie à cause de cette affaire.

Pâques approchait. Fernand, fatigué par ses démarches outre-Atlantique, décida de se réinstaller quelque temps chez ses parents. Il voulait goûter un vrai repos. De New York, il me fit part de ses projets et me proposa de le rejoindre à Villeneuve-Loubet pour le long week-end des fêtes. Au moment de raccrocher, il ajouta :

— Ta présence me sera utile. Il faut que j'aille à Monaco, chez Van Dongen. J'ai un tableau à lui faire authentifier. Tu m'y conduiras.

Je remisai donc tubes et pinceaux et pris la route. Voyage rapide, retrouvailles chaleureuses, odeurs des collines, des pinèdes, de la mer. J'étais bien. Dans ma tête bourdonnait comme une rumeur de bonheur.

Le lendemain, aux premières heures de la matinée, nous partions pour Monaco. Tout le long du chemin, je gardai un œil rivé sur le rétroviseur, surveillant le paquet posé sur la banquette arrière, bien emballé, bien ficelé, énigmatique. Je ne savais pas ce qu'il contenait et brûlais de le voir.

— Tu me présenteras à M. Van Dongen ?

— Non, mon ange, cette fois, c'est impossible.

— Pourquoi ?

— Parce que l'affaire dont nous allons traiter est très confidentielle.

— Et le tableau, je pourrai le voir ?

— Hors de question !

— Pourquoi ?

— C'est confidentiel aussi.

Ce dernier refus décupla ma curiosité, mais je n'en montrai rien. Je gardai le silence jusqu'à l'arrivée devant la propriété du maître, affectant de me concentrer sur la conduite. Fernand sifflotait, ce qui avait le don de m'horripiler, et, quand j'arrêtai la voiture, j'étais près d'exploser. Il descendit d'un saut léger, s'empara du paquet qu'il coinça sous un bras et, de sa main libre, me fit un petit signe :

— Je ne serai pas long. Enfin… j'espère. Va m'attendre au Sporting, je t'y rejoindrai sitôt terminé.

C'est là, en effet, qu'il réapparut dans l'après-midi, la mine euphorique, riant seul, enchanté. Tellement content qu'il délirait et voulut même grimper sur mes épaules pour que je le promène à travers la ville. Il ne me fournit aucune explication, ne fit aucune allusion à sa démarche auprès de Van Dongen. Mais aucun doute n'était possible : son affaire confidentielle avait réussi.

— Allons nous baigner ! déclara-t-il.

Une crique déserte, l'eau glacée, nous barbotions comme des gosses au milieu des éclats de rire. Puis nous nous séchâmes sur la plage aux rayons d'un soleil maigrelet. Et à nouveau le Sporting, champagne, champagne ! Nous fêtons… nous fêtons quoi, au fait ?

— Tu me montres le tableau ?

Surpris, Fernand s'est rembruni. Il hésite. Un court balancement et il a déjà repris sa physionomie béate :

— Non, non et non !

Fin de non-recevoir. Inutile d'insister. Je ne saurai rien.

Le champagne aidant, nous choisissons de passer la nuit à Monte-Carlo, dans un hôtel qui surplombe la ville. Nous louons une chambre spacieuse. Fernand semble avoir oublié son tableau ; le paquet demeure dans le coffre de la voiture. Durant le dîner, je reviens à la charge, faisant remarquer qu'un Van Dongen dans un parking, ce n'est pas prudent.

— Il vaudrait mieux le garder avec nous, non ?

Je descends au garage, mais il m'a suivi, méfiant. Il s'empare du précieux colis pour le remonter dans la chambre. Champagne encore, bavardages insouciants, rires toujours. Il fait chaud, nous prenons une douche. Assis face à face, une serviette de toilette autour des reins, nous continuons à deviser tranquillement, les tempes battantes d'avoir trop bu.

Fernand s'est détendu, pas moi ; le tableau m'obsède et,

maintenant, sentir sa présence à quelques mètres de moi me rend fou.

Soudain, je déclare qu'il y a des mois que je rêve de tenir un Van Dongen entre mes mains. D'un bond je me suis levé. J'ai empoigné un couteau, attrapé le paquet, coupé les ficelles, arraché le papier... Je n'ai pas entendu le hurlement rageur de Fernand. Je n'ai même pas remarqué qu'il avait tenté de me retenir, agrippant la serviette, et que je me retrouvais au centre de la chambre nu comme un ver. J'étais abasourdi : le Van Dongen que j'avais au bout des bras était le portrait de Patricia, peint à Orchid Avenue. Un tableau de mon cru sur lequel désormais s'étalait, comme un griffonnage ironique, la signature d'un autre que moi, un maître incontesté ! Van Dongen !

Je n'oublierai jamais Pâques de l'année 1960. Le ciel m'est tombé sur la tête. Tout ce que l'on peut éprouver de bonheur et d'angoisse a déferlé à travers ma conscience. Van Dongen, que j'admirais tellement, avait authentifié une de mes œuvres à moi, Réal Lessard, que frère Maurice vouait aux gémonies ! Van Dongen avait reconnu comme sienne, née de son génie, une toile que j'avais réalisée sur la rallonge d'une table de cuisine, dans les odeurs de pot-au-feu et les rythmes de Count Basie ! Ainsi, sans avoir appris le dessin ni la peinture, j'avais atteint l'art du maître, puisqu'il ne savait plus démêler son œuvre de la mienne.

Mais mon exaltation est retombée d'un coup. En un éclair j'ai songé à tous mes tableaux restés en Amérique. Ce que Fernand avait fait pour l'un, il pourrait le faire pour les autres ! La peur panique que j'ai éprouvée pendant de si longues années naquit ce soir-là, à cette seconde précise.

Sur le moment, pourtant, je l'avoue, la vanité l'emporta sur la crainte. Vanité juste gâchée par un peu d'amertume, parce que Fernand avait agi sans me consulter, ni même m'informer. Je chassai mes idées noires pour m'adonner aux délices de l'autosatisfaction. Ce dont mon compagnon profita : il fit monter une troisième bouteille de champagne et se lança dans de grandes explications. Il avait — affirma-t-il — utilisé ce tableau qu'il affectionnait particulièrement pour prendre contact avec les directeurs de galeries susceptibles de s'intéresser à mon exposition. Mais chaque fois, on s'écriait : « Quel merveilleux Van Dongen ! » On s'extasiait sur la sensualité des couleurs, les nuances de la carnation du visage, typiques des meilleures années du peintre. Il avait chaque fois rétabli la vérité, parlant d'un jeune artiste fort doué. Mais ces messieurs avaient refusé de le croire. « Si c'est vrai, ajoutaient-ils, si cette toile est bien d'un autre que Van Dongen, alors ça ne nous convient pas. Une exposition d'imitations n'offre pas d'intérêt pour nous. » Il me raconta aussi que Philippe

Huissman, directeur de la galerie Wildenstein, vint un jour dans son hôtel parisien examiner des toiles qu'il avait à vendre, et y remarqua le portrait de Patricia :

— Oh ! le magnifique Van Dongen ! Quel dommage qu'il ne soit pas signé ! Vous devriez demander à l'artiste de le reconnaître, c'est trop dommage. Je vous fais parvenir son adresse.

Pris au jeu, Fernand avait voulu savoir jusqu'où irait la plaisanterie : c'est pourquoi il avait apporté la toile à Monaco. Van Dongen entamait sa soixante et onzième ou soixante-douzième année, avec derrière lui une carrière amoureuse si longue qu'il s'y perdait un peu. Dans sa jeunesse, il adorait « baiser à l'œil », selon ses propres termes. Et quand une femme lui plaisait, il exécutait son portrait et l'honorait au passage. Mais il se gardait de signer l'ouvrage. Ainsi, quand la belle s'en avisait et revenait le voir, il échangeait son paraphe contre de nouvelles faveurs. Fernand lui avait donc présenté le portrait de Patricia ; le vieux peintre n'avait pas eu la moindre hésitation.

— Ah ! celle-là, si je m'en souviens ! C'était une sacrée poule. Elle voulait son portrait sans rien m'offrir en échange !

Puis il avait signé le tableau, qu'il datait de 1910-1911, fin de son époque fauve.

Fernand avait le génie de la persuasion. Le champagne aidant, je me suis bientôt senti totalement rassuré. Pour chasser définitivement mes dernières appréhensions, il acheta dès le lendemain un cadre somptueux, et le salon de ses parents s'orna du portrait de ma fiancée américaine. Il inventa pour ces derniers la fable d'une mystérieuse étrangère qui, ayant séjourné à Monaco, y avait connu Van Dongen. La suite, ils pouvaient l'imaginer. Incapable de trouver une meilleure solution, j'acceptai de partager ce pieux mensonge avec lui, affolé que j'étais par l'idée d'être désormais l'auteur d'un faux authentique.

Chapitre V

De retour à Lausanne, je résolus d'oublier Van Dongen à tout jamais. Une escapade à Vallauris me simplifia la tâche. J'y découvris les corridas de Picasso ; tournant résolument le dos aux femmes maléfiques, j'optai pour les taureaux.

Une nouvelle période d'activités intenses débuta. Désormais, Picasso m'obnubilait. A sa suite, je me précipitai dans les arènes avec l'énergie d'un torero. Couleurs, formes, contrastes, mouvements : je commençai et recommençai sans répit ébauches et toiles, des scènes de corrida indéfiniment répétées, dont seuls variaient les angles de vision, parfois les perspectives. J'en exécutai des dizaines, sur papier, sur toile, et même sur contreplaqué, adoptant des formats de plus en plus grands. L'esprit enfiévré, je ne savais plus si j'étais moi-même ou un autre. L'esprit confus, j'avais le sentiment de me servir de la technique de Picasso, de bénéficier de son influence... pour exalter mes qualités propres. De m'affirmer, en somme. Douces illusions ! En vérité, je faisais du Picasso, et rien d'autre. Mais on me l'aurait dit, je serais resté sourd. La phase d'exaltation se conclut par une série originale de scènes non taurines qui représentaient le peintre et son modèle travaillant dans l'atelier.

J'étais en mal d'inspiration et, comme souvent dans cet état, je déambulais dans les rues, à la recherche du déclic, de l'idée qui s'impose dans un envahissement brutal. Fernand m'accompagnait : entre deux avions, il s'accordait une escale de quelques jours pour rester un peu avec moi. C'est lui qui attira mon attention sur une affiche illustrée représentant *Les Mariés de la tour Eiffel* de Chagall : une galerie de Genève faisait une rétrospective de l'œuvre du peintre. J'ignorais tout, à l'époque, du travail de Chagall. Ce que révélait l'affiche me plut et Fernand convint que l'exposition aurait une bonne influence sur moi.

Le résultat ne se fit pas attendre : une fois encore le mimétisme agit, ébloui j'entrai avec la passion du néophyte dans l'univers de Chagall. Comme à l'ordinaire, je pensais être à la fois proche et distant de celui qui m'inspirait. Je reprenais peut-être ses couleurs, ses teintes, les variations de ses nuances, en revanche je m'éloignais de ses formes et de ses structures. C'est du moins ce que je croyais — et ce dont Fernand s'ingéniait à me convaincre. En réalité, il se produisait toujours le même processus : je finissais par me confondre avec mon modèle. J'étais ce qu'il était, je faisais ce qu'il faisait. Jusqu'à ses tics, jusqu'à ses déformations et ses imperfections. Pas plus que les précédents, Chagall n'échappa au maléfice : il me livra sans le savoir tous les secrets de son art et mon pinceau réalisa quelques-unes de ses plus belles toiles.

Heureusement, son graphisme m'ennuya vite. Je le trouvais pauvre, répétitif, sans renouvellement, et bientôt Dufy lui succéda, au grand soulagement de Fernand qui avait peur que je me décourage et veuille abandonner. Il m'aiguillonnait en permanence, arguant que, comme je n'avais aucune formation artistique, je devais pallier cette lacune par l'étude des grands maîtres. Le raisonnement me paraissait d'une imparable logique et j'y adhérai sans rechigner.

Donc Dufy bouscula Chagall et m'emporta le cœur. Avec lui, je retrouvai la magie des dessins d'enfants. Mes derniers Chagall sentirent le Dufy : couleurs follement gaies, traits inachevés, personnages folkloriques. Mon tracé trop rigoureux devint plus souple, plus léger. J'avais un nouveau mentor.

Chaque peintre auquel je me suis consacré m'a appris quelque chose. Par exemple, avec Picasso, j'ai découvert le lavis. Les personnages — toreros, femmes dans l'assistance, picadores grotesques — ont tous été réalisés en deux teintes, le lavis noir, ou marron foncé, et une nuance plus claire pour donner la lumière. C'est très simple, très caricatural, dirais-je, mais quelle efficacité ! Chagall, pour sa part, utilise un dessin plus folklorique, peu élaboré, flou. Les thèmes reviennent sans cesse : la tour Eiffel, l'oiseau, la chèvre, le violoniste, etc. A côté du jaillissement perpétuel de Picasso, qui a renouvelé jusqu'au bout son inspiration et sa technique, il me semble vraiment fade. Certes, le plafond de l'Opéra de Paris demeure magnifique, mais personnellement je n'aurais jamais acheté un Chagall.

Dufy, en revanche, est un grand peintre. Avec peu de traits, il dit beaucoup, traduit un mouvement extraordinaire. Il mélange les couleurs les plus invraisemblables : une touche de rouge, une touche de noir et il vous compose un piano rouge fabuleux. Et sa verdure ! Un fond de couleur verte avec des taches de lumière, un étalement de vert clair, une ombre de vert foncé mélangé de vert de vessie ou d'un rien de noir ; dans cet amas de verts, il dessine ensuite ses feuillages avec un pinceau plus fin. Aucun peintre ne fait cela. Et ses mélanges de couleurs ! Il passe, pour un champ de blé, du bleu ciel au jaune, puis au bleu profond ; cela pourrait jurer, mais non. Il obtient une vie, une gaieté que personne n'a su rendre.

J'aime aussi Braque et, dans son style, j'ai surtout travaillé les natures mortes et les personnages. Il utilise une peinture très épaisse, très opaque, juxtapose en contraste des beiges et des verts, des roses et des marron ; s'en dégage une harmonie qui n'appartient qu'à lui. Cet empâtement de matière lourde donne l'impression de s'accrocher à la toile avec une grande force. C'est puissant et beau. A mon avis, sa peinture s'apparente presque à la sculpture. Il obtient un granulé final en mélangeant ses teintes avec un produit qui épaissit encore la palette et donne consistance à ses tableaux. En fait, chaque peintre a ses trucs. Ainsi, Van Gogh, pour ses blancs, utilisait directement la toile : avec le manche du pinceau, il grattait, rayait la peinture et faisait apparaître la toile. Il pouvait de la sorte dessiner, manipuler la couleur avec une extrême finesse, tout en donnant l'impression qu'il traçait les contours avec du blanc, alors qu'il n'y en avait pas. Ce qui diminuait les risques de mélange de cette teinte si fragile avec les autres nuances. Van Dongen, Braque et les fauves ont parfois utilisé ce procédé ; Matisse, très souvent. Il l'améliora en recouvrant ses toiles d'une peinture uniforme et fraîche dans laquelle il traçait ses dessins, lui aussi, comme Van Gogh, avec le manche du pinceau en guise de pointe sèche. Au lieu de contours noirs, il obtenait du blanc, et ce n'est qu'ensuite qu'il rajoutait le noir : dans les teintures murales, les fleurs, les décors, il fait des merveilles.

Et Marquet ! En voilà encore un avec lequel j'ai passé des heures et des heures pour comprendre tous les arcanes de sa technique. Son genre me convenait parfaitement. Il utilisait des couleurs très légères, et jouait de dégradés savants qui allaient du bleu-vert, à la limite du turquoise, au rose le plus chaleureux et le plus risqué, le rose bonbon, en passant par des mauves et des violets quasiment inimitables. Ses sujets de prédilection étaient les ports, en particulier celui d'Alger : l'eau chez Marquet, voilà un beau thème d'étude. L'analyse détaillée de ses paysages marins nous en apprendrait long, je pense, sur lui, sur ses fantasmes, sur son style aussi. Je ne sais pour quelle raison — hormis, bien sûr, la passion que je portais à son art — je me suis senti un moment en totale correspondance avec lui.

Durant cette période j'ai peint notamment un *Pont-Neuf,*

m'inspirant de la technique des derniers temps de son époque fauve. C'est une toile que Fernand porta un jour chez la veuve, à fin d'expertise. Non seulement celle-ci l'a authentifiée sans tergiverser le moins du monde, mais encore elle a voulu la lui échanger contre une autre, authentique celle-là, datant des années 40, c'est-à-dire une mauvaise période dans l'œuvre de Marquet, qui avait beaucoup baissé, frappé par les atteintes de l'âge. Commentaires de Legros :

— Cette vieille idiote ne pensait tout de même pas que j'allais lui céder un Marquet fauve contre cette chose médiocre !

Preuve que dans son esprit tout, parfois, se mélangeait ; le vrai, le faux, il lui arrivait de ne plus faire la différence.

Vlaminck aussi fut l'un de mes modèles favoris. Chez lui, le blanc dominait souvent : une teinte qu'il maniait avec des coups de brosse d'une étonnante brusquerie. On peut dire qu'il est resté fauve toute sa vie grâce à la vigueur de son pinceau.

Vers la fin, il travaillait avec une spatule, ce qui demande une formidable dextérité : on doit jeter la peinture sur la toile avec beaucoup de précision, bien l'étendre, et s'arrêter au bon moment, juste avant qu'elle commence à durcir, sinon tout est à refaire. L'ennui avec lui, c'est qu'il s'est trop recopié, reproduisant à l'infini ses scènes de neige, ses chaumières, etc. Personnellement, je préfère ses bouquets de fleurs, ses œuvres de l'époque cézannienne.

Enfin, parmi ceux qui m'ont le plus influencé, il y eut Marie Laurencin. Elle a peint des femmes — car elle les aimait —, en utilisant surtout du gris et du rose. Au contraire des autres artistes que je viens d'évoquer, elle esquisse, sans violence aucune. Pendant longtemps, j'ai pensé qu'elle était mièvre, mais je crois qu'il s'agit plutôt d'une finesse toute féminine. Aujourd'hui, je considère même qu'elle est un grand peintre. Au premier regard, on se dit : « Il y a du gris, il y a du rose, bon, c'est simple. » En fait il y a des dizaines de gris distincts et proches, des dizaines de roses voisins, avec d'infimes touches de vert, de jaune parfois, le tout disposé avec subtilité. Mais malgré cette palette de nuances étendue, je dois reconnaître que ce n'est pas une technique très compliquée à reconstituer.

Ce savoir, cette intelligence des processus de création propres à certains artistes, je les ai appris seul et de façon intuitive, uniquement grâce à l'observation des œuvres. D'un regard, je captais leur vérité singulière, le style qui les caractérisait, la technique qui les avait élaborées. Les usages de matériaux me semblaient instantanément évidents. Mystères de l'œil, de mon œil, qui a ainsi servi de chambre d'enregistrement. Toutes les toiles que je voyais dans une exposition se gravaient immédiatement dans ma mémoire. Et elles demeuraient là, fixées en moi, comme imprimées dans mes neurones. Après, l'analyse n'était plus qu'une affaire de concentration : au terme d'un effort sur moi-même réapparaissait tel ou tel tableau que je voulais étudier, à la commande. Le reste, c'est-à-dire la compréhension rationnelle des astuces, recettes et autres secrets de fabrication propre à chaque artiste, était affaire de travail. Je reprenais dix fois, vingt fois la même toile, jusqu'à ce que je sois certain du résultat obtenu. Je ne cherchais pas à faire du faux, puisque je n'ai jamais essayé d'assimiler ma recherche à la leur. D'ailleurs, si j'avais sciemment voulu faire des faux, j'aurais pris des supports adéquats : toiles anciennes, papiers anciens, etc.

Lorsque j'ai entamé ma période Dufy, au cours de cette année 1960, j'avais acquis une grande assurance. Je me sentais « au point », comme on dit familièrement. Mon geste était ferme, je dominais parfaitement la palette des couleurs, j'avais assimilé une incroyable variété de techniques. Et puis la signature de Van Dongen, apposée sur le portrait de Patricia, m'avait libéré de mes démons et mes craintes : j'avais maintenant la certitude d'être un grand peintre, l'égal des maîtres de l'art contemporain. Une ombre demeurait au tableau : mes toiles restées aux États-Unis. Fernand n'en avait-il pris qu'une seule ? Ce qu'il avait fait avec Van Dongen, il pouvait bien le répéter avec mes études de Fernand Léger. Je chassais cette idée de mon esprit, mais elle revenait, insistante, comme un remords. Fernand m'avait menti.

Ces pensées finirent par m'empoisonner la vie : je voulais savoir la vérité. Après mille hésitations, je lui demandai une fois encore s'il avait vraiment l'intention d'organiser cette exposition qu'il me promettait depuis presque deux ans.

Comme à l'ordinaire, il éluda mes questions. Je revins à la charge, il changea de sujet. Et une fois encore, j'abandonnai. Il me crut calmé. Ce n'était qu'une illusion. Pendant des jours et des jours, j'ai ruminé, cherchant toutes les explications possibles, sans en trouver aucune. En Amérique, il disposait de centaines de toiles, il allait recommencer... En même temps, je ne pouvais admettre qu'il se jouât de moi, nous étions trop importants l'un pour l'autre, liés par trop de souvenirs, de secrets aussi. Des secrets empoisonnés, comme celui de me cacher pour me faire peindre. S'il voulait me lancer, me promouvoir, réaliser l'exposition promise, pourquoi persévérer dans cette clandestinité ? Je me torturais en de folles pensées pour me perdre dans un labyrinthe qui se nommait Fernand Legros. Où était le vrai ? le faux ? Voulais-je réellement voir la vérité ? L'affronter ? De guerre lasse, je pris la décision qui semblait s'imposer et que j'évoquais périodiquement : partir. Rentrer au Canada, mettre des milliers de kilomètres entre nous, pour retrouver mon calme, réfléchir tranquillement, et surtout lui échapper, me soustraire à son influence.

Fernand réagit immédiatement à l'annonce de mon projet : il n'en était pas question. D'autant que mon récent engouement pour Dufy laissait présager une moisson de toiles des plus intéressantes. Marchand dans l'âme, il a toujours estimé qu'on peut tout acheter, même les consciences : le lendemain, il m'offrait une magnifique gourmette en or, trop lourde et trop voyante à mon goût. Je me suis empressé de l'égarer, malgré son double fermoir, ce qui ne fut certainement pas l'effet du hasard. Mais, malin, Fernand avait accompagné le somptueux cadeau d'un second, autrement plus séduisant pour moi : une collection complète de livres et de documents sur l'œuvre de Dufy. Il avait touché juste. A peine avais-je commencé à feuilleter les ouvrages que tout était oublié : le Canada, les angoisses, les malaises. Le charme opérait, je revivais ; la folie de la peinture s'emparait à nouveau de moi. Bientôt, par mes fenêtres, je ne vis plus le lac Léman mais la baie des Anges, et les bateaux de Dufy se mirent à onduler sur les eaux de la Confédération helvétique.

J'ai peint sans interruption deux mois durant, accumulé des centaines de toiles, d'aquarelles et de dessins, privilégiant avec un bonheur inégalé cette lumière tellement singulière qui marque l'œuvre de Dufy, m'ébrouant comme un chiot fou dans son dessin de vieil enfant rebelle. Et puis, sans raison apparente, sans motif nouveau, j'ai reposé mes pinceaux et déclaré avec toute la fermeté dont j'étais capable :

— C'est fini. J'ai fini. Je retourne chez moi !

Le moment était mal choisi. Fernand rentrait d'une expédition parisienne avec, dans ses bagages, une aquarelle de Dunoyer de Segonzac qu'il avait achetée à François Reichenbach. Il ne s'est même pas donné la peine de m'entendre jusqu'au bout. Il m'a tendu le Dunoyer et, de son ton égyptien et sucré, m'a dit :

— Mon ange, rends-moi un petit service. Fais-m'en une copie, ou une variante, si tu veux.

— Mais tu es fou ! Une copie, c'est un faux. Jamais je ne ferai ça !

— Je n'en veux qu'une seule. Tu n'as même pas besoin de la signer !

— Encore heureux ! Et qu'est-ce que tu vas en faire ?

— Je ne peux pas te le dire.

J'ai renouvelé mon refus et, pour clore la discussion, j'ai ajouté que je partais dans deux jours, ce qui était vrai. J'avais en effet réservé une place sur Icelandic, la ligne la moins chère, qui passait par l'Islande et New York. L'inévitable se produisit. Fernand s'emporta, menaça de me confisquer mon passeport et mes économies.

— Au bout du monde, tu m'entends, même chez les Zoulous, j'irai te rechercher !

A mon tour, je me mis à crier, à l'insulter, et finalement nous en sommes venus aux mains. Ivre de rage, il s'est précipité dans ma chambre, a retourné mes tiroirs, s'est emparé de mon argent et de mes papiers. J'ai tenté de les lui reprendre. Autant enlever une défense à un éléphant. En désespoir de cause, j'ai claqué la porte, et passé ma colère sur une demi-bouteille de vin blanc au café du village.

Moins d'une heure après, Fernand venait me rejoindre, penaud, gentil, comme toujours après la tempête. Cette explosion nous avait épuisés, mais aussi apaisés. Nous n'avions plus la force de nous battre ; il ne nous restait que de la tristesse, de l'amertume et, chose étrange, le sentiment diffus qu'une telle dispute avait exprimé les liens extraordinairement intenses et profonds qui nous unissaient. Legros exploitait cela à merveille. Ce jour-là, à cause du vin, des mots, des phrases enveloppantes, de la fatigue, mais aussi de l'envie de peindre, de celle de partir, de me libérer, peut-être encore de mon incapacité à tenir longtemps tête à Fernand, j'ai accepté de faire le tableau à la manière de Segonzac. Le lac Léman et ses rives sont alors devenus un paysage de Saint-Tropez, avec la Méditerranée et des vignes.

Des années plus tard, mon pseudo-Segonzac, *Paysage et nature morte à la nappe rouge,* signé, authentifié, trônait dans une galerie de Madison Avenue. Dire qu'il coûtait une fortune serait un euphémisme.

Au jour dit, j'ai pris l'avion, sans prévenir Fernand, je ne voulais pas d'adieux, craignant une scène. J'étais rongé par le remords d'avoir cédé si facilement à sa requête. Je me méfiais de ma faiblesse. Il l'avait maintes fois mesurée, s'était même baptisé mon « suzerain, infaillible comme le pape ».

Au Canada, j'ai retrouvé les miens. Pendant ces deux années d'absence, j'avais oublié combien je les aimais tous, combien je leur appartenais. Ma mère m'embrassait sans cesse, mon père avait renoncé à ses airs de sévérité, et le soir, après le dîner, il aimait à bavarder avec moi. J'ai relaté mes études, mes voyages. Tout, sauf mes exploits de peintre inspiré par d'autres. Le dernier épisode en date m'avait donné mauvaise conscience.

J'avais prévu de passer un mois chez mes parents, mais Fernand ne l'entendait pas ainsi. Mon départ silencieux l'avait surpris, et à la peur de me perdre s'ajouta celle de ne plus me voir peindre pour son compte. Deux ou trois jours après mon arrivée, comme je téléphonais à ma mère pour la prévenir que je ne rentrerais pas dîner, je l'entendis répondre d'une voix joyeuse :

— Devine qui est là ! Ton ami Fernand ! Tu devrais revenir. Il a fait toute cette route pour te voir, tu te rends compte ? Je te le passe, il est près de moi.

Quoi ? Fernand avait osé s'introduire dans ma propre famille, circonvenir ma mère, lui mentir, probablement — tout cela parce qu'il avait perdu son jouet ? Fou de rage, je débitai une bordée d'insultes, et lui ordonnai pour conclure de me laisser définitivement tranquille, de disparaître de ma vie.

Tandis que je déversais ma hargne, il tendit l'appareil à ma mère, ses grands yeux verts — j'imagine — noyés de tristesse et susurrant de son ton mielleux : « Écoutez comme il est méchant avec moi ! »

J'ai raccroché violemment. Cinq minutes plus tard, un peu rasséréné, je tentai de réfléchir. Fernand était orgueilleux et entêté. Avec lui, la violence ne servirait à rien, mieux valait négocier.

Je rappelai ma mère ; Fernand se trouvait toujours auprès d'elle. Assurée que j'étais calmé, elle me laissa m'entretenir avec lui, et je lui donnai rendez-vous à son hôtel de Montréal, le Laurentien, dans Peel Street.

Nous avons dîné dans un restaurant français, whisky puis champagne, immuable rituel qui ponctuait nos orages. J'ai parlé des heures et des heures, essayé de faire mesurer à mon compagnon ma déception : j'avais peint depuis notre rencontre un nombre considérable de tableaux et d'aquarelles, peut-être deux mille : que m'en restait-il ? Rien. Je ne savais même pas où ils étaient. Et mon exposition ? Rien. Et ma carrière de peintre ? Rien. A l'instant où je parlais, je ne possédais plus, comme témoignage de mon œuvre, que le dessin déchiré par frère Maurice.

Égal à lui-même, Fernand répondait à côté, promettait, détournait la conversation. Nous n'allions nulle part. En désespoir de cause, pour me débarrasser de lui, je finis par lui promettre de rentrer la semaine suivante.

Il repartit le lendemain, non sans m'avoir répété que si je ne revenais pas le jour prévu, il retraverserait l'Atlantique et retournerait chez mes parents... Je consentis à tout, mais quand le Boeing qui l'emportait disparut dans les nuages, je poussai un soupir de soulagement.

Amère victoire en vérité. Fernand me laissait déchiré : pour lui échapper, il me fallait maintenant rompre avec ma famille — puisqu'il l'avait annexée —, gagner ma vie, me battre, seul, pour devenir un peintre reconnu et pouvoir lui tenir tête sur son propre terrain. Alors, d'égal à égal, peut-être parviendrions-nous à nous retrouver.

Sans attendre, je partis pour Toronto, et me présentai dans les galeries de la ville. On m'accueillit poliment, toujours de la même façon : « Vous peignez ? Et quoi donc ? » Je n'avais rien à montrer, ni photos ni échantillons de mon œuvre. Et la sentence tombait : « Revenez nous voir quand vous voulez, mais apportez quelques toiles avec vous, que nous puissions nous faire une idée de votre travail. »

A la fin de la journée, j'avais compris la légèreté de ma démarche. Arriver avec mes vingt et un ans à peine, les mains vides et oser demander une exposition, comme ça, sur ma bonne mine, ce n'était pas sérieux. Qui pourrait prêter attention à un tel hurluberlu ? Toutefois, cette prise de conscience n'affecta pas ma détermination : puisque la peinture ne voulait pas de moi, je me rabattrais sur les restaurants ! Là, au moins, on peut se présenter sans dossier. Et ma seconde journée à Toronto fut ainsi consacrée à écumer les restaurants français de la ville. Las ! Partout j'entendis la même antienne : le personnel était complet, que ce soit devant les fourneaux ou à la plonge. Le soir venu, la malchance tourna — enfin, si l'on peut dire : je dénichai dans une ruelle perdue un petit bistrot où le patron se débattait au milieu de ses casseroles en attendant que le ciel lui envoie un cuisinier français. Il m'engagea sur-le-champ, sans me réclamer de références autres que ma bonne foi.

Marché conclu. Nous trinquons, un verre, un second, un troisième : la dive bouteille s'est vidée à un rythme d'enfer. Lui buvait parce qu'il était alcoolique, et moi je tentais de noyer ma tristesse, ma nostalgie de l'Europe, ma solitude, mon échec, bref, tout ce qui m'avait envoyé chez lui, dans ce trou à rats où je me voyais déjà vieillir sur des béarnaises sans joie, des mirotons mélancoliques et des aïolis sans soleil. J'étais fait pour peindre des tableaux avec des couleurs éclatantes, et désormais cela m'était interdit parce qu'un irresponsable m'avait peut-être impliqué dans une révoltante machination.

Fernand, ne recevant aucune nouvelle, comprit très vite que je l'avais berné et se mit à harceler mes parents de coups de téléphone. Dix fois par jour, il demandait à me parler, invoquait les prétextes les plus insensés, dérangeait mon père à son travail. Si bien qu'une de mes sœurs finit par flancher, et lui donna le numéro du restaurant. Mon pauvre patron entendit alors, deux heures durant, des choses qu'il n'aurait pu imaginer même aux heures de ses plus folles ivresses : j'étais un peintre de grand talent, qui avait fui l'Europe où l'on me gardait dans un asile psychiatrique. Dieu merci, on avait réussi à retrouver ma trace. Mais il devait absolument se méfier, car j'avais des crises d'épilepsie de temps à autre. Je souffrais en effet de « cuisinomanie », une maladie fort rare et particulièrement dangereuse, qui me poussait à verser de l'arsenic dans les marmites.

Les mensonges les plus gros sont souvent les plus beaux et les plus crédibles ; qui aurait pu imaginer que ces énormités, méthodiquement exposées et sur un ton mesuré, étaient le parfait exemple d'un délire maniaque ? Pas le bonhomme en tout cas, qui, affolé, me donna le double de ma paie, m'annonça qu'il fermait boutique et me proposa même de m'emmener voir un médecin.

Fernand m'avait retrouvé ! J'aurais pu rester calme et affronter l'inévitable offensive, en profiter pour avoir avec lui une explication, radicale et définitive. Nous étions à un tournant de notre relation. Il était assez malin pour s'en apercevoir, et probablement songeait-il à faire des concessions. Au lieu de cela, j'ai laissé la panique décider pour moi. Comme un fou, j'ai foncé à la gare routière, sauté dans un car Greyhound pour New York, déboulé dans le bureau d'une amie rencontrée sur la Côte d'Azur. Elle dirigeait un secteur de la Trans-Caribbean Airlines et, en me voyant dans cet état voisin du délire, elle me remit immédiatement un billet gratuit pour les Bermudes.

L'île de Bermuda est un morceau de terre au bout du monde, de vingt kilomètres sur cinq, qui vit sereinement à la mode anglo-saxonne sous le soleil chaleureux des Caraïbes. Qui aurait l'idée de venir me chercher ici ? J'allais enfin trouver le calme nécessaire pour peindre, constituer une collection que je présenterais ensuite aux galeries canadiennes ou américaines.

J'ai parcouru les rues de l'agglomération, promeneur insouciant, à l'esprit vide, apaisé. Mes déambulations avaient pourtant un objectif précis : je voulais acquérir le matériel nécessaire à la réalisation de mon projet. Mais il était dit que le sort s'acharnerait sur moi ; bien vite, je dus me rendre à l'évidence. Les rares boutiques de peinture affichaient des prix à décourager les artistes les plus enthousiastes. Mon maigre budget ne pouvait pas même suffire à l'achat d'une petite boîte de couleurs de la plus médiocre qualité. Ainsi en va-t-il de mon existence : je ne peux jamais parvenir au bonheur complet. Chaque fois que je crois être tiré d'affaire, au dernier moment, un obstacle surgit qui grippe la machine de mes rêves.

Autre fatalité curieuse : les casseroles, substitut systématique des pinceaux. Dès que je cesse de peindre, elles s'installent dans mon univers quotidien, comme si, marqué par le destin, j'étais voué à être ou peintre ou marmiton, en alternance. Aux Bermudes, la règle s'appliqua sans faillir. Le soir même de mon arrivée j'étais engagé comme cuisinier et chef de rang au Castle Harbour Hotel. Je n'étais pas ravi, mais je fis contre mauvaise fortune bon cœur. Au moins, je n'aurais pas de problèmes de subsistance.

Peu à peu j'ai repris goût aux choses de la vie. La suavité de l'air ambiant, le rythme lent des heures lavèrent mon âme et chassèrent mes angoisses. Fernand, le climat hystérique et passionnel qu'il entretenait autour de moi, ses turpitudes... tout semblait s'effacer. Ici, le souvenir des mois écoulés devenait irréel. Magie de la métamorphose intérieure, le charme des Bermudes opérait sur moi avec une surprenante efficacité. J'avais le sentiment de renaître. Certes, les ressources tirées de mon travail à l'hôtel restaient insuffisantes pour me permettre d'acquérir l'attirail du peintre que je convoitais, mais j'acceptais le fait avec philosophie tant était grande en moi la certitude que je traversais une phase de reconstitution, qui aurait par la suite les meilleurs effets sur mon art.

Cette molle euphorie me fit perdre pourtant le sens des réalités et oublier l'essentiel : l'entêtement de Fernand et mon inégalable propension aux bévues et aux maladresses. Sitôt à Bermuda, j'avais écrit à un ami au Canada pour lui indiquer mon adresse et lui demander de m'avertir si quoi que ce soit de grave survenait dans ma famille. Magistrale erreur. Fernand, qui n'avait pas accepté ma disparition, menait l'enquête tambour battant. En moins de temps qu'il n'en faut pour l'écrire, il fit le tour de mes relations canadiennes, dont il connaissait toutes les coordonnées pour avoir, lorsque nous habitions ensemble, recopié chaque adresse sur de multiples calepins. Fernand le prévoyant ! Sherlock Holmes à ses heures, et le reste du temps, comme le pape, « infaillible suzerain », il dénicha l'ami qui savait tout de mon escapade au soleil, et l'accula aux aveux. Une tornade d'appels téléphoniques s'abattit sur l'île. Je refusai de répondre, évidemment, mais je savais la protection dérisoire. C'en était fini de ma paix.

Je ne me trompais pas. Une lettre me parvint, dix feuillets dactylographiés, où Fernand faisait amende honorable et m'annonçait qu'il avait enfin trouvé une galerie qui acceptait d'organiser une exposition de mes toiles. Il ajoutait aussi qu'il était dommage de gâcher mon talent de peintre au milieu des sauces et des ragoûts. Je devais d'urgence regagner l'Europe pour assumer le brillant avenir qui m'était promis. Le tout était agrémenté des inévitables menaces de rétorsion, pour le cas où je ne me rendrais pas à ses raisons. Il jurait qu'il viendrait me chercher, mais seulement après avoir détruit mes tableaux et fait un détour chez ma mère. Il débarquerait alors au Castle Harbour Hotel et ce serait l'apocalypse, un scandale comme jamais de mémoire d'homme on n'en avait connu. Enfin, il se suiciderait. J'avais une semaine pour réfléchir, pas une minute de plus. Après quoi il passait à l'action. J'étais prévenu. Une fois lancé, rien ne pourrait plus fléchir sa détermination, il respecterait son programme à la lettre.

Malgré son ridicule, sa grandiloquence et ses menaces d'enfant gâté, cette lettre me bouleversa au-delà de ce que j'aurais pu imaginer. Les liens que je croyais rompus se renouèrent tous ensemble. Dix fois, vingt fois, je relus les promesses, les bravades et les tartarinades. Fernand était plus présent qu'il n'avait jamais été. Je le voyais, je l'entendais, presque à le toucher. Pénible sensation d'une mémoire intacte. Je compris que j'allais rentrer en Europe, et me remettre à peindre. Fernand me l'organiserait, cette sacrée exposition !

Il m'attendait à Paris, à l'hôtel Pont-Royal. Sa main tendue ! Ce fut l'une des plus belles fêtes de mon existence. Séparés, nous étions des morts-vivants, mais que la vie était donc pleine et riche et savoureuse lorsque nous étions ensemble ! Le lendemain, la tête un peu lourde, nous sommes repartis pour la Suisse, afin de préparer ma future exposition. Elle aurait lieu dans une galerie de Londres, l'un des meilleurs endroits pour un lancement, selon Fernand.

Lausanne fleurait bon le printemps. Des mimosas en fleur inondaient les rues de vagues jaunes. Je pris cela pour un excellent présage, le jaune est ma couleur préférée. Dès le lendemain, une librairie de Lausanne me livrait, sur ordre de Fernand, plusieurs caisses d'ouvrages traitant du post-impressionnisme. Des éditions luxueuses, avec des reproductions d'une qualité parfaite et des textes fort érudits. Je me suis enfoncé avec délices dans la lecture… jusqu'à ce que je parvienne aux pages présentant l'œuvre de Derain. Un choc, qui me fit l'effet d'une douche glacée. Devant mes yeux ébahis s'étalaient des aquarelles en tout point semblables à celles que j'avais peintes à Baton Rouge : même trait, mêmes couleurs, mêmes sujets.

Alors le doute, qui m'avait quitté depuis mon séjour aux Bermudes, revint comme un mauvais renvoi et, une fois de plus, empuantit mes pensées. J'ai recommencé à tarauder Fernand :

— Où sont mes toiles d'Amérique ? Quand vas-tu les rapatrier ? Donne-moi l'adresse du garde-meuble à Los Angeles !

Fidèle à lui-même, il éludait les questions et, croyant mettre un terme à ce nouvel accès de nervosité, m'offrit une boîte de couleurs Lefranc : une boîte somptueuse, qui venait de Paris, une boîte dont rêvent tous les peintres et que bien peu peuvent s'offrir, hormis Picasso et Chagall, peut-être, car elle coûtait deux mille dollars ! A

66

l'époque, c'était le prix d'une voiture neuve ou encore de dix aller et retour Paris-New York. Personne ne songeait à payer une telle somme pour de la peinture. Au lieu de m'apaiser, ce cadeau fastueux décupla mes soupçons. Je savais que Fernand gagnait sa vie très correctement en vendant des tableaux à la commission, mais de là à se lancer dans de telles dépenses ! Mon harcèlement redoubla.

— D'où vient l'argent ? Qu'est-ce que tu as vendu ? Où sont mes tableaux ?

Mais il demeurait imperturbable et chassait d'un geste méprisant mes soupçons :

— Ne t'occupe pas de ces détails. Tu dois peindre, encore et toujours. C'est tout ! Le reste n'a pas d'importance et ne te concerne pas.

Excédé, ivre d'angoisse et de curiosité, un après-midi où il était sorti, j'entrepris de fouiller dans ses papiers et je découvris, au milieu d'une masse de factures, le certificat d'achat d'une Rover, dernier modèle, qui coûtait des sommes affolantes. Un autre dossier m'apprit qu'il avait abondamment investi dans une galerie de Lausanne, la galerie Image, appartenant à l'une de ses amies, Elsa, une vieille Anglaise, alcoolique et méchante comme la gale. Un dernier, enfin, contenait des relevés de banque dont l'un révéla un solde de plusieurs milliers de dollars. J'étais toujours en train de farfouiller quand Fernand rentra. Je l'entendis aller et venir dans le salon, se servir une boisson et s'installer dans un fauteuil qui chuinta sous son poids. Je choisis ce moment pour le rejoindre, factures et relevés bancaires en main.

A mon air sombre, il devina qu'une tempête se préparait. Et avant qu'il ait le loisir d'esquisser ce sourire qui désamorçait mes rages, je lui posai question sur question, exigeant des réponses point par point. L'origine de son argent, la quantité, l'usage... Je crois que j'ai hurlé. Lui, au début imperturbable, n'a gardé sa façade d'innocence et de candeur que quelques minutes. A son tour, il s'est mis à crier. Des gifles ont suivi : nous nous sommes empoignés et battus comme des chiffonniers. J'ai cogné de toutes mes forces pour qu'il parle, pour que cessent les mensonges. Mon angoisse s'était transformée en fureur incontrôlable.

Soudain, il m'assena un coup de poing à assommer un bœuf, rompant le corps à corps, s'enfuit et courut s'enfermer dans la Rover qu'il avait cachée dans une ruelle voisine, derrière la place du village. Je le poursuivis, mais trop sonné, j'abandonnai le pugilat après avoir gratifié sa voiture de ruades vengeresses. De retour à l'appartement, un peu d'eau sur le visage me redonna calme et lucidité. Ce nouvel accès de violence de Fernand méritait réflexion. J'avais l'impression qu'un nouveau degré dans la brutalité avait été franchi. Comme si, cette fois, des faits très sérieux, peut-être dangereux, devaient m'être cachés. Excité par ce que je pressentais, je décidai de poursuivre mes recherches. Je voulais en avoir le cœur net

Pour l'avoir, le « cœur net », on peut dire que je l'ai eu. Après avoir tout retourné, tiroirs et dossiers, je trouvai, derrière une rangée de livres sagement alignés, un paquet contenant mon passeport, l'argent que j'avais rapporté des Bermudes et deux grosses enveloppes marron, soigneusement scellées. Je les tâtai : apparemment, elles contenaient des photographies. Étrange. Des photos de quoi ? De qui ? La crainte de voir Fernand revenir interrompit mes réflexions, je pris le parti de chercher refuge dans un coin plus tranquille. Une rasade de vodka pour me donner du courage, j'enfilai ma veste, claquai la porte et dévalai l'escalier. Machinalement, je pris la direction de Lausanne, sans savoir si j'allais marcher jusqu'au matin pour me rompre de fatigue, ou sauter dans un train et me réfugier en Italie. Ou ailleurs.

Sept kilomètres séparent Saint-Saphorin de la ville et de ce café banal et anonyme où je m'attablai. Il fallut que je reprenne mes esprits. J'avais besoin d'avoir les idées claires pour réfléchir à la situation et ouvrir les deux enveloppes qui alourdissaient ma veste. Sans raison, je redoutais déjà d'affronter la réalité de leur contenu. Je ne savais rien de précis à leur sujet, et pourtant une boule d'appréhension m'obstruait la gorge.

J'ai commandé un alcool fort à un serveur somnolent et je bus d'un trait. Puis j'ai respiré une grande goulée de l'air empuanti de tabac qui stagnait dans le café et j'ai déchiré les emballages kraft.

Quand on trébuche sur un serpent, on doit éprouver la même terreur que celle qui m'a soudain envahi. Mon sang s'est figé comme un glaçon : vingt-quatre photos de mes premières grandes aquarelles peintes, à Baton Rouge, flamboyaient devant mes yeux, vingt-quatre photos avec, au recto, la signature de Derain, apposée par cachet, agrémentée d'un certificat d'authenticité rédigé par Alice Derain, la veuve du maître.

Ainsi, chaque fois que Fernand Legros, mon ami, mon frère, passait par Paris, c'était pour rendre visite à Mme Derain et lui faire reconnaître les œuvres de son mari, comme Van Dongen avait reconnu la sienne. Et moi, pendant ce temps, qui espérais, qui attendais mon exposition... Tout n'avait été, tout n'était que mensonge, tromperie, duperie. Fernand m'avait insidieusement transformé en faussaire.

J'eus l'horrible sensation qu'une corde m'avait été passée autour du cou, et m'étranglait lentement. Je repris un alcool, un autre encore, l'esprit chamboulé par des pensées incohérentes, les tempes bourdonnantes. Puis je repartis en direction de Saint-Saphorin en empruntant un autre itinéraire. Une fois de plus, le hasard était avec moi cette nuit-là et il me conduisit devant la galerie Bonnier. Une affiche y annonçait une exposition Fernand Léger. Elle faisait plus d'un mètre de haut et s'ornait d'un magnifique dessin, *mon* dessin, le premier que j'avais exécuté à l'encre de Chine après avoir découvert l'existence du peintre à Los Angeles. Ce fut le coup de grâce.

Je ne saurais dire comment j'ai regagné l'appartement. Je titubais comme un vieillard, rompu par l'alcool, la marche et les émotions. La corde que j'avais autour du cou me serrait si fort que je respirais à grand-peine. Des voix sinistres hurlaient à mes oreilles : « Faussaire ! faussaire ! »

Quand Fernand revint au petit matin, il trouva les meubles renversés, mes tubes de peinture éparpillés et éventrés. J'étais dans le coma, allongé à même le sol, à côté d'une bouteille de vodka et de trois tubes de somnifères vides. Alcool plus médicaments, j'avais choisi de mourir les yeux fermés parce que je ne voyais autour de moi que laideur et mensonge.

On me transporta à la clinique Nestlé de Lausanne, pour m'infliger le traditionnel lavage d'estomac. Pendant onze jours je suis resté dans un coma agité. J'ai dû crier le nom de Fernand, et sans doute l'ai-je fait dans un accès de terreur car les médecins voulurent lui interdire l'entrée de ma chambre. Il en fallait plus pour le démonter. Il téléphona aussitôt à ma mère, lui annonça que je venais d'être victime d'une intoxication alimentaire et que j'étais à l'hôpital, mais qu'à son avis il vaudrait mieux me transporter dans un établissement spécialisé dans ce genre de problème. La pauvre femme, déboussolée, sans méfiance, lui envoya dans l'heure un télégramme lui donnant tout pouvoir.

A mon réveil, le onzième jour, deux inconnus en blouse blanche étaient à mon chevet. L'un d'eux, un psychiatre, voulait connaître les raisons de mon geste. J'étais trop faible et trop affecté pour oser avouer quoi que ce soit. Ils haussèrent les épaules et, sans autrement insister, me firent signer une décharge dans laquelle j'acceptais le transfert réclamé par Legros. Une ambulance vint me chercher dès le lendemain. Contrairement à ce qui était annoncé, elle me conduisit à l'Hôtel Central de Lausanne. Fernand avait décidé de me soustraire au régime hospitalier, fût-il celui d'une clinique, trop risqué à son goût. Je pouvais parler... et il ne le souhaitait pas. A l'hôtel au moins j'étais totalement sous son contrôle. Comme d'habitude il avait bien fait les choses. Ma chambre, un bouquet sur chaque meuble, s'ouvrait sur le lac Léman ; le personnel était aux petits soins. Une infirmière demeurait en permanence à mon chevet et un docteur venait m'ausculter chaque matin. Mais on ne se suicide pas deux fois : en aurai-je eu envie, j'en aurais été incapable tant j'étais vidé. Et puis j'apprenais à accepter mon sort. Ne pouvant pas mourir, il me fallait bien vivre, vivre une vie qui s'appelait Fernand Legros, que je le veuille ou non.

Quand j'eus récupéré assez de forces, Fernand, qui avait abandonné Saint-Saphorin et loué un nouvel appartement à Ouchy, en contrebas de Lausanne, me proposa un voyage sur la Côte d'Azur « pour me changer les idées ». D'un commun accord, nous n'avions pas prononcé une seule parole à propos de mon geste désespéré, ni fait aucune allusion au passé. Nous simulions l'oubli ; c'était mieux ainsi.

Ses parents nous accueillirent avec leur chaleur et leur amabilité coutumières. Le soleil, la mer, Fernand redevenu tout sucre et tout miel me rendirent peu à peu le goût à l'existence. J'essayai à plusieurs reprises de demander des explications sur les vingt-quatre photos, sur le dessin de la galerie Bonnier, mais chaque fois il tempéra : il répondrait... plus tard. Je n'avais pas l'envie d'insister, ni le cœur de supporter une nouvelle dispute. Je crois même que dans mon état, je préférais encore ces petits mensonges à une brutale vérité.

Nous avons terminé ce triste mois d'août de 1961 à Palma de Majorque. Mme Legros nous avait accompagnés et veillait sur nous comme une mère poule. Palma, la douce, la belle Palma, située à un saut de puce d'Ibiza et où une de mes amies venait d'arriver sur le voilier de son mari. Elle s'appelait Jacqueline Lamotte. Canadienne mariée à un metteur en scène italien, je l'avais rencontrée à Paris, à mon retour des Bermudes, et tout de suite j'avais été séduit. Grande, mince, brune, spirituelle et pétillante, elle riait de tout. C'était en fait une femme extraordinairement tonique. Nous avions passé ensemble une soirée de franche gaieté et, au moment de nous quitter, elle m'avait invité à la rejoindre à Ibiza pour le début de septembre. Sur l'instant j'avais accepté, sans trop y prêter attention. Mais le hasard aidant, ma présence à Palma et le désir de me changer les idées, je décidai d'honorer l'invitation. A ma grande surprise, Fernand, informé de mon projet, ne manifesta aucune réticence.

C'est ainsi qu'un matin de septembre un avion me débarqua sur le sol d'Ibiza et que je me retrouvai au milieu d'une bande d'amis accueillants, tous amoureux, comme Jacqueline et son mari, de la mer et des bateaux. Trois semaines durant, j'ai tiré sur des cordages, plongé dans des criques désertes, lézardé au soleil, oubliant Fernand, ses misérables combines et ses forfaitures minables. J'avais l'impression de me décrasser, de changer de peau.

Et puis les dieux s'en mêlèrent. Deux jours avant mon départ, ils guidèrent mes pas vers l'une des collines de Figueras, sur un terrain situé en haut d'une petite falaise qui attendait un acheteur. Ce fut l'éblouissement, le coup de foudre. L'endroit était d'une sauvagerie magique : un morceau de rêve d'où l'on pouvait apercevoir les plus beaux couchers de soleil du monde. Par curiosité, je demandai au village combien le propriétaire en réclamait : sept mille trois cents dollars. C'était peu. Pour moi c'était beaucoup.

Fernand m'attendait à l'aéroport de Barcelone. Il ne m'avait pas manqué au cours de cette séparation, et pourtant j'étais heureux de le retrouver. Des soirées entières, je lui ai amoureusement décrit mon île sauvage, ses collines, sa falaise à vendre et, à force d'en parler, le souvenir a pris de plus en plus d'importance. Tellement même qu'à la fin, emporté par l'enthousiasme, j'annonçai que j'allais travailler pour acheter le terrain. Douce rêverie, pieux projet. A peine avais-je terminé ma phrase que je mesurai la difficulté de l'entreprise. Chaque fois que j'avais voulu gagner de l'argent, j'avais échoué dans l'arrière-cuisine de bistrots borgnes comme maître-plongeur et homme à tout faire. Perspectives réjouissantes... A part peindre, ce dont il n'était plus question, je ne savais rien faire. Mon désarroi dut être visible, car Fernand me proposa de m'engager comme secrétaire itinérant, avec un contrat en règle et un salaire de dix mille dollars par an, payable d'avance. L'idée me parut merveilleuse, je l'acceptai sans hésiter. En un tour de main, tout fut réglé par un avocat. Je signai les yeux fermés le contrat, sans prêter attention aux diverses clauses, notamment celle par laquelle je m'engageais à restituer à mon employeur cent dollars par jour d'absence volontaire et non justifiée. En revanche, il était stipulé que je pourrais vendre des tableaux pour mon propre compte.

L'heure était aux changements. Comme je ne me sentais plus capable de vivre en Suisse, nous avons loué un appartement à Paris, rue Saint-Didier, à côté de la place Victor-Hugo, un duplex, avec une énorme verrière qui ressemblait à un atelier d'artiste.

Ainsi ai-je commencé, sous la houlette de Legros, à m'initier au métier de marchand. Mon compagnon avait compris avant tout le monde un phénomène d'importance : l'attrait qu'exerce sur l'amateur d'art un bon certificat. Même de piètre qualité, un tableau trouve presque instantanément un acquéreur, notamment dans un pays comme la Suisse, s'il est accompagné d'un certificat d'authentification officiel, alors qu'un chef-d'œuvre non signé est fréquemment dédaigné par le connaisseur moyen. Affaire de commerce, évidemment, la plupart des acheteurs considérant que la valeur des toiles réside dans la signature, et ensuite seulement dans la qualité graphique et picturale.

Le certificat était donc devenu le nerf de l'activité commerciale de Legros. Or cette pièce officielle, pour être valable, devait être délivrée par un expert incontestable, dont la signature était connue et reconnue par tous. Un oiseau rare que Legros avait su détecter, puis prendre dans ses filets. Son nom : André Pacitti. Ses références : irréprochables. Expert près les tribunaux, expert près la cour d'appel, expert près le Crédit municipal, expert près les Douanes françaises, expert pour les ventes publiques à Drouot, au palais Galliera, et j'en passe. En outre il parrainait une ou deux fois par an les ventes publiques organisées à l'hôtel Beau-Rivage de Lausanne pour le compte d'un certain Pequignot, un personnage célèbre du commerce de l'art en Suisse, ancien vendeur de chaussures ou de draps reconverti dans l'objet rare et cher.

L'astuce utilisée par Legros pour harponner Pacitti mérite d'être rapportée. A l'époque, en effet, Fernand ne s'était pas encore fait un nom sur le marché : au tout début de ces années 60, il n'avait pas de vrai coup à son actif et faisait donc partie de la troupe anonyme et innombrable des petits intermédiaires qu'un expert renommé voit défiler dans son cabinet toute la sainte journée. Legros imagina donc un tour à sa façon pour attirer l'attention sur lui. Un matin, il se présenta place François-Ier où Pacitti officiait et lui fit passer par une secrétaire une *Mare aux canards* de Dufy. L'expert l'examina, le jugea authentique, délivra son certificat, et le renvoya par le même chemin. Mais quelques minutes plus tard, la secrétaire lui rapportait un autre Dufy, une *Mare aux canards* semblable à la précédente. Un peu étonné, le maître l'ausculta en détail, prit son temps, vérifia et revérifia : il n'y avait pas de doute possible, la nouvelle aquarelle était elle aussi authentique. Et il rédigea un second certificat. Cinq minutes plus tard surgit entre les mains de la secrétaire une troisième *Mare aux canards,* encore de Dufy, et encore authentique. Cette fois l'expert réagit, et demanda à connaître celui qui possédait une telle série. Fernand, qui attendait dans le bureau voisin, se leva, salua. Il avait gagné : Pacitti était déjà sous le charme.

Indubitablement, la grande force de Fernand Legros, dans son aventure commerciale, résultera de son alliance avec André Pacitti. On ne pouvait rêver meilleure ouverture et plus sûre caution. Proche parent d'André Schoeller, qui s'était imposé durant les années 40 comme l'expert le plus doué en matière d'impressionnisme et de post-impressionnisme, Pacitti avait tout naturellement suivi la voie paternelle. Mais au lieu de courir le diplôme, il s'en était tenu au baccalauréat pour ensuite acquérir le savoir et l'expérience de son parent, se spécialisant à son tour dans l'impressionnisme et le post-impressionnisme. Quand Fernand le connut, non seulement il avait pignon sur rue, mais il avait déjà composé son personnage de petit homme rondouillard, genre notaire de province, le crâne dégarni, le regard perçant, il se frottait inlassablement les mains, en vous donnant du « cher monsieur » à longueur de phrases et en s'exprimant sur un ton mi-onctueux, mi-pontifiant. Sa réputation était redoutable. Avec lui, le doute n'était pas de mise, il tranchait souverainement : « Ça c'est bon ! ça c'est mauvais ! » Un jugement-couperet qui faisait trembler la profession des marchands. Alors que ses collègues préféraient la nuance et la périphrase, se réservant le droit à l'erreur par des formules comme « nous estimons que... », « à notre avis, il s'agit probablement de... », etc., il inscrivait toujours sous ses certificats : « Je soussigné André Pacitti certifie que... » La voix du maître.

Il fallait le voir à côté de M. Pequignot lors des grandes ventes de Lausanne : également dodus, ils se frottaient les mains à l'unisson, avec la grâce des loutres repues, et tout dans leur attitude disait : « Nous sommes des génies, restons simples. »

Cela étant, nul ne saurait contester qu'André Pacitti a formidablement exercé son métier, et toujours en son âme et conscience. A ma connaissance, il n'a jamais signé un certificat de complaisance. On venait le voir avec une toile ; s'il l'estimait bonne, il rédigeait son certificat et recevait cent cinquante francs pour la consultation. Le tarif, seulement le tarif. En revanche, s'il l'estimait mauvaise, il n'écrivait rien, ne touchait rien. Quand Fernand Legros se lancera dans la plus grande escroquerie de ce siècle, le pauvre Pacitti lui donnera sa caution, en toute bonne foi, aveuglé par son amitié. Une dupe de plus !

Le 15 novembre 1961 approchait, date de mon vingt-deuxième anniversaire. Fernand souhaita que nous allions le fêter à Ibiza :

— Tu pourras ainsi voir si ton terrain est toujours à vendre, ajouta-t-il.

Aucune initiative ne pouvait me faire un plus grand plaisir. Ibiza était toujours aussi superbe, mon terrain toujours disponible et pour la même somme. Je fis donc valoir les droits de mon contrat. Fernand me versa sept mille trois cents dollars d'avance sur les dix mille de mon salaire annuel, et je devins propriétaire d'un bout de terre en Espagne.

Le dernier soir de notre brève escapade, nous dînâmes dans un restaurant du port où festoyait une joyeuse bande d'écrivains et de peintres. Nous avons lié connaissance et, par l'un d'eux, appris qu'un Hongrois, prince et amateur de ces hippies robustes qui commençaient à peupler l'île, avait fait deux apparitions l'été précédent, au volant d'une somptueuse voiture de sport. Elmyr, Elmyr de Hory, revenait de son néant. Fernand, impérial, sanctionna la nouvelle d'une phrase définitive :

— A mon avis, la princesse de Transylvanie ne fera guère d'affaires à Ibiza.

Mon infaillible suzerain se trompait grossièrement.

Chapitre VI

A partir de l'hiver 1961, nous avons beaucoup travaillé. Le principe était simple : en échange d'un papier signé, nous prenions dans diverses galeries des toiles en consignation, le plus souvent difficiles à vendre aux Français parce qu'elles étaient de piètre qualité. Nous passions la frontière suisse — ou anglaise, de temps en temps —, et les proposions à des collectionneurs du cru qui s'en emparaient aussitôt, acceptant des prix qui auraient laissé pantois un Parisien. Les frontières ont le pouvoir de transmuer une croûte en œuvre d'art, ce qui me surprendra toujours. Fernand ne monnayait que des œuvres authentiques, avec une constance qui finit par me rassurer. Peut-être l'aventure du Van Dongen et de mes aquarelles n'était-elle qu'une erreur de parcours ? Peut-être mon désespoir avait-il eu pour effet de lui ouvrir les yeux et de le ramener sur le droit chemin ? J'en prenais pour preuve qu'il ne me demandait plus rien, n'essayant même pas de me faire revenir à mon chevalet. De mon côté, j'avais choisi de faire provisoirement une croix sur mes ambitions de peintre pour éviter de tenter le diable. Bref, la situation revenait à la normale, je reprenais espoir.

De galerie en galerie, de vente en vente, mes connaissances se développaient. Si je savais déjà analyser un trait, reconnaître une technique, il me manquait encore le chapitre le plus vaste, celui de l'histoire de l'art : je l'acquis en commerçant. Et bientôt mon jugement prit l'assurance du professionnel. Fernand n'acceptait jamais rien en consignation sans me demander mon avis. Il me montrait la toile entre deux portes, ou dans le coffre de la voiture, et je lui disais si elle était bonne, ou fausse. J'étais devenu le premier regard... et Pacitti le second, bien que le plus important. Legros en prenait grand soin. Il invitait régulièrement Monsieur et Madame à dîner, toujours sans moi, pour leur faire tranquillement son numéro de charme. Parfois il leur achetait une toile : touchante attention à laquelle le couple était certainement sensible... Tout allait donc pour le mieux. Nous voyagions beaucoup et, sans atteindre la richesse, nous vivions largement, ce qui nous permit de changer d'appartement et de nous installer dans un trois-pièces à Auteuil, sur le boulevard Suchet.

En décembre, il y eut une petite alerte, mais elle fut sans conséquence. Fernand, qui avait organisé de courtes vacances à Megève, m'offrit à cette occasion une splendide Alfa-Romeo blanche achetée à Lausanne pour deux mille sept cents dollars. Cela déclencha aussitôt ma suspicion. Ce cadeau somptueux masquait-il une nouvelle indélicatesse ? Qu'avait-il à se faire pardonner ? Il me rassura, m'expliqua qu'il s'agissait d'un geste normal, que j'avais beaucoup travaillé et qu'il tenait à m'en remercier. Je me sentis presque coupable de l'avoir soupçonné.

Le printemps 1962 nous ramena à New York, le paradis des marchands. Aux États-Unis, en effet, le marché de la peinture tient à la fois du western et du péplum. Quelques galeries, comme Parke-Bernet et Wildenstein, vendent très cher des toiles que les amateurs achètent avec bonheur parce qu'elles sont censées les poser socialement. Ces vendeurs sont des épiciers reconvertis dans le commerce de l'art pour « faire du fric », comme ils disent. De références, point. D'experts, point. Il n'existe aucune autorité sur laquelle la loi peut s'appuyer. La seule vérité sort de la bouche d'estimateurs, qui travaillent essentiellement pour les compagnies d'assurances. Les musées du pays fourmillaient ainsi de faux en tous genres, et Legros, pour l'instant, n'y était pour rien.

En fait, il s'agit d'un marché sans limites précises, dont le moteur essentiel est le snobisme. Et Legros, vendeur spécialisé en impressionnisme et post-impressionnisme, arrivait avec l'arme absolue qui allait lui permettre de régner en maître sur le commerce national : les certificats de Pacitti. Un expert français, reconnu par le gouvernement français, puisqu'il exerçait son magistère auprès de multiples administrations, et connaissant parfaitement l'art de son pays ; autrement dit, aux yeux des Américains, des références irréprochables. En outre, quand Pacitti lui faisait défaut et refusait de lui accorder un certificat, Legros se retournait vers les veuves des peintres, lesquelles disposent d'un droit moral sur l'œuvre de leur défunt pendant cinquante ans. Elles peuvent apposer sur les toiles qu'on leur présente le cachet de leur atelier. Il s'agit d'un tampon encreur qui reproduit la signature de l'artiste ; s'il est possible de mettre en cause une signature, c'est hors de question pour un cachet. Le système de Legros se révélait ainsi génialement verrouillé. Il apparaissait comme le seul capable de fournir des œuvres de prix et authentiques, preuves à l'appui.

Dans ce pays où le pragmatisme fait loi, un vendeur qui garantit qu'une somme sera bien investie se trace une voie royale. Legros donnait toujours le certificat avec la toile. Les rares marchands qui avaient obtenu un tel papier le gardaient alors jalousement dans leurs archives, afin de le revendre un jour comme pièce manuscrite ou document historique !

Les très grands marchands, tel Wildenstein, vendaient avec leur garantie personnelle, ce qui, à leurs yeux et à ceux du monde, tenait lieu de preuve absolue d'authenticité. Garantie verbale les trois quarts du temps, parfois écrite, et valable pendant trente ans, comme le préconise le Code civil américain pour tout achat important en quelque domaine que ce soit. En réalité, le marché américain ressemblait à une jungle où des ignorants bernent des naïfs. Une association s'était créée, l'A.D.A.A. (*American Dealers Art Association,* c'est-à-dire l'Association des marchands d'art), qui regroupe les principaux marchands, et s'était adjoint les services d'un avocat, maître Collins, pour le cas où il faudrait aller devant la justice. Ce maître Collins n'était autre que le correspondant américain de maître Hauert, l'avocat français dont le salon s'ornait de deux pianos et d'un Van Gogh « grand comme la porte » et à qui les voisins de mon enfance allaient rendre visite à Paris. Maître Collins à New York et maître Hauert à Paris représentaient l'ordre et la vertu.

Avec la venue de Legros, un vent de panique souffla sur les galeries : un inconnu apprenait à la clientèle l'art et la manière d'acheter. Désormais, les amateurs milliardaires allaient exiger des garanties. On ne pourrait plus leur proposer le moindre Picasso sans produire une attestation d'authenticité légale et certifiée ! Et comme ce damné Français travaillait avec les particuliers autant qu'avec les directeurs de musées et de galeries, son système s'était répandu comme une traînée de poudre !

« *If you can't beat him, join him.* » Si tu ne peux le vaincre, fais-en un allié : formule de la sagesse populaire de ce côté de l'Atlantique. Bientôt après avoir copieusement maudit Legros sur tous les tons, les marchands changèrent de registre, et vinrent lui faire des grâces. On nous invita à dîner, on nous flatta, on nous indiqua des adresses de collectionneurs, notamment dans le sud et dans l'est du pays où nous avions peu de contacts. Chacun espérait convaincre « ce diable de petit Legros » de lui ouvrir, pour son propre usage, les portes des veuves de peintres et surtout de ce *famous* Pacitti, grand dispensateur de certificats. Malheureusement, on ne met pas le diable dans sa poche.

Nous retournâmes en France, à la fin du printemps de la même année. Nos chers confrères d'Amérique se pressèrent tout l'été à Paris, leurs toiles roulées sous le bras. Ils nous traitaient comme des princes, nous invitaient chez Maxim's ou au Grand-Véfour et au dessert demandaient humblement la faveur suprême : que leur soit ménagée une entrevue avec l'inabordable Pacitti. Évidemment, Fernand n'accédait jamais à la requête. L'expert représentait un trésor qu'il n'entendait pas partager. En revanche, il acceptait de s'entremettre et de soumettre à son jugement les toiles litigieuses. « Par amitié », précisait-il, et sans contrepartie, du moins directement. Car, à la vérité, il profitait de ces contacts pour vendre ce qu'il y avait de plus médiocre — mais d'authentique et de certifié — aux fonds des galeries parisiennes avec lesquelles il collaborait.

Souvent je l'entendais téléphoner à Pacitti.

— Cher ami, puis-je vous voir ? Un marchand américain m'a encore apporté un de ces tableaux... enfin j'aimerais votre avis. Personnellement, je ne crois pas beaucoup à son authenticité.

Prévenant, mais surtout soucieux de crédibiliser son honnêteté et sa loyauté, Legros avait offert à l'expert une lampe à infrarouge, un instrument inconnu en France et qu'il avait acheté à New York. Dans une complète obscurité, les rayons révélaient tous les secrets des toiles : les couches de peinture, le nombre de retouches — plus il est important, plus la valeur de l'œuvre décroît —, les inscriptions à la mine de plomb ou à la peinture phosphorescente que font parfois les faussaires facétieux, ou simplement précautionneux, qui veulent ainsi se garantir contre les risques d'une enquête. C'est d'ailleurs parce qu'il connaissait l'existence de ce mode d'expertise que Fernand avait badigeonné au noir de plomb les tableaux sur lesquels il me faisait peindre à Hollywood. Cette matière, tout comme le blanc de zinc, fait écran aux rayons infrarouges et aux rayons X, ce qui rend le faux quasiment indécelable. Sauf si l'on a l'idée de promener le faisceau de rayons sur l'envers de la toile : on peut alors distinguer, mais très vaguement, quelques traces de la peinture d'origine. D'autre part, dans mes tableaux, il n'y avait pas de retouches, car ma peinture était assez récente et l'infrarouge ne révèle que celles qui sont effectuées deux ans au moins après la peinture initiale.

Pacitti, ravi de posséder un tel instrument de vérification, l'utilisait généreusement, excepté quand il s'agissait des toiles présentées par son ami Legros, en qui, désormais, il avait une confiance aveugle. N'était-il pas, en effet, un marchand parfaitement intègre ? Aurait-il offert cette lampe s'il avait été animé de mauvaises intentions ? Et accepterait-il si facilement le refus d'authentification de la plupart des toiles apportées par ses collègues américains s'il était, lui aussi, une canaille ? Car Fernand ne manquait jamais, lorsqu'il s'entremettait pour les expertises, de marquer soigneusement ses distances. Au nom, bien sûr, de la défense de l'art. Il fallait voir sa mine affligée quand Pacitti lui réclamait le nom du marchand qui osait proposer à son vertueux examen une croûte aussi indigne. Et si par hasard l'expert hésitait, ou risquait de se faire abuser par un faux plus réussi que les autres, Legros employait alors les grands moyens. Il empoignait le téléphone, appelait le marchand et le mitraillait de questions sur l'histoire et l'origine du tableau[1]. Celui-ci bredouillait de vagues informations dont l'imprécision le perdait irrémédiablement. Alors Pacitti sanctionnait l'indélicat et admirait un peu plus la probité de Fernand.

Le cynisme de Legros s'illustrait dans ses devises favorites : « Séduire, compromettre et mépriser. » A quoi s'ajoutait : « Calomniez! Calomniez! Il en restera toujours quelque chose. »

Parmi la trentaine de toiles qui lui furent présentées cet été-là, Pacitti en authentifia environ deux ou trois. Et les Yankees, déconfits et furieux, repartirent affronter leurs clients qui exigeaient tous maintenant une pièce de garantie comme celles que fournissait Legros : un certificat de Pacitti ou l'attestation d'une veuve. L'affaire avait été conduite de main de maître. Fernand exultait : il allait désormais régner sur le marché américain. Sa réussite était totale et s'il n'avait pas par la suite perdu le sens de la mesure, probablement serait-il devenu le marchand le plus riche et le plus considéré de la planète.

Je perçus aussi cet été-là ma seconde paie annuelle. Dix mille nouveaux dollars que Fernand me suggéra de transformer en pierre :

— Tu devrais faire bâtir une maison sur ton terrain d'Ibiza, me dit-il en me remettant le chèque. C'est un investissement utile. Et puis tu posséderas un refuge quand tu chercheras la tranquillité.

L'idée était judicieuse, je m'empressai de la mettre à exécution, tout heureux à la pensée de posséder un lieu bien à moi où je pourrais me rendre quand bon me semblerait. Quant à Fernand, il était également satisfait : moins j'aurais d'argent disponible et plus je demeurerais sous sa tutelle. Ibiza et la maison faisaient donc, au moins pour un temps, deux hommes heureux.

---

1. Quand on s'interroge sur l'authenticité d'une œuvre, un des moyens de se forger une opinion consiste à établir son « pedigree », c'est-à-dire la liste de ses propriétaires successifs. Si l'on parvient à la reconstituer, depuis sa création, on considère alors qu'elle pourrait être authentique.

Un ralentissement dans nos activités nous donna même l'occasion d'y partir prendre un peu de repos. Août faisait le plein de chaleur et d'hommes. Comme l'année précédente, je fus frappé de voir l'incroyable variété de la population qui avait envahi l'île. Français, Américains, Allemands, Sud-Américains semblaient s'y être donné rendez-vous. On y rencontrait jusqu'à des Hongrois, enfin des presque Hongrois, puisque l'inénarrable Elmyr de Hory s'y trouvait lui aussi. Notre « princesse de Transylvanie » avait élu domicile dans une modeste demeure, la villa Platero, louée à la Chilienne Carmen Lopez, dont le mari était un compositeur déjà célèbre.

Elmyr nous accosta à la terrasse d'un café du port et, après ses habituelles démonstrations d'amitié, où l'exubérance le disputait au grotesque, nous convia à « partager le modeste dîner » qu'il organisait le soir même. A ma grande surprise, car il n'appréciait vraiment pas le personnage, Fernand accepta l'invitation.

Ce fut une étrange réunion. Autour d'un succulent poulet au paprika, préparé par la « princesse » elle-même, qui était orfèvre en matière culinaire, s'était assemblé un exceptionnel échantillonnage de personnages troubles. Il y avait d'abord Clifford Irving, un garçon immense, aux cheveux sombres et au nez tordu, qui allait organiser dix ans plus tard la plus grande escroquerie de la littérature américaine, en vendant à l'éditeur McGraw Hill les faux Mémoires de Howard Hughes, le mystérieux milliardaire. Il y avait ensuite Fernand Legros, qui réaliserait la même opération, mais dans le monde de l'art, et inonderait la terre de faux tableaux certifiés vrais ; Elmyr, qui trafiquait déjà de fausses lithographies, et moi, qui avais peint de faux Derain, et autres impressionnistes et post-impressionnistes sans le savoir !

Le repas terminé, je suis sorti sur la terrasse pour respirer l'air de la nuit. Elmyr vint me rejoindre, avec des mines de chatte gourmande. Il ne pouvait pas trouver meilleure opportunité. J'étais précisément en train de ruminer une scène qui m'était revenue en mémoire au cours de la soirée, un de ces épisodes que j'avais tenté d'oublier parce qu'il appartenait au royaume obscur de Fernand Legros.

— Dites-moi, Elmyr, quelle est cette histoire pour laquelle la police est venue vous chercher à Villeneuve-Loubet, chez les Legros, il y a près de deux an ? J'ai cru comprendre qu'il s'agissait de dessins falsifiés que vous commercialisiez.

Le comédien ! D'abord interdit, son visage s'est ensuite confit de tristesse.

— Ah ! tu le sais aussi ! Une bien mauvaise affaire... Et je n'y suis pour rien. Il s'agit d'un malhonnête qui porte le même nom que moi. J'en souffre assez, va! Demande à ton ami Fernand, il te confirmera.

Fernand confirma. Mais plus tard j'appris de sa bouche que le baron et lui s'étaient concertés à plusieurs reprises, tandis que j'étais à la plage, et s'étaient entendus sur cette version des faits.

Sur le moment, je ne fus pas convaincu par l'explication d'Elmyr : pendant plusieurs jours j'essayai de persuader Fernand de couper définitivement les ponts avec le Magyar, en pure perte. Mon insistance finit d'ailleurs par l'irriter et pour clore le chapitre il prononça un définitif :

— Occupe-toi de tes affaires et laisse-moi tranquille !

Je haussai les épaules et me détournai du problème, ce qui fut une erreur grossière. C'est en effet au cours de ce séjour à Ibiza que Legros et sa « princesse » organisèrent le détail de l'escroquerie dont j'allais être, malgré moi, le pivot.

A la fin de l'automne 1962, Fernand Legros loua un pied-à-terre à Madrid. Un appartement spacieux au trente-quatrième étage de la Torre de Madrid, à l'époque l'immeuble le plus haut d'Europe. Il invoqua deux raisons pour expliquer cette soudaine décision. D'abord la construction de ma maison à Ibiza dont je voulais surveiller les travaux : je serais amené à effectuer de nombreuses allées et venues entre la France et l'Espagne, Madrid constituait une excellente base. Ensuite, lui-même en profiterait pour commercer un peu avec les quelques galeries d'art locales. Les faits, ainsi présentés, ne suscitèrent chez moi aucun soupçon. J'étais même ravi car j'avais entrepris de fréquenter assidûment le Rastro, le marché aux puces de Madrid, à la recherche de meubles pour ma future demeure.

L'appartement allait servir de plaque tournante au trafic de Legros. A partir de cette période, il avait commencé le rapatriement massif de mes toiles laissées aux États-Unis. Comme les contrôles douaniers à l'aéroport de Madrid étaient quasiment inexistants, il les faisait venir par paquets de vingt ou trente, avant de les acheminer en France par la route, profitant à nouveau des frontières-passoires. Un scénario imparable. Et une impunité totale.

Le comble est que je n'ai rien remarqué. Rien deviné. Mais, tout bien réfléchi, c'est assez logique : Fernand procédait avec une discrétion exemplaire, veillant à ce qu'aucun indice ne puisse éveiller ma méfiance. Ses voyages, de plus en plus nombreux, entre Paris et Madrid étaient justifiés par une intensification croissante de ses activités commerciales. Il me parlait de ses opérations avec des détails toujours plus probants, inventant mille anecdotes pour rendre ses récits encore plus crédibles, manœuvrant en acteur confirmé — il y avait du suspens, de la dramatisation, des angoisses, des affrontements, des paris insensés... Une fois, il monnayait un Picasso auprès d'un collectionneur ignare et avare, réclamant une somme plus élevée que la normale. Et si l'autre se lassait et ne se portait plus acquéreur ? Et s'il s'informait ? Et s'il mettait au jour le coup d'esbroufe ?... Une autre fois, il avait repéré un tableau de maître chez un particulier qui n'avait pas idée de ce qu'il possédait. Le récit de ses ruses pour approcher sa future dupe, ses stratagèmes pour emporter la toile sans attirer l'attention, m'amusaient. Et moi qui l'écoutais...

Pressé peut-être par le temps, probablement aussi un peu gêné dans ses mouvements par ma présence, Fernand décida de m'envoyer un mois aux États-Unis pour prendre contact avec d'éventuels clients, les sonder afin de savoir quel genre de tableaux ils auraient envie d'acheter. Un prétexte fort vague, en somme. A cela, il ajouta, grand seigneur, la permission de rejoindre ma mère et mes deux jeunes frères qui passaient leurs vacances en Floride. Moi absent, il put rapatrier en toute quiétude le restant de mes tableaux de Los Angeles, les entreposer dans l'appartement de la Torre de Madrid, et les faire signer par Elmyr.

Dans son testament du 15 décembre 1973, rédigé à Brasilia, il explique sa méthode : « Ces toiles ont pour la plupart été peintes entre 1958 et 1961. Les signatures et le vieillissement étant intervenu des années plus tard par des personnes différentes comme ce fut le cas avec Elmyr pour les signatures, le vieillissement ayant été fait par un vieux restaurateur de tableaux parisien dont je tiens à taire le nom. »

Dans le même testament, Fernand déclare à propos d'Elmyr de Hory : « S'il est vrai qu'il n'a jamais peint de toiles pour moi, par contre je dois avouer que ce dernier a presque signé tous les tableaux vendus par moi sans les voir ; je m'explique : je rencontrais Elmyr à Madrid ou à Paris, dans une chambre d'hôtel, et je lui soumettais les toiles à signer, qu'au préalable j'avais pris personnellement soin de recouvrir de papier marron, recto verso, avec seulement un espace ouvert pour la signature, en lui expliquant ce que je voulais comme signature et comme époque. C'est ainsi qu'il a été dans l'impossibilité d'identifier les œuvres qu'il avait signées ; ceci par précaution, car j'avais été victime de chantage par lui, dans les années 59-60, alors que je vendais des lithographies trafiquées à travers les États-Unis. [...] Je précise que tous mes tableaux ont eu un seul et unique peintre qui était Réal Lessard. Ces toiles ont pour la plupart été peintes entre 1958 et 1961... »

Ce testament avait été confié à un de ses avocats parisiens et m'était destiné. Il est actuellement en ma possession.

Bien plus tard, quand le pot aux roses fut découvert, Fernand, pour me prouver que je ne pouvais en aucune manière être considéré par la justice comme le complice de ses malversations, m'expliqua par le menu le stratagème. Il me montra des chèques à l'ordre d'Elmyr et tirés sur sa banque des Bermudes, la Butter-field[1]. Leur montant s'élevait à près de trois mille dollars. Comme il rétribuait sa « princesse » au forfait, cent dollars par signature, on atteignait donc la trentaine de toiles. Une goutte d'eau! Mais probante. Nul besoin de me montrer plus de chèques! Il m'avoua aussi comment il avait procédé, comment il avait caché la majeure partie de mes œuvres dans une garçonnière parisienne louée en secret, et comment, selon les besoins, il convoquait le baron crapuleux et lui faisait apposer une griffe sans lui montrer le tableau qu'elle ornait ; comment, enfin, il renvoyait la « princesse » sans un mot, sans une explication, avec juste un chèque.

Enfin il m'a expliqué comment il a opéré pour les expertises. De nombreuses galeries faisaient appel à ses services pour placer leurs toiles : la couverture idéale. Il empruntait chez elles cinq ou six tableaux qu'il savait authentiques, y adjoignait deux ou trois des miens et se rendait chez Pacitti. Sans même prendre la peine d'extraire le lot du coffre de son automobile, il interpellait l'expert : « Cher ami, pouvez-vous jeter un coup d'œil sur mes dernières trouvailles ? Je les crois bonnes. Qu'en pensez-vous ? » L'autre l'accompagnait à la voiture, examinait la nouvelle moisson de son « ami Fernand », opinait, appréciait et délivrait tous les certificats qu'on lui réclamait. Et si, par hasard, il émettait des doutes, Legros n'insistait pas. Il remballait ses faux, allait chez les veuves, leur tournait la tête. Celles-ci versaient une larme, reconnaissaient la signature de leur défunt, et rédigeaient leur attestation dont elles gardaient le double dans leurs archives avec une photo de la toile. Rien ne pouvait être plus sérieux.

Quand je revins des États-Unis au début du mois de novembre, Fernand arborait une mine éblouissante. Enthousiaste et de bonne humeur, il incarnait parfaitement le grand marchand d'art parisien que l'on respecte et jalouse. Nos retrouvailles furent ce qu'elles étaient toujours, joyeuses, folles, étonnantes.

Une surprise m'attendait : un nouvel appartement loué rue de la Pompe, au neuvième étage d'un bel immeuble bourgeois. De l'espace, de la lumière à profusion, une superbe terrasse... De quoi vivre heureux.

Puis mon vingt-deuxième anniversaire arriva. Ce fut encore un

1. Aux Etats-Unis, les banques renvoient aux signataires les chèques une fois encaissés.

jour merveilleux. Par la plus grande des coïncidences, Piaf donnait ce soir-là un récital depuis la tour Eiffel, qui dominait notre quartier. En dépit des premiers froids de novembre, je sortis l'écouter sur la terrasse : sa voix agissait sur moi comme un philtre magique, me plongeait dans des transes proches de l'extase. Fernand me rejoignit. Mon émotion dut lui paraître propice aux confessions, puisque c'est là, au milieu de cette terrasse, sur fond d'étoiles et d'Edith Piaf, qu'il me confia la « terrible nouvelle qu'il hésitait depuis des jours et des jours à me communiquer » : la disparition de mes toiles laissées aux États-Unis. Sa voix, quand il parla ! Une voix effondrée, presque un timbre de vieillard. Il ne comprenait pas ce qui s'était produit. La seule explication possible était un oubli de sa part : une mensualité non versée, un employé ignare qui ne prend même pas la peine de nous prévenir et qui, sans autre forme de procès, liquide le stock de toiles. Avaient-elles été détruites, vendues au poids ?... Fernand avait tout essayé pour les retrouver. En vain, seuls désormais restaient les pseudo-Derain authentifiés par la veuve et le portrait de Patricia, signé par Van Dongen. Quant aux tableaux que j'avais peints depuis notre installation en Europe, il n'y fit pas allusion, et j'étais tellement troublé que je ne pensais pas à eux.

Quelle scène encore que celle-là ! Du grand guignol par Legros. Que j'étais crédule, naïf, pour ne pas deviner, derrière les ruisseaux de larmes et les pantalonnades, l'odieuse comédie qui m'était jouée ! C'est ainsi ! J'étais et je suis demeuré un innocent incorrigible.

Et Legros, le retors, savait en profiter. Aujourd'hui, quand j'y songe à nouveau, je me dis que, vraiment, pour cet anniversaire il ne s'était pas économisé. Gémissements, jérémiades, apitoiements reniflards sur mon exposition compromise, sur ma carrière brisée, sur mon talent gâché. La coulpe battue à grands coups contre sa poitrine, les yeux levés au ciel, il tournait comme un ours en cage, pestait contre tous les mauvais sorts, les acharnements du destin, vouait aux gémonies l'Amérique et « ses stupides bureaucrates qui ne font pas la différence entre un chef-d'œuvre et une croûte ». Il buvait et me faisait boire, whisky après whisky. Un, deux, trois... Et plus l'alcool m'abêtissait, plus il aiguisait sa malignité. Si bien qu'il conclut le numéro par la plus grossière des cocasseries : la menace du suicide. La rambarde, sa poitrine ployée au-dessus du vide, ses braillements ridicules... J'ai craqué.

Je me suis précipité, lui ai agrippé le bras, sans réfléchir, j'ai lancé l'unique argument dont je disposais et qui me paraissait susceptible de le faire revenir sur sa décision :

— Fernand, arrête ! Je vais repeindre ! Rien n'est perdu. Je recommencerai.

Ah! la puissance des mots! Un vrai miracle. A peine avais-je proféré ma promesse que la métamorphose s'opérait, instantanée. L'homme vaincu, au bord du suicide, s'est redressé, altier, m'a fixé douloureusement, les yeux dans les yeux. Sa main s'est posée sur mon épaule :

— Réal, je mérite mille fois la mort. Et toi tu n'es que bonté. Ton pardon me sauve la vie. Je te promets solennellement que tu n'auras jamais à le regretter. Tu es un grand peintre, un des plus grands de ce temps! Désormais, j'emploierai toutes mes forces pour que le monde entier l'apprenne.

Grandiloquence ridicule qui, à mes oreilles, fut une divine musique.

Je me suis réveillé vers trois heures de l'après-midi, avec une gueule de bois mémorable. L'air vibrait des accents étouffés d'une musique brésilienne. Fernand apparut, portant un plateau de petit déjeuner, jus d'orange arrosé de champagne et œufs au plat, comme en Amérique. J'ai tout avalé, d'excellente humeur. Puis, il a posé près de moi le cadeau qu'il était allé chercher pendant que je dormais. Un énorme paquet contenait un coffret complet de peintures, des toiles en quantité, du papier Arches... Diabolique, le souvenir de la boîte de couleurs à deux milles dollars a aussitôt dansé la sarabande dans ma mémoire. Image d'une blessure encore mal cicatrisée. Mais la voix de Fernand l'a balayée d'un coup :

— Désormais, mon ange, tu reviens à ton art! Tu te consacres à ta peinture, et à elle seule. Je vais louer un autre appartement dans le quartier; toi, tu garderas celui-ci : avec la terrasse, la luminosité est parfaite. D'ailleurs, je songe à l'acheter.

Nous avons déballé le chevalet, les tubes, et joué comme des gosses. Je lui ai barbouillé le visage de couleurs. Nous avions douze ans et jamais le monde ne m'avait paru aussi beau. Je crois que Fernand était sincère quand il promettait quelque chose, au moins sur le moment; après réapparaissait sa seconde nature, qui était de calculer, de profiter et surtout de paraître. J'étais prévenu, je le connaissais, mais mon inconscience l'emportait, une fois de plus. Je suis ainsi fabriqué. Inapte à prévoir les conséquences de mes actes, je me fourvoie dans tous les guêpiers, j'attire les gens à problèmes, et les catastrophes en tous genres. Je savais que Fernand m'avait abusé en faisant authentifier certaines de mes toiles. Je savais qu'il n'était pas honnête. Il voulait que je peigne? Eh bien! je peindrais à nouveau. En dépit de tout, de lui et de ses trahisons, aucune galerie, jamais, n'organiserait une exposition de tableaux « à la manière de », aussi réussis soient-ils, tant pis! de ma peur panique d'être pris pour un faussaire... Je peindrais parce que mon désir était plus fort que tout. Parce que j'étais attiré par la toile blanche comme un moucheron par une ampoule électrique.

Et j'ai peint. J'ai peint dans mon état de transe habituel, revenant à mes anciennes erreurs comme si je n'avais rien compris. Au lieu de chercher mon style, de m'affirmer enfin, j'ai renoué avec mes exercices de virtuose, adoptant la facture des maîtres et laissant de côté ce qui pouvait m'être propre. Je crois en fait que je craignais de montrer qui j'étais vraiment. Sur une toile, c'est comme dans un livre : on s'expose, on se met à nu, on abaisse toutes ses défenses. Et je ne voulais rien révéler de mon être, je ne voulais pas risquer de me mettre à la merci des autres : l'expérience avec frère Maurice m'avait suffi.

Ce fut d'abord Dufy qui réapparut sous mes pinceaux. Je ne saurais dire pourquoi. Il était là, en moi, comme s'il m'avait habité pendant ces longs mois de jachère, sommeillant et cependant à l'affût, guettant le moment où je reviendrais devant un chevalet. A peine eus-je commencé à étaler mes couleurs qu'il s'est imposé. Lui, seulement lui, avec ses éclats de lumière verte, jaune ou bleue, ses formes évanescentes, ses volutes irréelles, ses paysages aux nuances subtilement ouvragées. Je le sentais, invisible et présent, guider mes gestes et inspirer ma palette. Il parlait, j'écoutais. Devant mes yeux défilaient les spectacles merveilleux dont il s'était repu : les mondanités, les réceptions d'une société insouciante sous les lambris et les ors, les réunions au champ de courses où les élégantes arborent capelines et dentelles, la valse des robes aériennes, les contours tremblants des silhouettes effilées... Les séquences se suivaient, toutes plus extraordinaires les unes que les autres, et je les fixais fébrilement avant qu'elles ne disparaissent.

Puis, insensiblement, Marquet remplaça Dufy. Ses eaux contrastées, lourdes et diaphanes, envahirent mes tableaux. Mon trait s'est épaissi. Les teintes chatoyantes à la Dufy s'atténuèrent, reçurent comme un léger voile pour laisser place aux illuminations ternes, si caractéristiques de ce peintre. Vinrent ensuite Braque et ses natures mortes, Vlaminck et ses paysages [1], Marie Laurencin et ses couleurs pastel, Chagall, d'autres encore.

Mois après mois le nouveau stock de tableaux s'est accru. Mais, au lieu du bonheur, plus les pièces s'accumulaient, plus l'impression d'un vide immense s'enracinait en moi. Une tristesse molle et glauque m'envahissait. Où étais-je, moi, Réal Lessard ? A quelle œuvre pouvais-je m'identifier ? A toutes ? A aucune ? J'avais barbouillé de couleurs le visage de Fernand, ce matin de nos

1. C'est à cette époque que j'ai peint *Personnages dans un jardin à Chatou*, toile authentifiée — avec d'autres d'ailleurs — par Mme Vlaminck [voir Annexes].

énièmes retrouvailles, de la même manière que j'avais peint mes nouvelles toiles : je croyais pouvoir changer une réalité qui, en fait, demeurait immuable. Sous la couche multicolore, Fernand avait gardé sa physionomie et moi, en revenant à la peinture, je n'avais rien résolu de mon problème d'identité. Quel gâchis ! Et quelle misère, aussi. Car ces toiles, ces faux que je savais faux désormais, je les laissais tels quels, sans même les marquer pour qu'on puisse les identifier et déceler la supercherie si Fernand s'avisait de les faire expertiser. Il aurait suffit que je signe la toile vierge à la mine de plomb : la lampe à infrarouge aurait immédiatement révélé la vérité. Je ne fis rien, ne laissai aucun repère décelable. J'étais une marionnette entre les mains de mon suzerain. Mon destin ne m'appartenait pas.

Il y eut pourtant un grain de sable.

Un beau matin, Fernand surgit dans un état de grande excitation. Je venais de terminer deux charmants portraits de femmes dans le style de Marie Laurencin. Il ne voulut même pas les regarder.

— Je viens de rencontrer Jacques Imbert, c'est une catastrophe ! Il m'a vu entrer ici et il a remarqué ton nom sur la liste des locataires !

Jacques Imbert. Je me souvenais vaguement d'un garçon fort drôle, que nous avions croisé, quelque temps auparavant, du côté d'Avignon. Fernand me l'avait présenté comme un de ses amis de l'époque où il voulait être danseur, c'est-à-dire avant 1956. Le personnage m'avait semblé bien pacifique et bien incapable d'inspirer un quelconque affolement à qui que ce soit.

Comme je restais impassible, Fernand continua :

— Remue-toi, Réal ! Il va revenir, je le connais, c'est l'indiscrétion personnifiée ! Vite, il faut tout enlever. Je ne veux pas qu'il voie ça !

Comme une tornade, il empoigna mes toiles, mes tubes, mes pinceaux, mon chevalet, emporta tout à la cave, ouvrit les fenêtres pour chasser les odeurs de térébenthine, gratta les taches de peinture, en un mot fit disparaître toute trace de mon activité. Puis il se précipita dans des galeries pour emprunter quelques tableaux qu'il exposa sur les murs à la place des miens, et s'effondra, épuisé, dans un fauteuil. Rien ne transparaissait plus. Son visage enfin se décrispa. Il était minuit passé.

— Bon. Allons nous coucher. S'il vient, nous sommes parés.

— Mais pourquoi tant de précautions ? Nous n'avons qu'à dire la vérité, voulus-je plaider. Qu'est-ce que ça peut lui faire que je peigne, à ce Jacques Imbert ?

— Réal, tu es incorrigible. Personne ne doit savoir, tu

m'entends? Personne! Tant que tu n'as pas exposé au moins une fois...

Je n'ai pas insisté. La peur me serrait la gorge, la peur oubliée qui revenait avec son cortège de questions et libérait ses flots de bile amère. Sans un mot, je gagnai ma chambre, partagé entre l'abattement et un pénible sentiment d'impuissance. A nouveau Legros me bernait, j'en étais convaincu, et je ne trouvais pas la force de me révolter.

Fernand avait vu juste. Le lendemain, vers dix heures, on sonna à la porte. Entra Jacques Imbert, les bras chargés de croissants.

— C'est moi! claironna-t-il, et il s'installa.

Il semblait chez lui. En cinq minutes, il avait tout exploré, jusqu'à la salle de bains et les placards, tout commenté, et en particulier la collection de tableaux.

Musclé et sûr de lui, le bonhomme promenait une trentaine triomphante partout où il pouvait gagner quelques dollars. Ses cheveux courts et frisés, ses dents blanches et son air sportif dégageaient une impression de santé et d'énergie des plus sympathiques. Il racontait, à qui voulait l'entendre, qu'il était styliste pour un couturier new-yorkais : en vérité, je pense qu'il s'entremettait auprès des clientes fortunées de ses relations, les emmenait faire leurs emplettes dans certaines boutiques de mode réputées et touchait une commission pour son démarchage. Il connaissait la terre entière, et son charme lui ouvrait toutes les portes. Dernier détail savoureux, cet athlète élégant et plein d'assurance possédait une voix de vieillard, chevrotante et geignarde, et s'exprimait comme s'il suppliait sans cesse.

A mon grand étonnement, Fernand prétendit que les tableaux qui décoraient les murs de l'appartement étaient les siens, persuadant son visiteur qu'il avait fait fortune. Enthousiasme de l'éphèbe! Que voilà un commerce autrement lucratif que celui de la mode! Et derechef de décréter que lui aussi réussirait sans peine, car il était introduit auprès des gens les plus riches de ce monde, de Rose Kennedy jusqu'aux dames Rockefeller, en passant par Henry Ford III. Qui dit mieux?

La visite fut déterminante. Le beau Jacques Imbert entreprit le siège de Legros, le harcelant sans répit pour obtenir qu'il lui confie des toiles « à la commission ».

— Je n'y connais peut-être pas grand-chose en peinture, reconnaissait-il, mais j'apprendrai vite. Tu verras, je serai le meilleur.

L'insistance paya, Fernand céda. Le premier gros coup du nouveau démarcheur fut la vente à Henry Ford III, pour vingt-cinq mille dollars, d'une gouache de Derain, authentifiée par Alice Derain elle-même, *Nymphes sur fond bleu* [1], un chef-d'œuvre qui ne devait rien à Derain et tout à Réal Lessard. Mon époque de Baton Rouge ! Jacques Imbert avait fait ses preuves : le hâbleur, faux naïf, entrait par la grande porte dans le système Legros. Et comme je le trouvais cultivé, un peu fou et très tonique, il devint aussi un bon copain.

Durant cette même période, Fernand découvrit enfin l'appartement de ses rêves, bien qu'il l'eût préféré plus moderne, un quatre cents mètres carrés, avenue Henri-Martin, tout près du Trocadéro. Il avait appartenu au roi du Maroc, qui l'offrit ensuite à l'actrice Etchika Choureau. Le notaire chargé de la vente réclamait quatre-vingts millions de centimes, une fortune. Mais Fernand était séduit. Il signa l'acte d'achat, versa une avance de dix pour cent et s'engagea à verser la moitié de la somme dans un délai d'un ou deux mois.

De plus, il obtint pour le solde un crédit du notaire, qui doit toujours attendre son règlement.

De son Orient natal, Legros avait gardé le goût d'un certain faste. Il convoqua un décorateur et peu à peu les quatre cents mètres carrés se couvrirent de moquettes épaisses comme neige en décembre, de tapis de soie, de dorures somptueuses. Jusqu'à la robinetterie qui prit des airs de dix-huit carats ! Sans parler des tentures, lourdes et précieuses, qui dégringolaient en cascade le long des murs et encadraient les immenses fenêtres, ni du mobilier ancien, acheté à prix d'or chez les plus grands antiquaires sur la place de Paris, ni des bibelots, des pièces toujours uniques, des candélabres massifs ni des boutons de porte en porcelaine fine. Une vraie caverne d'Ali Baba, qui faisait naître des traites et des chèques innombrables que la banque Butterfield des Bermudes honorait parcimonieusement, en fonction du niveau d'un compte que Fernand ne parvenait plus à alimenter suffisamment.

Tel un prince oriental, Legros regroupa bientôt dans ce luxueux capharnaüm sa famille au grand complet. Ses père et mère, rapatriés de Villeneuve-Loubet ; un jeune garçon, Patrick, dont il fit son fils adoptif et assura les frais d'éducation ; sa femme légitime, Gina épousée à New York en 1958, oubliée depuis aux États-Unis, mais qu'il faisait venir maintenant, estimant qu'un marchand de son envergure devait être épaulé par une épouse — règles de la vie mondaine obligent. Tout ce petit monde s'installa et mena grande

---

1. Aujourd'hui, malgré le cachet de l'atelier Derain et son authentification par la veuve du peintre, cette gouache est considérée comme une œuvre de... Gauguin. Ironie de l'expertise !

vie, sous la férule d'un Fernand euphorique qui semblait avoir perdu tout sens de la mesure.

Dès que les travaux d'aménagement des salons furent terminés, l'avenue Henri-Martin ouvrit ses portes au Tout-Paris de l'art. On voyait quelques pièces splendides, et on croyait que tout était à l'avenant. En fait, le reste de l'appartement ressemblait à un chantier, avec des gravats et des bouts de plâtre épars.

Dans les expositions, les galeries, on ne parla plus que de « l'Appartement ». Les marchands, les veuves des peintres, les experts, les collectionneurs défilèrent, guidés par un Legros qui ne touchait plus le sol. On le considérait avec respect, on s'extasiait sur ce qu'il exposait, on avait confiance. Qui aurait eu l'audace de décrocher une toile pour en vérifier la qualité ou l'authenticité ? On pouvait imaginer cela chez de petits vendeurs de la butte Montmartre, mais ici, chez M. Legros ?

L'automne suivant, en 1963, inquiété peut-être par tant de factures et d'échéances, Fernand décida d'organiser une exposition de prestige, avec des œuvres de Raoul Dufy.

Il engagea une secrétaire, Mme Misraki, personne charmante, avec ce qu'il fallait de chic et d'élégance, qui avait connu Dufy, jadis. Puis il loua, à l'année, la galerie du Pont-Royal, espace d'exposition réputé, proche de l'hôtel où nous étions descendus à notre arrivée en Europe et où, je le rappelle, descendent tous les marchands étrangers en visite à Paris. Une situation stratégique parfaite. Sur sa carte, Fernand avait d'ailleurs fait inscrire : *Fernand Legros, Galerie Pont-Royal, rue de Montalembert, Paris*. Immédiatement les étrangers comprenaient qu'ils logeaient à proximité, et ainsi nul n'oubliait son adresse. Mais, hélas ! un interdit qui aurait pu paraître un handicap pesait sur cette galerie : les tableaux exposés ne pouvaient y être vendus. Pour Legros, c'était un avantage supplémentaire parce qu'il prouvait ainsi son désintéressement et sa puissance. Quant au commerce... l'avenue Henri-Martin était la plus belle des boutiques.

Ayant pris possession de son local, il ne lui restait plus qu'à trouver des tableaux. Mme Oury, la mère de Gérard Oury, qui fut la muse de Raoul Dufy, le docteur Roudinesco, médecin du maître et grand collectionneur de fauves devant l'Éternel, ainsi que d'autres particuliers possesseurs d'œuvres de Dufy acceptèrent de les prêter quelques semaines au propriétaire de « l'Appartement ».

Fernand put annoncer à grand bruit que l'exposition Raoul Dufy se tiendrait entre le 17 octobre et le 30 novembre 1963, en sa galerie Pont-Royal. Il fit préparer un catalogue sur la couverture duquel figura un merveilleux tableau, *La mer, le champ de courses et les écuries,* qui provenait de la collection de maître Roger Hauert, le célèbre avocat mécène de Roberto Benzi, défenseur des peintres et des musiciens. Pour le reste, la présentation était un modèle de sobriété : *Hommage à Raoul Dufy.* Et en bas, en lettres plus petites : *Cette exposition a été réalisée par MM. Fernand Legros et Réal Lessard.* Legros croyait me flatter, il se trompait. Je n'aimais pas ces fastes, je ne voulais pas étaler mon nom. Seule ma peinture me paraissait digne de publicité.

Le vernissage fut un triomphe. Jamais on ne vit autant de toilettes somptueuses, ni de gens importants. Mme Oury prenait des airs de veuve en parlant de son cher Raoul, on épiloguait sur son génie en buvant du champagne ; Robert, qui fut pendant trente ans le secrétaire du maître, s'était même déplacé pour l'occasion, et plastronnait, l'air sentencieux, parmi les invités. Pour la petite histoire, son rôle se bornait à préparer les toiles, avant que Dufy ne dessine.

Fernand avait posté Mme Misraki à côté d'un livre d'or flambant neuf, avec mission de faire signer toutes les personnalités présentes. Il y avait vingt tableaux : ils suscitèrent des flots de louanges qui noircirent bientôt ces pages blanches.

Bizarrement, Pacitti n'était pas venu, ses obligations professionnelles l'ayant retenu en province. Je trouvai surprenant que Fernand Legros fixât la date de cette inauguration justement le jour où son grand ami se trouvait loin de Paris. Mais nul ne se formalisa de cette absence, et la presse du lendemain, unanime, chanta les louanges de Dufy, de Legros et de ses invités. La manifestation était une réussite complète.

A peine eut-il pris connaissance des articles qui l'encensaient que Fernand m'enjoignit de partir : il fallait que je gagne les États-Unis sans perdre un instant.

— Pourquoi une telle urgence ? demandai-je intrigué.

— Les affaires, mon chou, les affaires ! Nous devons battre le fer tant qu'il est chaud. Le succès de l'exposition va défrayer la chronique américaine et je veux que quelqu'un de confiance soit sur place pour en mesurer l'impact. Tu en profiteras aussi pour sonder nos amis collectionneurs, savoir ce qui les intéresse, si les impressionnistes et post-impressionnistes gardent leur cote. Si je le pouvais, j'irais moi-même. Mais comment m'absenter en ce moment ? L'exposition...

Fernand et son sens de la dialectique, toujours diaboliquement persuasif. Je m'envolai donc, pour le Texas d'abord, la Californie ensuite. Dès que j'eus disparu, mon attentionné compagnon gagna la galerie, décrocha les vingt toiles authentiques qu'on lui avait prêtées et les remplaça par trente-quatre des miennes, prises dans la nouvelle série peinte rue de la Pompe. Puis il contacta Pacitti, qui venait de regagner Paris, et, je présume, exécuta sa grande danse de séduction :

— Cher ami, j'aimerais tellement vous montrer moi-même ces merveilles. Et puis, j'ai besoin de prendre une assurance : tous ces tableaux m'ont été prêtés, vous comprenez. Aussi une expertise serait-elle la bienvenue. Voulez-vous que nous déjeunions demain ?

Restaurant raffiné, vins millésimés, Fernand exhiba le livre d'or de l'inauguration sous l'œil ébloui de Pacitti, déclama les éloges écrits par tout ce que Paris comptait de spécialistes de Dufy... Qui donc aurait pu émettre le doute le plus infime après une telle mise en scène ? En sortant de table, l'expert se rendit à l'exposition, se confondit en compliments devant ces Dufy plus sublimes les uns que les autres — signés par Elmyr à l'hôtel San Regis, selon le procédé habituel — et, avec sa rigueur coutumière, procéda à l'estimation demandée : sur son papier à en-tête, il décrivit minutieusement chaque toile, signa et timbra. Prévoyant, Fernand avait aussi préparé une photo de chaque œuvre, et Pacitti doubla l'expertise, inscrivant à la machine au dos des documents : « Le tableau reproduit au verso [suivaient ses mensurations] est une œuvre authentique du peintre Raoul Dufy. » Nouvelle signature, nouveau timbre.

Comble d'outrecuidance, les tableaux n'étaient même pas vieillis[1]. J'avais peint sur des toiles neuves il suffisait d'un simple coup d'œil sur leur envers pour le constater. Les quelques semaines passées dans la cave rue de la Pompe n'avaient eu qu'un faible effet d'encrassement, pas assez pour faire illusion. Mais Pacitti, d'après les dires de Legros, avant même de voir les œuvres, aurait été convaincu ; et après les avoir admirées, sa conviction aurait viré à la foi du charbonnier.

---

1. Quasiment toutes mes toiles, peintes aux États-Unis, en Suisse ou à Paris, ont été vieillies par une même personne, un restaurateur dans lequel Legros avait toute confiance. Il existe plusieurs techniques de vieillissement. La meilleure est sans conteste le soleil des Tropiques : un bon mois d'exposition ronge les couleurs et donne à une toile des années d'âge. La seconde consiste à mélanger de l'essence de térébenthine avec quelques gouttes de peinture à l'huile, couleur terre-de-Sienne, que l'on vaporise ensuite sur le recto et le verso de la toile préalablement séchée. Pour parachever la finition, une fois le produit de vaporisation sec à son tour, on peut passer un coton sur le dessin afin d'uniformiser la mince pellicule qui s'est déposée. Troisième technique : le brou de noix dilué dans l'eau tiède dont on badigeonne le tableau, recto verso, à l'aide d'un tampon de ouate. On attend quelques minutes que le produit ait bien pénétré les fibres, puis on nettoie avec un chiffon humide. Dernière technique enfin : le cirage à chaussures. Le choisir marron clair. Enduire la toile très rapidement et nettoyer aussitôt avec une éponge savonneuse. Quelle que soit la technique employée, à la fin des opérations il faut sécher, puis vernir la toile.

De l'autre côté de l'Atlantique je ruminais les derniers événements. Fernand, son appartement de l'avenue Henri-Martin, sa folie des grandeurs; l'exposition Dufy, l'éclat de son lancement, l'absence de Pacitti le jour du vernissage; ma propre série de Dufy portée à la cave; l'insistance de Fernand pour que je m'éloigne de Paris... Je flairais derrière ce puzzle une manigance, sans parvenir à imaginer laquelle. Au fil des jours, mon inquiétude augmenta et pour finir je résolus de rentrer sans prévenir.

Sitôt débarqué de l'avion, je gagnai mon refuge rue de la Pompe. Tout était silencieux, désert. J'errai à travers les pièces, guettant une trace, un signe, une indication qui puisse éclairer ma lanterne. Je ne notai rien, pas même le passage de Fernand ni le savant désordre qu'il laisse toujours derrière lui. Rien, sinon une liasse de papiers, posée sous le tapis, sur la table du salon, invisible quand on était debout, et que j'aperçus lorsque je me laissais tomber dans l'un des fauteuils...

Je pris le paquet, feuilletai les pages... C'étaient les certificats de Pacitti authentifiant les toiles de l'exposition Dufy. « Logique, ai-je pensé. Fernand doit espérer en racheter quelques-unes, il s'entoure de garanties. » Pourtant mon regard s'arrêta sur l'une des feuilles : je ne me souvenais pas avoir vu à la galerie la toile dont il était question. Je lus attentivement la description qu'en faisait Pacitti, et là, ce fut la révélation. Le Dufy qu'il authentifiait ne ressemblait à aucun de ceux exposés. Et pour cause, il s'agissait de l'une de mes toiles, qui devait théoriquement se trouver dans la cave de l'immeuble. Le reste des certificats acheva de m'édifier. C'était ma série entière de Dufy qui avait été dûment validée par le pape des experts.

Naguère, les deux fois où j'avais été confronté aux malversations de Fernand, j'avais éprouvé une sensation d'horreur, de dégoût devant la trahison d'un ami. Aujourd'hui, c'était l'ahurissement qui s'emparait de moi. Pareille audace me semblait inconcevable, inouïe. Opérer une telle substitution, en plein Paris, au vu et au su de tous ? Il fallait avoir perdu la raison.

Je jetai rageusement à travers la pièce les preuves de la nouvelle forfaiture de Fernand et me précipitai rue de Montalembert. La galerie était ouverte. Mme Misraki m'accueillit, avec le plus sélect des sourires Auteuil-Passy. Je ne la vis pas, hypnotisé que j'étais par les tableaux qui resplendissaient dans leur écrin de lumière. Tous mes tableaux à la manière de Dufy! Tous signés! Ceux du maître, les authentiques présentés au vernissage avaient disparu, même celui qui était en vitrine pour allécher le chaland, même celui qui avait servi à orner la couverture du catalogue. Il n'y avait plus que du Réal Lessard !

Une vague de terreur m'a soudain submergé. Que se passerait-il si l'un des invités de l'inauguration revenait à la galerie ? Il n'était pas pensable qu'il ne se souvienne pas de ce qu'on lui avait montré. Sans parler de la presse qui avait largement commenté plusieurs des toiles, publié des photographies : un visiteur averti pouvait lui aussi éventer la supercherie. Comment Fernand avait-il perdu à ce point tout sens de la prudence ? Que lui arrivait-il ? Et moi, qu'allais-je faire maintenant ? Vendre la mèche, ou me taire, une fois de plus ? Me taire, évidemment. M'enfoncer un peu plus loin dans l'ignominie.

En ce qui me concernait, les données du problème n'évoluaient plus beaucoup : pour tous, j'apparaîtrais comme un complice objectif. Qui donc croirait que je peignais pour moi-même, alors que mes toiles s'affichaient désormais sur les murs d'une galerie réputée, affublées de la signature de l'un des grands maîtres de l'art contemporain ? On commencerait par me mettre en prison, on discuterait après. Mon cas était réglé, et bien réglé : dorénavant j'étais un authentique faussaire.

Cela posé, je devais convenir que, malgré les risques absurdes qu'il avait pris, Fernand avait génialement réglé son coup. Ses futurs clients, car je ne doutais pas qu'il vende ma production, seraient comblés. Au verso de la toile ils auraient une étiquette spécifiant que leur achat venait de l'« hommage à Raoul Dufy, galerie Pont-Royal ». En prime on leur fournirait un certificat de Pacitti. Et s'ils avaient encore des inquiétudes, la consultation d'un spécialiste du peintre les rassurerait définitivement : il aurait vu, de ses yeux vu l'exposition, et leur garantirait la qualité exceptionnelle de chaque œuvre présentée.

J'en étais là de mes réflexions quand la porte de la galerie s'ouvrit sur un Fernand Legros resplendissant, arborant un visage de vainqueur, avec ce qu'il fallait de morgue et de suffisance. Aucune surprise, aucune colère en me voyant, comme si mon retour était prévu de longue date. Probablement était-ce en raison de la présence de Mme Misraki. Il s'en débarrassa en l'envoyant déjeuner et se retourna vers moi tout sourire.

— Mon ange, tu vois la belle exposition que je t'ai faite ? Tu es un vraie génie. Que penses-tu de mon idée ?

Tant d'aplomb me laissa pantois. Le souffle court, je murmurai :

— Tu es fou ! On va finir en prison !

— Mais non, voyons ! Toi, tu ne risques rien. La loi n'interdit pas de faire des tableaux à la manière des grands maîtres ! Et puis tu n'as rien signé, n'importe quelle expertise graphologique le prouverait... Si tu ne me crois pas, consulte un avocat, il te le confirmera.

Avocat : le mot me parut magique. Comment n'y avais-je pas

pensé plus tôt ? Seul un avocat saurait me dire quelles menaces faisaient peser sur moi la vénalité de Fernand.

— Exactement, ai-je rétorqué. Je vais me débrouiller pour en voir un aujourd'hui même.

Sûr de lui, impérial, Fernand me proposa d'intervenir auprès de maître Hauert afin qu'il me reçoive au plus vite. L'homme était réputé pour son talent, mais aussi pour sa probité et, bien que je sache qu'il faisait partie des fidèles relations de Legros, j'acceptai la proposition sans hésiter.

Au téléphone, Fernand ne donna aucune explication et, apparemment on ne posa pas de questions. On me recevrait le soir même, à dix-neuf heures. Ce fut pour moi comme un retour à la vie. Le mal me semblait conjuré au moins pour quelque temps. J'obtins de Fernand qu'il ferme la galerie et décroche mes toiles. Et sans autre commentaire, je rentrais à l'appartement rue de la Pompe. Il fallait que je fasse le point.

Une rapide inspection de la cave me permit de constater que tout mon matériel, toutes mes toiles avaient disparu. C'était la confirmation de mes craintes : Fernand n'avait négligé aucune précaution et avait liquidé les traces de mon activité qui auraient pu lui nuire en cas d'enquête. Bravo ! Il était décidément aussi doué pour l'escroquerie que moi pour la peinture.

Je remontai chez moi, je pris une douche et me mis au lit. A dix-neuf heures, je pénétrai dans l'immeuble du 12, rue Cortambert, rasé de près, détendu, déterminé.

La secrétaire de maître Hauert, en entendant mon nom, me fit un sourire amical : elle était prévenue de ma visite. Maître Hauert allait me recevoir immédiatement, le temps qu'il en finisse avec une communication téléphonique importante. Elle m'installa dans la salle d'attente, tourna les talons, sans rien remarquer de l'immense étonnement qui s'était emparé de moi. Ils étaient là, encore là, les fameux tableaux qui avaient enchanté mes rêves d'enfance ! Ces merveilles qui avaient tellement impressionné mon copain canadien, et qu'il avait su me décrire avec une telle précision que j'aurais pu à mon tour en faire autant, peut-être même les reproduire, si j'y avais songé, sans les avoir jamais vus. Les *Deux Pianos,* les *Tournesols* de Van Gogh, une *Corrida* de Picasso, des Chagall, des Braque, des Vlaminck, un vrai musée, dont chaque élément — qui était authentique, je le précise — avait été visiblement choisi avec le goût de l'esthète et la sûreté de l'amateur éclairé.

Pourtant, disséminés au milieu de ce parterre flamboyant, quelques herbes folles — de mon cru. Du pur Réal Lessard, signé Modigliani, Bonnard, Braque, Derain, et même Picasso. Des aquarelles pour la plupart. Ainsi, maître Hauert faisait aussi partie des dupes de Fernand ! Lui aussi s'était fait abuser ! Plongé dans la contemplation d'un Modigliani, je ruminais ces pensées tristement désespérées, quand la porte du bureau s'ouvrit sur le respectable maître escroqué par mon ami.

L'homme portait beau sa cinquantaine avancée. Un peu flasque, un peu visqueux, un peu blond, il avait de petits yeux fouineurs qui scrutaient son visiteur comme pour débusquer, dès le premier contact, quelques-uns des secrets que celui-ci recelait. Il s'exprimait d'une voix tout à la fois mielleuse et posée, avec des intonations douces, rassurantes. Mais rapidement on percevait aussi chez l'homme d'autres particularités. Une façon d'écouter, de garder le silence, puis de se lancer dans un long monologue où chaque mot, chaque expression, chaque tournure de phrase étaient soigneusement choisis pour provoquer l'adhésion de l'interlocuteur. Maître Hauert était en fait une machine à convaincre, et en cela il tenait du génie. Malgré ce talent, il ne plaidait que rarement. Sa spécialité, qui d'ailleurs lui valait sa notoriété relevait d'un art consommé de l'arrangement et du compromis. Il disposait pour ce faire d'innombrables contacts et relations, toujours prêts à lui rendre service.

Très civilement, avec même un zeste discret de chaleur amicale, il me guida jusqu'à son bureau, m'indiqua un fauteuil et me demanda ce qui m'amenait.

Je me sentais en confiance au point de lui demander le secret absolu sur les confidences que j'allais faire.

— Cela va de soi, me rassura-t-il, mon bureau est un tombeau.

Je me lançai alors dans le récit détaillé de mes aventures de faussaire malgré moi, depuis Baton Rouge jusqu'à l'exposition Dufy. Tout le temps de ma péroraison, il garda un front plissé par l'attention, opinant seulement du chef de temps à autre, ou compatissant d'un soupir, me faisant servir un whisky, un second, un troisième. Enfin, j'avais trouvé quelqu'un pour me comprendre, me défendre... ! Quelqu'un qui comptait aussi parmi les dupes de Legros, mes œuvres pendues dans le salon l'attestaient. Pauvre maître Hauert : il devait être effondré. Mais il possédait un remarquable contrôle de soi. Pas la moindre émotion ne transparaissait sur son visage. Cette force d'âme m'emplit d'admiration et de sympathie pour lui.

Un lourd silence marqua la fin de ma confession. Apparemment l'avocat méditait, et j'imaginai la tempête sous son crâne. Pour lui, c'étaient de bien tristes désillusions. Il parla, lentement d'abord, comme s'il n'avait pas encore rassemblé toutes ses idées. Il évoqua les artistes qu'il avait connus, les célébrités qu'il avait défendues, les veuves des peintres qu'il tenait dans sa main droite, les experts qu'il tenait dans sa main gauche. Tout un complexe de gens, d'influences, de puissances qui formait un ensemble cohérent et pouvait se transformer en un redoutable dispositif de bataille. Ensuite, plus rapidement, plus fermement aussi, il constata que le fait de peindre des « à la manière de » ne constituait pas en soi un véritable délit, mais, compte tenu de la mesquinerie du milieu de la peinture, il valait mieux se taire. En revanche, les signatures imitées pouvaient se révéler dangereuses, surtout s'il y avait tentative de vente. Le faux n'existe qu'à partir du moment où on a l'intention de le commercialiser comme authentique, *a fortiori* quand on passe à l'acte. A ces deux conditions une accusation d'escroquerie peut être lancée et avoir quelques chances d'aboutir. Hormis cela, point de risques. A titre d'exemple, il me cita son Van Gogh, que d'aucuns contestaient.

— Personnellement, je le considère comme authentique. Nulle police de France ou de Navarre ne peut me l'enlever sous prétexte qu'il ne l'est peut-être pas ! Ce serait un abus de droit !

J'opinai. Tout ce qu'il m'expliquait me paraissait merveilleusement clair et rassurant. Il continua en affirmant que tous les tableaux de la salle d'attente lui avaient été offerts par les peintres eux-mêmes, pour le remercier de les avoir aidés en justice.

Ce fut comme une décharge électrique, et je m'écriai sans réfléchir :

— Impossible, la *Corrida,* façon Picasso, est de moi ! La gouache de Derain aussi ! Je vous le certifie.

Ma réaction sembla contrarier le grand avocat. Pendant quelques secondes, il me contempla d'un regard à la fois surpris et plein de commisération. Sa physionomie rayonnante s'était légèrement altérée.

— Je ne saurais trop vous conseiller d'éviter en public de telles interventions, dit-il alors d'un ton doucereux.

Et d'enchaîner : comment moi, jeune godelureau, pouvais-je mettre en doute des œuvres qui portaient le cachet de l'atelier de l'artiste ? Certifiées par les veuves, les filles des peintres ? Par les peintres eux-mêmes ? Par M. Pacitti, le meilleur expert de France ? Ces assertions pouvaient me valoir un procès en diffamation, que je perdrais à coup sûr ! Je ne devais pas non plus oublier que je n'étais qu'un étranger sur le sol français, et, à ce titre, tenu au devoir de réserve. Je ne pourrais impunément troubler l'ordre public, en attaquant l'art français ! On me ferait interner dans un service psychiatrique, car il fallait être fou pour mettre en doute la parole de tous ces gens honorables qui faisaient du commerce de la peinture une activité admirable et parfaitement honnête.

J'ai quitté, désespéré, la rue Cortambert. Où que je regarde, il n'y avait autour de moi que mensonge, lâcheté et tromperie. J'étais piégé, pris dans une tenaille qui m'écrasait. Si je parlais, c'était la prison ou l'asile. Si je me taisais, je devenais complice et, à terme, je risquais aussi la prison. Le bel avenir que m'avait fabriqué Legros...

J'ai appris de la bouche de Fernand comment s'étaient tissés, entre l'avocat et lui, ces liens troubles qui devaient autant à l'amitié qu'à la perversité. C'était en 1960 : les Stossel, des marchands zurichois bien connus et de bonne réputation sur le marché international de l'art, avaient confié à Legros un tableau de Modigliani, *Femme nue avec drapé*. L'œuvre possédait une double authentification : de Pfannstiel, le meilleur spécialiste du moment de Modigliani, expert mondialement apprécié, et de Schoeller.

Fernand, très vite, vendit la toile à M. Pequignot — l'organisateur de ventes à l'hôtel Beau-Rivage de Lausanne —, lequel Pequignot, sans attendre, la remit sur le marché à l'occasion d'une vente publique. Et jugeant l'œuvre particulièrement réussie, il la choisit pour orner la couverture du catalogue : ce fut le grain de sable dans la machine, car ces catalogues de ventes font toujours le tour du monde, passent de main en main, transitent chez les directeurs de galerie et les collectionneurs à l'affût de la bonne affaire.

La *Femme nue avec drapé* fut achetée au prix fort par un amateur américain qui, derechef, la rapporta chez lui. Entre-temps, hélas ! les marchands du Nouveau Monde avaient eu tout le loisir de contempler le catalogue et d'éplucher sa couverture au microscope. Pour tous, le diagnostic est clair : c'était un faux. Les seins et le visage de la belle au drapé possédaient un arrondi que jamais le peintre n'avait donné à ses modèles.

Bientôt se répandit la rumeur qu'il s'agissait probablement d'un tableau de Kisling, peintre célèbre pour avoir aidé ses amis Soutine, Foujita et Kikoïne à compléter l'œuvre de Modigliani. L'amateur grugé en fut informé et, fou de rage, fila chez Pequignot pour exiger son remboursement, qui, soucieux de sa réputation et redoutant le scandale, s'exécuta sans discuter, mais se retourna vers Legros, exceptionnellement de bonne foi, et à son tour, le menaça de procès, poursuites et foudres en tout genre. Discussions, marchandages, finalement un terrain d'entente fut trouvé : Fernand paierait Pequignot moitié en argent, moitié en toiles. La *Femme nue avec drapé* revenait ainsi chez Legros qui la conserva plus de cinq ans avant de la vendre à M. Meadows, un Texan original, grand collectionneur, indifférent à l'authenticité des tableaux dès lors qu'il possédait les certificats adéquats.

Appelant de ses vœux le pigeon qui lui rachèterait le tableau, Fernand Legros, durant ces cinq années, ne resta pas inactif et notamment contacta la fille du peintre, Jeanne Modigliani, pour obtenir un certificat de sa main, qui prouverait l'inanité des critiques. L'héritière s'était passionnée pour l'œuvre d'un père qu'elle n'avait pas connu au point d'acquérir un savoir impressionnant qui suscitait l'admiration de tous. Son jugement faisait autorité. Legros lui envoya donc une photo du tableau, accompagnée de l'un de ces mots dont il avait le secret, mais elle lui répondit qu'elle avait des doutes et qu'elle préférerait voir la toile. Pressée par les demandes réitérées et insistantes de Fernand, elle finit par l'aiguiller vers maître Hauert, son avocat, afin qu'ils examinent le problème ensemble. C'est ainsi que les deux hommes se rencontrèrent pour la première fois. La négociation fut courte. Immédiatement, l'un et l'autre se comprirent et s'apprécièrent. Ils étaient de la même race, celle des rapaces. Je suis convaincu que cet avocat retors a enraciné dans l'esprit de Legros l'idée qu'une toile bardée de certificats devient inattaquable.

Chapitre VII

Il n'y a pas de petit service : pour prix de la consultation, maître Hauert obtint de Legros deux toiles de Dufy peintes par moi, expertisées par Pacitti bien sûr, et un Braque de l'époque fauve, aussi faux que les précédents, que l'avocat fit certifier par le peintre, celui-là même qu'il défendait contre ceux qui tentent d'abuser de la bonne foi des pauvres artistes...

Que faire ? Pendant des jours et des nuits, je retournai ce problème dans ma tête, sans trouver de solution. Quitter Legros, bien sûr, mais pour aller où ? Me réfugier sous les ponts avec un litre de rouge ? Retourner chez mes parents pour y peindre tranquillement ? M'enfuir à Ibiza ? Il m'aurait retrouvé. Où que j'aille, il pouvait me mettre la main dessus. Me tuer ? Mon suicide manqué m'avait laissé des souvenirs tellement atroces que je ne m'en sentais pas le courage. Le tuer ? Je n'ai pas l'âme d'un assassin. Sur qui pouvais-je me reposer ? A qui me confier ? Il ne me restait plus qu'à me résigner, à attendre et à espérer, envers et contre tout.

Fernand trouva une excellente solution à mon plus grand problème, la peinture. Car il n'avait pas renoncé à me remettre aux pinceaux ! Le soir d'une effroyable dispute, il saisit un petit bronze de Bonnard et m'en fracassa la main droite. Cela me fit mal à hurler, mais au moins m'offrait-il une excuse toute trouvée : au lieu de lui répondre : « Je ne veux plus peindre », je lui dis : « Je ne peux plus peindre ! »

Il me fallut bien pourtant continuer à travailler pour lui, mais avec la certitude qu'à la première occasion je le quitterais. A plusieurs reprises, il rencontra maître Hauert en ma présence. Je ne voyais plus le justicier légendaire de mon enfance, mais un être double qui me faisait horreur. Les deux hommes s'entendaient comme des amis de toujours, au point que l'avocat fit connaître au marchand certains de ses clients. Et c'est ainsi que, dans leur sillage, je fis la connaissance de Van Dongen, Chagall, Dunoyer de Segonzac et Picasso.

Van Dongen vivait à Monaco. Un jour de l'été 1961 ou 1962, donc avant l'hommage à Dufy, nous avons déjeuné avec lui, au Palm Beach Hôtel. Malgré ses quatre-vingts ans, il demeurait fort bel homme : grand, mince, avec des cheveux blancs et de petits yeux bleus de Batave un peu proéminents. Sa seconde femme l'accompagnait, la première étant morte en lui laissant une fille fort grincheuse. L'histoire de cette femme me fascinait : il l'avait engagée comme bonne et, selon la tradition bourgeoise, lui avait fait un enfant — un fils, cette fois. Pendant vingt ans, elle dut faire des concessions à son amour-propre, car Van Dongen était un grand séducteur ; il aimait peindre les femmes. Au bout de ces nombreuses années, il devait lui garder une grande affection et il finit par l'épouser.

Je la regardais. Elle approchait de la cinquantaine toujours vêtue à la mode d'avant-guerre, et son visage demeurait beau. Leur fils avait près de trente ans. Elle l'avait pris en grippe, au point d'essayer de lui faire signer des papiers pour le déshériter. Toutes ces rumeurs m'avaient fait craindre cette rencontre. Mais elle voulut bien me trouver sympathique.

Van Dongen parlait de ses modèles, de sa peinture, revenant toujours à son époque fauve, mais il avait sans cesse l'air de penser à autre chose. On chuchotait qu'il était devenu gâteux, mais il savait fort bien ce qu'il disait. Je l'écoutais avec enchantement, car j'admirais son œuvre. Cela me flattait de savoir que je pouvais en faire autant. Legros dut le sentir. En anglais, il me souffla :

— S'il savait combien de tes tableaux pourraient passer pour les siens ! Il serait content de te les prendre, et ça le conduirait probablement dans sa tombe, le pauvre vieux !

Nous avons rencontré Chagall, et il me déplut souverainement avec son égérie de femme et son accent russe. Il était mesquin, avare, petit. Trop petit pour sa renommée.

Et Dunoyer de Segonzac ! Quelle merveille ! Il ressemblait à ces vieux peintres du dimanche, en chapeau de paille et blouse, qui travaillent devant leur chevalet sur une route de campagne. Il parlait sans prétention aucune ; nous l'avons revu plusieurs fois, toujours avec enchantement.

Quant à Picasso, je l'ai vu lui aussi au Palm Beach, toujours avec la même compagnie. C'est un homme tellement grand que je ne veux rien en dire. Toute parole à son propos serait sottise.

Ces peintres, je les connaissais parce que j'avais reconstitué leurs gestes, leur façon de rêver un tableau, au point de devenir leur double. Quand je travaillais Dufy ou Braque, je leur demandais :

« Et là, qu'est-ce que tu fais ? » En m'essayant à leur œuvre, il me semblait chaque fois que c'était trop beau, que je n'y arriverais pas, et mes souvenirs de bonheur absolu sont les minutes où, la toile finie, je reculais d'un pas pour la regarder, et je m'exclamais : « Merde ! Ça y est ! Je l'ai ! Comment suis-je arrivé à cela ? »

Rencontrer ces maîtres de mon art m'a bien paralysé une fois ou deux, mais m'a presque toujours aidé. Les observer, les écouter me permettait de comprendre ce qu'ils faisaient. Toujours cette vague prétention que j'avais de servir de complément à leur œuvre.

Au cours du printemps 1963, Fernand Legros m'envoya trois fois à Ibiza : je devais m'occuper de ma maison, disait-il. En fait, il m'éloignait pour organiser son trafic en toute tranquillité. Mes tableaux se diffusèrent à New York, Dallas, Londres et Genève. Pour cette première vague, il avait puisé aux sources, dans ses réserves de Baton Rouge. Tous ces pseudo-Derain avaient été expertisés, puis décorés du cachet de l'atelier, celui-ci étant apposé à même la toile lorsqu'il s'agissait d'huiles. Au total, il y en eut plus de deux cents !

New York fut inondé de fauvisme. La galerie Parke-Bernet s'y fit prendre, et la galerie Knoedler plus encore. Au début des années 60, Fernand avait connu les deux directeurs, MM. Kerr et Balaÿ, chez un ami commun, le vicomte Alain de Léché. Ce vieux monsieur, fort raffiné, organisait des dîners chez lui, rue La Fontaine ; les amateurs d'art y rencontraient des marchands. Si une affaire se faisait, le vicomte rappelait avec une exquise discrétion qu'il avait servi d'intermédiaire.

Fernand avait le génie de pressentir les goûts des gens. Quand il sut qu'il allait dîner avec Kerr et Balaÿ, il chercha ce qu'il pourrait leur proposer. Or il y avait dans la vitrine de la galerie Drouet, rue du Faubourg-Saint-Honoré, une fort belle aquarelle de Dufy, représentant deux chevaux haletants à la fin d'une course. Parce qu'elle s'y trouvait depuis plus de six mois, personne n'en voulait. Fernand l'emprunta pour quelques heures, et ces messieurs l'achetèrent avant le dessert. Le plus fort est que les locaux de Knoedler, à Paris, se trouvent à cent mètres à peine de la galerie Drouet ! J'ajoute que Fernand vendit ce tableau le double de son prix. Les deux dames de chez Drouet en furent tellement impressionnées qu'elles le présentèrent au docteur Roudinesco, un médecin qui avait commencé sa carrière en soignant Vlaminck, Van Dongen et surtout Dufy, dont il était le plus grand collectionneur parisien, avant de se spécialiser dans la pédiatrie. Elles lui en parlèrent comme d'un homme très dur en affaires, peu sociable et profondément antipathique. Fernand demanda à l'une de ses amies de lui confier ses deux fils, et les mena en consultation chez lui. Cela devint une habitude. Il payait cent vingt francs par enfant, repartait parfois avec une ordonnance, mais toujours avec des aquarelles du maître que le médecin collectionneur, totalement séduit, lui donnait à négocier.

Fernand revit plusieurs fois MM. Kerr et Balaÿ, quand ils revinrent à Paris. En mars 1963, à New York, ils achèteront en quinze minutes ma première aquarelle, faite sur grand format (65 × 50 cm) à Baton Rouge. Elle représentait plusieurs nymphes dans un paysage avec, en second plan, un champ jaune. Elle leur coûta vingt mille dollars. Peu de temps après, il leur revendait une scène de plage. La facture d'achat [reproduite en annexe] ou *Purchase voucher,* est ainsi rédigée : « *Seascape at Collioure,* n° 24 216 en date du 10 avril 1963 — 17 000 dollars. » Ils la payèrent moins cher que la première, car ils prétendirent qu'elle était de moins bonne qualité. Je crois surtout qu'un autre Derain de la même époque apparaissait simultanément dans une vente publique de Parke-Bernet. Les Derain fauves sont fort rares. Quand il en apparaît un, c'est un événement ; deux on appelle cela une révolution. Cet élément aurait au moins dû leur mettre la puce à l'oreille. Il n'en fut rien. M. Legros était au-dessus de tout soupçon. S'ils avaient su que Fernand en vendait d'autres à des particuliers, ils auraient tremblé. Il avait commencé par proposer *Une femme dans un paysage fauve,* à tendance pointilliste aussi fausse que le reste, à Tekla Bond.

L'histoire de cette femme mériterait un livre tant elle est étonnante. Tekla Bond était polonaise, blonde, potelée, et elle n'avait pas d'âge. Fernand l'appelait Tekla-Chérie — elle disait *chérrri* à tout le monde avec un accent irrémédiablement slave — ou Tekla la Folle, parce qu'elle le méritait. Multimilliardaire, elle se montrait avare comme un banquier écossais. Comme elle avait peur en avion, elle voyageait en train, et achetait des sandwiches avant de partir, pour économiser le wagon-restaurant. Depuis trente ans elle descendait chaque été au Carlton de Cannes, mais elle y marchandait toujours le prix de la chambre. C'est grâce à elle que Fernand put loger à l'hôtel. « Tu lui fais un prix, chéri, disait-elle au réceptionniste, c'est un ami ! » Elle descendait sur la plage privée, et n'y louait jamais de matelas, parce que c'était trop cher. Vêtue de vieux pulls troués, elle se promenait sur la Croisette. Mais qu'on l'invite à une réception, et elle apparaissait en robe de Dior, couverte de diamants. Elle avait un mari qu'on ne voyait pas, qu'on n'entendait pas, et que l'on disait propriétaire de onze mille appartements à New York. Elle ne dépensait rien, sauf pour sa collection de tableaux, après des négociations féroces.

J'ai rencontré Tekla au Carlton, où j'attendais Fernand qui devait rentrer d'Amérique. Il y avait là Rose Bachmann, une amie américaine qui vendait des tableaux, et Jacques Imbert, toujours à l'affût. Cela se passait en été, et ce fut une véritable histoire de fous. Rose Bachmann, grande, mince, blonde, la cinquantaine peut-être, aussi élégante que Tekla ne l'était pas, plaisait énormément à Fernand. Le mari de Rose s'en amusait beaucoup, car il savait qu'il n'y avait rien à craindre. Legros avait loué une chambre au Carlton, où il m'avait interdit de pénétrer pendant son absence. Mais Rose avait vu ce qu'il y avait dedans, car Fernand le lui avait montré. Elle voulut absolument que j'ouvre la porte, afin que Tekla découvre cette splendide collection de tableaux. Cela peut paraître imprudent de laisser des chefs-d'œuvre dans une chambre d'hôtel. En réalité, ils y sont en parfaite sécurité. On peut voler quelques bijoux, mais pour déménager vingt-cinq toiles, il faut s'y mettre à plusieurs. Et puis présenter sa marchandise dans un palace, cela vous pose.

Cédant aux demandes pressantes de Rose, j'empruntai les clefs au concierge. Et je découvris, posée contre les murs, une série de toiles dont j'étais en grande partie l'auteur. Il était déjà trop tard... Tekla, enchantée, voulut tout acheter, ou presque.

Le lendemain, Fernand arriva, trouva la terrasse du Carlton qui vibrait. « Ah ! les tableaux de M. Legros ! Ah ! ces Dufy ! Ces Derain ! » Il se mit dans une colère effroyable parce que j'avais osé ouvrir cette porte interdite, telle la femme de Barbe-Bleue. Et de crier, et de m'insulter. Je le connaissais assez pour savoir qu'il ne supportait pas l'idée que je puisse me conduire comme un marchand de tableaux. Son secrétaire, son expert, son faussaire, il le voulait bien. Mais il devenait fou à l'idée que je fasse son métier autrement que sous ses ordres. Derrière ce débordement hystérique, il y avait autre chose : à lui, et à lui seul, il reconnaissait le droit d'apprécier mes toiles devant moi. Ce privilège-là, je le lui avais volé en emmenant Rose, Tekla et Jacques dans sa chambre. Il craignait surtout que je prenne conscience de la facilité avec laquelle se vendaient mes toiles et que je veuille devenir le négociant direct de mes œuvres.

Il ne lui vint pas à l'esprit que, moi aussi, j'aurais pu pousser des hurlements parce qu'il continuait d'escroquer son prochain avec ma peinture. Au lieu de réagir, je me laissai submerger par une telle honte que j'aurais tout donné pour disparaître et ne pas voir mes toiles distribuées aussi facilement. Après deux ou trois « Je ne vends pas à n'importe qui ! » furibards, il finit par se calmer et céda à Tekla une fort belle *Réception* de moi-même, mais certifiée de Dufy.

Jacques Imbert ne perdait pas une miette de ces événements. Au lieu de le décourager, ils le confortèrent dans son idée de devenir marchand de tableaux. Il voulait que Legros lui donne des toiles à la commission. J'avais beau le dissuader, rien n'y faisait. Un jour, il alla au Carlton pour rencontrer Fernand, qui n'était pas là. Il se rendit alors à Villeneuve-Loubet, où il trouva Mme Legros et Marthe. On s'embrassa. Puis il sortit de sa voiture un carton, l'ouvrit, et déplia des robes somptueuses qu'on avait dû lui donner à New York en consignation, afin qu'il les vendît à ses relations. On s'exclamait, on s'extasiait.

— Je vous les offre ! Vous êtes la mère et la sœur de mon ami, elles sont à vous !

Pour fêter cette générosité remarquable, Fernand, réapparu, invita tout le monde à dîner au Palm Beach. Il y avait le clan des Legros, Rose, Tekla-Chérie en Dior et diams, Jacques et moi. Ce soir-là, Marlène Dietrich donnait un récital. Zsa-Zsa Gabor était là, avec sa fille, une gamine de quinze ans qui jouait à la photographe et mitraillait la pauvre Marlène. Excédée par les flashes, cette dernière s'arrêta au milieu d'une chanson et dit :

— Vous êtes fille d'actrice, mais vous ne semblez pas connaître les règles du show-business. Apprenez qu'on ne photographie jamais une vedette d'en bas, mais toujours d'en haut.

Hormis cet incident, ce fut une soirée parfaite ; nous sommes tous rentrés chez nous, enchantés, Mme Legros et Marthe dans leurs belles robes.

A quelque temps de là, Jacques emprunta ma voiture, une Corvette rouge décapotable qui avait remplacé l'Alfa-Romeo. Ses affaires l'appelaient à Monaco, où il devait rencontrer la maharani de Baroda. Les quelques heures se transformèrent en quelques jours. Il finit par me téléphoner.

— Tu comprends, je promène le prince. Il a vingt ans, il veut tout voir !

Il revint enfin, le prince à la place du passager, et souffla à Fernand :

— Fais attention, je lui ai dit que c'est mon auto !

— Quoi ? C'est la voiture de Réal !...

Une dispute mémorable se déroula sous les yeux d'un prince indien ahuri par ces étranges Européens. La crise passa comme elle était arrivée. Le lendemain, Imbert emprunta cinq cents dollars à Fernand, en expliquant qu'il attendait des fonds qui ne sauraient tarder à arriver. Mais, comme l'argent ne semblait pas vouloir venir, Imbert se mit à se lamenter sur les robes offertes à Mme Legros et à Marthe. Il finit par déclarer que ces robes valaient cinq cents dollars — elles valaient dix fois plus mais personne n'en voulait —, et qu'il s'était donc déjà acquitté de sa dette. Legros, furieux, fit une croix sur son argent, baptisa Imbert « Jacques-des-Robes », lui garda un chien de sa chienne.

Il s'agissait d'un monde où les disputes éclataient comme des orages en été, où les réconciliations effaçaient tout, où les rancunes les plus tenaces se calmaient le temps d'une alliance. Jacques rêvait toujours de vendre des tableaux. Legros estima qu'il suffisait de lui en prêter un ou deux, et de se faufiler ensuite par les portes ainsi ouvertes, puisqu'il prétendait connaître la terre entière. Tant que j'étais présent, je faisais en sorte d'éviter cela, et Fernand se tenait tranquille car il craignait qu'en me contrariant je ne m'énerve et finisse par dire la vérité.

Mais il m'arrivait de voyager aussi... Le 9 juillet 1963, Jacques-des-Robes embarqua un bronze de Degas et celui de Bonnard avec lequel Fernand m'avait cassé la main, ainsi qu'un Derain fauve qu'il alla vendre à Henry Ford III et dont il avait remis à Fernand un reçu pour vingt mille dollars, mais comme il était sot, il se vanta de l'avoir vendu cinq mille dollars de plus, et exhiba la photocopie du chèque. Fernand l'apprit, et il y eut encore un orage, de type tropical tant il fut violent. Jacques tenta de s'en tirer à dix-sept mille dollars, et Fernand accepta de se faire payer vingt mille dollars en plusieurs fois. Il ne revit donc jamais les cinq cents dollars prêtés à Cannes, et cela ne me parut que justice. Après tout, qu'un voleur vole un escroc, quoi de plus normal ?

A la fin du mois d'août, il fallut bien payer l'hôtel, les banquets, les folies. Fernand retrouva fort à propos une gouache de Dufy, *Fenêtre à Golfe-Juan,* qui représentait un port de mer. Dieu qu'elle était laide ! Et fausse par-dessus le marché, puisque j'en étais l'auteur ! Mais les plus grands ont eu des ratés dans leur carrière, Dufy comme les autres. Legros, que rien n'arrêtait, la prit sous son bras et alla rendre visite à Pacitti, qui préférait Saint-Tropez à Cannes. Il revint le soir même, avec une attestation manuscrite de l'expert, fait rarissime qui mérite d'être souligné et cité :

L'aquarelle gouachée reproduite au verso, mesurant haut. 0,63 m, larg. 0,51 m, est une œuvre authentique du peintre Raoul Dufy dont elle porte la signature en bas, au milieu.

Saint-Tropez, le 28 août 1963,
A. Pacitti, 14, place François-Ier.

[Original reproduit en annexe.]

Le lendemain, l'aquarelle trônait dans la vitrine de la galerie du Drap-d'Or, à côté du Carlton, cependant que Fernand, une liasse de billets à la main, un chèque dans la poche, s'en allait régler sa note comme un bon bourgeois respectueux des lois.

A quelque temps de là, M. Legaffic, le marchand de Dufy, passa devant la galerie.

— Mais il est faux, ce tableau! s'écria-t-il.

Aussitôt averti, Fernand le reprit et le revendit ailleurs, dans un lieu où Legaffic ne passait pas. Sans doute s'y trouve-t-il encore, avec sa signature et son certificat.

Au cours de l'hiver 1963, Fernand se trouva face à une échéance de trente millions de centimes pour son appartement, tandis que son décorateur en réclamait le double. Fernand signa quelques chèques pour calmer ses créanciers. Le directeur de la Butterfield Bank des Bermudes le menaça aussitôt de les refuser s'il ne comblait pas son découvert dans les plus brefs délais. Nous partîmes alors pour les États-Unis, plus précisément à Dallas où il espérait réussir une affaire importante. Mais son client se montra plus coriace que prévu et force lui fut de battre en retraite. Nous nous réfugiâmes au Delmonico, un bel hôtel de New York, sans un sou. Et là, je le vis dans un état d'abattement inimaginable. Tout ce qu'il essayait de construire depuis presque deux ans risquait de s'effondrer pour une question de délai bancaire. Sa réputation ne résisterait pas à une volée de chèques sans provisions.

— Fais-moi un Derain! Ne me laisse pas tomber! Je sais à qui le vendre, ici!

J'ai compris qu'il était en mon pouvoir et que, si je refusais, il sombrerait. J'aurais pu invoquer ma main abîmée, une fois de plus... Je ne l'ai pas fait. En cédant à sa demande, je lui permettais de continuer ses escroqueries, de m'exposer encore à la prison ou à l'asile; je ne crois pas que de refuser m'eût libéré de ce cercle infernal. Cela aurait limité les dégâts, voilà tout. Je n'ai pas eu le courage de laisser Fernand, mon ami, mon frère malgré tout, se noyer devant moi. Il est allé acheter une petite boîte de peinture, une toile, et je lui ai fait son Derain, l'un des plus beaux de ma production, qui allait connaître une célébrité sans pareille sous le nom de *Big Ben* et figurer au musée de Tokyo. Nous laissâmes toute la nuit la toile contre un radiateur. Certes, la peinture ne pouvait pas, de cette façon, sécher en profondeur, mais le futur acquéreur, qui ne s'y connaissait pas en technique picturale, ne pensa pas à faire le test de l'épingle — qui consiste tout bonnement à enfoncer une épingle dans la pâte pour en éprouver la dureté. La surface bien sèche, la peinture ne dégageait presque plus d'odeur.

Pour la première fois de ma vie, j'avais fabriqué un faux, en sachant qu'il allait être vendu, en voulant même qu'il rapporte de l'argent. J'avais commis un délit, pour Fernand Legros, en pleine conscience. J'aurais été jusqu'à le signer s'il ne m'avait dit qu'il voulait l'emmener à Paris pour le faire expertiser. Les ombres de Pacitti, de Hauert, du jeu officiel qui met la justice en marche m'ont soudain épouvanté. J'ai refusé, et Fernand n'a pas insisté.

Nous devions passer Noël en famille dans un chalet de location à Kitzbühel. Le 21 décembre, je pris un avion direct pour l'Autriche, tandis que Fernand revenait à Paris. Demeuré seul, je retrouvai mes doutes, mes angoisses ; une fois de plus, je mesurais l'emprise de Fernand Legros sur moi.

De son côté, il ne chôma pas. Arrivé le 22 au matin à Paris, il se précipita chez un restaurateur de tableaux qui avait vieilli plusieurs de ses toiles. Je n'ai jamais rencontré cet homme que j'ai déjà évoqué. Je sais en revanche que, s'il signait les faux en de très rares occasions, Legros lui confia quasiment toute ma production.

Ce même matin, il courut chez son photographe qui lui fit deux photos du tableau, et chez la veuve Derain, à Chambourcy, près de Paris. Il lui laissa l'une des photos pour ses archives, garda l'autre et revint, son authentification dûment rédigée et signée, et le cachet de l'atelier Derain appliqué au verso, sur le châssis.

Malheureusement, Pacitti n'était pas là, et resterait indisponible avant le lendemain, 23 décembre. Fernand, qui espérait obtenir son certificat dans l'heure et faire un voyage éclair en Amérique afin de vendre la toile à son client, changea son fusil d'épaule. Il attendit le retour de l'expert, qui évidemment certifia ce Derain splendide, lui en donna une estimation « pour l'assurance, cher ami ». Fernand alla derechef l'engager au Crédit municipal, avec cinq de mes Dufy qui figuraient dans l'« Hommage bis ».

Le seul expert accrédité auprès de cette honorable institution étant justement M. Pacitti. Ces tableaux furent aussitôt enregistrés. On lui en donna trente millions de centimes, qu'il s'empressa d'envoyer à sa banque des Bermudes pour renflouer son compte.

Peut-être faut-il expliquer ici le fonctionnement du Crédit municipal : Pacitti délivrait son certificat avec une estimation, en général très basse. Sans ces papiers, aucun enregistrement n'était possible. La Chambre des commissaires-priseurs de la ville de Paris et son président, le préfet, acceptaient l'estimation et donnaient leur aval. En général, le Crédit municipal prêtait la moitié de la somme estimée. En cas de problème, la Chambre des commissaires-priseurs remboursait le Crédit municipal.

Fernand Legros aurait pu empocher beaucoup plus en vendant ses toiles à des particuliers. Mais le Crédit municipal présentait un énorme avantage : on pouvait y récupérer son bien en remboursant le montant du prêt augmenté des intérêts. Il pouvait ainsi se remettre à flot, sans perdre une excellente marchandise pour autant.

Le 24 décembre, il arriva à Kitzbühel, fort tard, les bras chargés de cadeaux. Je reçus une somptueuse montre Cartier. En la mettant à mon poignet, je ne pus m'empêcher de songer qu'elle représentait le prix de ma première malhonnêteté.

Le lendemain, en vidant sa valise, j'ai découvert les photocopies des papiers du Crédit municipal. La phrase de maître Hauert résonna longtemps à mes oreilles : « Un étranger qui ose s'en prendre aux institutions françaises... » Je me mis à trembler, de panique, de colère aussi. Fernand haussa les épaules.

— Tu as raison, mon ange, mais je suis dans une telle situation ! Je n'ai pas pu faire autrement ! A ton âge, tu ne peux pas comprendre mes problèmes.

Une fois de plus la rage m'aveugla. Une sévère empoignade s'ensuivit. M. et Mme Legros, affolés, essayèrent de nous séparer, ne comprenant rien à ce règlement de compte. A la fin, ne trouvant plus rien à lui jeter au visage, j'arrachai ma montre et la lançai à toute force. Il n'eut que le temps de faire un écart, la montre passa par la fenêtre. Et voilà la famille Legros au grand complet, à quatre pattes dans la neige, essayant de remettre la main sur mon cadeau ! Fernand, toujours réaliste, me fusilla du regard.

— Jeter l'argent par les fenêtres, par ces temps si durs !

La montre demeura introuvable, mais Mme Legros réclama une trêve : c'était Noël.

Je tournai les talons et me réfugiai dans la boîte de Guido Reich, l'endroit *in* de cette partie du monde, où je dansais jusqu'à l'aube, en buvant du schnaps local. Ainsi font les Brésiliens quand ils sont trop heureux, ou trop malheureux. Mon angoisse se transforma en épuisement, en ivresse. L'aube pointait déjà quand je revins au chalet. Comment, je n'en sais rien.

Le 26, tard dans la matinée, Fernand Legros me réveilla, souriant et gentil. Il me tendit un verre de jus d'orange mélangé de champagne, symbole des grandes réconciliations, et se servit une coupe sans jus d'orange.

— Et ta famille ? Tu as oublié de lui souhaiter un joyeux Noël ! Tiens, je fais le numéro.

Il me tendit le combiné, certain que la voix de ma mère me rendrait ma bonne humeur. Tout embrumée de sommeil, elle m'attendrit en effet, mais elle me fortifia aussi : je n'étais pas seul au monde. Quelqu'un m'aimait, sans calcul, sans mensonge.

Quand je raccrochai, ma décision était prise. Il allait m'avouer la vérité, tout de suite, ici même.

— Où sont mes tableaux ? Qu'en as-tu fait ? Quand les reverrai-je ? Et mon exposition ?

Il commença par vouloir me rassurer. Ces ventes qu'il avait faites n'étaient jamais que des prêts avec garantie ; si un client se plaignait, si quelqu'un lui intentait un procès, il échangerait la toile incriminée, ou la rembourserait en ajoutant un intérêt de dix pour cent par an. Vraiment, il ne voyait aucun problème à tout cela! Il ajouta qu'il était un peu tard pour se poser ce genre de questions.

Il alla chercher son attaché-case, toujours fermé. Certain de ne pas risquer qu'on le surprenne, car tout le monde était parti skier, il l'ouvrit, jeta des catalogues sur mon lit : galerie Motte de Genève! Sotheby's de Londres, la toute-puissante! Parke-Bernet de New York! Christie's de Londres! Je les ai feuilletés... et j'ai reconnu mes Dufy, mes Derain, mes Vlaminck, mes Van Dongen, mes Modigliani, mes gouaches de Baton Rouge, baptisés, reproduits, souvent en couleurs.

Je découvris avec horreur l'étendue du désastre. Chaque fois que Legros m'avait révélé l'une de ses escroqueries, je me disais qu'il ne pourrait pas aller plus loin... Comme je me trompais! Il avait abusé les directeurs de ces temples de l'art, que le monde entier respectait.

— Je veux mes tableaux! Je t'interdis de les vendre! Je les brûlerai s'il le faut!

— Très bien! Alors je te tue, je me tue! C'est ce que tu souhaites? Tes tableaux, tu ne les auras jamais!

— Où sont-ils?

Il changea de registre, invoqua le contrat de secrétaire itinérant qui me liait à lui pour la vie. Cela ne m'impressionna pas. Il passa à la flatterie et reprit ses vieux arguments : aucun peintre n'avait jamais accompli une telle œuvre en si peu de temps, Hauert avait construit Roberto Benzi, lui, Fernand Legros, en avait fait autant avec moi; il conclut, péremptoire, qu'il était trop tard, puisque j'avais peint toutes ces toiles.

— Tu crois vraiment que moi, avec ma renommée, je vais exposer un peintre qui singe Chagall, Vlaminck et les autres? Si tu as été assez con pour le croire, tu n'as que ce que tu mérites...

D'un geste théâtral, il tourna l'espagnolette. Une bouffée de vent glacé s'engouffra dans la chambre. Nu comme un ver, je bondis hors de mon lit, le frappai aveuglément, en hurlant des insultes. Il essaya de se défendre, mais j'étais déchaîné. Quand il tomba, à moitié évanoui, je le rossais encore. C'est la bonne, une Autrichienne colossale, qui m'a empêché de le tuer. Hébété, les bras ballants, je restai là pendant qu'elle courait chercher du schnaps pour le ranimer. Il toussa, faillit même s'étouffer. Elle le souleva comme un enfant et le transporta jusqu'à son lit, cherchant des compresses pour soigner ses ecchymoses. Je me rendis compte lentement que je m'étais conduit comme un assassin. Je me mis à trembler, de froid et de peur tout à la fois.

Soudain, Fernand commença à haleter; il m'appela. Je reconnus ces symptômes; il lui arrivait d'avoir des crises d'asthme. Par signes, il demanda son aérosol car la crise semblait sérieuse. Je le trouvai dans la salle de bains et revins auprès de lui. Il avait de plus en plus de difficulté à respirer. Vite, je lui ouvris la bouche et lui insufflai une bonne dose du produit.

Au lieu de le soulager, je crus l'avoir achevé. Il se tordit en hurlant de douleur pendant d'interminables minutes. Affolée, la domestique appela un médecin, et la police, persuadée que je l'avais empoisonné. Fernand criait que j'avais mis de la strychnine dans son verre de champagne. J'étais complètement décontenancé. Bientôt, la maison se transforma en pétaudière. Des gendarmes me regardaient d'un air soupçonneux, la bonne chuchotait, le médecin auscultait Fernand... Par bonheur, il aperçut le médicament posé à côté du lit.

— Comment l'avez-vous soigné ?

Je décrivis la manière dont je lui avais administré le remède : il était étendu, j'avais penché l'aérosol. Tout s'expliqua : en inclinant la bombe, je lui avais envoyé du liquide dans les poumons. Or ce produit, sous forme gazeuse, soulage le malade ; liquide, il provoque des douleurs effroyables.

Le docteur et les gendarmes s'en allèrent. Fernand s'endormit et la bonne fila raconter le drame à ses consœurs du village. Je retournai pour ma part dans ma chambre où les catalogues étaient encore sur mon lit. Je les feuilletai machinalement, cherchant mes toiles.

Sotheby's, Londres, 4 juillet 1962, numéros 18 et 18a, deux aquarelles de Dufy : *Jockey au start* et *Champ de blé.* Parke-Bernet Galleries, New York, mars 1962 : une scène de Paddock de Dufy, hors catalogue. Le 16 mai, deux très beaux Dufy aux numéros 27 et 29 : *Le Champ de blé* et *Les Courses.* Christie's, le 30 novembre 1962 : trois Dufy aux numéros 92, 93 et 94....

On ne peut pas s'entre-tuer tous les jours et la paix finit par reprendre ses droits sur la planète Legros. A notre retour à Paris, la vie retrouva son cours normal.

A voir agir Fernand, il m'est souvent venu l'idée qu'il avait signé un pacte avec le diable en personne. Personne ne lui résistait, pas même Georges Schick, un Russe blanc arrivé en France en 1917 avec toute sa fortune, qui vivait rue Raynouard au milieu d'une magnifique collection de tableaux. C'était un monsieur d'une grande élégance, cultivé, très parisien malgré un accent solide comme le Kremlin. Il détestait les experts et les veuves de peintres, car on avait dû lui refuser jadis quelques authentifications, bien qu'il fût plus grand connaisseur que la plupart de ceux qui prétendent tout savoir ; d'un commerce délicieux, il se transformait en requin extrêmement coriace dès qu'il s'agissait de négocier.

Rose Bachmann, qui le connaissait fort bien, essaya un jour de lui vendre une toile de Pascin, une *Jeune Fille sur canapé*, un Bulgare, naturalisé américain, qui s'est suicidé en 1930, comme tant de peintres. Sa peinture exprime une très profonde sensualité ; personne n'a su peindre comme lui la femme, rendre la beauté d'un sein ou d'une fesse. Rose avait montré à Georges Schick une photo en couleurs de ce tableau. Il avait décliné la proposition, car la jeune fille n'était pas vraiment dans la manière du maître ; d'ailleurs personne n'en voulait.

Fernand Legros emprunta la toile à Rose et alla voir Schick. Il la lui vendit, pour le double du prix, en cinq minutes à peine.

Il essuya pourtant un échec. Georges Schick avait acheté, à une vente aux enchères publiques de Versailles, une œuvre de Mary Cassatt, *Un bébé avec un bonnet*. Mary Cassatt faisait partie des impressionnistes ; elle contribua à faire pénétrer ce courant artistique aux Etats-Unis, avec l'aide de Gertrude Stein, grande mécène s'il en fut, et tête pensante de l'Amérique dans les années 20. Schick paya son tableau un prix convenable. Des rumeurs s'élevèrent bientôt : c'était un faux. Quand il rencontra Fernand — par l'intermédiaire du vicomte de Léché —, il lui raconta ses malheurs.

— Montrez-le à Pacitti, s'il vous plaît, cher ami.

Fernand, bon prince, alla voir l'expert, le tableau sous le bras. Pacitti l'examina longuement.

— Je ne dis pas qu'il est faux... je ne le sens pas.

Schick récupéra son tableau sans insister. Il le trouvait beau, cela seul comptait. Mais il en parla, et le milieu artistique des Russes, Katia Granoff en tête, murmura de plus en plus distinctement : « Pacitti a refusé un certificat à Legros ! Il n'est donc pas à sa botte ? » Information qui fut reprise par toute la profession.

Il s'agissait d'une histoire de rien, mais elle donna à Fernand et à sa politique des certificats une réputation de sérieux inattaquable, si besoin était. Peu de temps après, Schick lui acheta les yeux fermés une fort belle gouache de Derain, qui représentait des bateaux, certifiée par Pacitti, authentifiée par la veuve et peinte par moi à Baton Rouge !

Il y avait à New York une femme qui détestait Fernand, c'était Fanny Margoulies, veuve du propriétaire de la Niveau Gallery, petite, sèche, nerveuse à l'excès, sans charme jusqu'à son veuvage. Quand elle parlait de Fernand, elle laissait tomber des « ce petit Legros » avec tant de mépris que cela en devenait comique.

Il finit par l'apprendre, de la bouche de Rose Bachmann, je crois. Au lieu de tenir ses distances pour éviter les conflits, il entra un beau matin de 1962 dans la galerie, marcha sur Fanny avec un sourire radieux, lui parla des toiles qu'elle exposait, la complimenta, s'intéressa à ce qu'elle faisait, à ce qu'elle était, fit si bien qu'elle vacilla, révisa son jugement et accepta de dîner avec lui. Pas un instant elle n'imagina qu'il disait autant de mal d'elle qu'elle de lui : « C'est une ancienne cuisinière mariée à un pédéraste qui est mort d'une crise cardiaque ! Mais qu'est-ce qu'elle sait de la peinture ? » En réalité, elle s'y connaissait fort bien, ce qui ne l'empêcha pas de payer très cher un Vlaminck et un Dunoyer de Segonzac de ma production. Le premier représentait un paysage avec un personnage ; le second, une nappe rouge et un bouquet de fleurs avec, en arrière-plan, un paysage.

En 1965, alors qu'elle était de passage à Paris, il l'invita avenue Henri-Martin, pour lui montrer sa collection. Legros avait coutume d'accrocher des toiles authentiques à ses murs, et parmi elles cinq ou six des miennes, qui, se trouvant en si bon voisinage, en devenaient vraies. Fanny tomba en extase devant un grand Matisse au-dessus du lit de Fernand — représentant une femme avec mandoline sur fond et tapis rouges — et une *Réception* de Dufy dans le bureau. Elle se mit à glapir :

— Je paie cash ! Cash, sans papiers !

Mais Fernand Legros refusa de vendre ses tableaux. Elle insista, supplia, rien n'y fit. Elle repartit bredouille et désolée.

Fernand ne vendait jamais mes tableaux en ma présence. Il craignait trop mes colères et l'idée que je puisse révéler la vérité le paralysait. Mais il y avait autre chose dans ce refus, quelque chose de plus pervers, de plus profond. Pendant des années, Fanny l'avait traîné dans la boue. Le « petit Legros » prenait sa revanche. Il s'offrait le luxe de refuser quelque chose à celle qui jadis lui manquait de respect. Elle l'avait supplié, il l'avait renvoyée, comme une cuisinière, la politesse en plus.

Souvent je me suis demandé pourquoi je n'ai jamais pris un couteau, déchiré mes toiles ainsi exposées chez Legros. Mais dès que je les regardais, je songeais : « Comment ai-je pu faire quelque chose d'aussi beau ? » Et je les laissais au milieu des vraies. Souvent, de retour chez moi, j'ai eu envie de pleurer.

Fernand, qui adorait la difficulté, se mit en tête de travailler avec Pierre Bloch. Actionnaire principal des laboratoires pharmaceutiques Toraude, il était maintenant divorcé de Gilberte Duclaud, propriétaire de la Galerie 65 de Cannes, mais lui avait gardé toute son amitié. C'est elle qui décida de mettre les deux hommes en contact. « Vous et Pierrot le Fou — ainsi appelait-elle son ex-mari —, vous êtes faits pour vous entendre ! »

Pierrot le Fou me fascinait. A soixante ans, malgré une main atrophiée — une blessure de guerre —, il conduisait sa Jaguar à toute allure, avec une étonnante maestria. Quand nous allions au restaurant, il commandait sans consulter personne. Pierrot le Fou régnait. Et quand un tableau lui plaisait, il le lui fallait sans attendre ; si, un mois plus tard, il ne l'aimait plus, il le revendait, très vite. Son expert attitré s'appelait André Pacitti.

Bientôt, il prit l'habitude de confier les toiles dont il se lassait à Fernand Legros, lui demandant de trouver immédiatement celles dont il avait envie. Les autres marchands ne supportaient pas son impatience. Fernand avait compris qu'il faisait des caprices, comme un enfant gâté. Il le gâtait donc, moyennant de copieuses commissions.

C'est pourtant Pacitti qui organisa les deux ventes Bloch qui firent grand bruit dans le métier ; par deux fois il le débarrassa d'une grosse partie de sa collection, qui ne l'amusait plus. La première se tint au palais Galliera, le 12 mars 1964. Maître Étienne Ader en fut le commissaire-priseur. Il adjugea en particulier un très beau *Champ de blé* de Dufy, œuvre de votre serviteur, qui figure au numéro 10 du catalogue de cette manifestation.

Je pourrais raconter les exploits de Fernand pendant mille ans sans me répéter une seule fois. Autant sa malhonnêteté me dérangeait, autant son sens du commerce me fascinait. Il arrivait avec un tableau devant sa future victime. Celle-ci déclarait que cela ne l'intéressait pas. Fernand n'insistait pas, se mettait à parler politique, peinture, problèmes africains, admirait quelques toiles au mur — quel goût exquis, cher ami ! —, repartait sur des considérations d'ordre littéraire, quelques anecdotes, et faisait insensiblement glisser la conversation sur son tableau. Et l'autre se retrouvait en train de signer un chèque avec la certitude qu'il faisait une affaire en or !

Les dames de la galerie Drouet avaient un fort beau Vlaminck qu'elles exposaient en vitrine. Un soir, alors qu'elles étaient sur le point de fermer, elles virent Fernand arriver.

— Prêtez-moi ce tableau, je crois que j'ai un acheteur !

Il le rangea dans le coffre de sa voiture, fit trois fois le tour du quartier, entra dans un café, appela Alex Maguy, un grand marchand dont la galerie se situait juste en face de celle des deux dames.

Alex Maguy avait quitté la couture, s'était reconverti dans la peinture où il avait amassé une véritable fortune en n'y connaissant strictement rien. Il détestait les dames de chez Drouet et, vingt fois par jour, il passait devant ce Vlaminck. Il était huit heures du soir, ses rideaux étaient tirés ; il pouvait se détendre enfin. Le téléphone sonna. Il décrocha, entendit la voix de Legros :

115

— Cher ami, j'ai une chose splendide à vous proposer !

Sans doute le moment était-il bien choisi. Maguy a trouvé ce Vlaminck étonnant, s'est déclaré enchanté qu'on le lui présente, à lui et à personne d'autre, et l'a acheté sans une hésitation !

Je me suis souvent demandé quel était le secret de « ce diable de petit Legros », comme l'appelaient les Américains. Il ne savait pas grand-chose de l'art ni de la peinture. Mais dès qu'il voyait une toile, il pensait immédiatement à la personne qui l'achèterait ; jamais son intuition ne l'a trompé. Il voyait en cela un jeu de pouvoir qui l'enchantait. Souvent je l'ai entendu me dire en riant :

— Je rêve de caser un de tes *Mariés de la tour Eiffel* à ce vieux radin de Chagall !

Vers la fin de juin, Fernand, ayant gagné un peu d'argent, retira du Crédit municipal le *Pont de Londres avec Westminster*, que j'avais peint pour lui au Delmonico de New York avant Noël. Il l'exposa dans son salon, à la place d'honneur. Il était magnifique, vraiment. Qu'allait-il devenir ? Je ne me faisais pas d'illusions... Fernand finirait par le vendre un jour, comme le reste. J'aurais pu en peindre un autre, pour mon propre compte, j'aurais fait mieux ou moins bien. Mais celui-là, ce que j'avais mis dans ces formes, dans ces couleurs, jamais je ne le retrouverais.

Une facture arriva avenue Henri-Martin, Fernand Legros eut besoin d'argent, il chercha donc une dupe. Son beau regard vert-de-gris se posa sur moi.

— Mon ange, tu l'aimes tant, ce tableau. Je vais te faire les poches !

Devant mon air ahuri, il précisa sa pensée.

— Si tu me passes tes économies, il est à toi... Tu le garderas quand je t'aurai remboursé. D'accord ?

Cela peut sembler affolant, mais je lui ai donné douze mille dollars, plus d'une année de mon salaire, pour un tableau que j'avais peint ! Il ne m'a signé aucun papier afin d'officialiser cette vente, et même, au lieu de prendre ma toile et de la ramener chez moi, je l'ai laissée là. Elle s'y trouvait autant en sécurité que rue de la Pompe ; s'il voulait l'emporter, personne au monde ne pouvait l'en empêcher...

Payer pour sa propre peinture ! Il fallait être fou ou très bête ou passionné par la peinture ! Mais Fernand Legros était mon ami. Il avait subjugué Fanny Margoulies qui le détestait pourtant, dompté Pierre Bloch qui faisait trembler tout le monde, séduit l'inabordable Pacitti... Et moi, qu'il avait quasiment enlevé alors que je sortais à peine de l'adolescence, comment aurais-je pu lui résister ?

116

Quelque temps plus tard, Fernand Legros partit pour Tokyo et l'hôtel Impérial, et moi pour New York et l'hôtel Adams. Quand il s'absentait plus de quinze jours, il enlevait tout ce qui avait de la valeur chez lui et le mettait au garde-meuble. Ainsi fit-il avec mon tableau.

En Amérique, j'appris que la galerie Hirschl and Adler, de la 62e Rue, organisait une rétrospective Derain. Je ne pouvais manquer un tel événement. Cela se passait un samedi, je découvris mon *Pont de Londres avec Westminster* trônant en bonne place, au milieu d'une collection de chefs-d'œuvre. J'en eus le souffle coupé, mais je dois reconnaître que je me sentis flatté autant qu'affolé. Il s'agissait d'une exposition de prestige, aucune de ces toiles n'était à vendre. Et tout le monde de s'extasier sur la mienne en particulier ! Au premier étage on exhibait quelques autres tableaux réservés à la vente. J'y figurais encore : deux gouaches de Baton Rouge avec cachet d'atelier et authentification irréfutable, bien entendu. Autant j'admettais de passer pour un autre, autant je ne supportais pas d'être monnayé dans ces conditions. Toutes mes terreurs se réveillèrent alors. Que dire ? Que faire, une fois de plus ?

Je pris un catalogue. Le *Pont de Londres* figurait en page 10, daté de 1905-1906, « Paris, *Private collection* ». Ceux du premier étage aussi : « N° 7, *Nymphes*, n° 9, *Collioure*. »

Comme un fou, je me suis précipité à l'hôtel pour téléphoner à Tokyo. Fernand me laissa hurler tant que j'en eus la force.

— Si tu me permettais de parler... je t'expliquerais tout...

— Je veux mon tableau, tu entends ? Celui-là, je l'ai payé ! Je le veux, il est à moi ! Les autres, ça m'est égal !

— Calme-toi. Lundi matin, tu iras à la galerie. Tu demanderas si tes tableaux sont à vendre. Et tu verras !

Le lundi matin donc, dernier jour de cette exposition, je vais voir le directeur de la galerie. Effectivement, les numéros 7, 9 et 10 ne sont pas disponibles.

— Du reste, quelqu'un est venu les prendre ce matin. Vous voyez, je ne les ai plus.

J'ai fini par apprendre où mon tableau avait échoué : au musée d'Art occidental de Tokyo ! Fernand Legros l'avait vendu à cette honorable institution, ainsi qu'une aquarelle, *Baie de Nice,* de ma production et signée Dufy. Pour ces derniers, il toucha soixante-dix mille dollars, versés à la Banque suisse de Lausanne. Il lui fallut plusieurs mois de tractations pour parvenir à son but. M. Tominaga, le directeur du musée, s'était montré extrêmement méfiant, car on murmurait déjà à New York que Fernand Legros vendait trop de Derain à la fois. Il écrivit à la veuve du maître et à Pacitti, demandant confirmation des certificats. Bien entendu, on lui répondit qu'il n'y avait aucun doute, que les papiers étaient excellents.

C'est André Malraux qui finit par rassurer tout le monde. Alors ministre de la Culture, il effectuait un voyage officiel au Japon. M. Tominaga lui montra les deux tableaux. Malraux prit un air digne et déclara :

— Ces œuvres sont d'une qualité extraordinaire. Je suis étonné que les Beaux-Arts français les aient laissées sortir.

Évidemment, il n'avait pas remarqué mes empreintes imprimées dans les taches de peinture qui font vibrer le ciel. De tous mes tableaux, c'est sans doute celui qui en compte le plus !

Qui oserait contredire un ministre de cette importance ? Malheureusement, quelques années plus tard. M. Francis, un peintre américain fort écouté à Tokyo, fit preuve d'un immense manque de respect pour les paroles définitives de M. Malraux ; cela se passait vers 1966 ou 1967, au début du scandale Legros. Francis se fit l'écho de toutes les accusations que formulèrent alors les marchands américains de l'A.D.A.A. Un débat fut même engagé à la Diète. Tominaga fut obligé de démissionner. On parla de corruption, car Fernand avait offert au directeur un dessin de Bonnard, qui n'était pas de Bonnard, bien entendu. Il s'agissait d'une pure calomnie. Quand on achète quelqu'un, il faut au moins une grande toile. Pour une fois, Fernand Legros avait fait un vrai cadeau, en ignorant qu'un jour, il serait empoisonné.

Les Japonais voulurent porter plainte. Les tableaux revinrent à Paris par la valise diplomatique. Pacitti et la veuve Derain refusèrent de revenir sur leur authentification. Non seulement la plainte ne fut pas reçue, mais on fit même valoir qu'en matière pénale la prescription intervient au bout de trois ans. Les Japonais firent leurs calculs, remballèrent leurs toiles et leur colère, repartirent pour leurs îles lointaines en maudissant Legros.

Les toiles sont toujours au musée d'Art occidental de Tokyo. Dans la cave [1].

---

1. Précisions concernant l'ensemble des ventes aux enchères publiques, mondialement connues, dans lesquelles mes œuvres furent l'objet de transaction, en cette année 1963 :

PARKE-BERNET (New York)

Vente du 11 avril 1963 : n⁰ˢ 48, 55, 122, 141 et 146.

— n° 48 : gouache de Vlaminck représentant une route ;
— n° 55 : R. Dufy, bassin à Deauville ;
— n° 122 : femme sur chaise longue du peintre Lebasque ;
— n° 141 : Lebasque également, *Des anémones* ;
— n° 146 : R. Dufy, *La Mer au Havre*.

Seuls les deux Lebasque étaient authentiques.

Vente du 15 mai 1963 :

— un Modigliani, sous le n° 9, *Femme au chapeau;*
— sous le n° 29 : Bonnard, sculpture *La Femme au rocher* (authentique). [C'est ce bronze qui avait servi à me broyer la main droite; pour une fois, j'étais content de le voir partir];
— au n° 22, encore un Derain, *The Thames at sunset*, aquarelle ayant reçu le cachet de l'atelier et le certificat de Mme Derain, daté par elle de 1905;
— sous le n° 67 : Vlaminck, *Livre sur une table*, expertisé par André Pacitti (celui-ci authentique);
— n° 70 : *Champ de blé* de Vlaminck, également expertisé par A. Pacitti et également authentique, bien que fortement contesté à New York à l'époque par la *American Dealers Art Association.*

CHRISTIE'S *(Londres)*

Vente du 5 juillet 1963 :

— reproduit en couleurs en page de garde, un merveilleux *Pont de Londres* avec des bateaux, peint à l'aquarelle et décrit au n° 46 sous le titre de *Pool of London*, daté dans le certificat d'Alice Derain de 1905;
— aux n°s 47 et 48 du même catalogue figurent deux gouaches de Vlaminck;
— figure aussi, sous le n° 40, un autre Raoul Dufy, *La Console rouge;* au n° 34, *Des papillons* et, au n° 36, *Champ de blé.*

Vente du 6 décembre 1963 :

— un merveilleux Modigliani représentant *Jeanne Hébuterne*, toile accompagnée du certificat d'Arthur Pfannstiel, de 1959, et de celui de Jeanne Modigliani, fille de l'artiste, de juillet 1963 (n° 123 reproduit en page entière);
— n°s 128 et 129 : deux autres Raoul Dufy, le premier représentant le port de Golfe-Juan et le second des bateaux en mer, les deux étant reproduits;
— au n° 130, la plus belle des *Réceptions* de Raoul Dufy, en peinture certifiée par André Pacitti;
— au n° 131, un Derain en aquarelle (de Baton Rouge) ayant reçu le cachet de l'atelier d'artiste et certifié par Alice Derain qui le situait en 1905 dans son certificat.

MOTTE (Genève)

Vente du 25 mai 1963 :

— au n° 57, une aquarelle de Dufy, *Le Paddock,* certifiée par André Pacitti;
— au n° 58, une aquarelle de Dufy, *Les Courses,* certifiée par André Pacitti.

J'ai précisé chaque fois que les œuvres étaient authentiques quand c'était le cas : l'absence d'une telle mention signifie que j'en étais l'auteur...

Chapitre VIII

Un beau matin, Mme Misraki présenta sa démission à Fernand Legros. Elle venait de trouver une galerie où on la payait tellement mieux qu'il fut obligé de s'incliner. Pour la remplacer, Fernand dénicha l'oiseau rare : Mme de Herain. Elle affichait une soixantaine distinguée, et ses airs lointains semblaient signifier « malgré ma classe, je suis obligée de travailler » ; grande et plate, elle parlait délicatement, la bouche en cul de poule. Legros se flattait beaucoup de l'avoir engagée parce qu'elle était... la belle-fille du maréchal Pétain, tout simplement ! Pas une belle-fille directe, parce que son mari n'était que le fils né d'un premier mariage de la maréchale, mais enfin ces détours de la généalogie s'oublient facilement. Il l'avait connue vendeuse et secrétaire de la galerie Romanet. M. Romanet, ami d'Hauert, client de Pacitti, se vit quelques années plus tard poursuivi en justice comme Legros. Mais lui, il sut se taire, et il fut donc acquitté. La pauvre Odette de Herain ignorait qu'elle quittait un futur accusé pour un futur condamné ! Dès le premier jour, elle se prit d'une véritable adoration pour « son cher petit patron », se dévoua à lui corps et âme, rides en sus. Il accepta l'âme, mais laissa le corps au mari — un brave homme aux cheveux carotte que rien n'affolait. Grâce aux Herain, Legros fut reçu au Racing Club de Neuilly, très chic et très fermé à cette époque.

Tout semblait sourire à Legros, aussi avait-il grand mal à supporter mon refus de peindre pour lui. Je ne voulais plus toucher à un pinceau. Il revenait à la charge, insistait, suppliait, menaçait. Tout resta dans l'une des deux chambres de bonne, en haut de son immeuble. A force de voir tous ces tubes et ces toiles, peut-être sentirais-je resurgir en moi la passion de peindre ? Et si cette passion renaissait d'elle-même, j'aurais tout sous la main. Il eut beau attendre, ma décision était prise.

Alors Fernand tenta de m'amadouer d'une autre manière : il

121

m'emmènerait faire le tour du monde. Je verrais d'autres pays, d'autres visages, j'oublierais cet appartement de l'avenue Henri-Martin que je haïssais maintenant. L'esprit bien dégagé, revenu à moi-même — et à lui —, je retrouverais peut-être mon élan artistique. Il y avait une autre raison à ce projet grandiose : Legros voulait étendre son commerce à de nouveaux territoires.

Nous avons commencé par New York. Est-ce lors de ce voyage, ou d'un précédent, qu'advint le drame du Picasso ? Je ne sais plus. A l'escale de Reykjavik, une tempête de neige se déchaîna et cloua l'avion au sol. La compagnie nous installa à l'hôtel de l'aéroport avec armes et bagages.

— Où est le Picasso ? me demanda Fernand une fois arrivé dans la chambre.

En effet, nous avions emporté un petit Picasso, que j'avais placé avant le décollage dans le compartiment à bagages, au-dessus des sièges.

— Je crois qu'il est resté dans l'avion...

Fernand devint vert, se mit à sauter sur place en hurlant :

— Évidemment, ce serait l'un des tiens, tu y ferais attention !

Pendant deux jours et deux nuits, il neigea sans cesse. Personne ne pouvait approcher du Boeing. Quand enfin nous embarquâmes, Fernand se précipita à sa place. Le Picasso n'avait pas bougé. Rétrospectivement, j'en tremble encore, bien que ce Picasso-là ne fût pas des meilleurs !

Après un bref passage à New York, Fernand voulut que nous allions à Dallas, afin d'y rencontrer l'un de ses meilleurs clients : Algur Meadows, vendeur de voitures devenu milliardaire dans les pétroles. Il portait des cravates assorties à ses cheveux d'argent, et des vestons noirs pour le contraste. C'était un beau Texan, qu'une légère claudication rendait encore plus séduisant aux yeux des femmes.

Pour sa première épouse, il avait acheté dans les années 50 une collection de maîtres espagnols et italiens du xviiie siècle. L'expert Bernardino de Pentorba, puis Manuel Perez Torno et Santiago Rich, des autorités en la matière, avaient accordé à profusion certificats et louanges. Chaque toile lui avait coûté autour de trente mille dollars. Vu qu'il n'y en avait pas une d'authentique, ce n'était pas donné. Vraies, elles eussent valu cinq millions chacune. L'affaire signée, il s'était empressé de faire don de cette collection à la Fondation Meadows, créée pour l'occasion, puis il avait convoqué les évaluateurs de sa compagnie d'assurances, qui examinèrent les œuvres : sept Goya, trois Greco, deux Rubens, quatre Ribera, un Murillo. Auxquels s'ajoutaient un Millet, un Gauguin et un Corot, baptisés espagnols pour l'occasion : il y a si loin du Texas à la vieille Europe que l'on peut se perdre entre tous ces pays minuscules ! Ces messieurs rendirent leur verdict : il y en avait pour quelques millions de dollars. Meadows s'empressa de déduire la somme annoncée de sa déclaration d'impôts : le fisc américain autorise en effet que l'on ne mentionne que le montant estimé des œuvres d'art si on les offre à des musées, le montant réel n'étant jamais précisé ; depuis, la loi a changé et on est revenu à des considérations plus sages.

Meadows épousa en secondes noces la belle Betty, une blonde aux cheveux vaporeux, propriétaire d'un ranch, et qui se taillait chaque année un franc succès en vendant ses vaches à l'encan.

Pour Betty, Algur Meadows acheta à Legros une nouvelle collection d'impressionnistes et de post-impressionnistes. Cinquante-huit œuvres, authentifiées par les veuves Derain, Vlaminck et par Jeanne Modigliani, certifiées par les experts Pacitti, Bernard Lorenceau (qui officiait près la cour d'appel de Paris et qui n'intervint que sur un Vlaminck), Paul Ebstein (près les Douanes françaises), Maurice Malingue (près la cour d'appel de Paris, lui aussi). Ces trois derniers experts apparurent dans les affaires de Fernand Legros vers 1964. Quelques rumeurs désagréables à son propos étaient arrivées aux oreilles de Pacitti, qui avait estimé plus prudent de ralentir la cadence de ses authentifications.

Meadows paya cinq cent quarante mille dollars pour sa nouvelle folie, ses estimateurs d'assurances l'évaluèrent à quelque sept millions de dollars, qui furent bien entendu déduits de la déclaration fiscale. La Fondation Meadows s'enrichit d'une somptueuse moisson, et Meadows, une fois encore, connut le profond bonheur de se dire : « C'est légal et incoinçable ! » En cela, il ressemblait à Fernand.

Lorsque je fis sa connaissance, il me parut gentil et naïf, ce qui prouve que je l'étais moi-même. Nous séjournions dans un hôtel proche du centre et, un jour où Fernand s'était rendu à New York pour un rendez-vous, le bel Algur passa m'y prendre.

— Vous n'allez pas rester tout seul ! Venez, on va manger un hamburger !

Grand esthète doublé d'un solide tempérament de gastronome, il m'entraîna vers sa villa et ses délices au ketchup. En passant, il me montra sa collection d'impressionnistes et de post-impressionnistes. J'y figurais trente fois. Et lui, heureux, flatté, me commentait mes Derain, mes Van Dongen avec des accents de victoire. Comment le mettre en garde ? Comment lui dire de se méfier ? Timidement, je lâchai une puce, en espérant qu'elle lui sauterait à l'oreille.

— Vous avez les pedigrees de ces tableaux ?
— Les précédents propriétaires ? Pour quoi faire ? Mister

Legros me les vend avec des certificats ! Et puis il est tellement délicieux, il finit toujours par accepter mes offres !

Je précisai ma pensée, expliquai que le meilleur certificat de garantie consiste en une histoire précise du tableau depuis ses origines, qu'un trou de cinq ans seulement permet à toutes les erreurs de se produire. Qui peut prouver que le *Pont de Londres* vendu par M. X en 1920, dont on perd la trace et qui réapparaît en 1925 chez M. Y, est bien le même ? Je ne parlai ni de faussaires, ni d'escrocs, par pudeur et par prudence. Il ne comprit rien. J'ajoutai alors que l'un des pièges de ces pedigrees s'appelle la « succession Vollard » : M. Vollard, collectionneur du début du siècle, mourut en laissant ses biens à des héritiers ignares. Ils reconnurent tout ce que les aigrefins de la peinture leur présentèrent, signèrent des quantités d'attestations, mirent en grand désordre une collection pourtant fort bien organisée. Si bien qu'un tableau, dont on mentionne qu'il est passé par la collection Vollard, a toutes les chances d'être un faux, injecté par ce stratagème dans le monde des authentiques.

Algur m'écouta avec ravissement, loua mon sens de l'humour et acheta une bonne vingtaine de toiles supplémentaires à Fernand Legros, qui lui remit tous les certificats.

Fernand aimait donc bien faire des affaires avec lui. Il lui présentait des tableaux invendables en Europe, qui l'enchantaient, et Betty plus encore, quand ils représentaient sur le mode impressionniste et post-impressionniste... des vaches !

Après Dallas, il y eut San Francisco, le Venezuela et Caracas. Je découvris l'Amérique du Sud. Avec ses cocotiers des bords de mer, ses immenses voitures qui glissent et klaxonnent le long d'avenues luxueuses, ses buildings de verre et d'acier, Caracas représentait le point de rencontre idéal entre le confort yankee et la fantaisie sud-américaine. Le Carnaval battait son plein, les écoles de samba envahissaient les rues, dansant, chantant, riant. Nous nous étions installés à l'hôtel Tamanaco, qui domine la cité. Les bourgeois de la ville y venaient dès la tombée du jour, déguisés et maquillés, pour y célébrer leur propre Carnaval. Des orchestres jouaient des sambas échevelées, on dansait jusqu'à l'aube en mélangeant champagne et caïperinhas, en fumant des tabacs de luxe et en jetant les mégots par terre. Chaque matin, entre huit et dix heures, la direction du Tamanaco faisait poser une moquette neuve dans chacune de ses salles dévastées, et le soir les gens riches la massacraient allégrement, sans jamais penser à mal !

Un couple faisait sensation au milieu de cette foule dorée : Alain et Nathalie Delon. Ils présentaient leur dernier film à Caracas. On les entourait, on les flattait, on les admirait. J'avais toujours entendu dire qu'Alain Delon était un homme désagréable et je fus surpris par sa gentillesse. Nous avons passé de longues heures sur la terrasse de l'hôtel à discuter de cinéma, de l'Amérique du Sud... Il formait avec Nathalie un couple charmant, souriant et fort attentif au petit Anthony qui dormait dans ses langes. Je tremblais à l'idée que Fernand pût leur vendre quelque chose, mais il avait déjà trouvé un meilleur gibier en la personne de M. Etchevery.

Ce milliardaire des pétroles dépensait des fortunes pour sa collection de tableaux. Il possédait, entre autres, une série de Derain fauves authentiques, dont certains n'étaient pas signés. Fernand lui proposa de renouveler une partie de son musée personnel, en échangeant ses vieilles toiles contre de nouvelles... doublement nouvelles ! Pour appuyer ses dires, il lui montra une série de diapositives qui l'éblouit littéralement. Fernand guigna surtout les Derain non signés, espérant que la présence de ces toiles irréprochables sur ses murs donnerait un air de sérieux aux miennes, si le besoin s'en faisait sentir un jour.

M. Etchevery accepta le marché et convint d'une somme d'appoint. Mais Fernand, croyant le poisson ferré, voulut brusquer les choses. Il exigea le premier versement en liquide et annonça qu'il emmenait les tableaux avec lui ; en retour, M. Etchevery recevrait la série de diapositives, des certificats et l'assurance qu'on lui ferait parvenir son bien dans les plus brefs délais. C'était compter sans la prudence des vrais hommes d'affaires. M. Etchevery passa quelques coups de fil à New York, Genève et ailleurs. On lui fit part de petites rumeurs sur ce marchand trop riche, qui avait lancé dans trop de ventes plus de trente Derain à la fois et tous de l'époque fauve... Rien de précis, quelques insinuations, deux ou trois doutes exprimés par des gens bien introduits dans le milieu de l'art suffirent à le faire hésiter. Il préféra attendre que les tableaux de Fernand arrivent à Caracas. Alors seulement il lui remettrait les siens, et la somme convenue.

Pendant quelques mois, on s'écrivit beaucoup. Fernand se refusa à réviser ses exigences et Etchevery finit par se lasser. Il garda ses vrais tableaux, Legros ses faux.

Rio succéda à Caracas. Tout ce qui m'avait tant fait rêver dans mon enfance s'était transformé en cauchemar : devenu peintre, j'avais construit l'enfer à coups de pinceaux ; maître Hauert, le pur défenseur des artistes, m'avait révélé sa profonde dualité... Tout était à l'avenant. Rio, et elle seule, demeurerait toujours aussi splendide que je le souhaitais.

125

Le Corcovado qui domine la ville ressemblait à une mélodie qui jaillit vers le ciel, et les baies de Copacabana, Ipanema et Leblond marquaient l'alliance de l'océan et de la terre, de la puissance et de la sensualité. Jamais de ma vie je n'avais vu sur une plage autant de corps parfaits, d'hommes et de femmes à la peau dorée par le soleil. Nulle part ailleurs je n'avais croisé de regards plus troublants, verts comme les vagues, comme la forêt. Dans le moindre geste, dans le moindre mot, je découvrais une douceur, celle-là même dont naissent la musique, la danse... Tout m'enchantait à Rio, et quand je levais les yeux, je rencontrais la silhouette noire et mystérieuse des Mauros, ces monts pelés qui surveillent la ville, et qui semblent répondre par leur orgueilleuse immobilité à la nonchalante agitation des *cariocas*.

Je me pris d'amour pour Rio, au point de comprendre le portugais sans l'avoir jamais appris. L'art me fascina, de la danse à la statuaire, sans oublier la peinture naïve. Et Fernand partagea cette passion avec moi, de toute son âme. Pourtant, la vie n'était pas des plus douces ; les militaires venaient de renverser le président Goulart et de prendre le pouvoir, les tanks sillonnaient les rues, on arrêtait les opposants à tour de bras, mais cela, les touristes le voyaient à peine, fascinés qu'ils étaient par le soleil, le sable et la force incroyable de la ville.

J'eus envie de m'enraciner dans cette terre, de lui appartenir. Je voulus acheter un appartement à Rio, pour y être chez moi. Fernand m'avait remboursé mon Derain un peu avant notre départ, en y ajoutant un magnifique Marie Laurencin ; je disposais de dix-huit à vingt mille dollars sur mon compte en banque de New York. On trouvait des appartements de trois cents mètres carrés pour dix mille dollars. Avec deux mille dollars à la signature et le solde échelonné sur cinq ans, je pouvais en acquérir cinq d'un coup ; j'en visitai quelques-uns dans les jolis quartiers, Vera Sotto, Avenida Atlantica, autour de Copacabana, et chaque fois je rêvais : ici je serais heureux, et chez moi, bien plus qu'à Ibiza ! Ici, je pourrais enfin peindre, et faire carrière.

Fernand avait fini par comprendre que ce n'était pas lui que je voulais fuir, mais sa façon de travailler. Mon appartement de Rio serait le sien, comme ma maison d'Ibiza ; il n'avait aucun doute là-dessus. En cela, notre relation était peut-être devenue plus adulte. Nous avions mesuré la profondeur de ce qui nous reliait, comme de ce qui nous séparait. Mais il ne pouvait accepter l'idée que je ne me trouve plus à son immédiate disposition. Longuement, il m'expliqua que le pays était en pleine ébullition, que ces militaires qui prenaient le pouvoir risquaient fort d'être balayés par un raz de marée populaire et que les communistes les remplaceraient alors. L'exemple de Castro à Cuba devait me faire réfléchir. Combien d'investisseurs américains se mordaient les doigts de n'avoir pas vu le vent tourner ?

— Attends l'année prochaine, on verra ce qui se passera.

Il se montra si convaincant que je finis par me ranger à son avis. Il fut enchanté de me voir si sage, d'autant plus que mes vingt mille dollars demeuraient en banque. Ainsi pourrait-il y puiser en cas d'urgence, ce qu'il fit plus qu'à son heure.

Aujourd'hui encore, je regrette de l'avoir écouté. A Paris, je fais pousser des plantes tropicales qui atteignent difficilement un mètre ; là-bas, elles s'élançaient vers le ciel comme pour le crever, et les arbres d'Ipanema perdaient leurs feuilles pour les remplacer en quatre jours à peine. Les amis brésiliens qui viennent chez moi réveillent par le chant de leur voix le souvenir de cette terre puissante, où les garçons et les filles, comme les plantes, vivent plus fort qu'ailleurs. La vie ne m'a jamais permis de demeurer plus de six semaines consécutives dans ce pays magique... Si j'étais resté au Brésil, que serais-je devenu ? Et Fernand ?

Juste avant de repartir, nous avions fait une excursion à Petropolis, un ravissant village dans les collines à soixante-dix kilomètres au nord de Rio. L'empereur Pedro II y passait les mois d'été, car il y fait moins chaud que sur la côte. De ces temps princiers, il resta un palais splendide, de vieilles maisons coloniales et un musée que je n'ai jamais réussi à visiter. Petropolis fourmillait de petits restaurants où j'aimais à lézarder, et la vue que l'on a de là-haut sur Rio et sa baie vaut toutes les toiles du monde.

Un avion nous mena à Sao Paulo. Les Brésiliens disent qu'on dépense l'argent à Rio et qu'on le gagne à Sao Paulo. Fernand établit quelques contacts avec des galeries alors que je n'arrivais pas à m'intéresser à ses affaires. Déjà Rio me manquait, déjà je cherchais comment y revenir.

Notre errance nous mena à Montevideo en Uruguay, et à Buenos Aires en Argentine ; Fernand m'envoya ensuite au Paraguay et m'annonça qu'il retournait à Sao Paulo. Tandis que je jouais les touristes à Asuncion, il organisa une exposition à la galerie Arte Solarium, qui eut lieu l'année suivante, en avril 1965, sous le titre : « Sélection de maîtres français contemporains. » Dix-sept tableaux furent exhibés, des Marquet, Matisse, Vlaminck, Picasso, Léger, Bonnard, Dufy, Derain et Braque. J'aurais pu signer chacun d'eux...

Dans le *Diario* de Sao Paulo daté du 11 avril 1965, Quirino da Silva, éminent journaliste, consacrait une demi-page à cet événement, se répandait en éloges et louanges, reproduisant un Bonnard, un Vlaminck, un Picasso et un Dufy pour appuyer ses dires.

Daniel Wildenstein, héritier des galeries les plus célèbres du monde, visita l'exposition et signa le livre d'or. Il alla même jusqu'à féliciter le directeur d'avoir su réunir de telles œuvres, il ne vit point que tout était faux. Son père, Georges Wildenstein, était un grand connaisseur, lui.

Fernand avait réussi là un coup de maître, une fois de plus. Les dix-sept tableaux n'étaient pas à vendre. Ils prouvaient que M. Legros, de Paris, possédait des trésors. Le catalogue de l'exposition en attesterait pendant des années, et mes tableaux, déjà authentifiés et certifiés, n'en prendraient que plus de valeur. Mais il y eut mieux : les riches Brésiliens, affolés par la révolution militaire, ne songeaient plus qu'à fuir le pays et vendre ce qu'ils ne pouvaient emporter. Fernand en profita pour acheter à des prix dérisoires une bonne dizaine de Léger splendides, absolument authentiques ; il m'en offrit deux, quitte à me les reprendre plus tard. Profitant du catalogue, il déclara qu'ils faisaient partie de l'exposition et les rapatria en France.

Au printemps 1964, j'étais bien loin de soupçonner une telle machination, et quand Legros m'annonça que les affaires l'appelaient à Paris et qu'il me laissait en chemin à Rio, je ne trouvai qu'à me réjouir de ce programme. Pendant que je dansais la samba, il se trouva confronté à des problèmes énormes : le notaire réclamait le dernier versement pour l'appartement de l'avenue Henri-Martin, le décorateur brandissait des factures urgentes et démesurées. Legros, pris à la gorge, puisa encore dans sa réserve de faux ; les ventes publiques de Paris, New York et Genève furent inondées de Derain, Vlaminck, Dufy, certifiés, mais dépourvus de tout pedigree. Les marchands américains, qui guettaient Fernand, et qui s'étonnaient déjà de ses « trouvailles », haussèrent le ton. Les murmures se transformèrent en rumeurs, deux accidents se produisirent, qui auraient dû l'alerter.

Georges Schick, le Russe blanc à qui il avait vendu la *Jeune Fille sur canapé* de Pascin, venait de céder une aquarelle fauve de Derain, *Bateaux à Collioure,* à un diplomate africain. Schick avait fourni quelques renseignements à son client : la collection de Legros était bien munie de certificats de Pacitti et de cachets d'ateliers, mais sa provenance restait inconnue. Or ce diplomate apprit que son tableau n'était peut-être pas vrai. Il déposa plainte à Paris. Maître Hauert prit l'affaire en main, expliqua au plaignant le caractère quasi sacré d'un cachet d'atelier et d'un certificat signé par Pacitti. Le tribunal lui donna raison : le pauvre homme fut débouté, regagna son pays, furieux et déconfit, ses bateaux sous le bras.

Plus grave fut l'affaire Juviler. Adolphe Juviler, père de l'attorney général (le procureur) de la ville de New York, avait acheté à Legros une *Réception* de Dufy, certifiée par Pacitti, pour quarante mille dollars. A New York plus qu'ailleurs, les marchands de l'A.D.A.A. clabaudaient sur « ce diable de petit Legros » qui leur avait si vilainement coupé l'herbe sous les pieds. Bien entendu, ils ne se privèrent pas de faire comprendre à Adolphe que son Dufy leur paraissait douteux, sinon faux.

M. Juviler père se mit donc en contact avec Fernand et lui demanda de reprendre ce tableau qui nuisait au prestige de sa collection. Fernand refusa. M. Juviler menaça de faire intervenir son fils, l'un des personnages les plus puissants de la ville. Fernand haussa les épaules. Furieux, M. Juviler vint à Paris déposer plainte, sa toile sous le bras, tout comme le diplomate africain. Le certificat de Pacitti constituait un rempart des plus solides. Au bout d'un an de vaine procédure, tout s'arrangea, grâce à maître Hauert. Juviler lui remit son tableau, Fernand en donna un autre et on signa la paix.

Un obscur inspecteur de police, M. Legoffic, fouineur et ambitieux, entendit parler de ces deux petits scandales. Il flaira une affaire propre à aider sa carrière. En fouillant quelques tiroirs à la Préfecture, il trouva le compte rendu de l'enquête de gendarmerie à Villeneuve-Loubet, en 1960 : Elmyr de Hory, escroc et faussaire, y désignait Fernand Legros comme son fournisseur. Un faussaire plus un marchand, à cette époque-là, personne n'avait trouvé à y redire. L'inspecteur Legoffic comprit tout seul que ces deux-là étaient de mèche. Les rumeurs à propos des Derain, qui allaient bon train, prouvaient qu'il avait raison. Il en référa à son supérieur hiérarchique, qui s'empressa de le répéter à son ami... Roger Hauert. Celui-ci perçut immédiatement le danger que je représentais pour Legros : que Legoffic vienne m'interroger, qu'il me dise qu'Elmyr avait peint mes toiles, et je risquais d'exploser, de dévoiler toute la vérité, au risque de dénoncer Fernand et d'éclabousser Hauert. Il recommanda à Legros de m'éloigner de Paris, le temps que les rumeurs s'apaisent et que Legoffic renonce à son idée.

Lorsque Fernand vint me retrouver à Rio, il ne me parla de rien, m'annonça simplement que nous partions pour l'Afrique du Sud et Johannesburg. J'essayai de retarder le départ : il y avait ici, au Brésil, une floraison de peintres naïfs follement doués, qui vendaient leurs tableaux à peine quatre dollars. J'avais imaginé d'en acheter quelques centaines et de les revendre en Europe, persuadé que ce courant artistique gagnerait bientôt ses lettres de noblesse. Fernand ne voulut rien entendre. Il ne supportait pas l'idée que je puisse vendre quelque chose sans qu'il participe à l'opération. A Cannes, il m'avait fait une scène atroce lorsque j'avais montré sa collection à Tekla Bond, à Rose et à Jacques Imbert. A Rio il fut près de recommencer :

— Même pas marchand de carottes, tu entends !

Je dus renoncer à mon projet. Si je m'étais entêté, il m'aurait cassé les reins. Je ne me sentais pas encore assez fort pour lui résister.

Mais à notre arrivée à Johannesburg, il fit preuve d'une activité débordante, courut de galerie en musée, pour acheter comme pour vendre. Très vite, il me fit savoir qu'il n'avait pas besoin de moi et m'expédia au Cap « pour voir la mer ».

J'avais quitté un hémisphère Nord au seuil de l'été, je me retrouvais dans un hémisphère Sud entrant en hiver. Il faisait frais, j'avais l'impression qu'on me volait cette chaleur que j'avais attendue tout le printemps.

Bientôt, je me mis à détester l'Afrique du Sud. Les paysages, bien que magnifiques, me laissaient de glace ; les villes, sages et propres, me semblaient étouffantes. Après le Brésil où Noirs, Blancs et métis communiaient sans cesse dans la même musique et la même danse, l'apartheid me semblait insupportable, lourd, écrasant.

Une lettre du Canada arriva à la poste restante : ma sœur m'annonçait son mariage. C'était un merveilleux prétexte pour partir. Je rentrai aussitôt à Johannesburg pour expliquer à Fernand que je voulais assister à la cérémonie. Il organisait, une fois de plus à mon insu, une exposition pour l'année suivante à la Adler Fielding Gallery de Commissioner Street, qui réunirait des Vlaminck, Dufy et autres Picasso de mon cru. Aussi préféra-t-il rester.

J'embarquai à bord d'un avion de la Lufthansa qui allait, *via* Nairobi, à Francfort, où je devais trouver une correspondance directe pour Montréal. Fernand ne voulait pas que je fasse escale à Paris : il craignait trop Legoffic et ses éventuelles questions.

Je me réjouissais toujours de retrouver ma famille ; était-ce la morosité sud-africaine, était-ce la nostalgie de mon paradis perdu brésilien, toujours est-il que je partis sans plaisir. J'allais certes passer quelques jours agréables parmi les miens, et puis après ? Il me faudrait revenir auprès de Fernand, être le témoin de ses malversations sans pouvoir l'en empêcher ; voir ma peinture détournée, et me taire. Chaque fois qu'il vendait l'une de mes toiles, il piétinait l'un de mes rêves. Et pourtant, il m'aurait dit : « Fais-moi une vingtaine de tableaux, je les vends, et avec l'argent je me retire, c'est fini », j'aurais accepté. J'aurais même signé Van Dongen ou Vlaminck, si cela avait été pour la dernière fois. Mais avec Fernand Legros, il n'y avait jamais de dernière fois. Il lui fallait trop d'argent, à n'importe quel prix.

Une heure après le décollage, une panne de moteur nous força à faire demi-tour. Nous longions la mer, perdant de l'altitude. Des femmes se mirent à hurler, des hommes à pleurer ; d'autres priaient. Le commandant venait régulièrement nous expliquer la situation pour nous rassurer. On nous fit enfiler les ceintures de sauvetage. Je me dis alors que le ciel avait choisi la meilleure solution ; l'avion allait peut-être éclater, je connaîtrais enfin le repos, la paix de l'âme, l'oubli. Autour de moi, je ne voyais que des visages torturés par l'angoisse. Chacun guettait le bruit des moteurs restant en marche. Au moindre mouvement de l'appareil répondaient des cris d'effroi. Nous avons fini par nous poser à Johannesburg, en douceur.

Je suis revenu à l'hôtel, il était cinq heures du matin. Fernand se réveilla, ahuri de me voir, affolé aussi ; sur la table, il avait posé des catalogues, des certificats... Je rentrais d'un long voyage qui ressemblait à un suicide ; accepter de mourir sans un seul regret, par dégoût de l'existence et avaler trois tubes de comprimés, c'est en somme du pareil au même. J'ai jeté un coup d'œil à ces papiers : ils ne m'intéressaient même plus.

Le lendemain, je repris un autre avion pour le Canada, *via* Nairobi et Rome, cette fois.

Plus tard, j'ai retrouvé les catalogues des ventes publiques dans lesquelles il avait fait figurer mes tableaux cette année-là. La liste peut en sembler fastidieuse, mais il faut savoir que tous ont été achetés très cher, et qu'aujourd'hui encore ils sont considérés comme vrais.

A la galerie Parke-Bernet de New York, on vendit, le 9 janvier 1964, le n° 55, *Bassin à Deauville,* de Dufy. Le 8 avril 1964, on vendit l'un de mes Derain fauves de Baton Rouge, *Nu sur la plage,* de 50 sur 65 centimètres, accompagné d'un certificat d'Alice Derain, qui le datait de 1904-1905. Elle apposa le cachet de l'atelier en bas à droite, et ce tableau porta le n° 14. De même partirent le n° 23, une *Cariatide* de Modigliani, avec un certificat établi par la fille de l'artiste, en date d'octobre 1963, et dont la signature était légalisée, ainsi qu'un authentique tableau de Robert Delaunay, représentant le portrait de Jean Metzinger, le n° 99, un authentique Vlaminck, le n° 34, une *Marine* de Raoul Dufy, certifiée par Pacitti comme l'était aussi le n° 41, *La Réception,* du même peintre.

Le 13 mai de la même année, on vendit le n° 7, un dessin de Modigliani, le n° 17, une gouache de Vlaminck, le n° 19, *La Baie des Anges à Nice,* le n° 64, une scène de moisson en peinture certifiée par Pacitti, tout comme l'était le n° 59, une *Javanaise* (authentique) de Raoul Dufy. Le pedigree de cette dernière mentionnait comme dernière exposition l' « Hommage à Raoul Dufy » de la galerie Pont-Royal, Paris, 1963.

Le 18 novembre 1964, les n°s 10 c, 14, 14 a et 10 d furent vendus à leur tour. Il s'agissait respectivement d'un Rouault et d'un

Vuillard authentiques, et de deux faux dont un Léger et un Dufy. Fernand Legros avait lui-même signé l'un d'eux de ses propres initiales : F. L., comme le faisait Fernand Léger.

Deux fois par an, Mme Motte organisait à Genève une grande vente, qui se déroulait en général au théâtre de la cour Saint-Pierre à deux heures et demie. Pendant les deux ou trois jours précédant l'événement, les œuvres étaient exposées à la galerie Motte afin qu'on pût les examiner.

Le 23 mai 1964, M. Jacques Dubourg, expert près les tribunaux et les Douanes françaises, mena les débats. M. Gérard Roquet fut l'huissier judiciaire. Le catalogue annonçait : « Importante collection de Derain, époque fauve. » Fernand mit onze tableaux en vente, dont trois authentiques ; les huit autres, je les avais peints entre 1958 et 1961.

N° 53, *Bateaux sur la Tamise,* 1905, avec vue du Tower Bridge au second plan. Il fut payé un prix astronomique par M. Levy de Troyes. Cet industriel avait été le mécène de Derain et collectionnait ses œuvres. Ce tableau lui parut exceptionnel. Il l'acheta pour le compte de son associé, dont j'ignore le nom.

N° 103, Derain fauve, aquarelle représentant un paysage avec arbres et portant le timbre de l'atelier en bas à droite.

N° 105, *Danseurs espagnols,* de Picasso.

N° ..., Raoul Dufy, *Bord de mer,* aquarelle gouachée signée en bas, à droite.

N° ..., Raoul Dufy, *Paysage,* signé en bas au centre.

N° 100, Raoul Dufy, *En soirée,* aquarelle gouachée signée en bas à droite.

N° 209, Raoul Dufy, *Le Cargo noir,* aquarelle signée en bas à droite.

N° 106, Fernand Léger, *Composition,* gouache signée F. L.

Le n° 96 était un autre Derain magnifique de mon époque de Baton Rouge qui avait reçu le cachet d'atelier. La personne qui l'avait acheté l'année précédente chez Christie's crut bon de le mettre dans cette vente Motte où il y avait déjà beaucoup de Derain époque fauve. Toujours dans cette même vente (second catalogue), les n°s 207, 229 et 230, bien que présentés par Fernand, étaient tous les trois authentiques. Le n° 207, *L'Estaquade* de Dufy, provenait de la collection Roudinesco.

Le 5 décembre 1964, on vendit encore le n° 102, de Nicolas de Staël, une *Composition* de 1944, huile sur toile. Il est reproduit dans le livre intitulé *Staël* de R. V. Gindertael, éditions F. Hazan.

J'avais acheté ce tableau à Londres en 1963 à la vente Christie's pour deux mille trois cents dollars. Avant mon départ, je l'avais envoyé à la vente Motte avec une réserve de cent mille francs suisses ; il n'atteignit que quatre-vingt mille cinq cents francs français. Je l'ai donc racheté.

Le 27 avril, un mois presque avant la vente, Mme Motte écrivait à Fernand pour lui proposer une commission de trois pour cent sur les ventes. Il disait agir en tant qu'intermédiaire, pour le compte d'un Américain, M. Jackson, qui n'existait que dans son imagination. Ainsi justifiait-il l'apparition de ces œuvres sur le marché. Pour le paiement, Mme Motte établit un chèque à l'ordre de ce mystérieux collectionneur. Fernand l'endossa, le versa à son compte en Suisse, et encaissa les trois pour cent de commission en plus, sans pudeur aucune !

Les marchands venus de New York pour l'occasion remarquèrent qu'une fois de plus les Derain proliféraient dès que Legros se trouvait dans le voisinage. Ils avaient beau n'y rien connaître, ils savaient tout de même que la période fauve de Derain ne dura que deux ou trois ans, qu'il peignit peu, et pratiquement rien à la gouache. Quelques insinuations, quelques remarques acides affolèrent la pauvre Mme Motte. Cela n'avait rien d'étonnant, elle vivait dans un état de panique constante, toujours à la recherche de ses papiers, de ses idées, de tout. J'ai retrouvé l'une de ses lettres, adressée à Legros, à l'hôtel Carlton de Cannes, et datée du 15 juillet 1964. « Je vous remercie de votre lettre du 2 juillet dernier. Je n'ai pas pu descendre jusqu'à Cannes, ayant été extrêmement secouée et fatiguée par toute l'affaire des Derain... »

Le soir du 23 mai, elle put enfin respirer. La vente avait été un succès, les tableaux s'étaient arrachés à prix d'or, les faux mieux que les vrais, car ils étaient plus beaux !

Où sont-ils aujourd'hui ? Et ceux qui les possèdent, les aimeront-ils moins quand, lisant ces lignes, ils apprendront que c'est moi, et moi seul, qui les ai peints ? Qu'ont-ils payé, une signature ou de la beauté ?

Ignorant tout de ces péripéties, j'ai marié ma sœur Anita, chanté et dansé avec les miens, respiré l'air de ce Canada auquel je n'appartenais décidément plus. Je regardais Anita et Gilles : depuis deux ans, ils économisaient pour acheter le réfrigérateur, la cuisinière, la table de la salle à manger, les fauteuils du salon. Ils étaient heureux, confiants, calmes. Je vivais dans un autre monde, où tout allait trop vite, trop fort, où je n'étais pas satisfait. Et pourtant, je n'arrivais pas à m'en détacher.

Je repris un avion pour rejoindre Tokyo, par l'est, pendant que Fernand s'y rendait par l'ouest ; nous arrivâmes presque en même temps. Comme chaque fois, je fus enchanté de le revoir, malgré ce gouffre de plus en plus profond qui nous séparait. Nous plongeâmes dans Tokyo, une ville trop grande, trop peuplée, trop moderne, où tout s'arrête à l'entrée des jardins. Alors, les bruits de la cité disparaissent, remplacés par un crissement incessant de cigales, le chuchotement des arbres sous la brise, et l'on oublie le béton, la pollution, et sa solitude.

Mme de Herain tenait Fernand régulièrement informé par lettre de tout ce qui se passait à Paris. Elle mentionna quelques visites de l'inspecteur Legoffic : il arrivait, demandait si M. Legros était de retour, posait une question anodine par-ci, par-là, l'air de ne pas y toucher. Fernand envoyait à la digne dame de longues réponses, car les apparitions du policier l'inquiétaient sans doute. Toujours rusé et intrigant, il glissa dans une lettre ces quelques lignes : « Lessard pourrait très bien faire des Dufy et autres, le pauvre diable, je n'avais jamais pensé à lui dans la peau d'un peintre. Je trouve cela trop drôle... Je vois sa tête quand je lui raconterai cela... »

C'était une habile manière de prêcher le faux pour savoir le vrai. Dans le compte rendu suivant, Mme de Herain ne réagit pas à cette idée. Donc Legoffic n'avait fait aucune allusion à mon rôle, donc il ne se doutait de rien, et Fernand se sentit pleinement rassuré.

L'année précédente, Legros avait vendu mon *Pont de Londres* avec Westminster à M. Tominoga et, au musée Bridgestone un dessin aquarelle en principe de Modigliani, authentifié par Jeanne, et certifié par Hauert. Il craignit que les remous provoqués par ses Derain trop nombreux n'aient atteint les directeurs des musées japonais ; jouant la prudence, il se cantonna dans une clientèle privée, moins au fait des petits scandales de la profession. Des industriels collectionneurs d'art le reçurent, apprirent qu'il possédait une galerie à Paris dans l'hôtel Pont-Royal, qu'il y exposait des chefs-d'œuvre et qu'il certifiait tout ce qu'il vendait.

Sans doute fut-il satisfait de ces contacts, car il décida de faire un peu de tourisme. Cela commença par une séance de sauna-massage, dans un établissement spécialisé. Nous étions entre les mains d'une jeune masseuse chacun, de part et d'autre d'une cloison de papier. Au Japon, on envisage la relaxation sous tous ses aspects, sans y voir le moindre mal. Je trouvai l'expérience délicieuse. Mais Fernand, à force de m'entendre soupirer d'aise, entra dans une colère homérique.

— Sors de là, salopard ! braillait-il, prêt à tout démolir.

La suite fut plus sage : Kyoto et ses temples, les cerisiers en fleur, les pêcheuses de perles... Ces spectacles somptueux ne parvinrent pas à me faire oublier l'inquiétude qui m'avait gagné lorsque j'avais vu les catalogues en Afrique du Sud. Fernand avait certainement commis de nouvelles indélicatesses, mais lesquelles ? Même en Afrique du Sud, même ici au Japon, il m'était revenu des bribes d'informations — assez, en tout cas, pour m'inquiéter. Je voulus rentrer en France. Fernand, invoquant mon contrat de secrétaire itinérant, m'ordonna de rester là, menaça de me poursuivre en justice, et d'exiger cent dollars par jour d'absence. Je le connaissais assez pour savoir qu'il valait mieux se taire.

Nous allâmes à Hong Kong. Le remue-ménage permanent, qui fait vibrer cette ville de tous les plaisirs et de toutes les difficultés, me tira un peu de mon ennui. Je retrouvai enfin des regards, des visages, alors qu'au Japon tout disparaissait, effacé par le mur du sourire, le masque de l'impassibilité. Fernand rencontra les responsables de la galerie French Impressionnists, qui apprécièrent ma production, je présume, car il parut enchanté de ce contact.

Bangkok suivit Hong Kong. Marché flottant, bouddhas d'or et danseuses thaïlandaises... Nous habitions l'un des plus beaux hôtels du monde, l'Erawan, au bord de la vieille ville. Dans un élan de générosité, Fernand m'offrit un nouveau massage, mais il ne m'accompagna pas, par discrétion ou par prudence, je ne sais...

Il y eut encore Bombay et Calcutta, où le chauffeur de taxi qui nous emmenait de l'aéroport à l'hôtel fonçait à travers la foule des piétons. J'entendais parfois le choc sourd d'un corps contre une aile, je poussais des hurlements, exigeais qu'il s'arrête, et lui, il souriait, satisfait :

— Pas grave, sahib, des gens sans importance !

Là encore, nous nous installâmes dans un hôtel de luxe, mais hanté par des cafards gros comme des assiettes. Sur le trottoir, en face, des mendiants survivaient dans leurs excréments.

Il convenait pourtant que ce voyage se terminât en apothéose, par un pèlerinage en Egypte, terre des pharaons et des Legros réunis. J'ai retrouvé tout ce qu'on m'en avait dit à Villeneuve-Loubet : les felouques sur le Nil, les couchers de soleil sur les pyramides, les éclats de rire dans les rues. Tout était bien conforme, même Fernande, la tante d'Alexandrie ! Elle comptait une dizaine d'années de plus que son neveu. Intelligente, cultivée, pleine d'esprit, elle avait mené une joyeuse vie qui lui avait appris à porter un regard plein d'indulgence sur les êtres et les choses. Si Fernand n'avait pas été emporté par sa folie des grandeurs, il lui aurait ressemblé en tout point.

Un peu avant de repartir, nous avons vécu une aventure des plus absurdes : un orage nous a surpris en plein désert, entre Alexandrie et Le Caire. La voiture est tombée en panne, immobilisée sous des trombes d'eau, dans ce pays où il ne pleut jamais assez. J'ai regardé Fernand.

— On devrait s'installer en Égypte. Tu y es chez toi. Tu travaillerais bien ici... Personne ne pourrait t'y poursuivre.

Il réfléchit quelques minutes, et puis il sourit.

— Me poursuivre ? Mais pourquoi ? Il n'y a aucun problème à Paris !

Nous revînmes enfin dans nos pénates parisiennes, mais Hauert estima que ma présence en France constituait encore une menace pour Legros. Il lui recommanda de m'éloigner un peu. Fernand m'expédia à Ibiza afin que j'y vérifie l'état de ma maison, me demanda de le rejoindre à New York. Avenue Henri-Martin, Jacques Imbert, toujours souriant, toujours tiré à quatre épingles, lui laissa à peine le temps de poser ses valises : il voulait des tableaux pour les vendre aux États-Unis, à deux ou trois amateurs qui n'attendaient que lui... Fernand lui confia quelques toiles, estimant qu'une adresse de collectionneur est toujours bonne à prendre. Jacques partit pour New York et l'hôtel Regency ; Fernand le suivit de peu, mais au Delmonico, fortune oblige.

Lorsque j'arrivai en Amérique, je trouvai Fernand ivre de rage : Imbert, à la suite d'une folle nuit, n'avait plus un sou en poche. Le directeur du Regency avait fait verrouiller la porte de sa chambre, et refusait de lui rendre ses bagages. « *I want my money !* » clamait-il. « Je veux mon argent ! » Et il ajoutait : « *Cash !* » Fernand trépignait, parce que les tableaux prêtés à Paris se trouvaient bloqués. « Possession vaut titre », dit la loi ; pour les récupérer, il aurait fallu qu'il intente un procès, en attaquant tout le monde en détournement d'objet ; il préféra payer la note de Jacques, cinq mille cinq cents dollars, cash. Le directeur se calma, ouvrit la porte. Jacques se précipita sur ses valises, Fernand sur ses tableaux. Un chèque de cinq mille cinq cents dollars fut établi à l'ordre de Fernand Legros, payable sur la Chase Manhattan Bank de New York..., « le temps d'approvisionner mon compte ! ». Promesse en l'air : le compte demeura vide et le chèque resta en bois.

Mon salaire se faisait attendre depuis plusieurs mois déjà. J'avais beau réclamer, Fernand faisait la sourde oreille. Pour me calmer, il m'offrit trois petits Dufy qu'il avait achetés au docteur Roudinesco. Il ajouta à cela le Marie Laurencin qu'il m'avait déjà donné l'année précédente ! Mais pour la première fois, il confirma ce don par écrit.

Sans doute aurait-il gagné une fortune en vendant ces tableaux ; mais il ne les aurait pas revus. Il préférait m'en déclarer propriétaire, jouer les généreux et me les reprendre plus tard pour les utiliser au mieux de leur valeur dans l'une de ces combinaisons commerciales dont il avait le secret.

Ces problèmes d'intendance réglés, il m'envoya à Ibiza — « Il faut que tu profites de ta maison, mon ange ! » — et continua sur Dallas, afin de présenter à Meadows une dizaine de toiles et renflouer ses finances. J'ignorais qu'il nourrissait un autre projet : j'avais osé me rebiffer parce qu'il ne me payait pas, il fallait me montrer qui était le suzerain. Il convoqua un avocat, lui fit constater que je n'étais pas à son côté comme mon contrat de secrétaire itinérant m'y obligeait. Constat en main, il se rendit au tribunal, qui me condamna par défaut à lui payer cent dollars par jour d'absence. Quelques jours plus tard, nous nous retrouvâmes à Madrid. D'un air triomphant, il m'annonça la nouvelle ; je crus à une plaisanterie. Il daigna sourire, mais cela signifiait : « Tu vois, je te tiens comme je veux. » Je haussai les épaules : il allait trop loin.

Pendant qu'il s'amusait à me persécuter en Amérique, j'avais retrouvé ma maison d'Ibiza. Elle respirait le calme, la solidité, avec ses murs blancs et ses gros meubles sombres. Le soleil coulait à flots par les immenses baies qui ouvraient sur la mer. Enfin je pouvais me détendre, loin du bruit et de la fureur nécessaires à Fernand Legros.

Elmyr de Hory, « la princesse de Transylvanie », ne respecta point ma tranquillité. La porte n'était pas fermée, il y avait de la lumière : le voilà qui survint, qui me fit mille grâces comme si nous étions amis depuis toujours. Au lieu de lui battre froid, je le reçus avec toute l'amabilité dont j'étais capable. Il tenait un rôle dans les escroqueries de Fernand Legros, j'en étais certain, mais lequel ? On lui témoignait de la sympathie, je l'amènerais peut-être à se confesser. De son côté, il croyait que je savais tout de Fernand, et qu'en me soutirant habilement des informations, il y trouverait bien un petit prétexte à chantage. Pour me mettre en confiance, il m'avoua qu'il avait signé des tableaux, mais sans les voir, parce que Fernand les cachait. Il s'agissait de faux, sans aucun doute. Qui donc pouvait les peindre ?

Je jouai les naïfs. En réalité, j'étais abasourdi : il y avait à Paris plus de trente restaurateurs capables de rendre ce service à qui les payait. Comment Legros pouvait-il être assez fou pour confier une tâche si dangereuse à cette planche pourrie ?

La princesse repartit vers la villa Platero et ses éphèbes. Je demeurai seul, incapable de démêler le vrai du faux. Je savais que Fernand utilisait un signataire, mais je n'arrivais pas à comprendre pourquoi il avait choisi Elmyr ; celui-ci me donnait des détails précis, mais cela pouvait être le fruit de son immense sournoiserie. D'autre part, s'il ne mentait pas, il me fallait admettre que Fernand avait perdu toute prudence ; or je demeurais, par la force des choses, son complice. Je retournais toutes ces pensées sans trouver de solutions. La princesse de Transylvanie, capable de toutes les trahisons, de toutes les lâchetés comptait désormais parmi ses comparses. C'était décidément trop dangereux.

Chaque automne, Algur Meadows donnait une fête fastueuse au Ritz de Madrid. Il y invitait les plus grands critiques, marchands et collectionneurs espagnols qui l'aidaient à trouver des œuvres pour sa fondation. Il arriva de Dallas peu de temps avant Fernand qui lui avait vendu quelques tableaux. Je retrouvai le suzerain à l'appartement de la Torre de Madrid. C'est là qu'il crut bon de m'agiter le jugement sous le nez dans l'espoir de m'affoler. Les révélations d'Elmyr me parurent mille fois plus graves que cet enfantillage ; je gardai néanmoins le silence ; un sujet de cette importance s'aborde au bon moment.

Le soir de la fête, on sonna à la porte. C'était Elmyr. Il prit un air dramatique, annonça que Meadows ne l'avait pas invité, qu'il s'agissait d'un oubli, et que nous devions l'emmener avec nous. Avant que Fernand n'ouvrît la bouche pour refuser, je pris la direction des événements.

— Elmyr m'a dit qu'il signait tes tableaux. Alors ?

— Lui ? Signer ? Mais tu délires !

Et la princesse d'agiter les mains, affolée.

— Mais pas du tout ! Il invente n'importe quoi !

Mensonges, mensonges et mensonges ! Elmyr se rétractait parce que Fernand lui faisait peur. Donc il avait dit la vérité ! J'ai vu rouge, un cendrier a volé, une chaise a suivi. Fernand, déchaîné, m'envoyait des bouteilles à la tête. Je lui sautai à la gorge. Malheureusement, ma veste de smocking me gênait ; lui, en bras de chemise, pouvait cogner à son aise. Perdant l'équilibre, je traversai la terrasse, et atterris contre la rambarde. Trente-quatre étages plus bas, des voitures passaient. Fernand, les yeux fous, me poussait en hurlant : « Il faut le jeter ! » Je frappais aveuglément devant moi. Soudain le téléphone sonna. Cela nous fit l'effet d'une douche froide. La princesse de Transylvanie, profitant de cette trêve, courut s'enfermer dans la chambre. Fernand alla décrocher, instantanément calme ; quant à moi, j'essayai de retrouver mon souffle, affolé par l'idée que j'étais prêt à le tuer ou à mourir. Nous allions trop loin, maintenant. Je m'effrayais chaque fois de cette violence qu'il arrivait à déchaîner en moi.

Une gorgée de mauvais cognac espagnol nous remit à peu près les idées en place. Hormis quelques bleus, nous n'étions pas trop marqués par notre pugilat.

Nous allâmes au cocktail de Meadows sans Elmyr. Ce fut une très belle fête. Je l'ai trouvée sinistre.

Chapitre IX

Le 8 janvier 1965, à la galerie Parke-Bernet de New York, on pouvait voir une œuvre de Mary Cassatt, *Mère et Enfant,* certifiée par Pacitti. Elle était authentique, mais les membres de l'A.D.A.A. prétendirent le contraire. Il ne s'agissait pas d'une péripétie, mais d'une véritable révolution, qui allait bientôt ravager tout le marché de l'art. Ironie du sort, les ennemis de Legros prirent comme prétexte un tableau authentique pour mettre en doute la compétence de son garant dans le métier, l'expert Pacitti lui-même.

L'inspecteur Legoffic poursuivait son enquête, les rumeurs persistaient et Fernand, impérial, continuait de dépenser des sommes folles pour son appartement, comme si de rien n'était. Maître Hauert, alerté par les attaques contre Pacitti, lui recommanda encore une fois de m'éloigner : un interrogatoire en ce moment risquait de déclencher une catastrophe, car la confession d'Elmyr m'avait vivement inquiété. Fernand se rangea à son avis et m'envoya au Brésil, avec quelques vagues missions de contacts.

Pour une fois, je lui obéis avec joie, heureux de fuir Paris et surtout l'avenue Henri-Martin. Cet appartement, que j'avais trouvé splendide, me faisait maintenant horreur. Je tremblais chaque fois que Fernand envoyait un chèque au décorateur, car cela signifiait qu'il avait encore vendu un lot de Derain ou de Vlaminck pour l'approvisionner. Hauert ne se trompait pas : depuis que j'avais appris le rôle qu'il faisait jouer à Elmyr, ma peur avait décuplé, et mon dégoût aussi. Que la princesse de Transylvanie pût poser ses doigts rouges de paprika sur mes peintures me paraissait une trahison. Pire : une salissure. Le danger était momentanément écarté : il, ou elle, se promenait en Australie, mais pour combien de temps ?

J'arrivai à Rio le 1er avril 1965. Les militaires continuaient à régner sur le pays, et les communistes ne les avaient toujours pas remplacés. Je m'installai au Leme Palace, face à l'océan ; l'idée de m'acheter un appartement ne m'avait pas quitté ; celle de peindre ici, sans attendre, m'effleura. Pour cela j'ai toujours eu besoin de place, beaucoup de place, et de calme. Ce calme, je ne le trouverais qu'après avoir rompu les ponts avec Fernand.

Le 7 avril, jour anniversaire de ma rencontre avec Legros, Moïse Abraham Goldzal fit son entrée dans ma vie. Il sortait d'un bel immeuble proche du café Alcazar, au coin de l'avenue Atlantica — celle qui longe la plage de Copacabana. Il avait vingt ans, des cheveux blonds et les pieds plats, ce qui lui donnait la démarche d'un cowboy ; il fumait la pipe, et il portait un petit chapeau. Dans un français plus qu'approximatif, qui me parut charmant, il me raconta son histoire : ses parents, des Polonais, s'étaient installés en Israël où il était né. Ils émigrèrent vers l'Amérique du Sud, en Argentine d'abord où sa mère mourut, puis ici, au Brésil, quand il avait cinq ans à peine. N'étant plus polonais, ni israélien, il attendait l'obtention de la nationalité brésilienne. Elle ne lui fut accordée que cinq ans plus tard, en 1970. Il vivait pour l'heure à Rio, avec son père, Meyer Goldzal, et son frère Bernard. Un jour, il irait en France pour y suivre les cours d'une école hôtelière ; il avait tout prévu, tout organisé : l'une de ses tantes habitait à Paris, elle le logerait sans difficulté. Il ne lui manquait que l'argent du voyage. C'était pour se le procurer qu'il vendait des cartables au porte à porte...

Je me pris de sympathie pour ce garçon aux pieds en canard, ce chien fou qui avait, à première vue, le cœur sur la main. Il riait de n'importe quoi et rien ne semblait entamer sa bonne humeur. J'avais loué une voiture. Assis à la place du passager, il me montra un Rio que je n'aurais jamais pu découvrir sans lui ; celui des vieilles maisons coloniales cachées sous un virage d'autoroute, celui des favellas où les touristes ne s'aventurent jamais, celui des petits bistrots où l'on boit la batida et la caïperinha tandis que les buveurs tapent du bout des doigts un rythme de samba sur les tables. Il m'emmena chez lui ; son père et son frère m'accueillirent avec effusion : je connaissais Paris, je prendrais soin de Moïse quand il viendrait y étudier et, bien entendu, y faire fortune. Ma famille me manquait depuis que la vie avec Fernand avait tourné au drame permanent ; cette chaleur polono-brésilienne me mit du baume au cœur.

Au bout d'un mois, je reçus de Legros l'ordre de me rendre à New York où il voulait que je rencontre quelques-uns de ses clients, et de le rejoindre sans tarder à Paris. Ce fut un triste départ. Moïse m'envoya des lettres passionnées : « N'oublie pas le petit Moïse, le petit Polonais resté tout seul à Rio. » Elles me firent sourire tant elles étaient naïves. J'en reçus quelques-unes à mon hôtel à New York et cela continua à Paris.

J'avais retrouvé Fernand avec ce mélange d'affection et d'agressivité qui constituait maintenant l'essentiel de notre relation. Il continuait d'engouffrer des sommes folles dans son palais, et vendait pour cela n'importe quoi à n'importe qui, sans aucune prudence. J'avais dépassé le stade des reproches ; j'en étais à craindre pour notre liberté à tous deux : cela ne pourrait durer éternellement, on ne pouvait continuer à voler marchands et collectionneurs, à abuser les experts et les veuves. Legros dansait sur un volcan. J'entendais les gens des milieux artistiques s'étonner, à voix haute maintenant, de ses dettes, de ses extravagances et de ses trop nombreux Derain fauves. Je tremblais à l'idée qu'Elmyr survienne, et déclare : « Je veux cent mille dollars, ou je dis tout ! » Et lui, d'un grand geste du bras, balayait mes reproches, ou alors se mettait en colère et cassait tout. Après, il fallait encore payer les pots cassés.

Le bail de mon appartement de la rue de la Pompe était arrivé à expiration. Fernand m'avait logé chez lui.

Je détestais cet endroit. Chaque fois que je m'y trouvais, j'étais saisi de crampes abominables. Louer autre chose... Fernand s'y opposait, car il voulait me contrôler. Je demeurais à Paris une semaine, puis il m'envoyait à Londres ou en Amérique quinze jours pour voir des clients, des galeries, des ventes et ramener des photos de tableaux ; même si j'avais eu un lieu à moi, il ne m'y aurait pas laissé respirer, de peur que je lui échappe.

Dans cette ambiance d'hystérie et de peur, les lettres enfantines de Moïse Abraham m'apparurent comme autant de ballons d'oxygène. A la complication égyptienne de Legros, je décidai de répondre par la fraîcheur polonaise de Goldzal. Il voulait étudier en France, je lui envoyai un billet d'avion Rio-Miami-New York-Rio, car il faut toujours envisager les séparations. J'ajoutai aussi quelques centaines de dollars afin qu'il se procure un passeport, entreprise fort délicate au Brésil. On lui en accorda un d'apatride résidant au Brésil. C'est ainsi qu'en juin 1965 il arriva à Miami où l'on m'avait envoyé pour affaires.

Chacun voyait en l'autre le Messie. Grâce à moi, il allait connaître cette Europe dont il rêvait tant ; grâce à lui, j'allais me détacher de Fernand, avoir enfin quelqu'un à qui parler, à qui penser, autrement qu'en termes de combat. J'aurais pu faire venir l'un de mes frères, pour n'être pas seul, mais un abîme séparait le monde fangeux dans lequel je me débattais de celui, paisible, de ma famille. Moïse Abraham serait un semblant de petit frère. En plus, comme il n'était pas très intelligent, il ne comprendrait pas trop vite les histoires de Legros.

Enchantés l'un de l'autre, nous avons visité Miami et New

York. Chaque fois, Moïse voulut rendre visite à des amis polonais de son père, et chaque fois je dus le consoler : on ne l'attendait pas, on n'avait pas le temps de le recevoir. Comme un gosse, il s'imaginait que le nom sacré des Goldzal lui ouvrirait toutes les portes. Aussi, lorsqu'il arriva à Paris, il fut aux anges parce que sa tante lui ouvrit les bras, ainsi que son oncle par alliance. Il s'installa chez eux, en attendant de faire fortune.

De retour avenue Henri-Martin, je retrouvai l'habituel tourbillon : le décorateur et ses factures, mes tableaux faux certifiés vrais, exposés au milieu d'authentiques, les affrontements, les réconciliations, les accusations, et ma peur. Un jour de dispute, furieux, je lâchai à Fernand qu'il n'était pas seul au monde, qu'il existait un certain Moïse Abraham Goldzal, qui ne m'assommait pas, lui. Sa réaction m'intrigua : au lieu de me sauter à la gorge, il dit « Ah bon ? », prit son air de peser le pour et le contre, et décida que la nouvelle était bonne. Dès qu'il aurait localisé le garçon, il l'installerait chez lui ; ainsi pourrait-il me contrôler encore mieux. C'était devenu sa marotte : me contrôler, comme un animal qui devient dangereux dès qu'on cesse de le surveiller.

Malgré sa bonne humeur Moïse estima que sa situation devenait pesante. Il voulut vivre à l'hôtel, comme un grand. Je l'inscrivis à l'Alliance française. Pour entrer dans une école hôtelière, il devait au moins savoir qu' « estragon » n'est pas une locution interrogative et qu'on ne va pas « à le coiffeur ». A l'entendre, il connaissait l'art des sauces mieux que les chefs de la Tour d'Argent ; et s'il acceptait de suivre des cours de français, c'était uniquement pour me faire plaisir. Ses vantardises m'amusaient. Bientôt il m'annonça que cette Française Alliance ne valait rien, que ses professeurs étaient des ânes, qu'il perdait son temps, qu'il voulait travailler tout de suite. Je fis pour lui le tour des hôtels et restaurants, à la recherche d'un stage ; on ne voulut pas l'engager, même comme apprenti, car il n'avait aucun diplôme. En désespoir de cause, je l'envoyai en Angleterre, à l'école hôtelière d'Oxford-on-the-Sea. Il accepta cette solution, à la condition que je l'emmène visiter l'Italie pendant les vacances. Je le vis partir un peu soulagé : on lui enseignerait l'anglais, un métier peut-être, et Legros ne songerait jamais à le chercher là-bas. Qui connaît Oxford-on-the-sea ?

Fernand attendait son heure. Il m'annonça qu'il invitait quelques amis à passer le mois d'août à la Falaise. Mais de mon protégé, il ne dit mot. Je lui répondis que j'emmenais Moïse en voyage, qu'il aurait donc à se passer de moi. En revanche, que Fernand dispose de ma maison à sa guise me parut tellement normal que je ne songeai pas à lui en faire la remarque.

— Reste au moins une semaine avec nous ! Après tu feras ce que tu voudras ! On va donner une grande fête d'inauguration !

Pour avoir la paix, j'acceptai. Il donna une fête en effet, petite et familiale, c'est-à-dire qu'il y avait Gina, sa femme, ses parents, quelques-uns de ses jeunes amis et parasites. Dès le lendemain, comme je le craignais, nos disputes reprirent avec une vigueur toute espagnole. Cris et coups, insultes et menaces, réconciliations théâtrales, pour recommencer une heure après. Le pugilat dura trois jours et trois nuits. La pauvre Gina, qui n'avait jamais encore assisté à nos règlements de compte, se demandait si nous n'étions pas devenus fous.

Nous venions de signer la paix, une fois de plus, lorsque le téléphone sonna. L'avocat new-yorkais de Fernand lui annonçait qu'il avait obtenu sa nationalité américaine, qu'il devait venir prêter serment à la Constitution dans les plus brefs délais. Fernand appela Hauert, qui lui conseilla de se hâter : si le vent venait à tourner, la justice française ne pourrait rien contre un citoyen d'un autre pays. Ce en quoi il se trompait lourdement.

Fernand sauta dans un avion en promettant de revenir très vite. A peine avait-il tourné les talons que Gina fut prise d'une rage de dents qu'aucune aspirine ne parvint à calmer. Il n'y avait pas de dentiste à Ibiza : je l'emmenai à Barcelone, où elle fut soignée. Le soir, nous dînâmes dans la somptueuse salle à manger du Ritz où nous étions descendus. Ces gens bien élevés qui parlaient à voix presque basse, ces serveurs qui glissaient entre les tables, ce savoir-vivre nous parurent un luxe encore plus précieux que tous les ors et les cristaux des lustres.

— Je crois que je ne vais pas retourner à la Falaise, me dit Gina.

— Moi non plus, ai-je répondu.

Nous ne nous sentions pas le courage de nous replonger dans la tourmente.

Gina rentra à Paris. Je téléphonai à Moïse et nous fîmes notre voyage en Italie, comme je le lui avais promis ; une formidable virée, de Venise, où avait lieu le festival, jusqu'à Naples, avec des boîtes de nuit, des retours à cinq heures du matin, des noubas inattendues, des hurlements de rire à propos de tout et de n'importe quoi. Enfin, je retrouvais cette jeunesse que Legros m'avait trop tôt volée.

En chemin, je lui passai un coup de fil, pour le féliciter de sa nouvelle nationalité. Après tout, pourquoi pas ? Il le prit fort mal. Ainsi, j'osais courir les routes avec un étranger alors que ma place était à ses côtés ?

— Je vais donner une grande fête [c'était un refrain chez lui !], je veux que tu reviennes immédiatement à Ibiza !

Je lui raccrochai au nez, et il dut en crever de rage. Mon acte de rébellion prit des proportions démesurées à ses yeux, autant que sa nouvelle nationalité. Que je refuse de participer à sa joie prouvait que j'avais coupé le cordon, et cela, il ne le supportait pas. Il se mit en contact avec une agence de détectives à Paris pour que l'on me file. Peine perdue : je circulais trop vite. On lui envoya tout de même la facture.

Demeuré seul au milieu de ses parasites et du reste de sa smala, il se mit à réfléchir. Mon amitié pour Imbert ne l'avait pas dérangé : il le connaissait bien, le tenait par l'intérêt. Mais ce Moïse Abraham, il n'en savait rien. Je lui consacrais beaucoup de temps et d'attention. Prendrait-il un tel ascendant sur moi qu'il parvienne à me détacher de mon suzerain de droit divin ? Et si j'allais lui parler de ma peinture ?

J'étais toujours le secrétaire de Fernand. Vers la fin des vacances, je le rappelai pour lui demander des instructions. Il me fixa rendez-vous à Cannes en insistant pour que je vienne avec Moïse. Je trouvai, pour le Moïse en question, un petit hôtel à la sortie de la ville, dans les collines. Quand je lui proposai de rencontrer Legros, puisque celui-ci tenait tellement à le connaître, il refusa. Ce que j'avais pu lui en dire pendant notre voyage ne l'y encourageait pas. Mais, par curiosité peut-être, il voulut le voir sans être vu. Alors que je déjeunais un jour avec Fernand à la plage du Voilier, il s'installa derrière nous, assez près pour nous entendre.

— Mon ange, tu vas expliquer à ce petit Abraham qu'il habitera avec nous avenue Henri-Martin.

— Jamais de la vie !

Nous nous sommes disputés. Moïse nous écoutait, avec horreur. Je ne lui avais donc pas menti. Ce Fernand Legros, « ce vieux qui perd ses cheveux ! » disait-il avec mépris, lui déplut profondément.

Moïse regagna son école anglaise, et moi l'avenue Henri-Martin, pour retrouver les insultes, les hurlements, chaque fois qu'un flot de factures s'abattait sur le bureau de Fernand.

— Tu pourrais bien me peindre quelques tableaux ! J'ai besoin d'argent !

— Tu m'as cassé la main, j'ai encore mal !

Pour Legros, il n'y avait plus aucun doute : mon évidente mauvaise volonté ne pouvait venir que de l'influence désastreuse qu'exerçait sur moi ce Moïse Abraham Goldzal. Il ordonna à ses détectives de le retrouver dans les plus brefs délais. L'un d'eux, ancien de la police, qui avait gardé des amitiés dans la Grande Maison, consulta le fichier des hôtels. A cette époque, on remplissait une fiche d'identité quand on louait une chambre. Il trouva trace du jeune homme à Paris, en juin. A l'hôtel en question, il dénicha la liste des numéros de téléphone qu'il avait demandés au standard. Un jour il se présenta chez la tante Goldzal, lui agita son ancienne carte de police sous le nez, réclama Moïse et essaya de l'intimider en la menaçant d'expulsion hors du territoire, car elle n'était qu'une simple réfugiée polonaise, etc. Elle se contenta de hocher la tête, le mit à la porte, avec sa carte, ses menaces et son air appliqué. Il revint bredouille et, une fois de plus, envoya sa facture à Fernand.

Comprenant qu'il avait choisi la mauvaise méthode, Legros essaya la corde sensible. Un beau matin, Mme de Herain, dûment chapitrée, partit à la chasse au jeune homme pour l'amour de son cher petit patron. Elle sonna à la porte de la tante Goldzal, s'assit sur le bord d'une chaise et parla. Au bout d'une heure, tout le monde avait compris que ce M. Legros ne voulait que du bien au jeune Moïse. La tante Goldzal finit par admettre que seul le père pouvait décider de l'avenir de son fils. Et elle donna à Mme de Herain l'adresse de Meyer Goldzal, à Rio. Fernand lui écrivit aussitôt, promettant monts et merveilles. Meyer répondit que j'avais une excellente influence sur son fils, que je l'avais envoyé étudier en Angleterre, mais enfin qu'on pouvait toujours discuter.

Fernand offrit un pont d'or à Moïse, si son père l'autorisait à travailler avec lui à Paris. Meyer se fit prier, et cela prit du temps. De son lointain Brésil, il ne pouvait savoir que le riche M. Legros était criblé de dettes, et qu'au lieu de ralentir le rythme de ses dépenses pour rétablir ses finances, il continuait à flamber comme un émir.

Pour l'heure, l'enquête était au point mort. Il y avait bien eu des plaintes, mais elles n'avaient pas abouti et il n'y avait même pas eu d'inculpation. Les experts, tout comme les veuves et les héritiers, avaient confirmé leurs certificats. De plus, Legros n'avait plus de toiles à se mettre sous la dent, sauf celles qui étaient encore gagées à New York. C'est à cette époque qu'il fit la connaissance de Nathan Loeb, qui lui passa quelques croûtes à vendre et à faire expertiser. Chose étonnante, Pacitti en récusa la plupart, sauf un Bonnard, arrangé par Loeb et qui avait un certificat du neveu du peintre. Pour tourner le refus de Pacitti, Legros se rabattit sur Ebstein et Maurice Malingue. L'expert, après les multiples convocations chez Legoffic, était devenu un peu plus prudent.

Cet automne 1965, si fertile en disputes et coups de théâtre, m'offrit un grand amour. Elle s'appelait Nadia. Rousse avec des yeux verts, évidemment, elle était absolument ravissante. Esthéticienne, elle travaillait dans un institut de beauté, sans pour autant en avoir besoin. Ses parents, de bons bourgeois, la couvaient ; peut-être, en plus de sa beauté, est-ce son côté petite fille gâtée qui me séduisit. Je la trouvais charmante, merveilleusement différente des fous que je voyais évoluer avenue Henri-Martin.

Nous nous sommes vus et revus, et puis nous avons pris l'habitude de passer nos week-ends à la campagne, chez des amis. J'ai toujours adoré les enfants, elle aussi. Nous avons tout naturellement commencé à parler de mariage. Je lui ai proposé Londres où les formalités sont plus rapides qu'en France, mais ses parents s'y sont opposés : ils voulaient une grande cérémonie avec orgues, robe blanche et voile de tulle. Nadia n'arrivait pas à choisir. Quant à moi, j'avais décidé d'en faire ma femme, mais il était hors de question que j'épouse ses parents en même temps.

Fernand apprit très vite qu'il y avait une demoiselle dans ma vie. Sans doute fouilla-t-il dans mes papiers, car il trouva son numéro. Il lui téléphona, comme il l'avait fait à mes parents jadis. Et elle, cramponnée au récepteur, l'écoutait des heures entières débiter des horreurs sur mon compte. Quand j'arrivais, je la trouvais en larmes.

— Tu n'as qu'à raccrocher, voyons !

— Mais il a dit que tu...

Elle me récitait presque par cœur une série de monstrueux forfaits.

Quand Legros comprit que Nadia n'avait pas assez de cervelle pour représenter le moindre danger, il changea de ton.

— Quelle merveilleuse idée, mon ange ! Épouse-la ! On fera un mariage superbe chez moi, vous serez très heureux !

Prudemment, je décidai que mieux valait attendre. Rassuré sur le compte de ma fiancée, Legros revint à sa marotte : Moïse Abraham Goldzal. Ce damné Polonais continuait de lui échapper. Un jour, sur le trottoir devant son immeuble, Fernand insista pour que je parle encore un peu avec lui. Cela me sembla bizarre, d'autant plus qu'il n'avait rien à me dire. Quand enfin je pus monter dans ma voiture, je remarquai dans le rétroviseur qu'on me suivait. Quelques tours et détours me prouvèrent que je ne me trompais pas. Je bloquai les freins et marchai jusqu'à l'inconnu.

— Et alors ? Vous chassez ?

Il bafouilla, se défendit mollement ; je partis en trombe, le plantant là. Fernand avait décidé de me harceler, jusqu'à ce que je commette une imprudence, et que je le mène ainsi à ce mystérieux Moïse. Bientôt, je vis des détectives partout, avec le sentiment qu'on épiait le moindre de mes gestes, qu'on essayait de m'étouffer.

Fernand, de son côté, n'allait pas mieux. Son désir de retrouver le Polonais s'était transformé en obsession maladive ; il ne travaillait plus, ou alors mal, dépensait toujours autant. Il entreprit quelques voyages d'affaires qui ne l'empêchèrent pas de me persécuter par lettre. Dans celles-ci, il commentait les coups de fil que je passais, afin de me prouver que, même loin, il savait tout ce que je faisais. Mme de Herain le tenait certainement informé de mes faits et gestes. Suivaient des menaces, et cela se terminait chaque fois par des promesses de poursuite « même chez les Zoulous ! ». Enfin il parlait de me tuer, puis de se suicider ensuite, tout cela par ma faute ! Cela peut sembler grotesque, mais ajoutées à l'ambiance surexcitée dans laquelle il me faisait vivre, ces folies m'ébranlaient autant qu'elles me confirmaient dans ma décision de le quitter.

Vers la mi-décembre, un ami m'avertit qu'au cours d'une fête à Ibiza, Legros avait prétendu que la Falaise lui appartenait ; cela ne me surprit point : comme il estimait que j'étais sa propriété, tout ce qui était à moi était à lui ! Mais il y avait plus grave : il avait donné un usufruit sur ma maison à Elmyr de Hory, qu'il détestait pourtant. Ainsi voulait-il m'enlever mon dernier refuge.

En famille à Kitzbühel, en Autriche, Fernand, ne voulant pas me laisser sans surveillance, décida que je partirais avec Joachim, le chauffeur, dans ma voiture. Le reste de la smala suivrait dans la sienne. Je pris la route à cinq heures du matin. Au lieu de laisser le volant à Joachim, je conduisis à toute vitesse. Il crut mourir pendant tout le trajet, mais nous étions arrivés pour le coucher du soleil, juste avant la fermeture du bureau de poste : j'avais demandé à ma banque de m'envoyer mon courrier ici, en poste restante ; à Paris, Mme de Herain le prenait dès sa distribution, le donnait à Legros qui savait de cette façon tout de mes affaires. Cela aussi, je ne le supportais plus.

Il y avait bien une lettre pour moi ; les deux derniers chèques que Fernand m'avait remis, comme le stipulait mon contrat, n'avaient pu être honorés. Enfin, j'avais un prétexte pour le quitter. Aucun tribunal au monde ne pourrait me poursuivre, de cela j'étais certain : j'avais consulté un avocat.

Joachim, affolé, me vit rassembler mon smoking, mes vêtements de ski, les jeter dans la voiture. On l'avait chargé de me surveiller et je m'en allais. Il en tremblait.

— *Por favor,* monsieur, restez !

J'avais de la sympathie pour Joachim. Lui et sa femme, Maria-Luisa, des nobles espagnols ruinés, s'amusaient énormément de voir vivre ce nouveau riche, lui prêtaient de temps à autre un billet, quand, entre deux rentrées, il n'avait plus de quoi s'acheter des cigarettes. Les fonds revenus, ils se remboursaient allégrement. Mais les angoisses de Joachim ne pouvaient m'émouvoir ce soir-là.

147

J'ai griffonné un petit mot que je lui ai demandé de remettre à Legros : « Joyeux Noël et bonne année. Je ne reviendrai plus jamais. Merci pour les deux chèques. »

Deux heures plus tard, Fernand arriva, enchanté : son détective favori avait enfin réussi à trouver l'adresse de Moïse Abraham à Oxford-on-the-Sea. Il ajoutait que l'oiseau venait de s'envoler, à cause des fêtes certainement... Il joignait sa facture à son compte rendu. En fait, j'avais envoyé à Moïse un billet d'avion pour Genève, persuadé que je trouverais une occasion de le rejoindre quelque part. Quand Joachim lui tendit d'une main hésitante ma missive, Fernand poussa des hurlements qui firent date dans l'histoire de ses crises et colères.

Lorsque je suis arrivé à Crans-sur-Sierre, en Suisse, j'éprouvai un formidable sentiment de liberté, d'amertume aussi. A vingt-six ans, j'échappais enfin à Legros, avec soulagement, car la vie dans son sillage était devenue impossible. Mais en même temps, je tournais le dos à huit ans de ma jeunesse. Que m'en restait-il ? Une infinie solitude, plus beaucoup d'illusions ; une maison annexée par un escroc, plus de deux mille dessins, aquarelles et peintures quelque part dans la nature, la menace d'être un jour poursuivi comme complice d'un aigrefin. A mon actif, j'avais, malgré les deux chèques sans provision, un peu d'argent en banque, et une petite expérience du métier de marchand. Dans les affaires, on me faisait souvent plus confiance qu'à Fernand. J'étais discret, cela rassurait. Je possédais un Marie Laurencin, et trois Dufy qu'il m'avait offerts. J'en avais acheté un quatrième chez Christie's à Londres ainsi qu'un Derain de 1929 et un très beau de Staël, payé deux mille cinq cents dollars, sans oublier une aquarelle de Kirchner. Cela faisait huit toiles en tout, d'excellente facture et authentiques, que je vendrais sans difficulté. Que demander de plus ?

Je louai un appartement et Moïse vint m'y rejoindre. Son exubérance, ses folies balayèrent mes soucis. Il faisait tant de bruit et prenait tant de place qu'on finissait par rire avec lui de tout et de rien : il découvrait la neige pour la première fois de sa vie ; comme un gosse, il la touchait sans cesse, s'étonnait de la voir si douce et de la sentir si froide.

Le 24 décembre, il déclara qu'il allait faire du ski. Après cinq minutes de télécabine, nous nous trouvâmes en haut d'une piste et il parut enchanté :

— Moi, petit Polonais, skier mieux que tout le monde ! T'apprendre à skier dès aujourd'hui !

Me dire cela à moi, qui viens d'un pays où l'hiver dure six mois ! L'homme de Rio se dressa sur ses spatules, glissa sur trois mètres, et culbuta. Il recommença à plusieurs reprises sans plus de succès. Alors il décida d'inventer une nouvelle méthode : il ficela les deux skis l'un à côté de l'autre, s'assit dessus, et pendant que je lui criais de rester sur la piste, il fila, de plus en plus vite.

A sept heures du soir, il n'était toujours pas rentré. J'avais battu la pente en vain. Les chasseurs alpins prirent le relais. Deux heures plus tard, ils retrouvèrent Goldzal, enfoui dans la neige, bleu de froid, incapable de remuer un doigt. Il fallut remettre le télécabine en marche pour le redescendre. Quant à ses skis, ils avaient disparu. Il m'avoua qu'il avait eu très peur de mourir.

Le lendemain, il allait mieux. Nous passâmes Noël au Sporting Club. Il appela son père, qui lui apprit que Legros avait déjà téléphoné deux ou trois fois à Rio en espérant m'y trouver. La mésaventure neigeuse avait un peu calmé Moïse. Je crus pouvoir l'abandonner quelques jours sans craindre un nouveau drame et fis un saut à Paris pour embrasser Nadia avec l'idée de la ramener en Suisse. Elle me sauta au cou : nous étions libres, enfin ! Avec sa logique toute particulière, elle m'expliqua qu'elle ne voulait pas passer le Nouvel An loin de ses parents ; plutôt que de m'accompagner à Crans, elle me proposa de rester avec eux. Mais je n'avais pas quitté un suzerain pour me retrouver encagé. Puisqu'elle ne voulait pas me suivre, je téléphonai à Jacques Imbert. Depuis quelques mois, il me témoignait beaucoup d'amitié, plus qu'à Fernand. Je comptais sur lui pour m'informer des événements de la planète Legros, car s'il y avait la moindre alerte à propos des tableaux, il fallait que je puisse me défendre. Imbert n'avait pas grand-chose à me révéler, hormis les habituelle menaces de Legros. Il ne se doutait absolument pas que j'étais l'auteur des toiles que vendait Fernand.

Je repartis pour Crans, bien décidé à me reposer. Moïse m'attendait, vantard et gentil comme d'habitude ; Jacques vint nous rejoindre. Lui aussi apprit à skier, mais cela n'entraîna pas l'intervention de l'armée !

Vers le 15 janvier, Moïse téléphona à nouveau à son père. Meyer exigeait qu'il revienne : M. Legros, le milliardaire, voulait l'engager, avec un très gros salaire ; avec moi, il perdait son temps. Jacques estima que le père et le fils devaient se rencontrer pour parler et tenter « d'y voir plus clair ». Fernand Legros avait certainement convaincu Meyer de sa bonne foi. D'autre part, Moïse commençait à m'énerver avec sa maladresse et ses rodomontades, si bien que le soir même, je le conduisis à l'aéroport de Genève, où il prit un avion pour Rio. Pendant les jours qui suivirent, il me téléphona, à plusieurs reprises : Fernand alternait promesses et menaces pour convaincre Meyer d'envoyer son fils à Paris, persuadé que je le suivrais automatiquement. Le garçon refusa de l'écouter, mais il lui écrivit dans son charabia qu'il croyait du bon français. J'ai retrouvé l'une de ses lettres datée d'octobre 1965, celle-là envoyée de Paris, typique de sa prose. « Ma famille est très sacrée, je vis avec elle quasiment depuis dix-neuf ans. Elle ne peut pour aucun argent du monde ni pour argent ni contre des rubis feront croire les infâmes mensonges. Je vous conseille de laisser un petit peu Réal tranquille, je sais que vous faites partie des êtres diaboliques, que votre caractère est connu [...]. Je vous conseille encore une fois de changer [...]. Si vous voulez détruire une chose qui est belle avec votre argent et votre sadisme, vous y arriverez un jour, mais avec beaucoup de difficultés (si vous êtes patient). Si vous persistez à vouloir nuire moi et Réal, je vous maudirai... »

Il terminait en disant : « Cessez d'être un organisateur de Scotland Yard et un dernier Sherlock Holmes avec vos mensonges pas très originaux. Sois sage et plus discret, c'est un conseil de moi. »

Mes vacances terminées, je revins à Paris, et installai mes pénates à l'hôtel Montalembert. Le milieu de la peinture est l'un des plus étranges qui soit. On peut acheter un tableau de rien, et le lendemain tout le monde le sait, comme on peut vendre un chef-d'œuvre dans le secret absolu. Je fis quelques affaires, et Fernand ne l'apprit pas. De temps à autre, je recevais une lettre de Moïse qui me racontait ses difficultés à Rio. Son père avait décidé de le vendre à Legros ; il faisait monter les prix.

Le 26 janvier 1966, Fernand donna une grande fête, avenue Henri-Martin, pour ses trente-cinq ans. Meyer Goldzal choisit ce soir-là justement pour l'appeler de Rio en P.C.V. et lui annoncer que son fils avait bien regagné le Brésil, mais qu'il allait repartir pour l'Europe.

Fernand bondit comme un diable sur son passeport et sa carte de crédit, fila à Orly et prit le premier avion pour Rio. Ses invités, plantés autour de leur caviar et de leur champagne, se demandaient quelle mouche l'avait piqué. De mon côté, je reçus un autre appel d'un Moïse affolé, qui m'annonçait l'arrivée du suzerain.

— Mon père et mon frère me négocient. Tu dois venir m'aider !

Immédiatement, je téléphonai à la Société de banque suisse de Bâle, où j'avais un compte, demandant que l'on envoie à Rio trois mille dollars par télex au nom de Moïse Abraham Goldzal, qui me les remettrait dès mon arrivée. Cela peut sembler compliqué, mais je ne voulais pas me promener avec de grosses sommes sur moi : Imbert m'avait dit et répété les menaces proférées par Legros ; au Brésil, pour cinquante dollars, on fait cogner ou suriner n'importe

1. Portrait de femme avec chapeau à plumes.
Huile sur toile (0,81 x 0,65) peinte en 1958 à Hollywood par Réal Lessard qui avait pris pour modèle une jeune Américaine et présentée comme un authentique Van Dongen. Le tableau a été authentifié au début des années 1960 par Van Dongen lui-même qui le data de 1910. Il signa l'œuvre et délivra un premier certificat au dos d'une photo représentant la toile sans signature, puis un second certificat à nouveau, daté de Monaco, le 4 juillet 1966. L'expert Paul Ebstein authentifia l'œuvre dans un certificat daté du 11 octobre 1966. (Certificats reproduits en annexe, en fin de volume.)

2. *Nymphes.* Gouache peinte par Réal Lessard à Baton Rouge (U.S.A.) en 1958. Authentifiée par Alice Derain, qui y apposera le cachet de l'atelier vers 1962. Certifiée ensuite par l'expert Pacitti, le tableau signé sera vendu, par Jacques Imbert, à Henry Ford III, chez lequel il se trouve toujours.

3. *Les Nymphes de Baton Rouge.* Gouache peinte par Réal Lessard en 1958 à Baton Rouge (U.S.A.). Authentifiée par la veuve d'André Derain et par l'expert Pacitti, cette toile recevra en 1963 le cachet de l'atelier et sera vendue par Fernand Legros en mars 1963 à la galerie Knœdler de New York, pour 20 000 dollars.

4. *Marine à Collioure.* Aquarelle et gouache, peinte par Réal Lessard en 1958. Authentifiée en 1963 par la veuve d'André Derain qui y apposera le cachet de l'atelier et par l'expert Pacitti, cette toile sera vendue par Fernand Legros à la galerie Knœdler (voir facture reproduite en fin de volume) et revendue ensuite à un musée allemand.

5. *Le Champ de courses.* Huile sur toile, peinte par Réal Lessard vers 1960-1961 à Paris et présentée comme un authentique Raoul Dufy ; signée ; authentifiée par l'expert Pacitti. A figuré à l'exposition "Hommage à Dufy" ("Hommage bis") à la galerie Pont-Royal à Paris en 1963. Reproduite dans une publicité de la revue *The Connoisseur*, Londres. Gagée par Fernand Legros au Crédit municipal de Paris afin de lui permettre d'acheter son appartement de l'avenue Henri-Martin. Retirée du Crédit municipal et vendue à la Meadows Foundation, Dallas, Texas.

6. *La Moisson.* Tableau peint par Réal Lessard en 1961 à Paris et présenté comme un authentique Raoul Dufy. Signé, en bas à gauche, soit par Elmyr de Hory, soit par le restaurateur de Fernand Legros. Reproduit au n° 64 du catalogue de la vente du 13 mai 1964 chez Parke-Bernet, New York où il est présenté avec un certificat d'André Pacitti daté du 2 décembre 1963 et décrit comme provenant de la galerie Blanche Denis, Paris, et comme ayant été exposé à Honfleur en 1958 dans un "Hommage à Raoul Dufy".

7. *La Réception.* Gouache (57 x 75) peinte par Réal Lessard à Paris en 1962 et présenté comme un authentique Raoul Dufy. Authentifiée par André Pacitti lors de l'exposition "Hommage à Raoul Dufy" ("Hommage bis") organisée par Fernand Legros en 1963, ce tableau sera vendu à la Meadows Foundation en 1966.

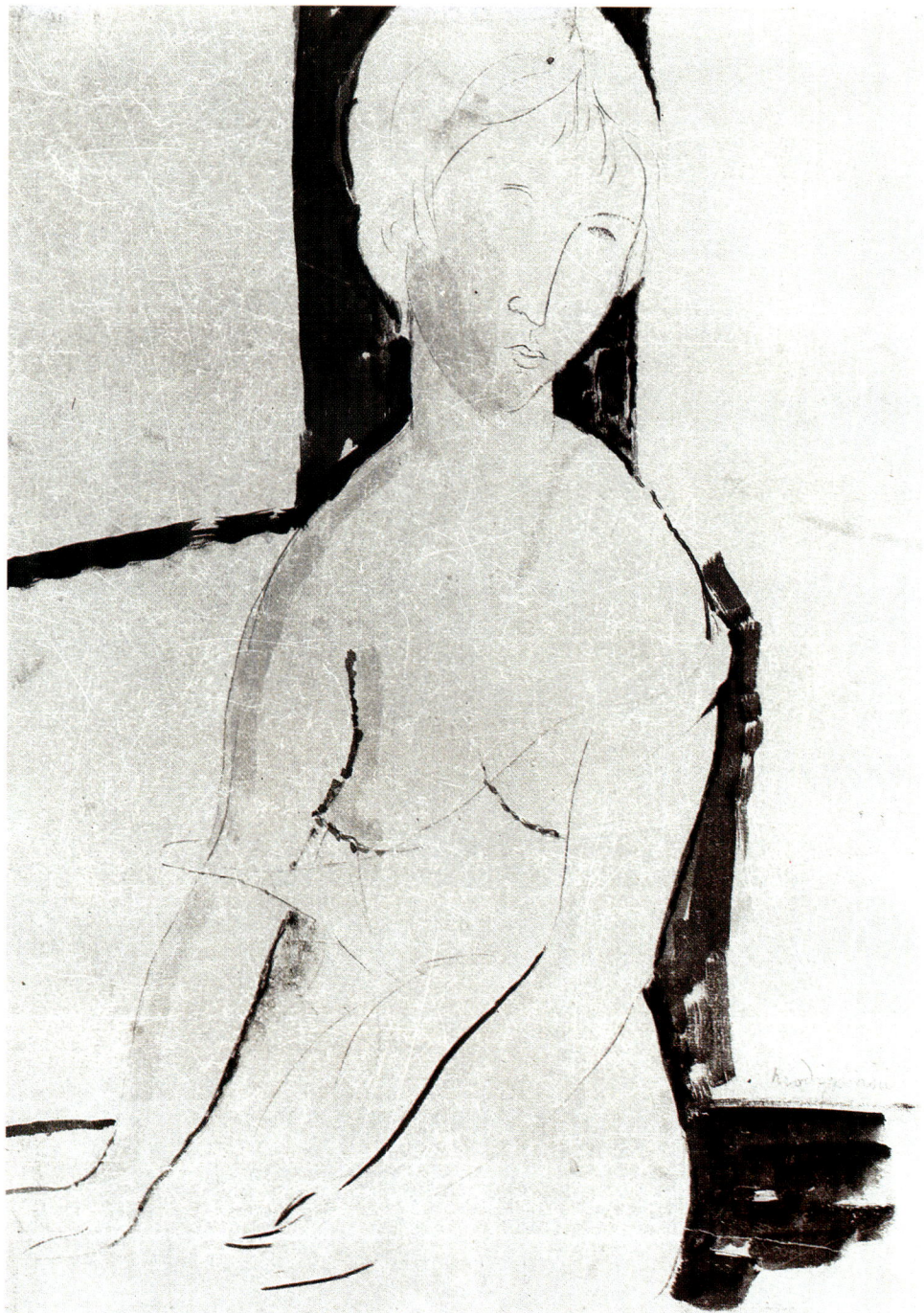

8. *Portrait de femme.* Dessin, aquarelle et gouache, réalisé par Réal Lessard en 1960 à Paris et présenté comme un authentique Modigliani. Authentifié par la fille de Modigliani, Jeanne Modigliani, ce tableau sera vendu par Fernand Legros au musée japonais Bridgestone en 1964.

9. *Portrait de Jeanne Hébuterne*. Huile sur toile (0,46 x 0,33) peinte par Réal Lessard en 1959 à Paris et présentée comme un authentique Modigliani. Ce tableau est reproduit au n° 123 du catalogue de la vente chez Christie's le 6 décembre 1963 ; décrit comme devant figurer dans le catalogue des œuvres de Modigliani préparé par Arthur Pfannstiel et vendu avec le certificat de ce dernier et celui de Jeanne Modigliani du 11 juillet 1963. Supposé peint en 1919-1920. Origine indiquée : collection Martha Sanson, New York, collection inconnue selon Réal Lessard.

10. *Cariatide.* Crayon et pinceau sur papier (0,66 x 0,48). Dessiné par Réal Lessard en 1960 à Paris et présenté comme un authentique Modigliani. Signé en bas à droite. Reproduit au n° 23 du catalogue de la vente du 8 avril 1964, chez Parke-Bernet, où il est décrit comme provenant de la collection Zborowski, Paris, et de la collection Saint-Martin, Aix-en-Provence et présenté avec un certificat de Jeanne Modigliani, daté du 6 cotobre 1963.

qui ; un assassinat se paie cent dollars. Au cas où on ne me tuerait pas, j'aurais besoin d'argent pour vivre !

Les dollars partirent donc pour Rio, à charge pour Moïse d'aller les récupérer dans une banque. Et je pris un avion. Fernand devait arriver le 27 au matin, et moi dans l'après-midi, décidé à mettre les choses au point une bonne fois pour toutes. Pendant les longues heures du voyage, je rongeai mon frein : ainsi, il s'imaginait qu'en capturant Moïse Abraham il m'attraperait aussi ! Le pauvre garçon ne m'intéressait plus beaucoup, il avait été juste un déclic dans la genèse de mon indépendance ; mais ce n'était pas une raison pour laisser Fernand le persécuter. Moïse m'avait dit au téléphone que son père avait reçu un billet aller et retour pour Paris, afin de rendre visite à sa sœur et à son beau-frère, tandis que Bernard recevait une Volkswagen, et lui, Moïse, un Dufy exposé à la galerie Arte Solarium de Sao Paulo, représentant un paysage de mer avec des palmiers — la photo figure à la page 11 du catalogue. Moïse ne connaissait rien à la peinture, mais Mme de Herain avait expliqué à sa tante Goldzal de Paris que M. Legros vendait des tableaux très précieux et très chers. Il savait donc que cela représentait une petite fortune.

Furieux, je débarquai à Rio. Il faisait quarante degrés à l'ombre, je ne vis même pas les vagues bleues sur le sable blond des plages. Je me précipitai chez les Goldzal. Trop tard : ils venaient de signer le contrat de travail préparé par Legros. Moïse allait s'installer avenue Henri-Martin. Fernand n'était pas là. Il avait fui. Il avait eu peur, de moi et de ce que je pouvais révéler. En effet, j'aurais pu parler de ces chèques sans provision qu'il m'avait envoyés, ou du papier qu'il avait fait signer à Gina, attestant qu'en partant je lui avais volé ses bijoux, alors qu'elle n'en avait jamais eu... Legros était très fort quand il s'agissait de me salir ; je ne m'étais jamais défendu. Malheureusement pour lui, j'avais décidé qu'il n'avait plus le droit de m'écraser comme avant. Il n'était plus un suzerain, mais un dément affolé par des rêves de luxe, qui accumulait les imprudences pour boucher les trous de son compte en banque. La Volkswagen, il l'avait réglée avec un chèque de la Butterfield, sans provision ; les billets d'avion, il les avait payés avec sa carte de l'American Express, mais son compte était vide. Je pouvais expliquer que l'année précédente on lui avait supprimé cette carte, purement et simplement. Il ne s'était pas déclaré battu pour autant : une invitation au directeur de l'American Express, une visite de son appartement de l'avenue Henri-Martin avec ses tableaux aux murs et, le lendemain, ce monsieur lui apportait en personne une nouvelle carte et sa bénédiction. Depuis que je l'avais quitté, il se livrait à toutes les excentricités ; je n'étais plus là pour le retenir. On racontait qu'il empruntait des tableaux aux galeries pour les exposer chez lui quand il donnait un dîner, qu'il ne payait pas ses fournisseurs, que son encadreur l'avait assigné en justice, qu'il avait vendu trop de Derain fauves. Meadows ne venait-il pas de lui acheter vingt tableaux, dont trois Derain justement, les cinq Dufy qu'il avait gagés au Crédit municipal, deux Modigliani dont celui de M. Pequignot — dont personne ne voulait depuis 1960, parce qu'il était certainement faux ? Si Fernand n'avait pas fui, j'aurais tout raconté aux Goldzal, devant lui, pour qu'il mesure la distance que j'avais réussi à mettre entre nous deux. Mais il avait eu peur de m'affronter ; on ne règle pas ses comptes tout seul, et je me tus.

Je m'installai au Leme Palace. Mon billet de charter (l'aller et retour coûtait moins cher qu'un aller simple sur un vol régulier) exigeait que je demeure huit ou dix jours à Rio ; après tout, pourquoi bouder son plaisir ? En France, l'hiver faisait grelotter tout le monde ; ici, il y avait la mer, les plages, un soleil radieux. Après le mois que je venais de passer depuis ma fuite, j'avais grand besoin de me reposer.

Quand j'ai réclamé à Moïse la somme que je lui avais fait envoyer, il me répondit qu'il ne l'avait pas reçue. Cela ne m'étonna pas outre mesure : tout est fort lent dans cette partie du monde. Un changeur au noir accepta de me prendre quelques travellers de cent dollars, en attendant. Je demandai à ma banque d'annuler l'envoi des trois mille dollars, de m'en virer mille très vite. Un peu plus tard, à Paris, il m'a avoué qu'il avait bel et bien touché l'argent, mais que son père et son frère le lui avaient confisqué pour le dépenser le jour même. Ce détail me parut incroyable. Furieux, je donnai des instructions à ma banque, qui réclama la somme aux Goldzal. On lui répondit que tout avait été dilapidé, mais qu'on me rembourserait dans les plus brefs délais. J'attends toujours...

Je rentrai à Paris, reposé et satisfait d'avoir réussi à mettre Fernand en fuite. Nous étions à armes égales, dorénavant. Moïse continua de me téléphoner, je le sentais vaciller. Ce M. Legros, « ce vieux qui perd ses cheveux », lui semblait de moins en moins détestable ; ses promesses mirobolantes l'influençaient sans doute : le pauvre garçon n'avait que vingt ans. Il m'annonça son arrivée pour février, me rappela un matin, me donna le numéro de son vol et l'heure de l'atterrissage, termina en me demandant de ne pas venir, de peur que Fernand ne me tue. Sa logique m'a toujours échappé !

Cela se passait un dimanche. Il y avait à Orly la tante Goldzal, son mari, Fernand, Gina, les parents Legros et Mme de Herain elle-

152

même, venus en grande pompe pour accueillir Moïse et son père. J'étais là aussi, en compagnie de Jacques Imbert, caché dans les locaux de la douane où je m'étais faufilé un peu avant leur arrivée sous prétexte de « chercher un vieil oncle invalide ». Les mesures de sécurité n'avaient rien de commun avec celles d'aujourd'hui. Jacques Imbert, qui tremblait pour moi depuis qu'il avait entendu Fernand proférer des menaces épouvantables à mon sujet, ne me quittait pas d'une semelle. « Il va te tuer ! » gémissait-il. Mais moi, je voulais ma grande scène du II. Je n'admettais pas que Fernand galvaude ma peinture. Je savais que Moïse arriverait avec mon Dufy, le *Paysage de Nice avec des palmiers* déjà évoqué, sous le bras : il me l'avait dit à Rio. Là-bas, j'aurais pu le prendre, le ramener à Paris et le faire savoir à Legros.

Fernand avait esquivé la confrontation au Brésil, elle aurait donc lieu ici. Il m'était nécessaire, pour mettre un point final à notre histoire, de le confondre, et de crever l'abcès publiquement, quoi qu'il en coûte.

Les Goldzal apparurent, je les rejoignis. Lorsque Fernand me vit entre Meyer et Moïse, il comprit tout de suite la situation. La colère le submergea, il poussa un hurlement, bondit par-dessus les barrières, voulut arracher le Dufy à Moïse. Je tirai le tableau, Moïse ne le lâchait pas et criait :

— Fernand me l'a donné !

Je vociférai :

— C'est le mien ! C'est moi qui l'ai peint !

Fernand rugissait :

— C'est un fou ! Il faut l'enfermer !

Les parents pleuraient d'épouvante. Imbert répétait : « Ces gens sont méchants, ils finiront par te bouffer ! » Les passagers, médusés, essayaient d'y comprendre quelque chose, et Mme de Herain, de sa voix flûtée, demandait que l'on se calme. Finalement, un douanier plus autoritaire que les autres s'empara du tableau, retira le papier qui l'emballait, vit un Dufy avec la signature du maître en bas. C'était bien la preuve de ma folie. Il me regarda d'un air sévère, mais il ne songea pas à le confisquer pour enquête, bien que nul ne puisse faire entrer ou sortir de France une toile de cette valeur sans un minimum de papiers.

Profitant de l'accalmie, Fernand se saisit du tableau, courut jusqu'à sa voiture et fila comme un diable, nous abandonnant tous au milieu de l'aéroport.

Les douaniers conclurent à une affaire de famille et on nous laissa partir sans encombre. Je n'insistai pas ; maître Hauert m'avait mis en garde, à juste titre. Je venais de passer pour un dément, parce que j'avais osé remettre en doute l'authenticité d'un Dufy signé. Cependant, au lieu de m'abattre, cet épisode m'avait donné une énergie nouvelle : Fernand avait compris que je pouvais me dresser contre lui, qu'il ne régnait plus. Une fois encore, comme à Rio, il avait fui devant moi. L'envie de mettre le Dufy en sécurité l'y avait peut-être aidé ! Quant à Moïse, en voulant garder son cadeau, il avait choisi son camp. Je ne lui en voulais même pas ; à côté de Fernand, il était tout petit.

L'oncle et la tante Goldzal retrouvèrent assez de calme pour donner rendez-vous à tout le monde et fêter l'arrivée de Meyer et de Moïse chez eux. Je m'y rendis, Jacques sur mes talons. « Ces gens vont te tuer, n'y va pas ! » Sa voix chevrotait lamentablement. Je me sentais trop énervé pour abandonner si vite le combat.

Dans le petit studio de la tante Goldzal, on sablait le champagne. Fernand, tout sourire, m'accueillit comme si de rien n'était. Imbert continuait de trembler. Je me tenais sur mes gardes.

— Allons, mon ange, tu m'avais mis en colère ! Tu sais bien que dans ces cas-là je dis n'importe quoi ! Tu as été sublime ! Génial !

Le champagne coulait à flots, Jacques Imbert ne renonçait pas à l'idée qu'on allait m'assassiner ; Fernand finit par prendre l'assistance à témoin, posa une main sur son cœur, une autre sur la tête de sa mère, et jura solennellement que, désormais, je ferais ce que bon me semblerait, que j'irais où je voudrais, et qu'il me laisserait en paix.

Moïse Abraham fuyait mon regard. Pour lui tourner la tête il suffisait d'un tableau, faux, bien qu'il ignorât ce détail. Fernand Legros l'avait acheté, tant pis pour lui, je l'avais suffisamment mis en garde.

J'ai l'air d'accorder une importance démesurée à ce personnage un peu falot. Il eut la chance d'entrer dans ma vie au moment où j'avais besoin de lui, avant d'être entraîné dans un autre tourbillon où il se tailla une jolie place au soleil brésilien, en produisant des films érotiques, sous le nom de Carlo Mossy, puis il se lança, il y a trois ans environ, dans le vêtement. A cause de lui, Fernand fut jeté en prison. A cause de lui, j'écris ce livre aujourd'hui.

Bien des années plus tard, en effet, il voulut se prendre pour Legros et me voler des tableaux. Il pensait que je ne parlerais pas puisque je n'avais jamais parlé. Mal lui en prit. En me volant vingt-six tableaux à Rio, il y a deux ans, il fit tomber la goutte qui a fait déborder le vase.

Je m'étais installé à l'hôtel Pont-Royal, juste à côté de la galerie, parce que le Montalembert affichait complet. Moïse vint m'y rendre visite, l'air perdu. Je lui avais affirmé que Legros n'existait plus pour moi, et chez sa tante il nous avait vus réconciliés. Lui avais-je dit la vérité ? Son père, son frère l'avaient poussé à venir en France, éblouis par les promesses du milliardaire, mais lui, qui devait-il croire ? Pour l'aider, il aurait fallu que je le prenne par la main, que je le guide pas à pas. Il était trop fou, trop léger et trop paresseux aussi. Je ne pus que lui répéter mes mises en garde, et le plaindre, parce que Fernand lui avait déjà volé « son » Dufy ! Je dois reconnaître qu'il ne m'intéressait plus du tout, le pauvre petit. Ma vie basculait complètement. J'avais décidé de partir travailler en Amérique avec Jacques Imbert. Ma connaissance de la peinture et son carnet d'adresses nous permettraient d'y vivre tranquillement. Nadia ne se décidait toujours pas à quitter ses parents, une séparation lui donnerait peut-être à réfléchir. Dans le contexte, je n'avais que faire des problèmes de Moïse Abraham Goldzal...

Malgré ses promesses de paix, Legros continua de me faire suivre par son détective. Il voulait savoir qui je fréquentais. Malgré mon refus de le rencontrer, de lui parler, il se refusait d'admettre que je puisse m'être détaché de lui, que je ne reviendrais jamais. Et il gardait Moïse comme appât, pour mieux me récupérer, croyait-il.

La veille de mon départ, il débarqua chez moi. Il avait appris que je quittais la France et voulait m'en dissuader. Pendant que je pliais chemises et chaussettes, il entreprit de me prouver par $a + b$ que je devais revenir avenue Henri-Martin. Je ne répondis pas et continuai de faire mes bagages. Mon calme l'irrita, il se mit à parler plus fort, avec véhémence. Je fis celui qui n'entend rien, étonné de n'avoir pas envie de l'assommer, comme auparavant. Mais lui n'avait pas changé. Il se rua sur ma valise, la jeta par la fenêtre. Elle atterrit cinq étages plus bas, dans la sacristie de l'église Saint-Thomas-d'Aquin, en faisant exploser la verrière au passage.

Le bruit du verre brisé nous calma. Nous nous regardâmes, hésitant entre le rire et la rage. Le côté pratique de l'affaire nous fit pencher vers le rire. Je ne pouvais me passer de cette sacrée valise, il refusa d'aller la chercher : un suzerain ne porte pas les paquets, et moi, je ne me sentais pas le courage d'affronter les curés. Le concierge de l'hôtel se déroba, et pourtant je lui offrais un beau pourboire pour la peine. C'est le garçon d'étage qui se dévoua. Dans l'église, le prêtre et le sacristain, les yeux levés vers le ciel, se demandaient ce que ce dernier leur réservait encore. Ma valise s'était ouverte, répandant complets et caleçons à travers le lieu saint. Ainsi se terminèrent mes huit années de tourmente avec Legros.

Le lendemain, je m'envolai pour New York, et la Californie, avec une halte au Texas : Algur Meadows, qui avait acheté vingt toiles à Fernand[1], exigeait que je contresigne l'acte de vente ; il craignait que je n'en sois copropriétaire, et que je réclame ma part. Fernand avait dû le mettre en garde contre ma malhonnêteté, ce qui devenait une habitude. Chaque fois que Meadows conclut une affaire avec Legros, il me convoqua à Dallas, avion et hôtel payés, pour que je donne mon accord !

A Paris, la situation de Fernand n'était guère brillante. Poursuivi par ses créanciers, décorateur et détectives en tête, il fit retraverser l'Atlantique à mes œuvres. Il lui fallait beaucoup d'argent, et vite ; les directeurs de galeries, les organisateurs des ventes publiques refusaient de plus en plus ses tableaux, et il se résigna donc à tout gager. Meadows lui avait indiqué un prêteur à New York, M. Goodman ; il lui apporta deux mille aquarelles, dessins et toiles, en échange desquels il reçut cent mille dollars, à peine cinquante dollars la pièce. Pour des Dufy, Derain, Vlaminck et autres Modigliani, c'était dérisoire, d'autant qu'ils étaient parfois plus beaux que les vrais. Le contrat stipulait que si, au bout de trois ans, Legros n'arrivait pas à rembourser l'argent avancé, augmenté d'intérêts affolants, Goodman garderait les tableaux. Je crois que Meadows avait entendu parler de la collection de Legros, qu'il le savait en difficulté, et que ce Goodman lui servait d'homme de paille. Il espérait que Fernand ne puisse jamais le payer afin de mettre la main sur ces merveilles.

Les cent mille dollars épongèrent les dettes de Legros, qui se sentit tellement libéré de ce poids écrasant qu'il se lança dans des fêtes délirantes, empruntant de l'argent aux domestiques pour remplir les plats. Il n'y avait plus grand-chose aux murs, hormis le pseudo-Dufy qu'il avait offert à Moïse. Quand on s'en étonnait, il expliquait d'un ton douloureux que j'avais tout enlevé pendant les fêtes de Noël.

C'est à cette époque qu'il se lia d'amitié avec Nathan Loeb, un personnage tout à fait ahurissant. De sa naissance alsacienne, Nathan avait gardé un accent des plus épais. En revanche, ses cheveux noirs, malgré ses soixante ans, et son nez busqué devaient avoir d'autres origines. Malgré un piedbot qui le faisait boiter comme les méchants des films d'épouvante, il avait épousé une jeune femme qui le trouvait beau comme Crésus. Peintre abstrait, il vendait des tableaux. Fernand me répétait sans cesse qu'un marchand ne doit pas s'afficher avec un artiste, sous peine de

1. Meadows possédait cinquante-quatre tableaux dont six Derain, quatre ou cinq Modigliani, deux Van Dongen, une vingtaine de Dufy, quatre Vlaminck, trois Marie Laurencin ; sans compter un Bonnard, un Renoir, un Degas et un Gauguin qui ne me concernaient pas et qui avaient été arrangés par Nathan Loeb, « à la manière de ».

déchaîner les médisances. A l'époque de mon départ, Nathan Loeb n'avait pas cette prudence. Sa réputation en pâtit énormément. Fernand me le confirma plus tard : Nathan Loeb, selon lui, trouvait un tableau bon marché, dont le style rappelait celui d'un grand maître. Avec quelques tubes et quelques pinceaux, il le retravaillait si bien qu'un amateur pas trop éclairé ne disait plus : « Ça ressemble à du Dufy », mais : « C'est du Dufy. » Il aurait ainsi « vlaminckisé », « dufysé », « bonnardisé », etc., de nombreuses croûtes. Grâce à lui, certaines d'entre elles devinrent des œuvres de maîtres espagnols et italiens du XVIIIe siècle, et constituèrent l'essentiel de la première Fondation Meadows ! Le monde des escrocs et des dupes est décidément minuscule !

Fernand Legros, une fois de plus, manquait d'argent. Nathan Loeb en avait : il lui vendit le seul tableau qui lui restait, le faux Dufy de Moïse Abraham Goldzal, avec un certificat de Pacitti, bien entendu. Ils continuèrent à faire quelques affaires ensemble, au détriment de Meadows, comme toujours. Celui-ci avait vu chez Loeb, deux ans plus tôt, une croûte bonnardisée qu'il n'avait pas achetée parce qu'elle n'était pas authentifiée. Legros la lui proposa avec des papiers officiels cette fois, et Meadows la paya rubis sur l'ongle, sans une hésitation. Ce même Loeb avait cédé à l'acteur Jean Parédès un « renoirisé » qui représentait des roses. Parédès le confia à la fin de 1966 à Fernand qui l'emmena à Dallas, comme toujours.

Ces acrobaties rapportèrent à Nathan Loeb plusieurs inculpations, avant et pendant le scandale Legros. Mais il comptait tant de relations influentes au ministère de la Justice qu'il s'en sortit chaque fois avec un non-lieu.

Fernand avait installé chez lui Moïse Abraham Goldzal. Ce nom faisait grincer ses dents de demi-Arabe : aussi décida-t-il de rebaptiser son nouveau protégé, qui, par sa volonté, devint Carlo Mossy. Carlo Mossy, je l'ai dit, n'était pas très intelligent, mais il n'était pas non plus complètement idiot. En fouinant avenue Henri-Martin, il avait découvert la chambre de bonne que Fernand avait transformée en atelier. Les tubes et les pinceaux demeuraient sur la table, prêts à servir, pour le jour où je reviendrais. Quand des marchands venaient dîner il écoutait, percevait des bribes de conversation. Fernand répétait à l'envi que je l'avais volé, que je vendais des faux. Mossy voulut en savoir plus, posa des questions si naïves que Legros ne se méfia pas et finit par lui dire :

— Fais attention, c'est un faussaire !

Pour le petit Polonais, vendre un faux tableau n'avait rien de malhonnête. Il résolut donc de me remplacer.

— Moi, vais peindre, mieux que Réal !

Et il se lança dans l'œuvre de sa vie : un vase de fleurs avec un oiseau noir, sur fond rouge. Il le signa, bien gros, bien lisible, de son nouveau nom et le dédicaça à Fernand. Celui-ci se déclara très touché, le remercia et lui demanda de trouver autre chose pour passer le temps. Par exemple de porter les tableaux des autres, ou les cadres peut-être.

Mossy renonça à sa gloire artistique, revint à son jeu favori qui consistait à faire des figures avec des bouts de papier sur la moquette du salon. Comme Legros gardait l'atelier pour mon retour, il garda Mossy pour me faire revenir. Y croyait-il vraiment, je ne sais. Mossy ne lui servait à rien. Je crois qu'il en fit son amant, mais cela ne dura guère car il n'aimait pas qu'on lui cède par intérêt. Et pourtant, le garçon se donna beaucoup de mal pour lui prouver des sentiments qu'il n'était peut-être pas capable d'éprouver. J'ai retrouvé une lettre datée du 8 novembre 1966, dans laquelle il appelait Fernand « ma kermesse » : « J'espère que j'arriverai à être quelqu'un de très important dans le futur. Je sais que cela dépend de moi, mais plus encore de toi. Je suis fier de toi et je sais que je peux avoir une confiance extrême en toi. Si tu penses qu'un jour tu pourras être sans problème [*sic :* sans doute voulait-il dire « calme, rassuré »], je serai pour toi le Messie des catholiques, qui descend du ciel, qui est à la moitié du chemin et qui représentera ton nouveau sauveur. »

C'était une façon comme une autre de lui dire que j'avais totalement disparu de son horizon. Mais moi, je n'avais pas besoin d'un Zorro en forme d'archange, je voulais la paix, un point c'est tout.

Pour ma part, j'avais loué en Californie un appartement à Beverly Hills, comme à mes débuts. Mes huit tableaux me suivirent sans encombre. En novembre, sentant le vent tourner, je les avais mis en sécurité chez un transitaire, afin d'éviter que Legros ne les confisque ou ne les vende. Accrochés à mes murs, je leur trouvais fière allure, d'autant plus qu'ils étaient tous absolument authentiques. Jacques Imbert, qui connaissait la terre entière, fit défiler ses relations devant ma mini-collection. Très vite, on sut qu'un marchand français s'installait en ville, et qu'il possédait de belles choses. On nous confia des tableaux en courtage. Nous en avons parfois acheté, vendu le plus souvent.

Je retrouvai le sommeil et l'envie de rire. Jacques était certainement l'être le plus loufoque que j'aie jamais rencontré. Tout l'amusait, il dévorait la vie de toutes ses forces, flambait cinq cents dollars comme rien. Souvent il se retrouvait les poches vides, un banquier sur ses talons. Combien de fois l'ai-je dépanné ! Au moins ses dettes n'atteignaient-elles pas le niveau démentiel de celles de Legros. Nous faisions des affaires, nous rencontrions des gens hors du commun, ténors de la mode, collectionneurs discrets, journalistes et gens de cinéma, nous partions à l'assaut des boîtes de nuit et nous y dansions jusqu'à trois heures du matin.

Je recommençai à vivre, enfin. Mais il suffisait d'un whisky de trop pour que je sombre dans le plus noir désespoir. Plus jamais je ne reviendrais sur la planète Legros. Ce temps était fini, enfui. Perdu aussi. Avec qui pouvais-je discuter des heures durant d'une toile ou d'un peintre ? Avec qui pouvais-je plaisanter des choses les plus graves, avec qui pouvais-je rêver ? Et je pleurais sur mes huit années saccagées, huit années qui auraient pu être si belles. Jacques, plus intelligent que Moïse, savait m'arracher à mes crises de désespoir.

Parfois, l'envie de peindre me submergeait, comme une douleur. Mais j'avais été l'ombre de Legros et on parlait trop de tableaux douteux à son propos. Que l'on me voie un pinceau à la main, le scandale éclaterait aussitôt. Souvent Jacques essaya d'en savoir plus. Il ignorait tout de mon art, mais il supposait que je connaissais les moindres détails des méthodes de Legros. Même à lui, je ne révélai rien, jamais.

Au bout de cinq mois de soleil californien, j'eus envie de rentrer à Paris. J'aurais pu demeurer ici entre Beverly Hills et Hollywood, car il y avait suffisamment de travail pour m'occuper jusqu'à la fin des temps. Mais j'avais besoin de l'Europe, de sa culture, de son goût du passé. Je décidai de revenir en France et de m'y faire une place. Jusqu'à ce que j'y parvienne, Jacques resterait en Amérique avec mes huit tableaux. Ils seraient plus en sécurité loin de Legros. Je me sentais désormais assez fort pour l'affronter, mais rien au monde n'aurait pu l'empêcher de me voler une toile, surtout s'il se trouvait à court d'argent.

En chemin, je m'arrêtai à New York, dans un hôtel de la 5ᵉ Avenue. J'y pris une chambre, interdis qu'on en donne le numéro à quiconque et refusai d'inscrire mon nom sur le registre de réception, à tout hasard. Avant d'arriver, j'avais fait signe à quelques amis. Qui donc vendit la mèche, je l'ignore. Peut-être Rose Bachmann qui rêvait de me voir renouer avec Fernand... A peine avais-je ouvert ma valise que Legros me téléphonait. Ce fut une avalanche de messages : « Appelle-moi d'urgence », « Je dois te voir tout de suite », etc.

Le lendemain, il se jeta littéralement sur moi, au coin de Madison et de la 72ᵉ Rue. Je refusai de le suivre, me défendis. Il me tira par la manche, son geste habituel. A New York on peut vous assassiner en pleine rue, personne ne lèvera le petit doigt. De fait, nul ne vint à mon secours. Il n'avait pas l'intention de me tuer, juste de dîner avec moi. Mille pensées se bousculaient dans ma tête, mille sentiments : la certitude que jamais plus il n'aurait d'influence sur moi, le bonheur de le revoir, la peur de ces discussions sans fin quand il ne voulait pas comprendre... et puis quoi ? Je n'avais plus aucun doute sur sa détermination. Le meilleur moyen de lui prouver que je m'étais libéré de son emprise, c'était encore de faire un tour avec lui, comme avec n'importe quel ami.

Nous sommes arrivés à l'hôtel Del monico, où je découvris, effaré, Meyer Goldzal et son fils. Fernand n'avait pas osé les laisser seuls avenue Henri-Martin. Qui sait si, à son retour, il n'aurait pas trouvé ses meubles vendus, ou l'oncle et la tante campant sur ses boukharas ? Assez bas pour qu'on ne l'entende pas, il chuchota, en anglais :

— Tu m'as mis dans un drôle de pétrin, avec ces deux-là !

— Tu les voulais, tu les as !

— Je veux que tu dînes avec moi !

— Hors de question !

Et je tournai les talons. Abandonnant les Polonais, Fernand m'emboîta le pas et me proposa d'aller prendre un verre au bar. J'acceptai. Attablé derrière un whisky, il entreprit de me raconter ses malheurs. D'abord, il y avait les Goldzal, perpétuellement accrochés à ses basques, qui l'énervaient tellement qu'il s'était mis à boire. De plus, il ne lui restait pas un seul tableau, plus rien à vendre ! Et la vie coûtait si cher ! Il fallait absolument que je revienne, que je me remette à peindre. Actuellement, il logeait au Del monico. Mais il n'avait pas le premier sou pour payer la note. D'ailleurs, même pour les consommations, ici, au bar, qui s'accumulaient... Il avait réglé plusieurs fois de suite avec sa carte de crédit, mais la direction exigeait désormais du liquide.

— Un petit tableau ! Rien qu'un petit tableau, tu veux ?

Un peu ivre, je commençais à me sentir coupable de tous ses déboires. Refuser de l'aider, c'eût été de la non-assistance à personne en danger. Il dut sentir que je faiblissais, poussa son avantage.

— Tes Polonais m'ont coûté très cher. Je suis couvert de dettes. Si tu me faisais un beau petit Vlaminck fauve... je le laisserais en gage au directeur de l'hôtel, je filerais à Dallas où j'ai quelques affaires à régler... Mon ange, un petit Vlaminck ! Une heure de ta vie !

L'idée de peindre, pour lui de surcroît, les remords de lui avoir causé tant de peine en partant, les vapeurs d'alcool... j'acceptai. Il bondit sur ses pieds et me tendit deux billets d'avion.

160

— Tiens, pour les Goldzal. Aller simple pour Rio avec interdiction de modifier l'itinéraire. C'est toi qui me les as présentés, à toi de m'en débarrasser !

— Tu n'as plus un sou et tu leur achètes des billets ?

— Carte de crédit ! File vite.

J'ai réglé les consommations, embarqué mes Polonais dans un taxi, puis dans un avion, et bon vent ! Moïse-Carlo évita mon regard pendant tout le trajet, honteux parce que Legros le chassait et parce que j'exécutais la sentence.

De retour au Del monico, je trouvai un Fernand ressuscité. Il s'était fait livrer une boîte de peinture à l'huile et avait acheté — avec sa carte de crédit — un radiateur soufflant pour que le tableau sèche plus vite ; quatre vieilles croûtes passées au noir de plomb m'attendaient, posées sur le lit. Cela me fit bondir.

— J'ai dit un tableau ! Pas quatre !

Pour me calmer, il commanda un magnum de champagne. La direction tenta de refuser cette dette supplémentaire, mais il finit par obtenir gain de cause, comme toujours. La bouteille dans la chambre, les verrous tirés, je me suis mis au travail. Fernand, assis sur une chaise, silencieux, présida à la naissance du *Petit Pont de Chatou,* tel que Vlaminck, dans ses meilleurs jours, l'eût exécuté. Subitement, j'ai retrouvé mon bonheur enfui, celui de peindre et de partager ce miracle avec Fernand, de peindre pour lui, porté par lui. De découvrir, toujours avec le même émerveillement, que je maîtrisais le talent des plus grands peintres.

Au bout d'une heure, j'avais achevé son Vlaminck. Legros me versait du champagne sur la tête, chantait mes louanges, en pleine crise d'euphorie.

— Tu vois, mon ange, tu me sauves ! Dire que pendant des années tu refusais de peindre à cause de ta main ! Tu penses, pour un geste d'humeur ! Maintenant, signe.

— Ton directeur d'hôtel n'y connaît rien, je refuse !

— Rien qu'une petite signature. Il ne comprendrait pas qu'un tableau ne soit pas signé...

Je fis une signature parfaite ; à voir défiler des Vlaminck pendant huit ans, je la connaissais par cœur. Après tout, quelle importance ?

Le directeur eut son tableau en gage. J'emportai tubes et toiles pour les jeter loin de l'hôtel afin que nul ne puisse découvrir la supercherie. Fernand s'envola pour Dallas, un peu déçu : j'avais refusé de le suivre alors que nous venions de passer de si merveilleux moments. Il n'insista pas. Ces retrouvailles lui prouvaient qu'il était toujours le suzerain. A son retour, il saurait bien me ramener au bercail.

161

Je partis pour Paris en sachant que j'avais réussi à rompre l'essentiel des liens qui nous unissaient. Mais seulement l'essentiel. Quant au *Petit Pont de Chatou,* il allait connaître encore bien des aventures..

Chapitre X

J'ai retrouvé ma chambre de l'hôtel Montalembert et Nadia, toujours aussi ravissante et charmante. Nous avons repris notre romance là où elle s'était interrompue. Rien n'avait changé : nous désirions des enfants, mais Nadia ne voulait pas quitter ses parents qui souhaitaient nous installer chez eux. Bref, nous tournions en rond, mais cela me semblait peu important, car j'avais découvert une nouvelle trahison de Legros. Pendant qu'à New York il me faisait mille grâces pour obtenir son Vlaminck, des avocats à sa solde s'ingéniaient à faire mettre la Falaise à son nom. Je ne me lancerai pas dans le détail de la procédure, ce serait trop long et trop compliqué ; plus simplement, il essayait de me voler ma maison. Bien entendu, cette tentative aboutit à un échec. Mais qu'il ose me faire du chantage aux sentiments d'un côté pour me dépouiller de l'autre me parut pire qu'un crime.

Écumant de rage, je courus jusqu'à l'avenue Henri-Martin, tempêtai devant la porte close. Il n'était pas rentré des États-Unis. Cela décupla ma colère. Je rentrai à l'hôtel, empoignai mon téléphone. Mme de Herain poussa des cris de souris effarouchée en apprenant que j'allais pocher les yeux de son cher petit patron. Pour lui sauver la vie, elle se précipita au drugstore acheta une bombe lacrymogène afin qu'il pût se défendre dès son retour.

Cependant, Jacques Imbert, livré à lui-même en Californie, faisait des bêtises. Il me téléphona à plusieurs reprises — en P.C.V. — pour m'annoncer en pleurnichant, qu'il n'avait plus d'argent. A deux reprises, je lui envoyai mille dollars par l'intermédiaire de la Société de banque suisse. Je le savais léger : l'année précédente, lorsque j'étais parti précipitamment pour Rio parce que Fernand y prenait livraison du clan Goldzal, je lui avais confié mille cinq cents dollars, pour payer mon avocat, maître Ceccaldi. A mon retour, j'avais découvert qu'il avait tout joué à Monte-Carlo, et tout perdu.

Maître Ceccaldi n'appartient pas à cette race de rapaces qui réclament leurs honoraires avant d'ouvrir un dossier et j'en fus doublement gêné. Je ne croyais pas Jacques malhonnête, juste un peu fou, et je n'imaginais pas qu'il pût me jouer un mauvais tour.

Il me rappela un soir, avec une voix triomphante. Un amateur voulait acheter l'un de mes Dufy : celui qui représentait quatre personnages. Il m'en offrait huit mille cinq cents dollars ; pour un authentique, ce n'était pas cher payé, mais j'avais besoin de renflouer mon compte. Bien entendu, Jacques me laissait la totalité de la somme. Je lui donnai mon accord ; et il promit de m'envoyer le chèque dans les plus brefs délais. Comme d'habitude, je n'en vis jamais la couleur.

Un jour que j'entrais chez Cardo, l'encadreur de l'avenue Kléber, je rencontrai M. Karjinsky, un monsieur âgé, aux manières exquises. Rondouillet et gracieux, il ressemblait étonnamment à Dufy. Il me confia qu'il l'avait bien connu, et qu'il avait même posé pour lui en violoncelliste. Notre passion commune pour ce génie dut l'enchanter, car il me proposa de me vendre ses parts d'une galerie située au 32 de l'avenue Matignon. Pour un prix raisonnable, j'obtiendrais la majorité des actions, ce qui me permettrait d'y travailler à ma guise. Je pris conseil auprès de maître Ceccaldi et choisis de créer une S.A.R.L. dont Jacques Imbert serait le gérant : ma nationalité canadienne m'interdisait en effet de tenir ce rôle en France. Très vite, je signai une promesse d'achat qui se transformerait en acte définitif dès que j'aurais vendu mes tableaux de Californie, afin de payer mon dû.

M. Karjinsky ne posa qu'une seule condition à notre transaction : que je garde sous contrat les peintres avec qui il travaillait. Je ne les trouvais pas intéressants, mais puisque tel était son désir, je m'y soumis. Pour me remercier, il me permit de prendre immédiatement possession des lieux. Je voulais profiter de l'été pour y faire quelques travaux et entrer en piste dès l'automne.

Fernand se trouvait toujours aux États-Unis, et Mme de Herain le tenait régulièrement informé de tout ce qui se passait à Paris. Mais par l'un de ces miracles de la profession, elle ne sut rien de ma nouvelle carrière. Je fis un peu de courtage de tableaux en attendant qu'Imbert m'envoie mes huit mille cinq cents dollars.

Vint le mois de juillet. De ma vie, je ne connus de période si bousculée, en un si court laps de temps. Les travaux avançaient. Nadia continuait de se montrer délicieuse et rassurante. Il m'arrivait d'imaginer la réaction de Legros quand il apprendrait que je comptais désormais parmi ses confrères, ou ses concurrents, selon son humeur. Je me livrais à un jeu un peu pervers, je l'avoue, en m'installant à un jet de pierre de chez lui, à un autre de sa galerie :

164

sur son propre territoire, en somme. Mais je tenais à lui prouver que j'étais capable de vendre des tableaux, de me constituer une clientèle, de vivre heureux, sans lui. D'autre part, je savais qu'il nourrissait un grand rêve. Combien de fois me l'avait-il répété :

— Je vends l'avenue Henri-Martin et on va vivre en Amérique !

Je gardais l'espoir qu'il s'expatrierait, maintenant qu'il avait sa nationalité américaine.

A lui le Nouveau Monde, à moi l'Ancien. Séparés par un océan, nous pourrions enfin connaître la paix.

Un soir de ce mois de juillet 1966, un ami commun me téléphona à mon hôtel : Carlo Mossy arrivait à l'aéroport d'Orly le lendemain, en provenance d'Italie. Ahuri, je l'entendis me raconter les aventures du Polonais : quand je l'avais conduit à son avion, avec un billet New York-Rio, sans retour ni modification possibles, il s'était débrouillé pour l'échanger quand même. Comment, je ne le saurai jamais. En compagnie de son père, il était arrivé à Paris. Meyer avait élu domicile chez sa sœur, et Moïse-Carlo avait pris la direction de l'Italie où il s'était offert des vacances fastueuses avec les trois mille dollars qu'il m'avait subtilisés au Brésil l'année précédente. C'était trop fort ! Cet argent, il allait me le rendre, j'en avais besoin pour ma galerie !

Le lendemain donc, je me rendis à Orly, décidé à faire rendre gorge à mon voleur. Et je vis... Legros, qui ne me remarqua pas. Il était venu chercher Mossy, lui aussi. Pourquoi s'était-il déplacé ? Était-ce pour récupérer l'appât qui devrait me ramener à lui, était-ce parce que Mossy l'avait menacé de tout révéler sur ma peinture ? Il l'accueillit en effet, le conduisit vers le parking. Je les suivis et quand la foule devint moins dense, me dressai devant eux.

— Moïse, si tu peux courir l'Italie, tu peux me rembourser mes trois mille dollars !

Ils devinrent blancs comme des linges. Fernand pris de panique m'agressa avec la bombe lacrymogène achetée par Mme de Herain. Cela me brûla affreusement ; en hurlant, je tombai à terre. Ils se jetèrent dans la voiture et démarrèrent en marche arrière pour me passer sur le corps. Malgré la douleur, j'eus le réflexe de rouler sur moi-même, ils me manquèrent. Un policier, voyant la scène, arrêta le véhicule, et nous emmena tous les trois au commissariat d'Orly. On me versa de l'eau sur les yeux pendant que Fernand racontait au préposé qu'il s'agissait d'une histoire de jalousies et qu'il avait été obligé de se défendre parce que j'avais l'habitude de devenir violent. Le policier haussa les épaules, le laissa partir avec Mossy et me retint vingt minutes pour éviter que je ne recommence.

Fernand avait fini par apprendre que j'ouvrais une galerie, mais il en ignorait l'adresse. Je m'en félicitais : il aurait été capable de casser ma vitrine. Dès le lendemain de notre rencontre à Orly, il arriva à mon hôtel. (Il lui était facile de me localiser : si je n'habitais pas au Pont-Royal, je me trouvais au Montalembert et vice versa.) Oubliant que j'avais juré de l'assommer et qu'il avait essayé de me tuer, il se précipita dans ma chambre, animé d'une juste colère.

— Tu ne peux pas faire ce métier, tu n'y connais rien !

— Suffisamment pour que tu m'aies demandé mon avis chaque fois que tu voulais acheter un tableau !

— Et moi qui n'ai plus un sou ! Ton indifférence me révolte ! Où est ta galerie ?

— Ça ne te regarde pas !

— Ah oui ? Ce sera la « Galerie L. et L. » ou, moi vivant, elle n'existera jamais !

Cet ultimatum se transforma en leitmotiv. Je trouvai dix fois par jour des messages : « *L. & L. or nothing* » — Legros et Lessard ou rien. Je laissais faire, persuadé qu'il finirait par se fatiguer. Mais il continua. En rentrant le soir, je trouvais Nadia accrochée au téléphone, qui pleurait en écoutant Legros lui débiter des horreurs sur mon compte. Il relança son limier sur ma piste, mais j'avais appris à le semer. Je détestais ces méthodes, et les ruses fatigantes qu'il fallait sans cesse inventer pour décrocher cette tique. Le détective ne parvint pas à découvrir l'adresse de ma galerie et envoya sa facture à Legros, qui revint à mon hôtel. Je n'en avais pas changé, car il aurait pris cela pour une fuite. Un matin, le concierge, qui le connaissait, n'osa pas lui refuser la clef de ma chambre et il s'y enferma, sans doute pour y chercher des papiers. J'avais l'habitude de tout cacher dans mon placard et de le fermer à double tour. Il voulut recommencer le lendemain, mais je me trouvais alors à la réception. Devant l'employé, assez fort pour que tout le monde m'entende, je lui interdis d'entrer chez moi.

— Si tu recommences, je préviens la police. Maintenant, file dans ton palais et laisse-moi tranquille !

Il tourna les talons, sauta dans sa voiture et partit si vite que je tremblai pour les passants.

Deux ou trois jours de calme suivirent cette explosion.

J'en étais venu à croire qu'il avait enfin compris et que je pourrais vivre en paix, quand le standard me passa une communication. C'était Fernand, gentil, amical, qui m'appelait « mon ange » comme aux meilleurs temps.

— Écoute, on va régler nos comptes ; tu as des chèques qui n'ont pas été honorés ? Apporte-les. On va tout arranger gentiment. Viens à la maison.

Cela ne me plaisait qu'à moitié. Pour me rassurer, il me passa

Gina. Devant elle, il n'oserait rien tenter contre moi. J'acceptai. Arrivé à l'appartement, je sonnai. Tout était silencieux. Fernand m'ouvrit lui-même, les domestiques devaient être sortis. J'eus le temps de remarquer qu'il avait une étrange expression, et puis ce fut l'horreur. Quatre types se précipitèrent sur moi et commencèrent à me frapper à coups de poing et de pied. Je me défendais comme un diable. Chaque fois que je leur échappais, ils me poursuivaient, me rattrapaient et me rossaient encore. Quand ils arrivaient à me coincer, ils me giflaient, en me demandant l'adresse de la galerie, ou essayaient de me faire signer un papier selon lequel je cédais à Fernand la totalité de mes parts et de ce qui devait devenir la « Société L. & L. ». J'étais terrifié. Ces gens-là allaient me tuer, mais il ne fallait rien dire, rien écrire ; la peur me donnait la force de me débattre, de leur échapper jusqu'à ce qu'ils me reprennent.

Cela dura bien vingt minutes. Écrasé contre une porte, trois des malfrats me maintenaient par les bras et les épaules, pendant que le quatrième, profitant de ce que j'étais un peu groggy, vidait mes poches. Il trouva, entre autres, les chèques impayés, libellés à mon ordre, et des reconnaissances de dettes signées par Legros.

— Dis donc, c'est toi qui lui dois du fric, pas lui !

J'essayai de reprendre mon souffle. Les mains qui me maintenaient se firent moins brutales. Malgré mes yeux tuméfiés, je vis dans un coin Moïse et Gina qui me regardaient, l'air affolé, comme s'ils réalisaient enfin l'horreur de ce que Legros avait tramé. Et lui, comme un fou, hurlait :

— Tuez-le ! Faites votre travail !

Celui qui semblait être le chef, avec ses cheveux noirs et ses grosses moustaches, incarnait le type même du truand des films de série B.

— Ça ne va pas du tout, dit-il d'un ton très calme. Tu nous dis : « Ce gars me doit de l'argent », on fonce. Mais c'est lui que tu as roulé ! Nous, on ne veut pas de ces salades. On garde les papiers et on va voir maître Ceccaldi !

Ce nom résonna à mes oreilles comme une musique divine. Je parvins à articuler :

— C'est mon avocat...

Immédiatement les quatre malfrats devinrent mes alliés. Fernand écumait pendant qu'ils lui tournaient le dos et m'aidaient à rajuster mes vêtements déchirés. Sur le palier, ils me montrèrent une grande malle. S'ils avaient terminé leur travail comme prévu, elle serait devenue mon cercueil. Dans ma voiture, je fus pris de tremblements convulsifs. Mon visage se teintait de bleu, de rouge et de violet, mon nez saignait, mon corps entier n'était qu'une douleur lancinante. Tant bien que mal, je me cramponnai à mon volant et

167

tournai à droite dans la rue de la Pompe pour m'arrêter devant le commissariat de police afin de porter plainte.

Malgré le sang qui coulait, mes ecchymoses, ma peur, on me fit attendre presque deux heures. A la fin, un policier accepta de m'écouter, enregistra ma déposition et me fit comprendre que je le dérangeais pour rien.

Écœuré, épuisé, je réussis à me traîner jusqu'à mon hôtel et demandai le numéro de maître Ceccaldi. On me répondit qu'il passait ses vacances en Corse, qu'il demeurait en mer la journée entière, mais que mon appel lui serait signalé dès que possible.

Ce fut une nuit terrible tant ma peur et mes souffrances étaient présentes. Nadia fit ce qu'elle put pour me réconforter. Je me réveillais en sursaut, sentant encore les poings s'abattre sur ma tête, et entendant Fernand qui criait : « Tuez-le ! » Le lendemain, maître Ceccaldi m'appela. Il m'écouta et comprit que l'affaire était grave. Je lui fis une description précise de mes agresseurs. Tout de suite, il prétendit les reconnaître. Il s'agissait de véritables spécialistes du braquage, du hold-up et du règlement de compte. Il m'assura qu'il se mettrait en contact avec eux, afin de les calmer et de leur demander la restitution des papiers qu'ils avaient gardés. Vrai ou faux ? N'était-ce pas moi qu'il voulait calmer ?

Le lendemain, je sautai dans un avion pour Cannes. Fuir, n'importe où, mais loin de Legros. Dans la carlingue, les secondes étaient bondées, l'hôtesse m'installa en première. Je m'assis donc, difficilement tant j'étais courbatu. Un homme lisait *Le Monde* à côté de moi. Il tourna une page. Nos regards s'accrochèrent. C'était Legros qui allait voir ses parents à Villeneuve-Loubet. Et il laissa tomber :

— Ah ! ne te prends pas pour une diva, hein ! Tu ne vas pas hurler ?

Quelques jours au calme — Fernand se tint tranquille, pour une fois — me rendirent mes forces. Le soleil et la mer firent le reste. Quand je me sentis d'attaque, je repris la direction de Paris, pour surveiller les aménagements de ma galerie. Pendant les deux mois qui suivirent, je fus le spectateur privilégié des démêlés de Legros avec les malfrats. Toujours à court d'argent, il les avait payés d'avance, avec... un tableau ! Plus précisément avec le Vlaminck que j'avais peint pour lui au Del monico et qu'il avait repris, en échange du paiement de sa note. Mieux que personne, il maniait l'art du sacrilège. Mon *Petit Pont de Chatou* avait été authentifié par Mme Vlaminck qui, habitant Rueil, reconnut sans difficulté ce paysage. Ebstein, qui avait été le marchand du peintre pendant une quarantaine d'années, avait confirmé ce jugement.

C'était stupide, beaucoup trop cher payé pour un travail qui ne valait que quelques dizaines de milliers de francs. Mais quand Fernand se laissait aller à son obsession jalouse, il buvait plus que de raison, perdait le sens des réalités, et plus rien ne comptait, pas même son travail. Sa folie le poussa à donner mon Vlaminck pour salaire à mes agresseurs.

Le milieu de la pègre et celui de la peinture se rencontrent bien plus fréquemment qu'on ne l'imagine. Un intermédiaire, marchand de tableaux installé en face de ma galerie, présenta les quatre malfrats à un expert et marchand, auteur de catalogue sur l'impressionnisme, dans lesquels j'avais repéré beaucoup de mes œuvres. Cet infaillible connaisseur, comme il se définissait lui-même, avait reconnu l'authentique au premier coup d'œil, d'autant plus qu'il se trouvait accompagné par deux certificats! Il le paya vingt et un millions de centimes, rubis sur l'ongle. Aucun cadavre n'a jamais coûté ce prix-là, surtout pour rester vivant!

Or mon Vlaminck était fort mat. L'expert, enchanté de son achat, l'emmena chez son restaurateur afin qu'il le vernisse. Celui-ci, comme la plupart de ses collègues parisiens, connaissait bien la peinture, surtout quand elle est fraîche. Et devant son client médusé, il s'exclama :

— Un fauve, ce tableau? Mais il n'est même pas sec!

Il faut deux ans pour qu'une toile se stabilise. En deux mois, elle peut faire illusion, même auprès de beaucoup d'experts et de marchands, mais il suffit d'une pointe d'épingle pour révéler la vérité. Deux certificats contre un avis de spécialiste, que choisir? L'expert se retourna contre l'intermédiaire, qui se retourna contre les voyous, qui retournèrent chez Fernand.

— D'où vient ton tableau?

— Collection Réal Lessard, hôtel Montalembert.

— Faut que tu nous l'écrives!

Ils apportèrent le papier à l'expert; celui-ci disposait donc de deux authentifications et d'un pedigree, mais il continuait à réclamer qu'on le rembourse ou qu'on lui donne un autre tableau, ou encore qu'on lui prouve que le sien n'était pas faux. Les truands s'énervaient de plus en plus, talonnaient Legros, sonnaient chez lui à dix heures du soir et le menaçaient de mille représailles. Le lendemain matin, il arriva chez moi en se lamentant, parce que je ne faisais rien pour l'aider; si j'avais eu du cœur, j'aurais été sur l'heure voir l'expert pour le rassurer. Chaque fois, je sautais au plafond.

— Moi, intervenir pour un tableau avec lequel tu as voulu payer mon assassinat? Si tu veux, je vais le voir et je lui dis qui l'a peint! T'aider? Plutôt me couper la main!

Une fois Legros parti, les truands arrivèrent :

— Écoute, nous, on t'a sauvé la vie. Il y en a qui auraient fini le travail. Calme-toi !

On nageait en plein délire !

A la fin, maître Ceccaldi menaça de porter plainte contre Legros et ses tueurs. Cela fit réfléchir tout ce joli monde. Legros décida alors de prendre les choses en main. Il se rendit chez l'expert, lui annonça qu'il était à l'origine de la vente, que ce tableau ne pouvait être remis en question, et offrit au pauvre homme, pour preuve de sa bonne foi, une bague ornée d'un diamant de quatorze mille dollars, que Meadows lui avait remise un jour d'âpre transaction. Ce bijou permettrait à l'expert d'attendre que de nouveaux tableaux reviennent d'Amérique, parmi lesquels il en choisirait un autre, d'une valeur équivalente, qu'il prendrait en échange de ce Vlaminck qui osait lui déplaire.

L'expert attendit plus d'un an sans oser déposer plainte, par peur du ridicule. Et puis quel prétexte avait-il ? Il possédait deux certificats et ne pouvait pas mettre la main sur un faussaire. Mais Fernand, qui se trouvait nu sans sa bague, se vengea de vilaine façon : par un de ses avocats, il avait rencontré un inspecteur des Douanes — appelons-le l' « Adjudant » — avec qui il s'était lié d'amitié et à qui il dénonça l'expert. L'inspecteur alla perquisitionner chez lui. Bien sûr, pas un marchand de Paris ou d'ailleurs n'a pu éviter d'être un jour ou l'autre en contravention. Le service des Douanes déposa plainte contre X et opéra une saisie de tableau qui fut envoyé au parquet de Paris. Il ne restait à l'expert que ses yeux pour pleurer et son diamant pour se moucher. En 1968, plus d'un an après cette déplorable histoire, Legros eut le front de lui écrire du Caire, où il s'était réfugié, pour le lui réclamer !

Les démêlés de Legros, des quatre truands et de l'expert durèrent tout l'été 1966 et une bonne partie de l'automne. Entre-temps j'étais descendu à Ibiza, sans Nadia qui accompagnait ses parents dans une ville d'eaux. La Falaise dormait, enfouie sous les arbustes et les fleurs, blanche face au bleu lointain de la Méditerranée.

Sans attendre, je me rendis au tribunal pour déposer une plainte contre Fernand Legros. Il essayait de me voler ma maison, qu'il paie ! On enregistra mes griefs, une procédure fut lancée. L'âme en paix, je pus songer à me détendre, enfin.

Le baron vint me rendre visite. Il ne s'appelait plus de Hory, mais Dory. Sa particule en tombant avait dû lui attendrir le cœur. Il me dit son bonheur de me voir débarrassé de Fernand et sa peine à l'évocation des années d'enfer que j'avais passées avec lui. Bien entendu, il se garda de faire la moindre allusion à l'usufruit qu'il avait reçu, de peur sans doute que je ne l'assomme. Sa villa Platero lui convenait parfaitement, mais il trouvait la Falaise bien plus belle. Il n'osa pas me demander de lui en confier le gardiennage, gratuit bien entendu.

Pour me prouver son indéfectible amitié, il me présenta à une foule de gens, et j'avoue que j'en vins à le trouver sympathique. Je rencontrai chez lui Robin Maugham, le neveu de Somerset, et son ami Peter Maddock. Robin écrivait, avec un peu moins de succès que son oncle, mais suffisamment pour vouloir fuir le fisc anglais qui prélevait des sommes affolantes sur ses droits d'auteur. Il avait décidé d'immigrer à Ibiza où il se sentait fort heureux. Il devint l'un des habitués de la Falaise, et quand il repartit pour l'Angleterre afin d'y régler ses affaires, il me dédicaça cinq de ses livres : « *With love to Real*. » A peine eut-il quitté l'île qu'Elmyr me fit connaître le secrétaire de Somerset Maugham ; je regrettai qu'il soit arrivé trop tard pour rencontrer Robin. Le monde a beau être petit, il lui arrive de tourner de travers.

Somerset Maugham, qui possédait une superbe collection de tableaux, en avait offert quelques-uns à son secrétaire pour qui il nourrissait une vive affection. Profitant d'un dîner chez Elmyr, ce dernier proposa de me vendre huit toiles. Cela m'intéressa vivement, car la collection Maugham était au-dessus de tout soupçon.

Il me présenta un Dufy, deux Van Dongen, un Derain, d'autres encore. Avant de me décider, je voulus me rendre à Paris pour les montrer à différents experts dont Pacitti, qui restait malgré tout le moins incompétent. Tous les authentifièrent. Je les achetai donc, enchanté de l'aubaine.

Cela m'amusait de faire comme tous ces grands critiques qui tournaient autour de Legros et devant une toile déclaraient d'un ton péremptoire : « Ça, c'est bon ! »

J'aurais mieux fait de me taire. En 1976, j'appris avec stupeur qu'on estimait mes tableaux faux. J'appris aussi que celui qu'Elmyr m'avait présenté comme le secrétaire de Maugham n'était qu'un imposteur, qui m'avait joué la comédie avec la bénédiction du baron.

Si ces œuvres étaient réellement fausses, Elmyr n'en était pas l'auteur, car on retrouve malgré tout leur trace en Angleterre, bien avant qu'il n'y ait sévi. Moi, je ne sais que penser de leur authenticité. J'ai vu trop d'experts se tromper... Toujours est-il que, pour fermer cette parenthèse, ces tableaux furent détruits sur ordre du tribunal.

Je me liai d'amitié avec Jonathan Avirom, conseiller au Consulat d'Espagne à New York, qui venait chaque été respirer l'air du pays. Jonathan poursuivait une brillante carrière d'avocat

171

dans le cabinet Barst et Mukamal, spécialisé dans l'immigration et la naturalisation américaines.

Et puis Elmyr organisa un dîner avec Daniel Olcick. Il s'agissait d'un jeune poète polonais, ancien ami de Cocteau, fort lié avec Chagall. Il me confia qu'il avait à Madrid un magnifique dessin du maître, représentant un vitrail à Jérusalem. Chagall, sur le tard, s'était spécialisé dans la décoration en tous genres, sévissant à l'Opéra de Paris comme au Parlement israélien. Il convenait de s'extasier sur son génie, alors que je n'ai jamais débordé d'enthousiasme pour ses œuvres. Mais de nombreux clients demandaient du Chagall, sa cote montait. Ce dessin pouvait se révéler intéressant. Pour appuyer ses dires, Olcick me montra une photo du maître, de sa femme, et de lui, souriant entre ses deux célestes amis. Cette photo, il me la laisserait comme preuve de sa bonne foi si j'achetais le dessin. Il m'en demanda six mille dollars, un prix élevé, mais normal. A New York, je pouvais en obtenir le double. Je fis un saut à Madrid. Chagall avait en effet offert à Olcick une esquisse d'un vitrail sur papier-calque. Il l'avait même dédicacée : « A Daniel Olcick, Jérusalem 1965. » Avant de me décider tout à fait, je voulus prendre quelques avis. Olcick me confia le précieux dessin, roulé dans un tube. Je me rendis à Paris où Pacitti me délivra un certificat ; la galerie Maeght, qui représentait Chagall, émit elle aussi un jugement favorable en toute bonne foi. De retour à Ibiza, je payai mes six mille dollars sur mon compte suisse.

Peu après, je partis pour Cannes, où Rose Bachmann avait établi ses quartiers d'été. Elle était de mauvaise humeur : Fernand, qui l'adorait pourtant, venait de lui céder un faux Boudin, une croûte améliorée par l'ineffable Nathan Loeb qui l'alimentait à cette époque en « à la manière de ». Il y eut peu de toiles de cette sorte, pas plus d'une vingtaine en tout cas. Commencées au printemps 1966, ces ventes finirent en décembre de la même année, date à laquelle éclata le scandale Meadows, dont la fondation avait acheté quatre ou cinq toiles de ce type.

Pacitti refusa son certificat, mais Ebstein l'établit. Rose, enchantée de son achat, voulut la meilleure preuve de qualité afin de mieux le revendre : elle alla voir M. Schmidt, expert et spécialiste de Boudin. Non seulement son tableau était faux, mais il circulait depuis longtemps. Effondrée et bientôt furieuse, Rose et son mari Eddy se mirent à talonner Fernand. Il refusa de les rembourser, finit par leur dire de mettre leur horreur en vente à Parke Bennett avec son certificat !

Pour une fois, Fernand n'avait pas volé son prochain pour parer au plus pressé et payer des dettes trop criantes : il n'avait même pas cette excuse, car il s'était acheté un bateau qu'il faisait voguer au large de Cannes.

Rose m'accueillit avec d'autant plus de gentillesse que Legros m'avait volé encore plus qu'elle ; elle examina mon dessin, le trouva fort beau, et me proposa de m'emmener chez Chagall qu'elle connaissait bien. Nous arrivons chez lui. Je le retrouve, avec ses yeux chafouins et son air de vieux bonhomme radin et frisé. Il regarde son vitrail, sa photo avec Olcick, et il laisse tomber :

— C'est une vague esquisse qu'il a dû me dérober !

Quand je lui demande un certificat, il refuse, « parce que celui de Pacitti et celui de Maeght, c'est bien suffisant » ! Que le Polonais eût vendu un cadeau, dédicacé de surcroît, l'énervait au plus haut point.

Ce vitrail m'a porté malheur. Je l'ai gardé plusieurs mois, puis Fanny Margoulies, propriétaire de la Niveau Gallery de New York, me l'acheta au prix que je l'avais payé. Or, en 1967-1968, New York fut envahi de faux Chagall, forgés par David Stein, faussaire de son état. Comme ils n'étaient pas bien faits, la supercherie fut vite découverte. Chagall vint juste à ce moment en Amérique. Le *district attorney* de la ville l'emmena de galerie en galerie afin qu'il identifie les siens, et les autres. Arrivé devant mon vitrail, il le reconnut, mais il le déclara faux, alors que, un ou deux ans plus tôt, il l'avait oralement authentifié, devant Rose et moi.

Alertée, Fanny Margoulies se mit en colère. Sur les conseils du procureur, elle vint en France déposer plainte contre X. Je fus condamné. Cette sentence était d'autant plus scandaleuse que le juge d'instruction avait également inculpé Olcick. Malgré un mandat d'arrêt, ce dernier restait introuvable. Alors, à notre stupéfaction la plus grande, au moment de renvoyer la procédure devant le tribunal, le juge accorda un non-lieu à Olcick qu'il n'avait jamais entendu, et me renvoya devant le tribunal correctionnel pour y être condamné. Je ne fus amnistié que bien plus tard.

L'histoire ne s'arrête pas là. Cette même année, toujours à New York, je dînai avec Clifford Irving, sa femme et Jonathan Avirom. Nous parlions de son ex-associé, Marvin Billet. Et j'appris que celui-ci, trois ans auparavant, avait acheté à Athènes un dessin de Chagall pour mille dollars à un jeune homme. Quelques coups de fil nous permirent de découvrir le pot aux roses : il s'agissait du même vitrail avec la même dédicace, et la même photo.

Le dernier épisode, le plus drôle, eut lieu à Rio, en 1973. Le Carnaval battait son plein. Une somptueuse voiture s'arrêta juste devant moi. Je reconnus l'homme qui en sortait : Olcick ! Je plongeai sur lui sans tarder et l'agrippai par la manche.

« Olcick ! Salaud ! » Deux gardes du corps me retinrent et on s'expliqua. Ce n'était pas Olcick, mais son sosie : Roman Polanski !

Mais revenons à Cannes où je me trouvais en ce mois d'août 1966. Fernand y était aussi, sur son bateau. Pour avoir la paix, il me suffisait d'éviter la portion de Croisette devant laquelle il était amarré. Un soir, je dînai avec Tekla la Folle qui avait sorti quelques-uns de ses bijoux pour l'occasion. Elle me raconta, avec son accent inimitable, qu'elle n'aimait plus Fernand parce qu'il avait volé Rose Bachmann et qu'il était trop hystérique à son goût. La scène de la terrasse du Carlton, l'année précédente, lorsqu'il m'avait insulté pour avoir montré ses tableaux en son absence, restait gravée dans sa mémoire. Après le dîner, je la ramenai à son hôtel, non loin du bateau de Fernand. Elle me prodigua ses derniers conseils.

— Fais attention. C'est un fou furieux ! Il finira par te tuer, *cherrri* !

Ni elle ni moi ne l'avions aperçu, embusqué derrière une poubelle. Il bondit comme un diable et m'envoya son poing dans la figure sans autre préambule. Son diamant m'ouvrit l'arcade sourcilière. Le sang gicla et Fernand détala comme un lapin. Mon smoking blanc se couvrit de longues traînées rouges, comme dans un film d'horreur ; écumant de rage, je me mis à le poursuivre dans mon auto à travers tout le quartier de la Croisette. Il finit par s'échapper. Je me rendis au commissariat porter plainte pour coups et blessures. Comme d'habitude, on refusa de m'écouter...

En rentrant à mon hôtel, je rencontrai les Domenico, un marchand de Cannes et sa femme. Voyant mon visage tuméfié, ils descendirent de leur limousine, tentèrent de me calmer, et finirent par m'avouer que Fernand se cachait au fond de leur voiture. Il en sortit à cet instant et vint vers moi, tout sourire.

— Pauvre ange, je suis désolé, j'ai perdu la tête... Pardonne-moi !

A sa vue, je poussai un rugissement, bondis sur lui. Les Domenico firent ce qu'ils purent pour me retenir. Bientôt je préférai tourner les talons, pour échapper à l'inévitable violence qui constituait désormais le seul dialogue possible avec Legros. De cette rencontre, je garde une cicatrice, juste sous le sourcil.

Comme après chaque explosion, il retrouva le ton de l'amitié, de la gentillesse, de la plus haute inconscience aussi : à plusieurs reprises, il tenta, comme à Paris, d'emprunter ma clef à la réception pour entrer dans ma chambre. Il me téléphona, me suppliant :

— Tu n'imagines pas ma situation en ce moment ! Il ne me reste plus un sou. Fais-moi un petit Maurice, mon ange. Pas un grand, juste un tout petit, ça me remettrait à flot. Ou alors deux ou trois André à la gouache, ça va vite ! Un Raoul, tu ne veux pas ?

Sans doute craignait-il qu'on ne l'écoute au standard, car il n'osait appeler les peintres que par leurs prénoms. Je lui raccrochais au nez chaque fois, ce qui ne le décourageait pas. Il se conduisait décidément comme un enfant qui, après une énorme bêtise, veut qu'on l'aime quand même.

Mais il m'avait perdu, définitivement. Il trouva cependant le seul prétexte qui pourrait me faire accepter une rencontre : un déjeuner avec Picasso — j'adorais Picasso et, comme j'ouvrais une galerie, cette entrevue me parut fort utile.

Le repas eut lieu dans un restaurant d'Antibes. J'en garde un souvenir ébloui, comme de chacune de mes rencontres avec le maître. Ses yeux sombres ne perdaient rien de ce qui se passait, vous perçaient et vous caressaient tout à la fois.

Pendant des heures, je les entendis évoquer le bon vieux temps : Fernand lui avait apporté l'un de mes tableaux, *Modèle dans l'atelier*.

— Oui, oui, je le reconnais...

— Il n'est pas signé, maître.

— Vous savez, je ne fais cela qu'au tout dernier moment. Il a dû m'être volé par l'un de mes neveux. Je veux bien le signer, mais j'aimerais le revoir... Si vous voulez, je vous l'échange.

Et le vieux peintre, l'œil brillant de malice, avait troqué une *Corrida* sur papier de 20 Figures, c'est-à-dire de 60 centimètres sur 73, contre une toile peinte, de 30 Figures, qui valait bien plus cher. Enchanté d'avoir réussi à duper Legros, il garda le *Modèle dans l'atelier* et le contempla sans doute avec ravissement, car il le fit reproduire dans un de ses livres. Il ignora jusqu'à la fin qu'il n'était pas de lui, mais de moi.

Un peu avant de quitter la Côte d'Azur, je me rendis à Monaco, chez les Van Dongen. Ce fut madame qui me reçut ; elle ne tenait pas à ce que l'on rencontre son mari et voulait négocier les affaires toute seule, régner sur la gloire du maître. Souvent, nous avions parlé d'un travail que je voulais entreprendre, à savoir un catalogue raisonné qui couvrirait la totalité de sa carrière ; une seule étude de ce genre avait été menée, dans les années 1920, incomplète par la force des choses. Mme Van Dongen me signa un papier m'autorisant à répertorier officiellement les œuvres de son mari. Je lui demandai la plus grande discrétion là-dessus, car Legros ignorait tout de ma démarche.

À Paris, les travaux dans la galerie n'avançaient pas beaucoup. Quand le chat n'est pas là, les plâtriers dansent ! Je repris les choses en main. Jacques Imbert revint de Los Angeles, ravi d'être nommé directeur de notre si prestigieuse société, et désolé de ne pouvoir me donner mes huit mille cinq cents dollars, ni le reste de ce que je lui avais avancé par deux fois. En comptant les tableaux de ma mini-collection qu'il avait ramenée avec lui, je fus bien obligé de constater qu'il manquait un Dufy, acheté à Londres. Jacques prit un air de triomphe. Celui-là aussi, il avait réussi à le vendre ; pour preuve, il me remit un chèque de cinq mille dollars, sans provision.

Cent fois, il me promit de me rendre tout cet argent, et plus encore. Pour me rembourser quelques-unes de ses dettes, Fernand m'avait remis le chèque de cinq mille cinq cents dollars que Jacques lui avait confié à New York, après le triste épisode de la note de l'hôtel Regency. Un chèque sans provision, faut-il le préciser ?

Pour me prouver sa bonne volonté, Jacques invita, en décembre 1967, plus de cent personnes et parvint même à attraper au vol, à la sortie de chez Cardin, tout proche, Mme Alphand dont le mari allait devenir notre ambassadeur à Washington, ainsi que Mme Pompidou. Elles admirèrent nos murs presque nus et nous souhaitèrent une grande réussite. Jacques ne cessait de me répéter qu'avec ses relations nous ne pouvions que triompher. Il montrait un tel enthousiasme que je lui fis confiance, une fois de plus.

J'avais appris jadis l'art et la manière d'utiliser le Crédit municipal. J'y engageai les tableaux achetés au secrétaire de Somerset Maugham, car il me fallait de l'argent frais pour payer la galerie et les travaux. Quand je trouvais un acheteur potentiel, j'allais dégager l'un ou l'autre pour le présenter et le réinscrivais si l'affaire ne se signait pas. Ainsi ai-je jonglé, pendant plusieurs semaines, pour honorer mes échéances, pour vivre, tout simplement.

Quant à Fernand, il semblait avoir enfin enterré la hache de guerre. Il continuait à l'occasion de me demander de lui peindre un petit Vlaminck, deux ou trois Derain à la gouache, un Dufy... Les grands peintres avaient retrouvé leurs noms de famille, aucune standardiste ne risquant plus d'écouter nos conversations. Je refusais avec une belle constance. Au moins nous ne nous battions plus.

Depuis un an presque, il me rebattait les oreilles avec Marion Schulz, une femme splendide qui faisait la couverture de tous les magazines de l'époque. Avec ses cheveux blonds, sa longue silhouette et ses yeux noisette pétillant de malice, elle incarnait la jolie fille de ces années 60. Personne n'a su porter la minijupe comme elle.

— Tu verras, disait Fernand, elle ne fera qu'une seule bouchée de toi !

— D'accord ! Amène-la-moi donc !

Je savais parfaitement qu'il lui disait pis que pendre à mon propos afin de donner du piment à notre future rencontre. Un soir, il m'invita à dîner avec elle, et la tante Fernande qui arrivait d'Égypte. Il aurait préféré que je refuse, pour se répandre dans tout Paris en clamant que je n'osais pas affronter la belle Marion. Or, non seulement je me rendis à son invitation, mais Marion devint mon amie. Il arrive que l'on rencontre un être et qu'en une seconde on ait la certitude de le connaître depuis toujours. Dans le grand salon rouge de cet appartement détesté, je découvris Marion, ses jambes splendides, son regard direct. D'une seule voix, nous nous sommes exclamés :

— C'est donc vous ?

— Tu es Marion ?

— Tu es Réal ?

Le dîner avalé, nous partîmes ensemble. Fernand était vert de rage. Il se précipita à mon hôtel où Nadia m'attendait en lisant des magazines. Elle avait bien trop peur de lui pour oser passer le seuil de son immeuble, même en ma compagnie.

— Il est parti avec une autre ! lui dit-il.

Nadia fondit en larmes. Quand j'arrivai, je tombai dans l'un de ces drames à l'orientale dont Fernand avait le secret : la fiancée trompée, l'ami vengeur, les cris, les reproches. Un bon mensonge vaut parfois toutes les mauvaises excuses. Je niai tout en bloc et sans détail. Legros reparti, Nadia sécha ses larmes, et, depuis vingt ans, Marion demeure la plus fidèle, la plus gaie, la plus gentille, la plus belle de mes amies. Aujourd'hui elle vit confortablement de ses rentes.

En novembre 1966, Fernand reçut des États-Unis un morceau d'anthologie, si toutefois ce genre existe dans l'histoire de l'art. Meadows lui envoya un livre qui reproduisait l'ensemble de ses toiles espagnoles et italiennes. Un volume entier à la gloire du plus grand ramassis de croûtes que la terre ait jamais portées. Sur papier glacé, il avait fait imprimer ses Goya d'arrière-cour, ses Velazquez entièrement « peints main » et tout le reste de ses faux et archifaux. Un critique avait un jour osé émettre un léger doute sur l'authenticité de ces horreurs. Meadows l'avait tout simplement fait chasser de Dallas, comme personne indésirable. Cela se passait en 1962 ; depuis lors, personne n'avait eu l'audace de recommencer. Notre Texan s'était offert ce prétentieux catalogue afin de proclamer à la terre entière son mécénat. Pour Fernand, il avait ajouté une dédicace ronflante : « *To my friend from whom I have bought many wonderful paintings : Fernand Legros. And I am happy to say we are well pleased with everyone of them. Mrs. Meadows and I wish for you every success and our best wishes and kindest regards. A. H. Meadows, 11 November 1966.* » [« A mon ami à qui j'ai acheté beaucoup de peintures merveilleuses : Fernand Legros. Et je suis heureux de dire que chacune d'entre elles nous a fait grand plaisir. Mme Meadows et moi-même vous souhaitons tous les succès, et nos meilleurs vœux et notre souvenir le plus amical. A. H. Meadows, 11 novembre 1966. » Évidemment, ce n'est pas du Shakespeare.

Cette marque d'attention enchanta Fernand. Il projetait de se rendre à Dallas, pour ajouter quelques exemplaires à la plus grande collection bidon du monde. Au début de décembre, accompagné de David Grossbach, il présenta à Meadows huit tableaux, qui provenaient de la galerie Domenico de Cannes, ou de la production historique de Nathan Loeb. Huit faux, tous authentifiés par des sommités parisiennes, Malingue et Ebstein en tête. Pacitti, devenu prudent, n'avait donné son feu vert qu'à un seul, un Bonnard, ou plutôt un bonnardisé authentifié par le fils ou le neveu du peintre. Dans le lot, le Renoir de Jean Parédès.

Comme à l'accoutumée, Meadows installa Fernand à l'hôtel Marriott, avec piscine dans le jardin et musique douce dans les couloirs. Il le convia à des hamburger-parties de haut luxe, le traita avec toute la considération que l'on doit à un grand marchand. Et les tractations commencèrent. Meadows adorait faire traîner les choses, voir Fernand afficher un sourire de plus en plus crispé, en attendant qu'il veuille bien se décider. Il s'agissait chaque fois de ventes-marathons, épuisantes pour les tempéraments bilieux.

Legros aurait fait de meilleures affaires, et plus vite, avec les galeries de New York et de la côte Est. A Dallas il écrasait littéralement ses prix, mais il était certain de n'avoir aucun ennui par la suite. Meadows savait qu'il achetait des faux; seule la déduction fiscale l'intéressait.

Finalement, les deux hommes s'entendirent sur une somme dérisoire si les tableaux avaient été vrais, mais raisonnable dans le cas présent : quatre-vingt mille dollars. Une fois de plus le grand Texan montrait sa roublardise : il n'ignorait pas que Fernand voulait gagner cent mille de ces beaux billets verts, car alors il aurait pu dégager les deux mille toiles mises en gage chez Goodman. Si trois années s'écoulaient sans qu'il y parvînt, Goodman apporterait l'intégralité de cette fastueuse collection à son maître Meadows, qui, alors, ferait en sorte de ne plus payer d'impôts jusqu'à la fin de ses jours !

Meadows savait également que Fernand croulait sous les dettes. Ces quatre-vingt mille dollars, au lieu de l'aider à reconstituer les cent mille exigés par l'usurier, fileraient dans la poche des créanciers parisiens. Et le marchand serait obligé de revenir chez le mécène, de lui vendre d'autres tableaux à vil prix, afin de survivre encore un peu. C'était un jeu complètement pervers.

Meadows posa une dernière condition à la vente : il fallait que je contresigne l'acte, en mentionnant que je n'avais rien à revendiquer sur ces toiles. Et si Fernand me les avait volées ? Comme la fois précédente, il ne me vint même pas à l'esprit de refuser. Meadows était tout-puissant au Texas, nul ne pouvait s'offrir le luxe de s'en faire un ennemi.

Mon voyage fut payé par Meadows et Fernand, ce qui ne manquait pas de sel. Comme j'avais un client à voir à Houston, cela me convenait tout à fait. Je me retrouvai au Marriott. Cet hôtel avait l'avantage d'occuper une situation centrale. De plus, aller ailleurs n'aurait pas empêché Legros de me persécuter si l'envie l'en prenait. Néanmoins, je m'installai dans une autre aile du bâtiment.

Je ne me déplaçais jamais sans mon attaché-case dans lequel je gardais les feuilles d'engagement de mes tableaux au Crédit municipal, les documents de la galerie, mon projet de livre sur Van Dongen et une lettre de sa femme m'autorisant à faire des démarches auprès des musées d'Art moderne de New York et de Montréal. J'aurais mieux fait de tout mettre au coffre et de ne garder que des photocopies... Fernand mourait d'envie de savoir ce que je transportais avec tant de soin. Aussi conçut-il le projet de satisfaire sa curiosité, certain de trouver l'adresse de ma galerie, qu'il ignorait encore, et les titres de propriété de la Falaise : établis sous seing privé, il lui suffirait de les prendre, et je n'aurais plus aucune preuve de mes droits. Au bord de la piscine, allongé au soleil, j'attendais que Meadows me convoque pour la signature. Fernand me vola la clé de ma chambre, que, méfiant, je ne laissais jamais à la réception. Il la confia à l'un de ses boureaux comparses, David Grossbach, avec mission de dérober l'attaché-case.

Je n'y vis que du feu. Fernand m'apprit par la suite que David s'en alla le cacher sous quelques détritus d'une décharge publique, et que, revenu à la piscine, il replaça ma clé dans mes vêtements comme si de rien n'était. Un peu plus tard, David et Fernand me proposèrent d'aller voir *Le Docteur Jivago*. Je n'avais rien à faire ; j'acceptai. Mais je ne pensai pas à passer par ma chambre avant de partir.

Encore habité par la mélodie de La Chanson de Lara, j'ai ouvert ma porte et, en un éclair, compris la situation : ma mallette avait disparu, Fernand l'avait prise. Je me précipitai chez lui pour retourner les placards, les valises, les lits, et même les sièges de la voiture de location dans le garage. Il prit l'air peiné, compatit à mon malheur, m'aida dans mes recherches... Le lendemain, il me conseilla même de porter plainte, non sans jurer sur la tête de sa mère qu'il n'était pour rien dans cette triste affaire.

L'inspecteur Slaughter, capitaine de police, enregistra ma plainte ; pour une fois on fit plus que m'écouter. Les policiers fouillèrent ce qu'ils purent à l'hôtel et revinrent bredouilles, comme moi. On interrogea Fernand et David, en vain. Et voilà que le soir venu, David annonça que sa mère était malade, qu'il était très inquiet et qu'il devait immédiatement prendre un avion pour New York. Fernand lui proposa de l'emmener à l'aéroport et me demanda si je voulais les accompagner, pour me changer les idées. Il ne prenait aucun risque : dégoûté, découragé, je n'avais qu'une envie — signer les papiers de Meadows et me mettre au lit.

J'aurais mieux fait de les suivre. En chemin, ils s'arrêtèrent à la décharge, ils récupérèrent la mallette et David l'emporta à New York. Gina, qui faisait un séjour là-bas, réceptionna colis et porteur. On fit sauter la serrure, on appela Fernand au Marriott et on lui décrivit chaque papier dans ses moindres détails. Il en fut si content qu'il sauta lui aussi dans le premier avion pour New York. Cela peut sembler bien compliqué. Dans sa folie, il lui restait assez de jugement pour imaginer que la police de Dallas n'aurait aucune hésitation sur son compte si elle le trouvait en possession de mon attaché-case.

De mon côté, j'avais préféré rentrer en France et faire immédiatement opposition à tout retrait de mes tableaux au Crédit municipal : les certificats étant anonymes, Legros pouvait, en toute légalité pour une fois, me dépouiller.

Revenu à Dallas, Fernand jubilait. Non seulement il avait l'adresse de ma galerie et le projet du catalogue Van Dongen, mais aussi mon petit carnet d'adresses, où je notais les coordonnées de mes clients et de mes amis. Dans la nuit du dimanche au lundi, il téléphona de sa chambre d'hôtel à tous ces gens. Il leur annonça que j'étais un escroc, un voleur, me traîna dans la boue.

Il finit par me trouver : je dînais chez des copains, essayant de me détendre et d'oublier ce mauvais tour qu'il m'avait joué. D'une voix triomphante, Legros me déclara qu'il me tenait, que « j'étais cuit », et m'expliqua pourquoi. A l'évidence, il connaissait le contenu de mes dossiers.

Je pris le premier vol pour New York, puis pour Dallas, où j'arrivai en fin d'après-midi. Fernand se reposait dans sa chambre, au Marriott.

— Tu vas me rendre ma valise tout de suite !
— Tu me prends pour le Père Noël ?

Cela ne servait à rien de se battre. Je courus au commissariat. L'inspecteur Slaughter me reconnut. Je lui racontai le coup de fil de

180

Fernand, ses menaces, les détails qu'il avait donnés sur ces damnés papiers.

— *This son of a bitch* [ce fils de pute], il a une tête de voleur, répondit le policier.

Enfin, un ami !

Le lundi 12 décembre, Fernand fut interpellé à son hôtel, emmené au commissariat. Il nia tout : jamais il ne m'avait téléphoné, j'avais inventé cette histoire de vol pour lui nuire, mon attitude relevait de la mythomanie et ma méchanceté ne connaissait pas de limites. Il fut facile de retrouver au standard de l'hôtel les numéros qu'il avait demandés en France, de lui prouver ses mensonges. Slaughter estima que cela suffisait à établir une solide présomption de vol. Il résolut de l'envoyer devant un juge qui déciderait de l'inculpation.

Legros comprit qu'il avait mal joué. Il demanda à téléphoner chez Meadows. Sous le milliardaire influent, le vendeur de voitures n'était pas tout à fait endormi ; les démêlés avec la police sont toujours détestables. On peut se battre avec les critiques d'art, les marchands de l'A.D.A.A., mais la police... A son tour, il me téléphona, tenta de m'amadouer. Entre mes précieux papiers et la faveur de M. Meadows, malheureusement, mon choix était fait. Alors il me demanda de trouver un arrangement si c'était possible. Quand un milliardaire vous donne des conseils, on se sent obligé de réfléchir. Surtout quand on est marchand de tableaux.

Je retournai au commissariat. Fernand, enfermé dans une cabine de verre, attendait son heure. Tassé sur sa chaise, misérable, rongeant son frein, il ne pouvait même pas me voir. Or un Fernand Legros ne saurait vivre vaincu. Cette idée m'avait déjà été insupportable par deux fois, lorsque j'avais peint le Derain et le Vlaminck à New York. Ici, encore, je le tenais en mon pouvoir. Mais jamais je ne pourrais l'écraser. Certes, nous avions perdu nos terrains d'entente et il ne nous restait plus que la guerre pour nous rencontrer. Mais cette guerre, jamais je ne la gagnerais, pour la simple raison que je me refusais à en avoir la force.

Nous avons donc transigé : il me rendait ma valise, je retirais ma plainte. Je fis part à Slaughter de notre accommodement. Il en fut très déçu : pour une fois qu'il tenait un si beau coupable, avec la gueule de l'emploi, en plus ! Fernand téléphona alors à Gina, lui donna l'ordre de remettre l'attaché-case dans une valise — il ne fermait plus, puisque David en avait fracturé la serrure —, et de lui envoyer cela par l'avion de Dallas. A peine eut-il raccroché qu'on lui signifia sèchement qu'il était libre. Il détala, sans un mot ni un regard.

Les inspecteurs Burris et Taylor m'accompagnèrent à l'aéroport pour réceptionner mon bien. Il manquait mon carnet d'adresses, les feuilles du Crédit municipal, des relevés de banques, quelques listes de tableaux que j'avais eus en dépôt ou pour lesquels j'avais servi d'intermédiaire... J'ai haussé les épaules, dégoûté. Porter plainte à nouveau? Après avoir abandonné la première, j'aurais eu l'air ridicule. La police de Dallas avait remarquablement bien travaillé, et je lui avais coupé l'herbe sous les pieds. Je me contentai donc de demander au commissariat d'établir un constat, et je rentrai en France.

Meadows, enchanté de voir l'affaire se régler si vite, donna les quatre-vingt mille dollars à Legros, qui en versa immédiatement cinq cents à un avocat, avec mission de m'attaquer pour dénonciation calomnieuse. Plainte sans suite, évidemment. Cela marqua le début d'une bataille infernale. Fernand l'Égyptien m'annonça par téléphone que j'allais connaître la vengeance des pharaons. Je n'imaginais pas ces derniers si vulgaires : il loua une voiture à New York pour Mme Grossbach, la mère de David. Elle partit pour le Canada, accompagnée de Patrick, son amant de seize ans, qu'elle fit passer pour son fils. Arrivée chez ma mère, elle se présenta comme une amie de M. Legros, un homme très, très important qui m'avait couvert de ses bienfaits. Et moi, sans reconnaissance aucune, je tentais par tous les moyens de lui nuire. Son venin craché, elle partit en laissant ma pauvre mère en larmes.

A Paris, il confia une autre vilaine mission à maître Hauert. Cette fois, celui-ci se mit en contact avec Mme Van Dongen ; de sa voix doucereuse, il la mit si bien en garde qu'elle annula sans tarder notre projet de catalogue. Je n'ai même pas essayé de me défendre ; contre Hauert, et jusqu'à sa mort, c'était impossible.

En décembre 1966, Robin Maugham m'invita à Brighton, où il donnait un dîner d'adieu à l'Angleterre. Nous étions une quinzaine, décidés à rire et à banqueter. Robin, chaque fois que je le rencontrais, se montrait drôle, gentil et chaleureux ; aussi, quand il me demanda d'emmener l'un de ses tableaux pour le vendre discrètement à Paris — il fuyait son pays à cause du fisc, ne l'oublions pas ! —, je n'hésitai pas une seconde. Il me confia un Guillaumin, un impressionniste. Je le fis expertiser par la fille du peintre, et par Pacitti. Tous deux le déclarèrent excellent. Je n'aurais donc aucun mal à trouver un amateur.

Peu après, Robin quitta l'Angleterre. Il fit étape en France et me rendit visite. Son tableau n'était pas encore vendu. Je sortais du Crédit municipal où je venais d'en gager un autre. Mes poches étaient bourrées de liasses et une épingle me picotait, m'obligeant à me tortiller. Robin s'en aperçut. En riant, je lui expliquai le problème.

— Ça tombe très bien ! Mes droits d'auteur vont arriver à Ibiza après les fêtes, prête-moi dix mille francs, je n'ai plus un sou.

Il me signa une reconnaissance de dettes à l'anglaise : « *I.O.U.* Réal Lessard [*I owe you,* c'est-à-dire « Je vous dois »]10 000 F. 18 décembre 1966. » Quelques semaines plus tard, il me remboursa.

Les fêtes de Noël et du Nouvel An arrivaient. Nadia les passa chez elle. Nous étions plus liés que jamais, mais elle se refusait à quitter sa sacro-sainte famille. Je partis pour Cortina d'Ampezzo, avec Jacques Imbert. Il continuait de se montrer charmant, gentil, amusant et totalement évasif à propos de ses dettes. Quand on me demandait qui était ce garçon, un cousin ou un ami, je répondais : « Ma belle-mère ! » Il se mettait chaque fois en colère, mais ce titre résumait fort justement son rôle dans ma vie.

Après Cortina, nous partîmes vers la mi-janvier pour Ibiza, accompagnés par Nadia qui, ayant sacrifié au rituel du Noël familial, acceptait de me revenir. Nous nous préparions à livrer une sérieuse bataille. J'avais attaqué Legros devant la justice espagnole ; il arriva entouré de deux avocats et de l'éternel David Grossbach, escorté par la police et la Garde civile. Tout ce monde parvenu en haut du chemin, rugissait devant ma porte et menaçait d'envahir la Falaise. Nadia se terrait dans le salon ; Jacques, plus belle-mère que jamais, me donnait des conseils de sa voix chevrotante. Je barrai l'entrée à tout ce joli monde.

Le commissaire de police, me voyant si sûr de moi, décida d'emmener tout le monde au tribunal « pour clarifier la situation ». Fernand se déchaîna, produisant des témoignages signés de sa femme, de David, d'autres encore, affirmant que je voulais le tuer, qu'il m'avait dénoncé à la police judiciaire, que ma vie n'était qu'un flot d'ordures, etc. Je rappelle que, pour qu'une vente en Espagne soit officialisée, il fallait à cette époque produire un certificat de bonnes mœurs, ce que j'avais fait. Le pharaon attaquait la pyramide par la base. Le juge, un suppléant qui ne parlait pas français, me demanda mon titre de propriété. Je lui tendis l'acte de vente.

— Alors, pourquoi discute-t-on ? M. Legros, si vous essayez de franchir le seuil de cette maison, je vous mets en prison. Est-ce clair ?

Le pharaon, furieux, s'en retourna, sa vengeance sous le bras et sa suite sur les talons, jurant, mais un peu tard, qu'il avait perdu une bataille, mais pas la guerre.

Pendant plusieurs jours, Ibiza vibra au récit de nos démêlés immobiliers. Avant de repartir pour Paris ; je changeai ma serrure ;

depuis qu'il avait réussi à me chiper ma clé, à Dallas, je craignais qu'il ne recommence ici, pour la copier et s'annexer ma Falaise dès que j'aurais le dos tourné. La porte était trop solide pour qu'on puisse même rêver de l'enfoncer.

Je me retrouvai donc à Paris vers le 20 janvier. Marion me téléphona. Sa voix suintait l'angoisse. Fernand l'avait prévenue qu'il allait « me coincer, m'envoyer à l'ombre pour cinq ans au moins, abattre tous ceux qui oseraient demeurer mes amis ». Pour son anniversaire, avait-il ajouté, il allait s'offrir le luxe d'un cadeau inestimable. Je haussai les épaules. Que faire d'autre ?

La police passa deux fois à mon hôtel dans les jours qui suivirent. Elle demanda au directeur de ne m'en rien dire ; il m'avertit tout de même. Cela ne m'émut pas beaucoup, je savais que Fernand avait déposé de multiples plaintes contre moi, allant du vol au viol, alimentées par les témoignages qu'il avait déjà produits à Ibiza. Elles relevaient d'une si haute fantaisie qu'elles ne pouvaient pas être prises au sérieux. Sans doute s'agissait-il de visites de simple routine, comme on en fait avant de classer un dossier. Je ne m'en inquiétai donc pas. Sur ce point, je ne me suis pas trompé, elles n'entraînèrent aucune poursuite.

Ensuite, ce fut Elmyr, venu à Paris pour ses affaires, qui me confia une valise verrouillée, ainsi que quelques vêtements, des papiers et un trousseau de clés. N'étant pas curieux, je ne cherchai pas à ouvrir ce qui était fermé. Néanmoins, il me parut plus prudent de ne pas garder chez moi les affaires d'une telle crapule, d'autant que la police rôdait toujours. Quant à lui refuser ce service, cela m'était difficile ; il m'avait présenté à Ibiza des gens fort intéressants. Je me rendis donc chez Jacques, rue de la Glacière, et lui demandai de ranger le paquet dans l'un de ses placards.

Le 25 au soir, je dînai avec lui. J'avais beau garder autant de sang-froid que possible, ces manœuvres policières m'énervaient. Fernand préparait quelque chose, mais quoi ? Comme souvent ces derniers temps, la conversation vint à rouler sur les vingt mille dollars qu'il me devait. J'en avais besoin pour finir de payer les travaux de la galerie. Jacques s'embrouillait dans ses explications : en effet, il avait vendu un Dufy pour huit mille cinq cents dollars, mais ses clients devaient venir à Paris incessamment pour le régler ; et les cinq mille dollars de l'autre Dufy, il les attendait, etc. La colère me monta au nez.

— Écoute, téléphonons à ces gens ! Eux, ils me diront ce qu'il en est. Donne-moi le numéro !

— Fernand va te bouffer, tu vas être tué ! Au lieu de téléphoner, tu ferais mieux de filer hors de France !

— Ça lui ferait trop plaisir. Alors, ce numéro ?

Le ton a monté, nous nous sommes disputés, j'ai fini par claquer la porte et je suis rentré à mon hôtel. Le moment n'était pas bien choisi, avec Legros qui rôdait, la mystérieuse valise d'Elmyr cachée chez Imbert... J'ai toujours été trop impulsif.

Le lendemain matin, à la première heure, Jacques entra au Montalembert, le visage fermé et me rendit les affaires du Magyar et quelques tableaux. Puis il s'en alla, raide comme la justice, pleurer sur la méchanceté des hommes et la mienne en particulier. Dans le hall, une horde le bouscula ; c'étaient des inspecteurs des Douanes qui venaient m'arrêter.

Sans comprendre ce qui m'arrivait, je me suis retrouvé dans un bureau sinistre de la rue de la Tour-des-Dames, où l'on fait les enquêtes douanières. Grand, chauve, le visage anguleux et les traits émaciés, il portait un sombre costume trois pièces. Malgré une physionomie massive et raide, et un visage qui, comme un masque, ne laissait rien transparaître, on le sentait capable d'une violence terrible. Trois inspecteurs assistaient à l'interrogatoire, mais celui qui menait les débats n'était autre que « L'Adjudant ».

J'étais assis sur une chaise, effondré, anéanti par ce cataclysme. J'appris que j'avais fraudé la Douane. L'Adjudant m'agitait sous le nez une dénonciation détaillée, avec une liste des tableaux que j'aurais ramenés des États-Unis en France et vice versa. Informations volées à Dallas. Je reconnus sans peine le papier rose dont Fernand se servait couramment, et surtout les caractères italiques de la machine à écrire qu'il avait achetée en Amérique ; une telle typographie n'existait pas encore en France.

Pour fêter son anniversaire, il voulait me casser les reins. L'Adjudant commença à décortiquer tous les documents saisis chez moi. Il hurlait, m'insultait, me bouscula, agitait des photos de toiles.

— Et ça, c'est quoi ? Ça coûte combien, hein ? Et ces estimations-là, c'est pour quoi ?

On aurait dit un vieux film des années 50. Je faisais ce que je pouvais pour ne pas me laisser prendre à ce jeu de la terreur, mais il continuait de brailler, de me malmener, si bien que je finis par lui demander :

— Vous avez été payé combien pour ce sale travail ?

Il leva la main, prêt à me gifler. Ses collègues se précipitèrent pour le calmer. Et cela continua, les questions, les cris dans les oreilles, les postillons dans les yeux, les « Ça, combien, ça ? ». On ouvrit la valise d'Elmyr ; elle était pleine de faux cachets[1] des Douanes, d'autres encore que des experts aujourd'hui défunts

---

1. Ces faux cachets avaient été fabriqués à Sao Paulo entre 1948 et 1950 à l'instigation d'Elmyr de Hory.

utilisaient de leur vivant. Je volais donc les Douanes françaises, et maintenant j'escroquais mes clients : mon compte était bon. L'Adjudant s'égosilla. Je répondis n'importe quoi, pour qu'il se taise, pour que cesse ce cauchemar.

Au bout de vingt-quatre heures, je fus inculpé de fraude douanière et de contrefaçon. L'Adjudant mit une saisie sur tous mes biens en France, mobiliers et autres. Le Guillaumin de Robin Maugham faisait partie du lot.

Dès qu'il eut compris qu'on m'arrêtait, Jacques courut prévenir maître Ceccaldi. Mais en cette année 1967, les Douanes avaient tous les pouvoirs ; elles entraient chez les gens, perquisitionnaient sans mandat ; aucun juge ne les surveillait. Aucun avocat ne pouvait agir pendant les vingt-quatre heures de garde à vue. Les droits du citoyen n'existaient plus en face de cette administration qui constituait un État dans l'État. Il fallut attendre l'automne 1986 pour qu'une loi abroge ces privilèges exorbitants.

De son côté, Fernand triomphait. Il appela tous les numéros de mon carnet d'adresses, annonça à tous mes amis et clients : « Lessard, je l'ai mis au trou ! Pour vingt ans ! » A Imbert, il dit : « J'ai payé l'inspecteur, il l'a eu ! » A Marion : « Il est fichu ! »

Parmi ceux qu'il avertit, il en fut un qui trouva le procédé détestable : M. André Lalande, ancien résistant, décoré de la Légion d'honneur, neveu de peintre et marchand de meubles. Il connaissait vaguement Fernand. De mon côté, je l'avais rencontré deux ou trois fois. Il avait le sens de l'honneur, il décida de me venir en aide. Le 5 mars 1967, il témoigna et répéta au juge les paroles de Legros. Imbert témoigna de même. Mais surtout, la justice saisit une lettre de Fernand à l'un de ses amis, où il confirmait ces deux récits : il avait rencontré L'Adjudant par l'intermédiaire de maître X, ancien des Douanes reconverti dans les droits de l'homme et le barreau, à condition qu'on le paie cher. L'Adjudant avait touché dix mille francs en liquide pour « me faire coffrer ». C'était net, clair et précis.

Ces témoignages ne troublèrent nullement l'individu. Il s'acharna sur tous ceux qui avaient le malheur de figurer dans le carnet d'adresses que j'avais reconstitué après le vol de Dallas, et qu'il avait confisqué avec le reste. Plusieurs de mes relations furent inculpées de fraude douanière à leur tour. Quelques années plus tard, à la suite d'un gros scandale, L'Adjudant fut relevé de ses fonctions, inculpé de trafic d'influence et de trafic douanier, puis assigné à résidence. Je ne sais pas s'il a été jugé, ni comment, mais aux dernières nouvelles, sa situation n'avait rien d'enviable.

186

Pendant trois semaines et trois jours, je fus promené de bureau en bureau, d'audience en audience. On me questionna, on me confronta, on me questionna encore, mais plus poliment. Je me sentais comme une mouche prise dans une bouteille opaque. Où aller ? Comment prouver ma bonne foi à tous ces gens ? Finalement, l'affaire des cachets s'effondra d'elle-même. Le brave Elmyr avait des lacunes en orthographe. Son cachet « Douane française », écrit au singulier, manquait tellement d's qu'un analphabète l'eût trouvé suspect. Le cachet « Vente aux enchères publiques » valait son pesant d'or : « Vente aux encher public » ! Or ces fantaisies avaient été enregistrées par la justice brésilienne, car il avait jadis sévi en Amérique du Sud avec de fausses lithos. Il fut facile d'établir que j'avais dit la vérité et que ces babioles appartenaient bel et bien à la princesse de Transylvanie. De toute évidence, l'individu avait renoué son alliance avec Legros, qui l'avait envoyé chez moi afin qu'il y dépose son colis piégé.

Quant aux problèmes douaniers, ils ne présentaient pas un intérêt majeur : je l'ai signalé, tous les marchands se mettent un jour ou l'autre en contravention avec la loi. Finalement, le juge qui s'occupait de moi eut une promotion. Je fut renvoyé à mes foyers. Tout cela faisait beaucoup de bruit pour rien : mon casier judiciaire restait toujours vierge.

Cette vilaine affaire marqua la fin de mon amitié avec Robin Maugham. Au début, il comprit pourquoi son tableau se trouvait sous séquestre. Il prit un avocat qui obtint sa restitution. Mais en Angleterre, on fit des gorges chaudes de cet incident : le célèbre neveu du non moins célèbre Somerset fraudait le fisc de Sa Majesté, pour finir confondu par l'administration française ! Il ne voulut plus rien entendre, et se vengea deux ans plus tard. Cette même administration, au moment du grand scandale Legros, me demanda des comptes sur une rentrée de dix mille francs correspondant à l'argent que Robin m'avait rendu : il prétendit qu'il s'agissait de cent francs nouveaux, alors que le document précisait bien dix mille francs.

De là à conclure que j'avais falsifié le papier...

Chapitre XI

Fernand triomphait. Il m'avait écrasé, il me faudrait des années pour clarifier cette situation digne de Kafka. C'est avec une ardeur toute neuve qu'il décida de remonter une affaire.

Chaque année, au début du printemps, Martinot, commissaire-priseur, organisait une vente aux enchères. Nul n'aurait songé à la comparer aux événements mondains de Parke-Bernet, Christie's ou Sotheby's. On y vendait de petits maîtres, un Vlaminck parfois, mais de la mauvaise époque. Qu'importe : Legros avait besoin d'argent. Le destin voulut que Maurice Malingue, expert près la cour d'appel, lui présentât ce Martinot, qui fut ébloui par son appartement, ses mensonges et ses promesses.

Immédiatement, Legros convoqua Elmyr, le baptisa faussaire. La princesse exécuta, en s'appliquant beaucoup, quatre horreurs : une copie approximative d'un Derain fauve figurant Westminster surmonté d'un soleil jaune avec des taches rouges sur fond bleu ; deux aquarelles vaguement Dufy et une autre de Vlaminck, si l'on veut. En fait, il s'agissait de reproductions sur papier de dessins célèbres, rehaussées d'aquarelle et de gouache.

Maurice Malingue expertisa le tout. Comment imaginer que M. Legros trichait ? Ebstein confirma son avis et contresigna sur le même certificat. Fernand n'osa tout de même pas solliciter Pacitti, mais il envoya une diapositive du soleil avec ses taches à Mme Derain afin qu'elle l'authentifie. Pour la première fois, elle refusa, renvoya la photo avec un petit mot très poli : elle ne le sentait pas. Un Derain sans certificat ? Impossible ! Fernand se rendit à Chambourcy, derrière Saint-Germain-en-Laye. Mme Derain le reçut, un peu gênée : depuis des années, elle lui avait donné des centaines de certificats sans hésitation aucune ; cette situation lui semblait très inconfortable. Lui, souriant, charmant, commença à lui parler. Elle l'écoutait en fouillant dans ses piles de duplicata et de photos qu'elle gardait en archives sur sa table. Ainsi faisait-elle chaque fois, il le savait bien. Il insista :

— Mais si, vous m'avez donné un certificat, il y a des années, vous ne vous en souvenez pas ? C'est un tableau que j'ai acheté au vicomte de Léché... Regardez encore !

Elle tourna la tête, contempla un instant ce soleil hideux. D'après ses propres aveux, Legros en profita pour glisser parmi les autres la photo qu'il dissimulait dans sa poche. Elle répéta :

— Non, vraiment, je ne le sens pas... Ça m'ennuie !

— Cherchez, je suis sûr que vous l'avez, ce certificat !

Pour lui faire plaisir, elle fouilla une fois de plus, et trouva évidemment la photo, ce qui ne manqua pas de la plonger dans une extrême confusion. Malgré cela, elle continua à se faire tirer l'oreille, et Fernand, qui savait montrer une infinie patience quand ses intérêts étaient en jeu, l'amadoua du mieux qu'il put. A la fin, elle hocha la tête.

— Je ne le sens toujours pas... Je dois vieillir. Je ne veux pas vous causer de tort, je vais vous établir un certificat.

Lorsque le scandale éclata, Mme Derain reconnut qu'elle avait commis une erreur, qu'il l'avait abusée, mais qu'elle ne savait pas comment. Longtemps, je me suis demandé moi aussi quelle astuce il avait inventée, jusqu'à ce qu'il me raconte son stratagème.

Les quatre tableaux arrivèrent chez Martinot à Pontoise, qui se pâma à la vue du Derain. Un fauve du maître, chez lui, c'était le couronnement de sa carrière ! Afin que nul ne l'ignore, il offrit la couverture de son catalogue à cette pièce remarquable. La princesse de Transylvanie s'était donné beaucoup de mal pour multiplier ses couleurs. Martinot imprima tout en noir et blanc. Ainsi avait-il toujours fait, il n'imaginait pas un seul instant qu'on pût changer une habitude !

Pendant ce temps, Fernand prit quelques diapositives du tableau, envoya Mme de Herain en porter une à l'atelier Mourlot — imprimeur spécialisé — avec mission d'en faire une lithographie en couleurs. Je le répète, une litho se prépare sur pierre. C'est l'artiste qui en assure la gravure. Quand on travaille à partir d'un cliché, personne n'a le droit de parler de litho, mais de reproduction. A plus forte raison, Derain aurait eu bien du mal à faire photographier ses œuvres fauves ; en 1905, la diapo couleurs n'existait pas !

Mourlot exécuta la commande. Son rôle était d'imprimer le mieux possible, pas de vérifier l'utilisation de sa production. Sans doute Fernand projeta-t-il de faire signer ses pseudo-lithos par Elmyr, quand il apprit que Gilberte Duclaud, la directrice de la Galerie 65 de Cannes, allait organiser une exposition en mars. Chaque année, elle choisissait un thème différent. Cette fois, c'était

« Le soleil ». Quel merveilleux hasard ! Il lui envoya une autre diapo du tableau, le certificat de Mme Derain, et elle accepta d'en faire l'affiche de son exposition. Comment pouvait-elle songer que son ami Legros, celui qu'elle avait présenté à son ex-mari Pierrot le Fou — ce marchand prestigieux qui énervait ses confrères parce qu'il était meilleur qu'eux —, voulait la duper ?

C'est ainsi que Fernand tressa la corde avec laquelle il allait se pendre.

Fin janvier, M. Martinot envoya à travers les cinq continents le catalogue de sa vente. Et les marchands découvrirent cette aberration : un Derain fauve, présenté comme authentique, en noir et blanc. Un tableau de cette valeur ne va pas se fourvoyer dans une vente de seconde zone comme celle de Pontoise, et si, par hasard, le cas se produit, on se doit de le présenter avec des couleurs. Faute de quoi tous les doutes sont permis. Au lieu de donner du panache à sa manifestation, le pauvre Martinot obtint le résultat contraire : sa vente perdit toute crédibilité. L'Association des marchands de tableaux de France eut la bonté de le prévenir avant d'entrer en guerre. Il retira les quatre faux avant la manifestation, qui se déroula, morne et normale, comme toujours, en mars.

Hélas ! l'affiche de la Galerie 65 sortit à cette même époque. Et le vilain soleil fabriqué par Elmyr prit la relève du catalogue noir et blanc. C'en était trop ! L'Association des marchands de tableaux de France informa le procureur de Pontoise, qui délivra une commission rogatoire (c'est-à-dire une mission d'enquête) à un policier : l'inspecteur Legoffic ! Il appartenait pourtant à la police parisienne. Or le procureur de Pontoise souhaitait que toute l'affaire soit concentrée dans la capitale. Il suffit alors à Legoffic de tirer quelques ficelles et on lui confia le dossier.

Il n'eut pas à réfléchir longtemps. Dès le début, son opinion était faite, une sorte d'illumination à la Maigret. D'ailleurs il se prenait pour un héros de polar, avec son imperméable et ses sous-entendus pleins de sagacité — croyait-il. Selon lui, Legros vendait des tableaux, Elmyr les peignait. Seule la preuve manquait.

Les marchands américains de l'A.D.A.A., qui suivaient ces événements avec la plus grande attention, jugèrent que l'heure de la mise à mort avait sonné. Ils ne pouvaient se battre en France ; mais en Amérique, ils savaient comment détruire Legros : leur arme absolue s'appelait Algur Meadows.

Au début de février 1967, le musée de Dallas envoya des invitations aux critiques marchands pour un vernissage. (J'ai oublié le nom du peintre en question.) Vingt marchands de l'A.D.A.A. vinrent admirer les toiles afin de se donner une contenance. La cérémonie terminée, ils demandèrent au directeur du musée de les emmener chez le milliardaire. Comme cela se passait un dimanche, il se trouvait certainement chez lui. Inutile, donc, de perdre du temps pour le prévenir. Le directeur accepta.

Quand le bel Algur vit arriver l'A.D.A.A. dans son orgueilleuse Mansion House, il sentit que toute résistance serait inutile. Un critique isolé, on peut le faire chasser de la ville, mais vingt marchands incarnant la Vérité et la Vertu... Surmontant sa colère, il sourit, s'effaça, et les envahisseurs défilèrent lentement devant les cinquante et quelques tableaux de sa collection. Le visage fermé, l'air compétent, ils jugèrent à l'unanimité que tout était faux !

Il en fallait plus pour démonter un ex-vendeur de voitures. Meadows sortit ses certificats, ceux des veuves Derain, Vlaminck, Marquet, de Jeanne Modigliani, ceux de Pacitti, de Maurice Malingue et d'Ebstein, celui de M. Lorenceau qui avait expertisé son grand Vlaminck, rien que des spécialistes de renommée mondiale, aux titres ronflants. Il agita des papiers signés par M. Dubourg, il lança des noms respectés. Comment ces marchands yankees, d'anciens vendeurs de chaussures ou de voitures, reconvertis dans la peinture pour la plupart, osaient-ils le défier, lui et ses garants ?

Dès qu'ils se furent retirés, il écrivit à son cher Fernand pour lui raconter cette incroyable affaire. En conclusion, il lui suggéra d'échanger ses tableaux contre d'autres d'une valeur équivalente ; ce serait la meilleure façon de se tirer de ce mauvais pas, puisque si l'on revenait le déranger, il pourrait répondre : « Désolé, les tableaux incriminés ne sont plus ici, je les ai remplacés. Laissez-moi tranquille ! »

De retour à New York, les marchands de l'A.D.A.A. se précipitèrent chez Joe Stone, le *district attorney* de la ville, très compétent en matière d'escroquerie artistique. Malheureusement, la police d'un État ne peut se mêler des affaires d'un autre État. Les marchands s'en allèrent donc dénoncer M. Meadows au fisc.

J'ai raconté comment Algur payait ses tableaux une somme dérisoire.

Sa collection ne lui avait coûté que cinq cent quarante mille dollars. Les estimations des assurances avaient pourtant évalué sa collection à des millions, qu'il avait déduits de ses impôts. Le fisc lui fit connaître son intention d'examiner ses comptes.

Meadows, comprenant que le moment était grave, prit toutes ses toiles, ses certificats, et les emmena à New York chez le seul marchand qui n'avait pas participé à l'expédition de Dallas : Daniel Wildenstein. Il commença par lui acheter pour un million et demi de tableaux. En dollars, bien entendu. Ainsi coupait-il court aux récriminations de l'A.D.A.A. qui l'accusait, entre autres, de ne

jamais rien dépenser aux États-Unis. Quant à la galerie Wildenstein, elle ne pourrait rien lui refuser. Philippe Huisman, le
directeur, partit pour Paris afin de vérifier l'authenticité des
certificats. Il revint avec un verdict positif. Aussitôt, Algur convoqua la presse, déclara que ses tableaux étaient authentiques,
puisque les certificats avaient été confirmés.

Le fisc voulut alors brusquer les choses. On annonça une
perquisition à Mansion House, une saisie des toiles et des certificats. L'avocat du milliardaire lui conseilla de faire passer le tout en
France, d'autant plus que Legros avait fini par répondre à la lettre
d'Algur : il refusait d'échanger quoi que ce soit. D'autres soucis
l'occupaient, disait-il.

Les Wildenstein mirent les cinquante-huit toiles à l'abri dans
leurs bureaux de la rue La Boétie : aux États-Unis, comme partout,
en supprimant le corps du délit, on supprime le délit lui-même.
D'autre part, l'affaire de Pontoise avait mis Fernand en grand
danger. Meadows se félicita donc qu'il ne veuille rien troquer, car il
n'avait pas envie d'être désigné comme complice. Cependant, il ne
déposa pas plainte : pour la législation américaine, la prescription
intervient au bout de sept ans. Dans des cas très rares, la justice
peut porter le délai à quatorze ans. Donc Meadows, dans le pire des
cas, pourrait laisser ses faux hors d'Amérique, coupant court à
toute enquête pendant plusieurs années, pour les ramener quand le
ciel serait dégagé. Nul ne pourrait vérifier ses abattements fiscaux,
ni pendant, puisqu'il n'aurait plus ses tableaux, ni après, puisque les
poursuites seraient interrompues d'office. Il gagnerait sur toute la
ligne.

Ces péripéties m'inquiétaient, m'énervaient, m'épouvantaient
parfois. Mes reins, qui m'avaient laissé tranquille depuis des
années, se révoltèrent. Je fus pris de coliques néphrétiques, jusqu'à
trois fois par semaine, qui me firent pleurer de douleur et
m'épuisèrent tout à fait. Ma galerie avait échappé à la saisie parce
qu'elle n'était pas à mon nom, mais à celui de la société que j'avais
constituée lors de la promesse de vente ; je ne pouvais l'utiliser,
puisque j'étais inculpé et que mes tableaux avaient été mis sous
séquestre. J'aurais pu travailler en utilisant un homme de paille,
mais je ne l'ai pas fait, de même que je n'ai jamais eu l'idée de
peindre un Vlaminck ou un Dufy pour gagner de l'argent. Ce n'est
pas ma manière, je n'y peux rien.

J'ai quitté l'hôtel Montalembert pour m'installer chez Nadia, à
Boulogne. Un tableau avait échappé au séquestre, je réussis à lui
trouver un amateur, ce qui me remit un peu à flot. Mes parents
apprirent ma situation. C'est alors que mon père m'aida d'une façon
magnifique en hypothéquant sa maison et en m'envoyant de petites

sommes de temps à autre par l'intermédiaire d'une banque canadienne ; cela, L'Adjudant ne l'apprit jamais. Jacques Imbert finit par me remettre sa démission, s'envola pour les États-Unis. Ainsi va la vie, ainsi fuient les amis.

Les finances de Legros n'étaient guère plus brillantes que les miennes. Roger Hauert, qui l'avait tant défendu quand il était riche, lui expliqua sa nouvelle façon de voir la situation : ces certificats derrière lesquels Fernand s'abritait, ces remparts qui le protégeaient contre toutes les accusations, il suffisait que le bataillon des veuves émette quelques doutes pour les abattre. Maître Hauert les défendait depuis assez longtemps et savait qu'un rien les affolait. Elles pouvaient revenir sur leurs avis ou même contester les jugements des experts. A Legros donc de trouver un moyen de les faire tenir tranquilles.

Fernand, qui avait compris, malheureusement un peu tard, qu'Elmyr faisait un très mauvais faussaire, entreprit de me ramener au bercail, une fois de plus. Il avait déniché le numéro de Nadia à Boulogne. Il recommença ses appels incessants.

— Où est Réal ? Fouillez dans votre lit et passez-le-moi !

Quand j'étais là, je raccrochais. Un jour, sur les Champs-Élysées, il me rejoignit par surprise. Se trouvait-il là par hasard, m'avait-il suivi ? Toujours est-il qu'il m'attrapa par le bras. Cela me mit en rage.

— Tu vois dans quel pétrin tu nous as fourrés avec tes dénonciations ! Salaud !

— Mais mon ange, tu es injuste, écoute...

Le scénario habituel se déroulait, je l'insultais, il criait... Les gens nous regardaient nous chamailler tantôt goguenards, tantôt choqués. Quand nous fûmes bien fatigués, Fernand se mit à pleurer.

— Tu vois, si tu avais travaillé pour moi, tout ça ne serait jamais arrivé !

En reniflant, il me raconta ses malheurs, les avertissements de Hauert, les persécutions de Legoffic, et termina par un « Tout ça, c'est de ta faute ! » qui me laissa pantois.

La presse s'empara de l'affaire. Quand on croit un tableau authentique, on le paie des millions, rarement pour le simple amour de l'art ; s'il ne l'est pas, il ne vaut pas un sou. Entre les deux extrêmes, il n'y a rien à acheter. Acheter un faux ou brûler des liasses de billets de cinq cents francs, c'est pareil. Rien n'attire autant les journalistes que les crimes contre l'argent. Ils se mirent à courir entre Paris, New York et Dallas, assiégèrent Meadows, interviewèrent tout le monde et n'importe qui. Des chiffres circulèrent, multipliés par dix, cent, mille, plus encore. *Time Magazine* voulut entendre ma version des faits et me proposa une forte somme contre mon témoignage. Je refusai, évidemment.

Quant à Fernand, fidèle à son personnage, il entra dans le jeu des vrais mensonges et des fausses vérités. Les articles désignèrent très vite un grand responsable, un mystérieux M. X, qui avait gagné des milliards en truquant le marché de la peinture. Ensuite, on révéla que ce M. X habitait le XVIᵉ arrondissement. Les avocats de Fernand firent barrage, menacèrent d'attaquer quiconque révélerait l'identité de leur client. Ensuite, M. X fut localisé avenue Henri-Martin. A la fin, Legros n'y tint plus : il apparut dans *Match*, photographié derrière sa table de marbre, entre ses deux candélabres en plaqué or. « M. X, c'est moi ! Si les tableaux sont faux, vous devez vous en prendre aux experts et aux veuves qui les ont certifiés ! » Tel était son message.

En juin 1967, Meadows, énervé par les questions incessantes des mille et un reporters qui le talonnaient, décida de prendre l'air, au propre comme au figuré. Avec sa femme, il quitta Dallas en avion pour Rome, fit escale à Paris. La presse annonça son arrivée ; Legoffic l'apprit ainsi. Il consulta le fichier des hôtels, localisa le milliardaire au George-V, demanda à un ami journaliste de l'accompagner pour traduire l'entretien et se rendit à la chambre du Texan. Fernand en sortait au moment précis où il arriva. Il venait de rencontrer Meadows qui l'avait rassuré. Tout s'organisait comme il le voulait : ses tableaux en sécurité, on ne pouvait rien contre lui, il ne porterait pas plainte, etc.

Legoffic frappa à la porte, Algur lui ouvrit, découvrit ce bonhomme en imperméable et semelles de crêpe, une carte de la police française à la main. Autant Meadows savait se battre à Dallas, sur son terrain, autant ici, en France, il se sentait désarmé. D'autant plus qu'il ne s'attendait pas à ce qu'on le localise si vite. En outre, Legros venait de sortir de chez lui, et il savait que la justice le soupçonnait ; tout cela le désarçonna complètement. Legoffic, le voyant intimidé, profita de son avantage et entra dans la chambre. Aidé par le journaliste qui traduisait questions et réponses, il l'interrogea. Meadows reprit ses esprits, comprit qu'on ne l'accusait de rien. Il se détendit alors, raconta comment il avait acheté des tableaux à Fernand, les certificats, les accusations de l'A.D.A.A., etc. Le journaliste tapait sur sa machine portable ce que Meadows prenait pour une déclaration. Il signa en bas de la page, persuadé que ce n'était qu'un simple témoignage. En réalité,

Legoffic venait de lui faire entériner une plainte contre X, pour faux artistiques.

A l'affaire de Pontoise venait s'ajouter l'affaire Meadows. La première était parfaitement justifiée, la seconde n'aurait jamais dû exister. Legoffic avait été nommé pour la première. Il ne pouvait absolument pas interroger Meadows. Dans un État de droit, la plainte de la partie offensée doit précéder les poursuites. Or Meadows, l'offensé, n'avait rien demandé à personne. Et quand bien même il l'aurait fait, Fernand possédait un passeport américain depuis 1965. Un délit commis par un Américain aux États-Unis ne peut être jugé que par un tribunal américain. Legoffic extorqua donc une plainte à Meadows en estimant que Fernand était encore français au moment des premières ventes. Là encore, son raisonnement ne résistait pas à l'analyse juridique : il faut que le délit soit punissable dans le pays où il a été commis ; la loi sur le faux artistique, aux États-Unis, demeure l'une des plus floues du monde. Il aurait fallu que Meadows déposât une plainte auprès du procureur de Dallas, qui aurait dû la transmettre à son homologue français par la voie diplomatique. Pour couronner le tout, au fichier central de la police parisienne, la fiche sur laquelle était mentionnée la nationalité française de Legros avait disparu ; il n'y figurait que comme citoyen américain.

Compte tenu de toutes ces erreurs, les démarches de l'inspecteur Legoffic devaient être annulées, et aucune procédure ne pouvait être légalement engagée. Il avait commis un abus de droit. Nul ne voulut remarquer cette accumulation d'irrégularités. Sur ces bases aberrantes débuta l'une des procédures les plus volumineuses de l'histoire judiciaire française.

Legros, qui n'était pas encore inculpé, s'envola pour Ibiza où il réussit à enfoncer la porte de la Falaise, et s'installa. Des amis me téléphonèrent la nouvelle, je me précipitai dans l'île, j'alertai le juge. Il refusa de se mêler encore de cette histoire de fous, m'ordonna d'habiter avec Legros en attendant que le tribunal décide, puisqu'un procès était en cours.

Plutôt me pendre ! La princesse de Transylvanie me rencontra alors que je tentais de noyer ma déception dans l'alcool à la terrasse d'un café. Il s'installa à ma table, où Clifford Irving vint nous rejoindre. J'entendis alors l'histoire la plus échevelée qui se puisse inventer.

Puisque la France et l'Amérique vivaient à l'heure du scandale Legros, puisqu'il ne se passait pas un jour sans que la presse parle de faux tableaux, ils avaient conçu le projet d'écrire un livre sur la peinture. Un soir, dans un bar d'Ibiza, Clifford avait demandé à Legros de participer à cette œuvre mémorable. Fernand l'avait fort mal pris, Clifford s'était énervé et ils en étaient venus aux mains. L'écrivain pesait deux fois le poids de Fernand, malgré cela il avait battu en retraite, furieux et amoché.

Je ne savais trop s'il fallait en rire ou en pleurer, quand Clifford et Elmyr me soumirent leur conclusion : ils allaient éliminer Fernand. Le tuer. L'assassiner ! Leur méthode serait des plus simples. Il suffisait de prétendre se réconcilier avec lui, de l'entraîner dans un bistrot et de verser dans son whisky une énorme dose de L.S.D.

— Vous êtes fous ! Et vous croyez que je vais vous laisser faire ça ?

Ils protestèrent que leur décision était prise, qu'ils agiraient sans tarder, que la vie serait tellement plus facile pour tout le monde, et qu'après tout ce qu'il m'avait fait endurer, je devrais plutôt me réjouir de la disparition de « ce diable de petit Legros ».

Sans perdre une minute, j'ai couru à la Falaise, attrapai Fernand par le bras.

— Viens, il faut qu'on rentre à Paris !

— Et pourquoi, mon ange ?

— J'ai des choses à te dire, mais pas ici !

Il sourit, enchanté de ce qu'il considérait comme une réconciliation. Je le poussai dans l'avion du soir. Avant tout, il devait quitter l'île, s'éloigner de ces deux fous.

Arrivé en France, le pauvre Fernand connut une grande déception : je lui sauvais la vie, mais je gardais la mienne pour moi. Alors il reprit la direction d'Ibiza, bien décidé en cas d'alerte à tirer le premier.

Elmyr, prudent, s'évapora discrètement, quelque part vers l'Est, nul ne sut où exactement.

Nadia m'accueillit et pleura d'abondance : Legros, pendant que je me débattais à Ibiza pour récupérer ma maison, avait retrouvé ses manies téléphoniques. Après son retour là-bas, il continua, sans doute ulcéré par sa méprise à mon égard. Pendant des heures il la menaçait de mille calamités, lui conseillait de m'abandonner et lui expliquait pourquoi. Non seulement il me volait ma maison, mais en plus, il persécutait ma fiancée, avec mon téléphone et à mes frais !

Pendant cet été 1967, Paris devint un enfer. Un nouveau juge d'instruction fut nommé, succédant à celui qui m'avait interrogé la première fois : M. Jouffrault. Maître Deutch se joignit à maître Ceccaldi pour me défendre. Il fallait bien cela : M. Jouffrault me convoquait jusqu'à trois fois par semaine. Mes crises de coliques néphrétiques m'avaient épuisé et il m'arrivait d'en souffrir presque sans arrêt, avec parfois un jour ou deux de répit entre deux crises.

Je crois qu'il jouait sur mon état de santé pour me faire craquer, me pousser à révéler Dieu sait quoi. Maître Ceccaldi m'avait conseillé d'éviter l'envoi de certificats médicaux pour échapper à ces interrogatoires épuisants, car le juge aurait été trop content de lancer un mandat d'arrêt contre moi.

On avait presque oublié mes problèmes de douanes. L'affaire de Pontoise et le dossier Meadows occupaient tout le monde. Comme j'avais passé des années avec Fernand, j'étais devenu un témoin central. Dans les couloirs du Palais, il m'arrivait de croiser Legoffic. Un jour, il m'exposa sa théorie fulgurante à propos d'Elmyr, faussaire de Legros. Il paraissait tellement pénétré de cette idée que je trouvai le courage de ne pas rire. Devant mon air intéressé, il me conseilla d'appuyer sa thèse. Sans doute lui tenait-elle à cœur. Je le vis souvent sortir de chez le juge au moment où j'entrais. Celui-ci finit par adopter les vues de l'inspecteur. Chaque fois qu'il m'interrogeait là-dessus je soutenais le contraire, sans lui révéler pour autant le rôle que j'avais tenu dans les opérations de Legros. Un jour, excédé, il se lança dans une grande diatribe qui me laissa pantois, et mes deux avocats aussi.

— Lessard, écoutez-moi bien. Cette histoire est monumentale. Nous subissons des pressions de la part des marchands de tableaux français et du Comité d'art français, de l'A.D.A.A. et du *district attorney* de New York. Tous les jours, la presse se gargarise de cette affaire, lui consacre ses gros titres. Il faut régler cela, très vite, c'est d'une importance capitale. Tout l'art français est remis en question, son marché à l'étranger est bouleversé par ce fou de Legros. Vous êtes le seul à pouvoir éclairer ce qui est si obscur pour nous tous. Qu'avez-vous à dire ?

— Je n'ai pas été l'ombre de Fernand Legros.

— Écoutez-moi bien. Je vous donne un sujet de réflexion pour les vacances : j'ai un marchand de faux tableaux, Legros, qui connaît un individu, de soixante-deux ans, faussaire en tous genres depuis 1927. Nous avons établi la relation entre eux. Aidez-nous à les faire condamner tous les deux, surtout Legros. Arrangez-vous pour localiser le Hongrois. Legros, je pourrai toujours le retrouver, même au bout du monde. Mais le Hongrois, c'est pour moi plus difficile, car il a déjà utilisé quarante-cinq identités différentes. Il n'est pas exclu qu'on le laisse en paix à l'étranger, s'il confirme qu'il a peint les tableaux de Legros, hors de France. A vous de jouer, de me trouver ce Hongrois en fuite. Ainsi, si tout se déroule comme nous l'entendons, vous aurez prouvé votre bonne foi et vous obtiendrez un non-lieu pour votre affaire. Par contre, si vous décidez de fuir, je vous rechercherai sur la terre entière, même au Canada.

Maître Ceccaldi fit remarquer :

198

— Monsieur le juge, vous exagérez : s'il se réfugie au Canada, compte tenu de sa nationalité canadienne, vous ne pourrez rien contre lui. En droit anglo-saxon, vous êtes perdant dès le départ, car il n'y a aucune charge contre lui, et vous le savez bien !

Le juge changea de conversation, ce qui était plus prudent, ses lacunes en droit international devenant trop évidentes. Il aborda la situation de Meadows, nous confia qu'il n'écartait pas la possibilité de l'inculper en cours de route, bien qu'il soit plaignant. Ce genre de péripétie rarissime frise l'absurde, mais on l'a déjà vu ! Quand il vit que j'explosais de rire, et mes deux avocats aussi, il leva la séance.

Au cours de cet entretien, le juge m'avait mis un marché en main, ouvert une porte de sortie dans ce labyrinthe dément où je me perdais jour après jour. C'était une pression supplémentaire, encore plus affreuse que les brutalités de L'Adjudant. Ainsi, il voulait Elmyr... Mieux que personne, le Magyar savait se transformer en anguille. Chaque fois qu'il changeait de nom, l'enquête devait repartir de zéro. Fernand avait trop besoin de se montrer et de briller pour passer inaperçu. Mais surtout, en me suggérant de lui ramener Elmyr, M. Jouffrault me révélait l'impuissance de la police, face à un délinquant un peu malin et grand voyageur.

Notre dernière rencontre demeure l'un des plus noirs souvenirs de cette atroce période. J'étais fatigué à mourir, mes reins me torturaient. M. Jouffrault revint à sa marotte : Elmyr-faussaire lié à Fernand-escroc. A bout de nerfs, je lui lançai :

— Mais, monsieur le juge, et si c'était moi qui avais peint tous ces tableaux, que diriez-vous ?

A peine avais-je prononcé ces paroles que je me sentis mourir de peur. Il ne le vit point, prit un air furieux.

— Lessard, j'ai un faussaire en tous genres depuis 1927 et j'ai un marchand de tableaux... Vous, vous risquez de finir chez les fous ! Il y a de très bonnes cliniques psychiatriques en France !

Je croyais entendre maître Hauert. Nous nous séparâmes jusqu'en septembre, puisque les vacances judiciaires paralysent tribunaux et enquêtes pendant l'été, laissant les accusés avec leur angoisse et les plaignants avec leur insatisfaction. Je résolus d'en profiter pour reprendre un peu de forces.

Vint le mois d'août. J'aurais aimé aller à Ibiza, mais la Falaise était tombée aux mains des envahisseurs. Fernand avec sa bande de parasites y menait grand tapage, donnant interviews et conférences de presse comme s'il était chez lui. Je n'avais ni l'envie ni la force de me battre.

Je me repliai sur la Suisse, où Fernand n'irait pas, pour retrouver le calme et faire le point. Pendant huit ans, j'avais été broyé, manipulé par Fernand Legros. Mais de lui, j'acceptais la méchanceté, la tricherie, le mensonge, et si je l'avais quitté, je demeurais néanmoins lié à lui, si profondément que cela ressemblait à une appartenance. Depuis huit mois la justice m'avait transformé en jouet qu'elle lançait contre tous les murs pour voir comment je rebondirais. Elle m'avait menacé, rassuré pour mieux me terroriser ensuite. Mais il s'agissait là d'un jeu cynique : elle voulait Fernand, je ne l'intéressais pas, j'étais un rouage, rien d'autre. Une sensation de solitude bien plus douloureuse que tout ce que j'avais pu éprouver, même à Saint-Saphorin, le soir où j'avais tenté de disparaître, imprégnait toutes ces journées.

Et pourtant, pendant toutes ces années de persécutions légales je n'ai pas eu envie de me suicider. Peut-être parce que mes reins ne me laissaient pas de répit ; quand on est malade, on veut guérir sans y réfléchir. Mais en plus, je gardais, gravée au fond de ma conscience, la certitude qu'un jour interviendrait un jugement qui me libérerait.

Une semaine en Suisse me remit à peu près d'aplomb. Août tirait à sa fin, il faisait un temps radieux. J'étais en train de déjeuner avenue de la Gare, à Lausanne, quand je vis arriver... la princesse de Transylvanie, ondulant des hanches comme toujours, qui me faisait de grands sourires. Il s'installa à ma table, prit un air catastrophé et, d'un ton pleurnichard, me débita la litanie de ses soucis. La présence de Fernand à Ibiza le perturbait plus que tout le reste, car elle accréditait la thèse de Legoffic selon laquelle c'était lui le faussaire. En fait, Elmyr avait une peur bleue de Fernand. La tentative de meurtre au L.S.D. avait dû déplaire au pharaon.

Pendant qu'il se lamentait, je réfléchissais à toute vitesse. Jouffrault m'avait demandé la confession du Hongrois. S'il s'exécutait, l'affaire serait très vite bouclée, Legros jugé par défaut pour ne pas perdre de temps, et la justice aurait démontré une fois de plus qu'elle savait frapper juste et fort.

J'interrompis ses jérémiades et lui racontai ma dernière entrevue avec le juge. Son visage s'illumina, il battit trois fois des cils : je venais de lui ouvrir une porte de sortie, d'autant plus que je n'avais pas oublié la phrase la plus importante pour lui — « On le laissera en paix à l'étranger »... Il croisa les jambes et tapota la table d'un air décidé.

— Fais déguerpir Fernand de ta maison, et d'Ibiza surtout. Sinon, je déclare publiquement que j'ai peint tous ses tableaux ! Débrouille-toi !

Cela s'appelle retourner sa veste.

Il se détendit, bavarda de choses et d'autres. Entre deux

escroqueries Elmyr pouvait se montrer charmant. C'est là que je commis une faute que je regrette encore, et qu'il faut mettre sur le compte de la confusion mentale dans laquelle je me trouvais depuis trop longtemps : j'évoquai une sculpture de Giacometti que j'avais acquise après avoir quitté Legros. Je l'avais confiée à la galerie Engelberts de Genève, une excellente maison, afin qu'elle la vende. Cela, L'Adjudant ne l'avait pas découvert. Personne ne l'avait achetée, je voulais donc la négocier moi-même. Or la galerie demeurait obstinément close pendant le mois d'août. En septembre, je serai repris par le tourbillon judiciaire. Comme d'autre part tous mes faits et gestes étaient minutieusement observés, je ne voulais pas prendre le risque de revenir à Genève et de récupérer moi-même la sculpture. L'Adjudant aurait été trop heureux de me la confisquer. Elle valait bien quarante-cinq mille francs !

Le Hongrois, les yeux humides d'affection, me proposa de se charger de cette tâche. Il irait chercher mon bien et le confierait à un tiers qui me le remettrait discrètement. Enchanté, je lui signai une décharge, il me signa un reçu. Je lui précisai qu'il n'y aurait aucun problème avec la douane suisse, puisque j'avais fait établir un passavant provisoire, qui suspendait toute imposition.

Ce bon Elmyr, dès le 1er septembre, s'en alla prendre mon Giacometti, le vendit aussitôt au musée de l'Athénée pour le tiers du prix, puis oublia évidemment de me remettre l'argent ainsi gagné.

Je revins à Paris pour répondre à quelques interrogatoires. C'est alors que Nadia m'apprit qu'elle attendait un enfant. Ce fut comme une bouffée de printemps dans ce monde de dossiers, d'inquisiteurs et de traîtres. Enfin, il y avait un espoir sur cette terre, un petit qui allait naître, à qui j'apprendrais le bonheur. Il fallait que se termine ce mauvais roman judiciaire, et vite : la vie m'offrait désormais un chapitre bien plus important. Je n'eus plus qu'une idée en tête : obtenir un non-lieu. Pour cela, il devenait vital que Fernand quittât l'Europe afin qu'on le juge par défaut, sans interrogatoires ni confrontations.

Je descendis à Ibiza pour le rencontrer. La ville résonnait de mille rumeurs : Elmyr avait disparu, nul ne savait où il était passé. La princesse Mikhailovitch, qui régnait sur Ibiza depuis des années, prétendait que Fernand l'avait assassiné en le jetant du bateau qui reliait Barcelone à l'île. Cette princesse Mikhailovitch était une Elmyr femelle. La cinquantaine depuis déjà quelques années, encore belle et élégante, elle comptait parmi ceux qui attrapent particules et titres. Elle avait le bras fort long, savait se faire craindre, respecter et inviter. Le futur roi Juan Carlos et son épouse l'honoraient de leur amitié, jusqu'au jour où ils la chassèrent parce qu'elle croyait pouvoir les manipuler comme ses marionnettes d'Ibiza. Pour l'heure, elle n'avait encore rien perdu de sa puissance. On l'écoutait avec avidité, sauf Fernand qui s'en moquait. Ce dernier donnait des conférences de presse, racontait aux journalistes comment on vend des tableaux et, pour manger, empruntait de l'argent à son avocat Tuells Andrés, qui lui en prêtait volontiers, persuadé qu'il avait caché un magot. J'ajoute que cela n'empêcha pas Legros de vendre les meubles de ma maison pour améliorer son ordinaire.

Après l'ambiance sulfureuse de Paris, je me retrouvai dans un Ibiza clochemerlesque. Fernand voulut bien m'accueillir chez moi. Il avait un pied dans le plâtre : au cours d'une bagarre, shootant dans une voiture, il s'était fracturé la cheville. Je le mis en garde. Le juge voulait le confondre. Si Elmyr avouait qu'il avait peint pour lui, il n'aurait plus aucune chance. Il devait sans tarder quitter la Falaise, et l'île, et même l'Espagne. On le jugerait par défaut. Cinq ans plus tard, tout serait effacé, il pourrait revenir à Paris, reprendre ses activités — sur d'autres bases, évidemment.

Au lieu de m'écouter, il me rit au nez, je me mis en colère. Le ton monta : il m'ordonna de m'enfuir avec lui au Canada. Je refusai, ce qui le rendit encore plus furieux, car il craignait que je ne raconte toute la vérité au juge. Entre les divagations d'Elmyr et un vrai témoignage tel que j'aurais pu le faire, il y avait un monde, précisément celui de la prison en ce qui concernait Fernand.

Il quitta la Falaise vers le 1er novembre, alla se cacher à Madrid, dans l'indifférence générale : sur les vols intérieurs, en Espagne, il n'y a pas de contrôle. Carlo Mossy et quelques parasites chargèrent sa Buick avec les bagages, raflèrent mes bibelots, des brimborions sans valeur, mais auxquels je tenais et le rejoignirent par la route.

Lorsque Nadia apprit ce départ, elle soupira de bonheur. Enfin elle m'aurait pour elle toute seule ! Dans la seconde semaine de novembre, nous nous rendîmes ensemble à Ibiza. La maison m'appartenait, personne ne viendrait plus tambouriner à la porte en revendiquant des droits insensés.

Le 14, je fis un voyage éclair à Paris, parce que Jouffrault voulait m'interroger une fois de plus. Nadia demeura à la Falaise, nous avions prévu de fêter son anniversaire en tête-à-tête le lendemain soir. Pour ses trente-six ans, Fernand avait offert ma tête aux Douanes. Pour mes vingt-huit ans, le juge m'offrit un mandat d'arrêt international contre Legros. J'aurais préféré un autre cadeau.

Je revins le 15 à Ibiza, trouvant Nadia en larmes, et Fernand qui m'attendait.

— Tu es fou ! Qu'est-ce que tu fais là ? On va t'arrêter !

— Je sais, mon avocat m'a prévenu hier. Mais je voulais te souhaiter ton anniversaire, mon ange !

Les bras m'en tombèrent. En sanglotant, Nadia m'expliqua qu'il était arrivé la veille, qu'il avait fouillé toute la maison pour me trouver, exploré la campagne au volant de ma vieille Fiat, que je l'avais trahie en l'invitant, etc. Ce fut un anniversaire inoubliable.

Le retour à Paris fut des plus maussades. Nadia s'enferma dans un silence buté, refusant même de m'entendre. Cent fois j'appelai chez elle, cent fois elle raccrocha. Je mis cela sur le compte de son état. Au bout de quelques jours, elle me téléphona pour m'annoncer que ces émotions avaient eu un effet dramatique : l'enfant qu'elle portait avait cessé de vivre, elle l'avait perdu. Il fallait que je la laisse tranquille. Tout était fini entre nous. Je demeurai muet, assommé par ce drame. Elle raccrocha.

Vers la mi-décembre, Fernand m'appela de Cascaï, un petit port près de Lisbonne et d'Estoril, au Portugal. Il me demandait de le rejoindre, pour me remettre toutes ses déclarations signées. Je pourrais ainsi les apporter au juge Jouffrault et au procureur de la République. Mon vœu de le voir juger par défaut, rapidement, serait ainsi exaucé. De son côté, il partirait pour l'Amérique du Sud où les poursuites étaient plus difficiles.

J'arrivai dans cette petite ville toute blanche dans la grisaille de décembre. Fernand Legros n'existait plus. A sa place, je découvris un pauvre homme accroché à des béquilles, triste et vaincu par la vie. Autour de lui, Carlo Mossy, Patrick et David, pendus à ses basques, ressemblaient à des tiques qui s'agrippent à un cadavre. Une cassette d'Amalia Rodriguez repassait sans cesse, lancinante.

> *Y tu, que crias el rey de todo el mundo...*
> *La vida es la roleta que apostamos todos*
> *Y a ti t'avia no mas de ganar...*
>
> *[Et toi qui te croyais le roi du monde entier...*
> *La vie est comme la roue de la fortune*
> *Et ta chance t'a quitté...]*

Avec une délectation morbide, il écoutait ces paroles qui résumaient si bien sa situation. D'un ton morne, il me parla de sa folie qui l'avait poussé à me dénoncer l'année précédente, de ses regrets, de son amitié. Son arrogance, son orgueil s'étaient évanouis ; il n'en restait rien, rien qu'une immense fatigue. Un peu avant de partir, il me pria de ne pas remettre tout de suite sa déclaration au juge. Elle était datée du 20 janvier, et rédigée au Caire afin de brouiller les pistes, car il voulait avoir le temps de se cacher, au Brésil sans doute.

A l'aéroport, malgré le mandat d'arrêt, nul ne sembla le reconnaître. Le Portugal, comme l'Espagne, ne souhaitait pas se lancer dans une aventure judiciaire avec ce personnage trop remuant. Quand je le fis monter dans l'avion qui allait l'emmener de Lisbonne à Rio, je sentis mon cœur se serrer. Avec son pied dans le plâtre et son regard vide, il faisait pitié. Un peu avant de partir, il m'avait demandé de prendre soin de ceux qu'il aimait s'il venait à se suicider.

A l'hôtel Montalembert, une lettre m'attendait. Nadia m'annonçait qu'elle disparaissait pour toujours, avec un officier grec récemment rencontré, que cela valait mieux parce que jamais Fernand ne nous laisserait en paix, et que jamais je ne parviendrais à le chasser de mon existence.

J'avais presque envie de rire. Il venait juste de partir, définitivement lui aussi, de l'autre côté du monde, et elle choisissait ce moment précis pour rompre ! J'étais passé par tant de naufrages que celui-là ne me surprit pas plus que les autres. Peut-être finit-on par prendre l'habitude du malheur... J'avais tout perdu, le bébé, Legros, et maintenant Nadia. Il ne me restait rien, hormis l'espoir de sortir de ce maelström. Si la justice s'apaisait, les destins se calmeraient...

Trois ans plus tard, des amis la rencontrèrent à Athènes. Elle tenait un enfant par la main, qui avait mes taches de rousseur, mon sourire, mon regard. Elle parut gênée, répéta plusieurs fois qu'il était né des œuvres du Grec, un homme pourtant bien noir de poil et brun de peau. C'était mon fils, qu'elle n'avait jamais perdu, qu'elle m'avait volé et qui était venu au monde six mois après sa fuite. Le Grec endossa la paternité et je n'aurais jamais dû l'apprendre. Je crus devenir fou ; comme Legros, j'engageai un détective, qui découvrit son adresse à Athènes. J'écrivis, téléphonai, en vain. Elle ne voulait pas me montrer mon petit, refusait même qu'il connaisse mon existence. Quand, en désespoir de cause, je suis allé chez elle, le Grec m'a fait reconduire à l'aéroport par des soldats en armes qui m'ont chassé du pays.

Les années ont passé. J'ai beaucoup réfléchi, et j'ai choisi de ne pas traumatiser l'enfant en lui assenant la vérité. Qu'il grandisse, qu'il se forme, qu'il ouvre les yeux lui-même. Plus tard, quand il sera majeur, j'espère de tout mon cœur qu'il viendra me voir, qu'il me donnera son amitié, qu'il acceptera ma confiance, et qu'en le regardant je reconnaîtrai en lui, comme sur un tableau, tout ce qu'il y a de bon en moi.

Je passai Noël au Canada. C'est cette année-là que mon père m'a ouvert ses bras, que j'ai découvert combien il m'aimait. Il avait fallu que j'atteigne le fin fond du désespoir pour que nous puissions nous rencontrer. J'avais dissimulé mon existence à mes parents, mais désormais ils n'en ignoraient plus rien, et ils ne m'en aimaient pas moins, au contraire. J'ai toujours eu besoin d'une famille. Cette année-là tout particulièrement — peut-être parce que j'avais été si près d'en fonder une —, la mienne m'a donné toute cette tendresse que je croyais avoir perdue à jamais.

De retour à Paris, le juge Jouffrault reprit ses interrogatoires. Il voulait savoir où se trouvait Elmyr, s'il avait l'intention de lui faire parvenir sa confession. Je n'en avais pas la moindre idée. Un coup de fil à la galerie Engelberts m'apprit que le baron, avec la décharge que je lui avais signée, avait emporté la sculpture de Giacometti. Il s'agissait d'une œuvre difficile à vendre. Ni moi ni la galerie n'y étions parvenus, je ne me formalisai donc pas de son silence.

C'est alors que des amis m'annoncèrent qu'il se trouvait à Ibiza depuis Noël et qu'il s'était installé dans ma maison. Par une étrange coïncidence, je reçus une lettre de maître Mari Bayonna, mon ancien avocat en Espagne, passé au service du baron avant d'être nommé consul de France à Ibiza. Il m'informait que « M. Dory Boutin » était disposé, selon les besoins de la justice française, à être entendu par commission rogatoire, mais qu'il se refusait à quitter l'île. M. Jouffrault, dûment informé par mes soins, décida d'envoyer deux policiers interroger Elmyr afin qu'il identifie les œuvres vendues par Legros.

Sans attendre, je pris un avion pour Ibiza. La princesse de Transylvanie se prélassait chez moi en toute tranquillité. J'exigeai qu'il vidât les lieux ; il me tendit l'usufruit signé par Fernand. Il n'avait aucune valeur ; cependant maître Mari Bayonna, qui assistait à l'entretien, m'expliqua qu'Elmyr habitait la Falaise depuis deux mois, avait fait constater qu'il s'agissait de son domicile. Seul un tribunal pourrait régler notre différend. Quant à ma sculpture, elle se trouvait chez un transitaire à Genève. A la suite de quoi, on me claqua ma porte au nez.

Je revins à Paris écœuré. Où que je me tourne, je ne voyais que ruine et trahison. Je crois que de recevoir trop de coups finit par anesthésier. Il ne me restait qu'une idée fixe : me sortir du guêpier où Legros m'avait fourré, obtenir mon non-lieu, avant tout.

Les deux policiers partirent à leur tour pour Ibiza et leurs homologues espagnols les conduisirent à la Falaise, où Elmyr les reçut en minaudant. Pendant deux jours, ils lui firent examiner une centaine de photos de tableaux vendus par Legros. Elmyr déclara sans une hésitation qu'il avait tout peint. Puis il fit un peu machine arrière, expliquant que, s'il n'était pas l'auteur de la totalité, il en avait peint une grande partie. On lui demanda de désigner très précisément ses œuvres. Il désigna deux photos : *L'Estacade* et la *Réception à l'amirauté* de Dufy. Or ces tableaux ne pouvaient souffrir le moindre doute. Fernand avait acheté l'un à la galerie Ohana de Londres, l'autre au docteur Roudinesco. J'en possédais d'ailleurs les deux reçus. Pour comble, ces œuvres furent exposées un nombre considérable de fois à la galerie Bernheim pendant les années 30 et 40, au cours de rétrospectives Dufy.

Les policiers rentrèrent à Paris. Comme promis, Elmyr ne fut pas inquiété. Je ne sais si l'on accorda beaucoup de valeur à ses affirmations, mais on continua de me harceler de questions, auxquelles je ne répondis pas plus qu'avant.

Des experts furent nommés, qui examinèrent les quatre toiles de Pontoise et les cinquante-trois de la collection Meadows — leur verdict fut sans nuance : faux ! Quand on sait que parmi ces messieurs figurait l'infaillible expert qui versa vingt et un millions de centimes pour le faux Vlaminck qui devait payer mon assassinat... Six ans plus tard, la Cour de cassation annulera son expertise : il ne pouvait être juge et partie, puisque son tableau avait été mis sous scellés par la justice. En étant propriétaire, il était automatiquement partie !

Les marchands qui avaient porté plainte contre Legros le poursuivaient de leur vengeance. Ses clients particuliers, eux, demeuraient calmes. Un seul, un Canadien nommé Dieter, vint à Paris déposer plainte. Il avait échangé un authentique Vlaminck contre une fausse aquarelle de Dufy, certifiée par Pacitti, qui représentait des chevaux dans un paysage. Mais comme sa transaction remontait à bien plus de trois ans, la prescription annulait sa démarche. Il rentra chez lui avec son Dufy, jurant, mais un peu tard, qu'on ne l'y reprendrait plus !

Mes reins continuaient de me faire souffrir. J'avais consulté tous les spécialistes en urologie possibles. Leur diagnostic concordait : mes crises provenaient de l'état de stress permanent dans lequel je me débattais depuis déjà un an.

En février 1968, alors que je me trouvais à Genève, je fus saisi d'une crise si violente que je perdis connaissance. On me transporta à l'hôpital où les chirurgiens m'enlevèrent le rein droit. J'entendis parler de cancer, de turberculose rénale ; il n'en fut rien. Depuis dix-neuf ans, je me porte comme un charme.

Les persécutions judiciaires m'empêchaient de travailler. J'en avais été réduit à vendre ma galerie part après part, pour ne pas mourir de faim et payer mes avocats. Mais je n'avais pas d'assurance ni de sécurité sociale. C'est le canton de Genève qui me prit en charge, grâces lui soient rendues.

La justice française fut avertie de mon hospitalisation. On voulut bien cesser de me poursuivre. Cependant, des enquêteurs s'informèrent régulièrement de ma santé, car si je venais à mourir, ils espéraient recueillir mes dernières confidences. Je ne leur procurai pas ce plaisir.

Fernand, réfugié au Brésil, m'écrivait des lettres désespérées. « Moïse Abraham traîne la savate sur les places de Rio et ce n'est pas en tout cas à lui qu'on peut demander une aide quelconque. » Il envoyait son courrier chez maître Ceccaldi, qui eut l'imprudence de lui annoncer mon opération.

Aussitôt, bravant le mandat d'arrêt international lancé par M. Jouffrault, il sauta dans un avion, passa sans encombre la douane et les contrôles de police helvétiques grâce à un faux passeport et une perruque. L'un de mes frères faisait ses études à Lausanne. Il alla le voir, apprit où j'étais soigné. Mais la police, qui surveillait discrètement mes proches, remarqua cet étrange visiteur. Le jour où, dans l'hôtel minable qui l'accueillait, il fit un scandale épouvantable parce qu'on ne lui passait pas une communication qu'il avait demandée, deux inspecteurs lui mirent la main sur l'épaule : contrôle d'identité. On reconnut M. Legros, recherché par la police française, et, en attendant de décider son éventuelle extradition, on le mit en prison à titre préventif.

Le problème se présentait sous deux aspects contradictoires : en ce qui concernait l'affaire de Pontoise, le délit de faux artistique n'existe pas dans la législation helvétique. Pour l'affaire Meadows, les tribunaux français ne peuvent juger le délit d'un Américain — Legros — commis au Texas contre un autre Américain.

En matière d'extradition, la culpabilité de l'individu n'entre pas en ligne de compte. Seule la légalité de la demande mérite examen. Quant au bout de huit mois le pour et le contre furent minutieusement pesés, les autorités suisses optèrent pour le doute. Le 24 décembre 1968, Legros fut élargi, assigné à résidence à Genève en attendant que le tribunal fédéral prenne une décision.

Pendant ces huit mois, je demeurai à l'Hôpital général, persuadé que Fernand avait bravé la loi pour venir me réconforter. Il me fallut bien vite déchanter : le procès que j'avais intenté à Fernand en Espagne quand il avait essayé de s'approprier la Falaise avait été jugé, à ses torts, mais je n'en avais pas été informé. Il avait fait téléphoner d'Espagne à mon avocat, lui annonçant que j'avais perdu afin qu'il me le répète ; puis il avait essayé de m'approcher pour m'extorquer une signature, par laquelle je lui céderais ma maison pour une bouchée de pain.

C'est à cette époque-là que Fernand devint le personnage que la légende a gardé : il se laissa pousser la barbe, s'affubla d'un grand chapeau et de lunettes noires. La barbe et les lunettes relevaient de la mise en scène, mais le chapeau avait une utilité : depuis son hépatite, en 1958, il perdait ses cheveux et sa calvitie prenait pour lui des proportions inacceptables.

A peine sorti de prison, il s'employa à n'y point retourner. Deux fois par semaine, il consulta un psychiatre pour lutter contre des « troubles mentaux », fit établir divers certificats selon lesquels un éventuel emprisonnement pourrait lui être fatal. Mais il y avait à ce traitement un autre avantage : s'il arrivait à se faire déclarer irresponsable, aucune justice au monde ne pourrait plus le poursuivre.

Dans mon lit d'hôpital, je reprenais lentement des forces. Puisque j'avais du temps, j'en profitai pour régler quelques problèmes. Ma sculpture de Giacometti demeurait en souffrance chez le transitaire, du moins le croyais-je ; j'écrivis à l'Office des douanes pour demander une prolongation du passavant. Deux inspecteurs vinrent à mon chevet et, très poliment, me réclamèrent 5,4 pour cent des quarante-cinq mille francs, soit le pourcentage sur la valeur déclarée à l'entrée du pays et qui est perçu en cas de vente. Je tombai des nues. Ils me racontèrent qu'à la réception de ma lettre, ils avaient procédé à une petite enquête, dont le résultat me consterna : la princesse de Transylvanie, non contente de s'annexer la Falaise, m'avait escroqué quarante-cinq mille francs. Et il fallait en plus que je paie les taxes là-dessus ! J'ai immédiatement déposé une plainte contre Joseph Dory — celui de ses noms que je croyais authentique. Mais il m'a fallu payer les 5,4 pour cent. Les douaniers ont accepté de me faire crédit ; à leur décharge j'ajoute qu'ils ont toujours été fort corrects, eux.

Un autre visiteur vint à Genève spécialement pour me rencontrer. Je le reçus parce qu'il était un ami de Jonathan Avirom, cet avocat new-yorkais. Il s'agissait de Joe Stone, le *district attorney* de la ville de New York, l'homme que les marchands de l'A.D.A.A. avaient alerté l'année précédente. Comme j'allais un peu mieux, l'hôpital m'autorisa à dîner avec lui, à son hôtel. Joe Stone se montra très amical, très rassurant, et précisa que sa démarche à mon égard était des plus officieuses. Il venait d'interroger Elmyr à Ibiza, et Fernand dans sa résidence surveillée. Le premier affirmait que tous les tableaux étaient faux parce qu'il les avait peints, le second qu'ils étaient vrais. Joe, grand amateur de peinture, ne voulut croire ni l'un ni l'autre. Il me présenta des photos dont beaucoup provenaient des catalogues de Parke-Bernet, me demanda mon opinion. Je lui indiquai sans hésitation les faux et les authentiques. Comme je ne commis aucune erreur, il comprit que mon rôle dans cette histoire dépassait certainement celui du simple secrétaire itinérant. Il me proposa de venir en Amérique, pour révéler la vérité. En échange, il me garantissait une totale immunité. Pour lui, l'enjeu était de taille : le faussaire identifié, il pourrait engager des poursuites officielles contre Legros.

Joe Stone me demandait la tête de Fernand ; pour tout l'or du monde, je ne l'aurais livré à personne. Lui et moi pouvions nous battre à mort, mais détruire Fernand, c'eût été piétiner à jamais nos souvenirs, nos huit années passées à nous construire et à nous déchirer. J'étais fatigué. Je ne me sentais pas le courage de recommencer aux États-Unis ce que j'avais vécu face à la justice française. Je n'avais pas envie de jouer les vedettes. Je voulais la paix, par-dessus tout.

— Je vais réfléchir...

Il a compris que je refusais, il n'insista pas. Pour cette raison, je lui garde toute mon estime.

En 1968, Elmyr se pavanait toujours chez moi, à Ibiza. Il donnait des interviews, clamait à tous vents : « Le faussaire, c'est moi ! » Il fit construire un atelier au-dessus du garage, posa en peintre de génie. C'était nouveau, personne ne l'avait jamais vu peindre, même son amie la plus intime, Edith Sommer, la seconde femme de Clifford Irving. Celui-ci avait modifié son projet de livre sur la peinture. Au lieu de raconter des histoires de marchands, il exécuterait un tableau des faussaires. Je reçus par l'intermédiaire de maître Ceccaldi plusieurs lettres sur son papier à en-tête : « *Clifford Irving, Banco Abel Matutes, Ibiza — Baleares — Spain.* » Chaque fois, il me proposait de participer à l'élaboration de son chef-d'œuvre, d'autant plus qu'Elmyr semblait un faussaire peu crédible. Bien entendu, je l'envoyai au diable. Il ne me le pardonna jamais.

Le livre parut en 1970, sous le titre de *Fake* aux éditions McGraw Hill. J'y suis dépeint sous un jour affreux. Elmyr, qui tire toute la couverture à lui, raconte mille anecdotes venimeuses à propos de gens célèbres comme le prince Ioussoupov qui assassina Raspoutine, la comtesse Palfy, Tomy Esterhazy, le baron de Rhiery, tous personnages importants selon lui dans le marché de l'art, et Gore Vidal, l'un des plus importants écrivains américains, etc.

Look Magazine voulait une pré-publication du manuscrit, mais il y avait trop de zones d'ombre dans le récit. Cela méritait enquête. Clifford avait touché une confortable avance de l'éditeur, une autre du journal. Elmyr, qui était pourtant coauteur, n'avait pas vu le moindre sou. Quand j'ai récupéré ma maison en 1975, j'ai retrouvé la correspondance entre les deux compères. Elle est fort édifiante sur l'art épistolaire.

Dans l'une de ses lettres, Elmyr reprochait à Clifford d'avoir déformé ses paroles, d'avoir agi avec malignité (*vice*) pour l'éliminer de l'affaire, et ajoutait que si ce livre était un échec, c'était à cause de son style déplorable (*Cliff's poor writing*). Il lui réclamait son argent, lui rappelait qu'il lui en avait fait gagner énormément avec son récit — récit déformé pour donner à l'ouvrage un succès de scandale. Et il ajoutait : « *Don't forget that last year, in Ibiza, you made a murder plot to kill Fernand Legros with L.S.D. Several people remember this, and be aware that I am not without protection in Spain...* » [N'oublie pas que l'année dernière à Ibiza, tu as mis sur pied un complot pour tuer Fernand Legros avec du L.S.D. Plusieurs personnes s'en souviennent. Et sache bien que je ne suis pas sans protection en Espagne.]

Clifford, lui, trempa sa plume dans du vitriol pour rédiger une longue épître datée du 7 août 1968 : « *If you must blame someone however, I am sorry to say that the finger points to you. In essence,* Look's *legal research people have come up with so many misrepresentations in the manuscript — e.a. stories you told me which are either untrue or sharply exaggerated — that they feel they must check out every single item.* » [Si tu dois t'en prendre à quelqu'un, j'ai le regret de te dire que tu es le premier responsable. En fait, les juristes de *Look Magazine* se sont trouvés confrontés à tant de graves inexactitudes dans le manuscrit — c'est-à-dire tant d'histoires que tu m'as racontées et qui se révèlent soit fausses, soit largement exagérées — qu'ils éprouvent le besoin de vérifier le moindre détail.]

Et il terminait : « *Since you need money badly, my advice to you is to try and borrow some as you have always done in the past ; from some " opportunist " friend, even if he doesn't have any, will go out and borrow it from someone else to give to you. Of course you needn't give it back. Regards. Cliff.* » [Puisque tu prétends avoir un besoin d'argent impérieux, je te conseille de faire comme par le passé ; tu n'as qu'à en emprunter à un ami « bienvenu », qui, même s'il n'en a pas, ira en emprunter à quelqu'un d'autre pour te le donner. Inutile évidemment de le rembourser. Sincèrement, Cliff.]

Elmyr avait dû marquer sa fureur à mesure qu'il lisait. Ainsi, en marge du paragraphe qui concerne *Look Magazine,* à hauteur de la phrase « *the finger points to you* », il griffonna : « *Points to you !* » A hauteur du dernier paragraphe, il jeta : « *Vicious remark !* »

Le 16 janvier 1969, Clifford écrivit encore à Elmyr : « *There are serious problems of the legality and veracity which must first be ironed out.* » [Il y a de sérieux problèmes sur le plan de la véracité et de la légalité qui doivent, avant tout, être éclaircis.]

Suivait une liste de dix-neuf questions auxquelles le service juridique de l'éditeur voulait une réponse. En voici quelques-unes :

« 1°) On ne trouve aucune trace du prince Ioussoupov, ni de la comtesse de Palfy, ni de Tomy Esterhazy, ni du baron de Rhiery. Es-tu absolument certain que ces gens ont existé ? »

(Elmyr connaissait ces noms prestigieux. Des comparses s'en affublèrent, se firent passer pour des nobles d'Europe centrale comme lui : il les présenta à de nombreux amateurs de tableaux qui se flattèrent d'être honorés de l'amitié d'un personnage si bien entouré !)

« 12°) Paul Rosenberg [un grand marchand de New York] nie carrément avoir jamais acheté un Picasso que tu lui aurais vendu. Veux-tu apporter des éclaircissements ? »

« 14°) Gore Vidal nie fermement t'avoir jamais rencontré ou connu. »

« 17°) As-tu jamais utilisé le nom de Cassou et, si oui, dans quelles circonstances ? Et que dire du nom d'Hoffmann ? »

A hauteur de cette question, Elmyr avait lancé d'un crayon furibard : « *Why not Blumenthal ?* » [Pourquoi pas Blumenthal ?] Révolte contre un nom qui sentait trop le Juif pour un baron magyar ? Sa véritable identité commençait à remonter à la surface. De son vrai nom, celui que toute sa vie il s'était efforcé d'oublier, il s'appelait en effet Elemer Hoffmann.

« 19°) Es-tu certain d'avoir connu Elsa Maxwell à Rome ? »

Elsa Maxwell était bien entendu la célèbre commère dont les potins firent trembler toute l'Amérique pendant des décennies entières, avant qu'elle ne meure seule et oubliée de tous ceux qui la flattaient, dans l'espoir qu'elle les épargnerait.

Finalement, *Fake* fut publié. L'édition allemande parut, avec, en couverture, un Van Dongen authentique ! Ce livre, explosif avant même d'exister, ne fit pas long feu. L'éditeur se vit intenter un si grand nombre de procès par les personnalités mises en scène par Elmyr et Clifford qu'il le retira de la vente en 1970. *L'Express,* qui en avait publié des extraits, fut attaqué à son tour, paya sur ordre du tribunal un franc symbolique à Legros. Je reçus pour ma part cinq mille francs. Flammarion, qui en avait acheté les droits pour la France, s'en vit interdire la publication.

L'aventure aurait pu se terminer ici. Clifford Irving profita de *Fake* pour monter la plus fantastique escroquerie de toute l'histoire de l'édition. Il proposa à McGraw Hill un nouveau projet : les Mémoires de Howard Hughes, ce milliardaire qui s'était retiré du monde et vivait au dernier étage d'un hôtel de Las Vegas, protégé par des mormons. On racontait qu'il avait la phobie des microbes, qu'il sortait la nuit, vêtu comme un mendiant, qu'il régnait sur un empire économique sans jamais parler à personne... Irving prétendit qu'il avait envoyé à Hughes le manuscrit de *Fake* et que celui-ci l'avait lu avec passion, au point de lui écrire pour l'autoriser à rédiger ses Mémoires. C'était un projet extraordinaire, d'autant plus qu'Irving produisit plusieurs lettres de la main du milliardaire, qui le félicitait en effet et lui confiait bel et bien le soin de rédiger l'histoire de sa vie. McGraw Hill, qui avait perdu beaucoup d'argent avec *Fake,* vit là le moyen de se rattraper. Irving demanda et obtint la plus grosse avance sur manuscrit qu'un éditeur ait jamais consentie : sept cent quatre-vingt mille dollars ! Cela se passait en 1971. Irving écrivit à son directeur littéraire une petite lettre pleine d'enthousiasme à propos de ses nouvelles dépenses : « *I have sliced my nose to recuperate my Valentino look!* » [J'ai fait retailler mon nez pour récupérer mon air de Valentino !] Le 21 février 1972, *Time Magazine* publiait en couverture le portrait d'Irving et ce gros titre : « *Con man of the year!* » [L'escroc de l'année !] Le portrait fut exécuté par Elmyr, à la manière de Modigliani... si l'on veut. Clifford avouait que les lettres manuscrites de Hughes étaient des faux, que toute cette biographie n'existait que dans son imagination et que M. de Hory, « le génie du faux », lui avait dessiné « une sale gueule » ! En revanche, les sept cent quatre-vingt mille dollars de l'éditeur étaient vrais, mais ils avaient bel et bien disparu.

Chapitre XII

Au début de 1969, j'avais retrouvé assez de forces pour quitter l'hôpital. Je me suis installé dans un petit chalet de Villars-sur-Ollon, qu'on a bien voulu me louer pour un prix raisonnable afin qu'il ne reste pas vide pendant la morte-saison. Les médecins m'avaient recommandé le plus grand calme pendant quelques mois, de préférence à la montagne.

Fernand, assigné à résidence à Genève, commençait à trouver le temps long. Il découvrit où j'étais parti, en téléphonant aux docteurs qui me suivaient. Ceux-ci se seraient peut être méfiés, mais leurs secrétaires lui indiquèrent ma retraite. Un beau matin, il arriva chez moi. Je n'étais pas en état de me défendre, surtout contre lui, d'autant plus qu'il n'avait plus un sou, et personne vers qui se tourner. Comble de l'ironie, son appartement de l'avenue Henri-Martin venait d'être vendu pour payer ses dettes. J'ai tout de même essayé de repousser cette invasion, en jetant ses valises par la fenêtre et en le maudissant. Les voisins se mirent sur le pas de leur porte, commentèrent l'événement avec tant de bonne humeur que cela me calma. Je me plaignis à la gendarmerie. On me répondit que M. Legros était en règle, qu'un papier venait en effet d'arriver, mentionnant sa nouvelle résidence chez moi. Il avait réussi à se faire domicilier à mon adresse, sans mon accord. J'étais, malgré moi, son garant et son gardien, car il lui était toujours interdit de quitter le pays.

Résigné, je priai le ciel que sa présence sous mon toit n'entraîne pas de catastrophes : dans les procès de Pontoise et Meadows, j'étais témoin à charge ; tout contact avec l'accusé m'était formellement interdit. Or de ma bonne conduite dans cette affaire double dépendait mon non-lieu dans celle des Douanes.

Fernand demeura tranquille deux jours. Le troisième, il céda à son besoin de bruit et d'agitation. A Genève, il s'était lié avec Susy

Prim, une actrice fort célèbre, qui ne sortait jamais sans d'énormes chapeaux. Elle arriva, dans ses fourrures et ses parfums, accompagnée de son fiancé André de Saint-Jean.

Fernand n'avait pas un sou, rien. Quand Susy et André ne pouvaient pas l'entendre, il me demandait :

— Tu vas me peindre quelques toiles.

— Jamais !

Il se mettait en colère, moi aussi, et les assiettes volaient. J'avais beau me répéter qu'il s'agissait d'un irresponsable, son manque de mesure me mettait hors de moi.

Marion nous rendit visite. On lui avait tellement parlé de nos disputes qu'elle mourait d'envie d'y assister. Un soir que Fernand avait bu un peu plus que de raison, l'orage éclata. Les yeux écarquillés, elle nous vit nous jeter l'un sur l'autre, à coups de gifles, à coups de pied, hurlant et soufflant comme des brutes. Cela lui suffit, elle comprit et forma des vœux pour échapper désormais à ce genre de spectacle.

De temps en temps, mes parents ou Jonathan Avirom m'envoyaient quelques centaines de dollars, car je ne pouvais pas gagner ma vie... Comment m'y serais-je pris, malade comme je l'étais ? Le facteur montait au chalet, le mandat dans sa sacoche.

— M. Lessard ? demandait-il.

— C'est moi, répondait Fernand.

Dans un petit village, on ne vérifie pas les identités. Mes quelques dollars disparaissaient, dépensés en cigarettes, whisky et dîners pour des gens qu'il invitait chez moi et qui n'étaient même pas mes amis.

L'hiver passa, lentement, pesamment. Les nuits perdirent de leur étouffante longueur, le soleil commença à faire fondre la neige. Avril arrivait, et le printemps, vibrant, vivifiant. Fernand, fort énervé, revint à sa marotte.

— Tu dois peindre ! Tu dois sauver la situation ! Paresseux ! Égoïste !

Nous nous sommes disputés, une fois de plus. Une fois de trop. L'après-midi, il s'en alla à Genève. Je pris armes et bagages, mis la clé sous le paillasson. C'était fini. Jadis, il voulait s'enfuir avec moi au Canada. J'y retournai aujourd'hui sans lui, et je m'installai chez mes parents pour me reposer, enfin.

Fernand, isolé dans son chalet vaudois, se trouva fort démuni. Il songea à la fortune en tableaux qui, depuis deux ans, dormait dans la chambre forte de l'usurier Goodman à New York. Si seulement il arrivait à les dégager... Pendant des jours, il chercha qui pourrait lui avancer les cent mille et quelques dollars qu'il avait reçus comme prêt. Nul n'est plus seul qu'un ancien riche devenu pauvre. Soudain, l'idée lui apparut, simple, limpide. Une évidence telle qu'il ne l'avait jamais envisagée : son oncle. Un vieux monsieur charmant, homme d'affaires à qui des Grecs richissimes donnaient leurs fonds à gérer. Depuis son retour d'Égypte, celui-ci avait réussi à se construire une jolie fortune.

Aussitôt Fernand entreprit de convaincre le vieux monsieur, qui ne sut pas lui résister — qui l'aurait pu ? Quand il voulait quelque chose, Fernand ensorcelait ses victimes. Son oncle lui prêta cent cinquante mille dollars, que Fernand promit de rendre dans les plus brefs délais. Avec cet argent, il remboursa Goodman, paya les intérêts et ramena les tableaux en Suisse, où ils entrèrent dans un camion après avoir traversé l'Atlantique en bateau. Meadows, qui attendait que les trois ans prévus par le contrat de Goodmam soient écoulés, rongea son frein en silence ; il avait trop goûté au scandale pour oser se battre.

Fernand ne restitua pas un seul sou à son vieil oncle, qui connut à cause de lui les pires ennuis, car il avait emprunté une partie de la somme. Et Legros se réveilla sous le masque de Fernand. D'avril 1969 à juin 1971, il vendit toutes les toiles que j'avais peintes du temps de notre errance américaine. Brûlé sur le marché de l'art, il se tourna vers une autre clientèle : les émirs et autres despotes africains qui transitaient ou résidaient en Suisse. Genève est la plaque tournante du monde et du tiers monde.

Les milliardaires du pétrole, les empereurs de la brousse se prirent de passion pour ce personnage fastueux. Devant les Français, il avait joué la carte américaine ; devant les Arabes, il joua la carte égyptienne. On le vit dîner avec le fils du président du Liberia, avec Mme Houphouët-Boigny, avec tellement d'autres... Mes Derain fauves, mes Van Dongen et mes Vlaminck partirent par dizaines vers des palais tropicaux, payés en bons dollars. Nul n'ignorait qu'ils étaient faux. Depuis deux ans l'affaire Legros défrayait la chronique. On voulait acheter un faux de Legros, pour s'approprier un morceau d'histoire. Et Fernand rédigea des certificats : « Œuvre faisant partie de ma collection et vendue par moi. »

Un colonel de pacotille, escroc parisien et vampire de cocktails, lui vendit un titre de noblesse. Les attestations furent donc signées « Fernand Legros, comte Santa Cruz de Noa ». Une vingtaine d'autres titres ronflants de noblesse creuse s'ajoutèrent à celui-ci, moyennant finances, bien entendu. Et malheur à celui qui osait rire d'une telle absurdité !

Pour la première fois de sa longue carrière, Legros connut la richesse, la vraie, celle qui permet de s'acheter trop de tout et de ne jamais compter. En deux années, il flamba quarante-huit millions de dollars — j'ai retrouvé les chiffres dans ses archives. Cela fait près de vingt-quatre mille dollars par toile ! Pour gérer ses fonds, il créa une société, la Feweka, à Genève. Deux fois par semaine, il partait en avion pour Milan, prenait là-bas un petit jet privé qui allait se poser en Arabie ou ailleurs. Quand il revenait, une pluie d'or tombait sur les livres de la Feweka.

Du jour où il eut retrouvé sa fortune, Legros ne connut plus d'assignation à résidence ni de contrôle — au contraire. On le laissa aller et venir à sa guise, et quand il passait dans l'une de ses Rolls, c'est tout juste si les policiers ne le saluaient pas.

Dans les colonnes des journaux suisses, M. X, l'escroc du siècle, le marchand de faux, fut remplacé par le milliardaire magnifique. Rares étaient les jours où les médias ne rendaient pas compte de ses éclats. Entre sa suite à l'hôtel Intercontinental, sa maison près de Jussy ou son chalet à Crans-sur-Sierre, ce n'étaient que fêtes et banquets. On vantait ses vingt voitures, on le montrait en compagnie de célébrités qui lui faisaient mille démonstrations d'amitié, surtout quand il se trouvait un photographe dans les parages.

Il connut l'adulation des courtisans, la haine des bien-pensants. Il fut harcelé par des hommes d'affaires véreux, brigands de cinéma, investisseurs louches qui tous lui proposaient des projets mirobolants.

Carlo Mossy, apprenant la soudaine fortune de son ex-patron, cessa de traîner ses savates sur les plages de Rio. Il trouva de quoi acheter un billet d'avion pour Genève et, l'œil humide d'affection, lui fit part de sa dernière idée : fonder une société de production cinématographique, basée à Rio, travaillant au Brésil, mais exportant dans le monde entier.

Fernand, qui avait déjà mis beaucoup d'argent dans des opérations aussi stupides que celle-ci, dressa l'oreille : Carlo ne serait jamais assez intelligent pour le duper et son naufrage de 1967 lui avait appris que la chance est volage. Investir au Brésil lui sembla une assurance sur l'avenir, d'autant plus que les communistes n'y avaient pas pris le pouvoir, contrairement à ses prévisions. Il signa quelques chèques sur son compte du Crédit suisse.

Avec l'argent de Legros, Carlo Mossy fonda les Vidya Produciones, avenue Copacabana, à Rio. Il acheta en Europe des caméras perfectionnées et tout un matériel ultra-moderne. Normalement, les barrières douanières brésiliennes sont infranchissables. Mossy soudoya un haut fonctionnaire qui fit tout passer en un temps record à Recife, dans le nord du pays.

Legros enferma dans son coffre un contrat selon lequel son nom apparaîtrait au générique de tous les films produits par Vidya. Carlo Mossy se lança dans le long métrage... érotique ; ce garçon, que tout le monde prenait pour un niais proche de la débilité, parvint à se tailler un franc succès dans cette brillante spécialité. L'un de ses chefs-d'œuvre se faufila au festival de Cannes de 1970. Il s'appelait *Gisèle,* mais la postérité n'en voulut pas. Au début, le nom de Fernand apparut à côté de celui de Goldzal — père et fils —, mais sitôt le film distribué, on l'effaça. Pendant les années passées à l'ombre du suzerain, Mossy avait réussi à apprendre deux ou trois petites choses...

De mon côté, après quelques mois de repos au Canada, j'étais rentré à Paris. Je l'ai dit, ma vie est en France, c'est là que je me sens bien, et même si le Brésil m'enchante, c'est à Paris que je trouve ma force. Pour y demeurer, il fallait, que mes ennuis avec la justice s'effacent. Qu'on m'acquitte ou qu'on me condamne m'indifférait presque : je voulais pouvoir reprendre mon existence, et me sentir libre, enfin. Mais en même temps, l'idée de tout ce qu'il me faudrait affronter de nouveau m'effrayait un peu : le bureau du juge d'instruction, les interrogatoires interminables pendant lesquels j'essayais de dire ce que je pouvais de la vérité, mais sans avouer l'essentiel...

Comme Legros, j'étais brûlé sur le marché de l'art : on avait trop parlé de moi. Bizarrement, de nombreux marchands voulurent me rencontrer ; ils s'imaginaient que je possédais une large collection et qu'ils pourraient me la racheter à bas prix. Je fus bien obligé de les décevoir. Mes seuls tableaux demeuraient au Crédit municipal, bloqués par les Douanes qui ne me les rendraient pas tant que je ne serais pas jugé.

Je revins à la peinture, d'une façon presque caricaturale. A l'automne 1967, en sortant d'un restaurant situé place du Tertre avec des amis, j'avais rencontré Olga, une grande et belle Russe qui me plut tout de suite. Olga peignait très mal.

— J'ai horreur de peindre, m'avoua-t-elle un jour.
— J'ai horreur de vendre, lui ai-je répondu.

La solution nous apparut, limpide. J'allais peindre, et elle vendrait. Pendant quatre jours, je m'enfermai dans un petit hôtel, rue de l'Arcade, et j'exécutai une première série d'une vingtaine de toiles. Cela ne ressemblait en rien à ce que j'avais fait pour Fernand jadis. Je n'avais ni la force, ni l'envie de me lancer dans une recherche personnelle. Mais surtout, j'aurais préféré me couper la main plutôt que de risquer le moindre « à la manière de ». J'apportai à Olga des tableaux comme on en propose aux touristes de Montmartre, des choses qui ne valaient pas plus de trois ou quatre mille francs. Et je signais Kali, un nom comme un autre, qui ne prenait pas trop de place dans le décor.

Ainsi, jusqu'en 1970, pendant que les médecins suisses me sauvaient la vie, que Fernand mettait ma convalescence en danger à Villars-sur-Ollon et que le Canada me rendait ma santé, Olga vendit mes tableaux, m'envoyant un peu d'argent au fur et à mesure. Grâce à quatre ou cinq séries d'une vingtaine de tableaux, j'ai vécu petit peintre parmi d'autres, et ces *Sacré-Cœur,* ces *Place du Tertre* ou ces *Escalier de la Butte* ne devaient pas grand-chose à ma sensibilité, je l'avoue. Olga n'a jamais posé la moindre question sur mon passé ; ignorant tout de mon histoire, elle s'est toujours comportée comme une parfaite associée, régulière et franche. Pour une fois que quelqu'un ne m'a rien volé, cela mérite d'être souligné ! N'eût été mon problème judiciaire, je crois que j'aurais été parfaitement heureux de cette existence simple et calme.

Cela aurait pu durer éternellement, quand, en 1970, elle rencontra un bel Américain, l'épousa et s'en alla élever une famille, que je lui souhaite nombreuse, quelque part aux États-Unis.

Depuis la fin de l'année 1968, l'affaire Legros s'enlisait. Elmyr dans ma maison s'était baptisé « le faussaire du siècle », et si ce n'est pas dans ces termes, cela revient au même. Fernand jouait les nababs en Helvétie. Le juge Jouffrault, appelé à une meilleure charge, avait transmis le dossier à un remplaçant qui manifestait peu d'intérêt pour cet incroyable imbroglio.

Le ciel m'envoya quelqu'un, dont je veux taire le nom, par tendresse et par respect. Quelqu'un qui m'a donné courage et confiance, qui m'a appris à aimer sans souffrir. A cause de ce bonheur splendide, je voulus mettre de l'ordre dans mon passé, et dans mon avenir aussi. En 1970, je revins au Palais de Justice, demandai que l'on réveille tous mes fantômes afin de les exterminer. Le nouveau juge le voulut bien. Il se plongea dans le dossier, me posa des questions, avec plus d'aménité que son prédécesseur. Le temps de l'urgence était passé. Au cours d'un interrogatoire, je lui parlai de Jacques Imbert. Le magistrat sursauta.

— Imbert... Attendez, j'ai vu ce nom-là quelque part...

Il fouilla dans ses papiers et me tendit un procès-verbal établi par la police new-yorkaise : dans un hôtel de Manhattan, mon ami Jacques s'était suicidé, au gaz.

Cette mort me causa une peine immense. Jacques m'avait volé, menti, mais il avait été aussi le meilleur des camarades. Sans lui, je ne sais si j'aurais été capable de retrouver mon équilibre après avoir fui Legros.

Des mois passèrent, qui estompèrent mon chagrin. Cependant, je gardais dans un coin de mon cœur une amertume, une sorte de révolte contre l'absurdité d'une telle disparition. Un soir, Marion et un ami photographe, Michel Ginnes, m'emmenèrent dîner dans un restaurant de la montagne Sainte-Geneviève. Marion demeurait la plus belle femme de Paris, Michel allait devenir l'un des meilleurs reporters de ces années, et moi, je tirais le diable par la queue, ce qui ne m'empêchait pas d'être d'excellente humeur. Cela se passait en novembre 1970. Il faisait frais. Le dos à l'entrée, à plusieurs reprises je dus me retourner pour demander aux clients qui arrivaient de fermer la porte. Cela commençait à m'énerver, quand j'entendis arriver un couple d'Américains. Ils m'envoyèrent un courant d'air sibérien entre les omoplates. Je me retournai, une fois de plus, cette fois pour demeurer pétrifié. Un mort les accompagnait — Jacques! C'était lui, avec ses cheveux courts, son allure sportive, son sourire de vainqueur et son absurde voix qui chevrote. Bouleversé, je me précipitai sur lui, lui saisis les mains, tremblant à la fois de peur et de joie.

— Tu es vivant! J'ai cru que... c'est un miracle!

Très calme, il me répondit :

— J'espère au moins que tu as pleuré!

Tout à ma joie de le retrouver, je l'accompagnai à sa table. Ses amis qui ne parlaient pas le français ne comprenaient pas notre conversation. En deux mots, il m'expliqua qu'il avait beaucoup souffert de toute l'histoire Legros, qu'il avait préféré disparaître; il me demanda pour terminer mon numéro de téléphone.

— Je t'appelle demain matin.

De retour à ma place, je croisai le regard ironique de Marion, et celui, intrigué, de Michel.

— Il est un peu désinvolte, ton ressuscité! Il t'a parlé de tes sous? Tu as pris son adresse?

Jacques Imbert ne m'a jamais téléphoné. Je ne l'ai pas revu. Plus tard, j'appris qu'il avait payé un policier de New York afin d'obtenir un procès-verbal de suicide. Les autorités françaises en avaient eu communication, ainsi la justice renonça-t-elle — et pour cause — à l'interroger dans le cadre de l'affaire Legros.

Il disparut une fois de plus. On me dit qu'il habitait à l'hôtel La Trémoille, au George-V, au Plazza. On me dit qu'il était riche, mais jamais il n'essaya de me rembourser mes vingt-cinq mille dollars!

En 1985, il n'y a donc pas longtemps, alors que je rangeais des papiers, j'ai retrouvé ses reconnaissances de dettes et ses chèques sans provision dont j'ai toujours la copie, une adresse et un numéro de téléphone. Depuis presque vingt ans je lui faisais crédit, depuis quinze ans il m'oubliait. A tout hasard, j'ai appelé. Son frère m'a répondu. Je lui ai demandé si Jacques se trouvait en France; il me l'a passé. J'ai entendu « Allô! », prononcé d'une voix tout à fait normale. Puis il y a eu un blanc, quand il m'a reconnu. Je lui ai demandé de ses nouvelles; il a été très sec.

— Je ne veux plus entendre parler de rien. J'ai trop souffert !

Cela me mit en colère. Pendant des années, je l'avais protégé contre lui-même en l'empêchant d'entrer dans la nébuleuse Legros. Il était fasciné par l'argent facilement gagné, voulait à toute force travailler pour lui. Fernand lui aurait confié plus de toiles si je ne m'y étais à chaque fois opposé. Je ne voulais pas que Jacques se mette en situation de vendre des faux. Les toiles prêtées par Legros, comme le Derain qu'il a cédé à Henry Ford III, il les a obtenues en mon absence. En cas de malheur, avant d'arriver à prouver sa bonne foi, on vit des moments épouvantables de persécution, de solitude ; j'en sais quelque chose. Aujourd'hui encore, il ignore combien je l'ai défendu, contre Legros et contre lui-même. Qu'il l'apprenne, à cet instant, en lisant ces lignes. Curieux comme il l'est, il n'y manquera pas !

Dès le lendemain, de mon appel, je lui ai envoyé une lettre recommandée qui le mettait en demeure de me rendre tout ce qu'il me devait, et qu'il me doit toujours. Et j'ai entamé une procédure contre lui, pour abus de confiance, chèques sans provision et détournement de biens. Tant pis pour lui !

Elmyr, très à l'aise dans son rôle de star, connut le bonheur suprême lorsque François Reichenbach vint, en 1970, le filmer à Ibiza, après en avoir fait autant avec Legros en Suisse. Se pavanant dans ma maison, la princesse de Transylvanie parla beaucoup, exécuta devant la caméra un dessin à main levée à la manière de Matisse. Ce petit tour impressionna les foules. Plus personne n'osa imaginer qu'il n'était pas le faussaire de Legros. Mais n'importe quel étudiant des Beaux-Arts peut en faire autant, avec la même facilité.

Reichenbach, associé à Richard Drouet, entamait ainsi la réalisation d'un film sur l'affaire Legros pour la télévision anglaise. Deux ou trois fois, il m'invita à dîner chez lui, place des États-Unis. Fernand, me dit-il, après s'être laissé filmer, menaçait de le traîner en justice parce qu'il jugeait diffamatoires et insupportables les séquences tournées avec Elmyr à Ibiza. Depuis qu'il roulait sur l'or, plus personne n'osait l'indisposer. Même Costa-Gavras, l'auteur de Z, l'homme de tous les courages, avait renoncé à un projet de film sur ses aventures dans le monde des tableaux. J'écoutai Reichenbach raconter ses déboires avec beaucoup d'intelligence et d'humour, mais cela ne m'incitait pas à lui révéler quoi que ce soit.

A cette époque, je louais la maison d'une amie dans la grande banlieue est de Paris, une vieille et merveilleuse bâtisse aux murs de grosses pierres patinées par les siècles, où je grelottais de froid l'hiver. Comme François m'avait plusieurs fois reçu chez lui, je lui rendis la politesse en l'invitant à déjeuner chez moi. Il arriva, une équipe complète sur les talons : cameraman, éclairagiste, preneur de son. En un clin d'œil, ma salle à manger fut envahie de câbles et de spots ; sans savoir ni pourquoi ni comment, je me retrouvai filmé, interviewé, passablement dépassé par ce procédé un peu cavalier.

Le tournage terminé, je me mis à réfléchir et demandai conseil à mes amis. Dix fois j'entendis le même commentaire : « Mais tu es fou ! Avec un bon montage, on peut te faire dire n'importe quoi ! » Loin de moi l'idée de mettre en doute la bonne volonté de François Reichenbach ; mais un mot de trop, une seule maladresse, dans la situation où je me trouvais, pouvait me causer les pires ennuis. Quelques jours plus tard, je pris rendez-vous avec lui et demandai qu'il veuille bien me remettre les séquences où je figurais.

— J'ai réutilisé la pellicule pour filmer autre chose !

A tout hasard, je lui fis signer un papier, par lequel il s'engageait à ne rien utiliser de ma prestation, ni son ni image.

Il finit par se désintéresser de son sujet, céda ses droits à Orson Welles, qui, lui, n'avait pas peur du « petit Legros ». Welles repartit pour Ibiza, refit quelques scènes avec Elmyr. On y entend sa voix en *off*, qui demande au baron : « Et ce tableau-là ? Qui l'a fait ? C'est vous ? » Et Elmyr répond : « *It's real.* » Le jeu de mots est à l'usage des initiés. Réal, mon prénom, par l'une de ces ironies du destin, signifie « authentique » en anglais. Le Hongrois avait dû finir par comprendre, ou découvrir, qui avait peint tous les fauves dont il s'arrogeait la paternité ; mais cela, personne ne pouvait le savoir.

Vérités et mensonges sortit en France ; en Amérique il emprunta le titre du livre d'Irving, *Fake*. Partout on loua l'intelligence d'Orson Welles qui savait si bien mélanger le vrai et le faux pour ne garder à la fin que l'illusion et le doute. Et le monde entier connut enfin le visage de celui qui peignit tant de chefs-d'œuvre, consacrés par tous les plus grands experts : Elmyr de Hory !

L'hiver 1970-1971 s'écoula, lentement. Au lieu d'aller passer les fêtes au Canada, c'est le Canada qui vint à moi : mes parents me rendirent visite avec mes deux frères.

La justice ne voulait pas que l'affaire Legros soit annulée par une quelconque prescription. Un interrogatoire de témoin suffisait à éviter cette menace. On me convoqua donc, on me posa quelques questions, et ce fut tout.

Je n'avais pas de métier. C'était l'une des raisons qui m'avaient paralysé au point de m'empêcher de fuir pendant les huit années passées avec Legros. Je savais peindre, aussi bien que les plus grands, mais cela ne m'avait rapporté que des ennuis. Après ma période Montmartre, qui me permit de survivre quelque temps, j'en vins à jurer de ne plus jamais toucher un pinceau. Continuer à produire ces choses médiocres pour un si maigre salaire me déprimait. Retrouver une véritable création, travailler à une œuvre, c'eût été m'avouer officiellement le faussaire de Fernand. Elmyr tenait ce rôle à la perfection. Les spécialistes ne s'y laissaient pas vraiment prendre. A Ibiza et New York, on me désignait de plus en plus comme le responsable des fauves vendus par Legros. Cela ne me dérangeait pas. Être inculpé de fraude douanière me suffisait amplement, je voulais la paix, par-dessus tout. Et pourtant, comme elle me manquait cette odeur de peinture, et cette silencieuse jubilation que l'on éprouve devant une toile qui se met à vivre ! Comme je souffrais de ne plus créer ! J'en éprouvais parfois une douleur quasiment physique. Il me fallait pourtant gagner ma vie. Un ami d'ami, lors d'un dîner, me proposa une activité qui me parut intéressante. Spécialiste en pierres semi-précieuses, il visait un marché mondial. Or je parle quatre langues — l'anglais, le français, l'espagnol, le portugais, et je comprends fort bien l'allemand —, j'ai voyagé partout dans le monde, j'ai beaucoup de relations. Pourquoi ne travaillerais-je pas pour lui ?

En avril 1971, mon patron m'envoya passer un mois à Madagascar. C'est là qu'on opère la première taille des pierres, le nettoyage, etc. Je débordais d'enthousiasme à l'idée de commencer ma nouvelle carrière. Tout de suite j'ai aimé l'île, sa végétation luxuriante, des routes de terre rouge ; tout cela me rappelait le Brésil. Le lendemain de mon arrivée, écrasé par la chaleur, j'allai nager à la piscine militaire de Tananarive. En plongeant, je me fracturai les trois premières vertèbres cervicales. Cela se passa très vite. J'ai senti trois craquements derrière la tête, une douleur épouvantable et puis plus rien. On m'a sorti de l'eau, j'étais aveugle ; quelqu'un a eu le réflexe de m'entourer le cou avec une serviette-éponge très épaisse ; jusqu'à mon dernier souffle, je lui en serai reconnaissant : sans lui, je serais mort, ou paralysé. En arrivant à l'hôpital français, je perdis connaissance ; pendant un mois, j'ai oscillé entre vie et mort, plongé dans un coma profond, avec des périodes d'agitation terrible. On m'avait mis sous traction en installant au sommet de ma tête une pince reliée à une poulie et fixée par trois vis dans la boîte crânienne. A deux reprises, au cours de crises d'une violence folle, je réussis à les arracher.

Nul ne savait si j'allais survivre. On prévint ma famille. Mes parents, trop âgés pour s'en aller à l'autre bout du monde affronter une telle épreuve, envoyèrent l'un de mes frères à mon chevet. Il fut effrayé de me voir dans un tel état. Je ne le reconnus pas, mais sa voix dut éveiller un écho dans ma conscience endormie, car ce jour-là précisément j'ai lentement commencé à reprendre mes esprits.

Les docteurs de Tananarive me soignèrent fort bien. Je retrouvai bientôt la vue, un peu de mobilité. Mais pour la suite du traitement, ils estimèrent qu'il valait mieux m'envoyer à Paris. On me transféra à la Salpêtrière, où le professeur Sicard m'accueillit dans son service. Quand il me proposa une greffe osseuse entre la seconde et la troisième cervicale, je revécus en un éclair les heures atroces de mon premier coma à Saint-Saphorin. Et je pris peur, une peur irraisonnée, irrépressible, peur de subir les mêmes tourments. J'ai refusé, avec l'énergie du désespoir. Le professeur Sicard me proposa une autre solution : il me plâtrerait et j'attendrais que la calcification s'opère naturellement ; mais cela pourrait prendre des mois. Cependant, il y avait plusieurs risques : le nerf optique avait été effleuré, je m'exposais à des problèmes de vision. En plus, des cervicales fragiles sont sujettes à l'arthrose, contre laquelle on ne peut pas grand-chose. Ma peur l'emporta sur la raison. On ne traite pas un malade contre sa volonté, je me suis retrouvé emprisonné dans un plâtre de presque douze kilos, qui m'a énervé et meurtri pendant six mois. Le moindre mouvement me coûtait un effort démesuré. Même ma tête était prise dans cette gangue qui me bloquait les mâchoires, me forçant à m'alimenter à la petite cuiller, comme un bébé. Le professeur Sicard avait sans doute raison, mais je n'ai pas eu tort : jusqu'en 1988, mes yeux sont restés intacts ; pourtant il est vrai que le moindre courant d'air sur la nuque me cause de grandes douleurs.

Le climat du pays de Caux est, paraît-il, souverain pour les problèmes osseux. Je m'installai dans la région de Dieppe afin d'y retrouver un peu de santé. Depuis quatre mois déjà je me traînais enfermé dans ce plâtre qui m'écrasait. La moindre démangeaison prenait des allures de calvaire, mes gestes demeuraient maladroits, contrariés par cette masse rigide qui me faisait ressembler à un œuf. Un matin, je suis allé marcher sur la plage. Je me sentais lourd et fatigué. Les mouettes qui tourbillonnaient, les nuages qui glissaient dans le ciel gris et vaporeux, les vagues qui s'abattaient sur le sable, tout disait la liberté, le mouvement, la légèreté. Et moi, chaque fois que j'essayais de construire quelque chose, le destin m'attendait pour m'écraser.

Il y avait un banc public sur le remblai, je m'y suis allongé, comme un clochard et me suis endormi ; si la marée était montée jusqu'à moi pour m'emporter, j'aurais accepté de mourir sans me révolter, par découragement, par lassitude. Des voix d'enfants m'ont réveillé, des voix étranges qui ressemblaient à des balbutie-ments d'oiseaux tristes : « Bobo monsieur, bobo ! » De petits mongoliens m'entouraient, tout doucement, ils me chuchotaient leur peine de me voir dans cet état. J'ai regardé ces visages marqués d'une malédiction bien pire que la mienne, et tout d'un coup je me suis mis à pleurer : moi, en me battant, je finirais par m'en sortir, mais eux ?

Les enfants sont repartis vers un car où des infirmières les attendaient. Je suis resté un moment sur mon banc, mais je n'étais plus désespéré. J'avais eu un accident. D'autres traversaient ce genre d'épreuve. Au lieu de m'apitoyer sur mon sort, je me suis mis à penser à ma chance : j'aurais pu rester cloué dans un fauteuil roulant, perdre la vue, ou devenir fou. Mais non, dans deux mois on m'ôterait mon plâtre et, après une bonne rééducation, je reviendrais à une vie normale. Mon nouvel amour m'aimait comme au premier jour, mes amis m'avaient prêté de l'argent pour payer mes soins parce que, bien entendu, aucune assurance ne me protégeait. Il me faudrait des années pour les rembourser, mais grâce à eux, je pouvais maintenir la tête hors de l'eau. J'étais vivant, tout simplement — j'avais oublié combien cela peut être bon.

Quand on me sortit de mon carcan, je crus m'envoler tant je me sentais léger. Mes muscles, atrophiés par une immobilité forcée, exigeaient des massages et une véritable gymnastique médicale. L'envie de me battre m'était revenue. Au bout de deux semaines j'avais retrouvé assez de mobilité pour partir au soleil. N'être plus seul a réveillé la nostalgie de ma Falaise, l'envie de partager les odeurs de mon jardin, la Méditerranée et le soleil couchant que l'on contemple, un verre à la main, par les fenêtres du salon. Depuis deux ans, Elmyr usurpait ma maison. Brusquement je ne l'ai plus supporté. Je suis descendu à Ibiza pour relancer mon procès : les avocats espagnols avaient tendance à s'endormir sur les dossiers, il fallait les réveiller, je m'y suis employé. Mes affaires ainsi organisées, je pus me consacrer à la mer, au soleil — à mes amis, maître Tincuff, un grand avocat parisien, sa femme et son fils — et à mon amour. Nous avions loué un appartement à la périphérie de la ville ; j'avais encore du mal à lire ou à écrire, mais je me sentais mieux de jour en jour. Un soir, à table, j'ai demandé à la cantonade ce que j'allais faire de ma vie, une fois guéri : je n'avais toujours pas de métier. Mes vertèbres brisées m'avaient à jamais dégoûté des pierres, précieuses, semi-précieuses ou autres. Cet avenir que je ne savais comment utiliser devint notre sujet de conversation favori. L'idée finit par surgir, évidente, limpide : je reprendrais mes études. Douze ans plus tôt, je voulais m'inscrire en faculté de droit, le moment était venu : pendant six mois, privé de lecture, de télévision, de toute gymnastique intellectuelle, mon esprit s'était ralenti, voire rouillé ; le droit vous force à réfléchir sans cesse, à analyser et à déduire, à prendre du recul. L'accident m'avait écrasé, physiquement et psychologiquement. Des études me forceraient à entraîner ma mémoire, à retrouver le jeu des idées. D'autre part, quand je faisais le compte des batailles juridiques auxquelles je me trouvais mêlé, je me disais que ce serait tout aussi bien d'y comprendre quelque chose !

La chaîne d'amitié qui s'était formée pour payer mes soins se renoua pour mes études. Je me rendis à Bordeaux afin de m'inscrire à la faculté de droit, et mon bonheur m'y suivit. Nous aurions tout aussi bien pu rester à Paris, mais je voulais m'isoler pour travailler sérieusement.

La rentrée universitaire se situait au début de novembre. J'étais en train de préparer mes livres et mes cahiers, comme au temps de mon enfance, quand mon avocat me téléphona. Un certain juge Weber voulait me voir séance tenante, à Genève. La police avait arrêté la princesse de Transylvanie. J'en eus le souffle coupé. Il avait donc été assez stupide pour quitter Ibiza ? Là n'était pas la question. Si je voulais donner suite à l'affaire de ma sculpture de Giacometti, il me fallait partir pour la Suisse sans tarder, confirmer ma plainte, être confronté avec le Hongrois, faute de quoi le juge annulerait toute la procédure. La méthode me parut un peu cavalière, mais qu'y pouvais-je ? J'ai fait en sorte d'arriver à Genève le jour même.

Depuis quelques mois, mon passeport était périmé : les autorités canadiennes refusaient de le renouveler, à cause des inculpations dont je faisais l'objet. A l'aéroport de Genève, il y a deux sorties, une pour les Suisses et une pour les autres. Je pris la première ; à l'officier qui contrôlait les papiers, j'annonçai :

— Un juge me convoque, je n'ai aucun document, conduisez-moi !

Au palais de justice, je fus enfermé dans une petite pièce, où on me laissa attendre. Avec les documents du procès, je pus reconstituer le déroulement de cette séance étonnante.

Je cite le procès-verbal du 22 octobre 1971 établi en présence de M. Weber et du substitut du procureur, M. Boissier. Le juge fit d'abord entrer dans mon bureau un Elmyr catastrophé qui, pour l'occasion, s'appelait Dory.

Question : — N'avez-vous pas dicté vos confessions à un certain Clifford Irving ?

Réponse : — Non.

Plus loin, cette déclaration d'Elmyr : « A une question de Fernand Legros, je réponds que je n'ai jamais peint de faux tableaux pour ce dernier. Je n'ai jamais dit à personne que j'avais peint de faux tableaux. »

Après l'interrogatoire d'Elmyr, on me fit entrer dans le bureau du juge. Une autre porte s'ouvrit, et je découvris, stupéfait, Fernand : grand chapeau noir, barbe fournie, breloques, chaînes et diamants, il agitait entre ses doigts un porte-clés de Rolls, qui valait encore plus cher que la Rolls elle-même. Avant que je n'aie le temps de me demander pourquoi il était cité dans une affaire qui ne le concernait pas — le Giacometti ne regardait que le baron et moi —, il se jeta à mon cou.

— Mon ange, mon pauvre ange, comme tu as dû avoir mal !

Il me prit les mains, tira ma chemise pour voir si j'avais des cicatrices à la nuque, me manifesta une tendresse telle que j'en étais abasourdi. Le juge, un moment dépassé, le rappela à l'ordre. Il n'entendit même pas, tant il était heureux de me voir vivant et en bonne santé ; quant à Elmyr, il essayait de se faire oublier.

Le calme revenu, le juge reprit l'interrogatoire

Question à Elmyr : — Combien de tableaux avez-vous peint pour Fernand Legros ou pour Réal Lessard ?

Réponse : — Jamais je n'ai peint de faux tableaux, ni pour l'un ni pour l'autre.

Il osa ajouter qu'il n'avait jamais vendu de tableaux à qui que ce soit. Fernand monta sur ses grands chevaux, clama qu'il avait été victime d'un chantage ; je me mis en colère parce qu'on ne parlait pas de ma sculpture volée.

— Il est exact qu'Elmyr de Hory n'a jamais peint de tableaux pour moi, mais je dois déclarer qu'il m'en a vendu huit, provenant de la collection Somerset Maugham, par l'intermédiaire de son secrétaire.

Je continuai, en exigeant que l'on revienne à ma plainte pour vol ; M. Weber outrepassait ses droits en se mêlant des affaires de Pontoise et Meadows. Il menaça de me « mettre à l'ombre ». Fernand me répétait : « Calme-toi, mon ange ! » A bout de patience, M. Weber m'a expulsé. Je me suis retrouvé dans une grande salle devant son bureau. Deux secondes plus tard, Fernand me rejoignait.

Il s'assit à côté de moi, je remarquai alors que, sous son feutre et ses breloques, il semblait vieilli ; quelque chose s'était cassé en lui, je ne sentais plus, en l'écoutant, cette violence qui le conduisait parfois au seuil de la folie. Le Legros qui me parlait de sa fortune n'avait plus rien de commun avec celui qui essayait de m'écraser, jadis, dans un parking d'aéroport, ou de me précipiter du haut d'un gratte-ciel madrilène. Il était presque devenu gentil, je le trouvais même un peu pathétique. Nous avons discuté, comme deux amis ;

ensemble, nous avions traversé trop d'orages, il ne nous restait plus rien à inventer.

Le juge nous fit rentrer un instant dans son bureau afin que nous puissions signer les procès-verbaux, puis il nous congédia pendant qu'Elmyr disparaissait par une autre porte.

Fernand voulut absolument me raccompagner à mon hôtel dans sa Silver Shadow. Je ne tenais pas à ce qu'on me voie arriver dans un tel équipage ; nous avons transigé : il me ferait faire un tour de Genève dans sa Rolls, sa secrétaire (Mme de Herain s'était volatilisée dès le début du scandale, une autre l'avait remplacée) me reconduirait ensuite en Ford Capri. Ainsi fut fait. Fernand me montra ses résidences, ses limousines ; il était fort riche, en effet. Quand il comprit que cela ne m'impressionnait pas, il me demanda, presque timidement :

— Tu promets que tu reviendras ?

Je promis, rentrai à l'hôtel du Casino de Divonne pendant qu'il regagnait sa suite dorée de l'Intercontinental. Il n'était plus le suzerain, nous l'avions compris. Sans doute les années avaient-elles fini par lui ôter le goût de régner, à moi celui de plier.

Pendant ce temps, le téléphone fonctionnait frénétiquement entre Genève et Paris. Le juge Weber prévint son homologue français que la princesse de Transylvanie avait quitté son asile espagnol d'où nulle force au monde n'avait pu l'arracher car il y jouissait de multiples protections. Si l'on souhaitait l'arrêter, c'était le moment. A Paris, l'affaire Legros piétinait depuis 1967 ; confondre le Hongrois, c'eût été infirmer la thèse officielle selon laquelle il avait peint tous les faux. Recommencer l'enquête ? On y renonça.

De leur côté, les Suisses montrèrent la même prudence. Ils avaient déjà hérité de Legros qui défrayait toutes les chroniques. On le tolérait parce qu'il rapportait de l'argent aux banques. Avec le Hongrois, cela faisait trop de fous pour la sage Confédération helvétique. On le renvoya donc en fermant les yeux sur tous les mandats d'arrêt, demandes d'extradition et autres avis de recherche.

En consultant les pièces du procès, j'appris quelle vie avait menée la princesse de Transylvanie. Il était né à Budapest, sans doute le 14 avril 1906, d'Adolphe Hoffmann et d'Irène née Tenner. Son vrai nom est Elemer Hoffmann. Ses premiers exploits artistiques datent de la dernière guerre. Ils ont pour théâtre un camp d'internement pour les Juifs, où il était détenu. J'ai retrouvé une lettre d'un Hongrois, naturalisé canadien, qui était médecin de ce camp. Elle est adressée à McGraw Hill au moment de la sortie de *Fake* : à cette époque, Elmyr jouait les nobles, faisait les portraits des autres prisonniers moyennant finances. Quand les Allemands entrèrent dans Budapest, il mit son talent au service de leurs officiers. Il y gagna sans doute quelque pouvoir. J'ai rencontré une femme merveilleuse, une Hongroise mariée à un officier français. Elle avait connu Elmyr dans ce camp. « Il m'a fait sortir de Hongrie, mais j'y ai perdu tous mes diamants ! » Lui-même échappa au crématoire en collaborant un peu ; son nom d'Hoffmann pouvait passer pour allemand, et on voulut bien le transférer du côté des non-Juifs. A la libération de Budapest, il se découvrit une folle passion pour les vainqueurs soviétiques, et profita du désordre qui régnait en Hongrie pour s'enfuir vers des cieux plus cléments.

Les rapports d'Interpol retracent une longue carrière qui n'a pas de liens avec la peinture : vol de chéquiers, vol de bijoux, vol de sacs à main, falsifications ou escroqueries à la petite semaine. Dès 1927, il est condamné trois fois entre Berlin et Paris. En 1929, c'est à Londres qu'il se fait prendre, en 1931 à Zurich, etc. Rien qu'en Suisse, entre 1927 et 1931, il fut condamné neuf fois. Il utilisa plus de quarante-cinq noms afin de brouiller les pistes ; bien entendu, une telle affirmation l'insultait, il ne s'était jamais comporté de si vilaine façon, on parlait forcément de quelqu'un d'autre. Malheureusement pour lui, ses empreintes digitales, chaque fois relevées et soigneusement archivées, prouvaient qu'il mentait. Ses exploits artistiques réapparurent en 1959, lorsque, le 22 décembre, le grand jury fédéral de Chicago l'inculpa à cause de son commerce de fausses lithographies.

S'il peignait mal les fauves, il réussissait parfaitement quelques lithos de certaines époques, ainsi que les signatures des grands peintres. Cela, je l'affirme : il me l'a raconté, Legros l'a écrit ; afin d'en avoir le cœur net, j'ai fait expertiser quelques-unes de ces griffes, par M. Remongin, expert en graphologie. Ce dernier est formel : on reconnaît sans peine le tracé d'Elmyr.

Ce 22 octobre 1971, M. Weber commit une grande erreur en laissant partir le Hongrois ; sans cette bévue, il aurait pu tuer dans l'œuf une affaire qui fit grand bruit l'année suivante. J'ai raconté comment Clifford Irving vendit à McGraw Hill une biographie de Howard Hughes en produisant des lettres prétendument écrites par le milliardaire, et comment il toucha sept cent quatre-vingt mille dollars d'avance sur les droits d'auteur. Le 21 octobre 1971, donc la veille de notre confrontation, Elmyr était entré en Suisse, aussi discrètement que possible. Il se trouva à Zurich au moment où Edith Sommer déposait dans la succursale zurichoise du Crédit suisse, à Parade Platz, trois chèques établis à l'ordre d'O. H. Hughes par McGraw Hill. Sept cent quatre-vingt mille dollars, qui furent versés au compte de cette mystérieuse O. H. Hughes ; lorsque le scandale éclata, on prouva qu'il s'agissait d'elle, sous un nom d'emprunt. En revanche, personne ne parvint jamais à démontrer qu'elle avait rencontré Elmyr, ni qu'il avait touché une somme importante, ni qu'il était l'auteur des fausses lettres de Howard Hughes. Et pourtant, Legros me l'a souvent confirmé. Quand l'escroquerie fut dévoilée, le baron déclara d'un air douloureux : « Je suis très choqué de ce que Clifford ait entraîné sa femme dans cette histoire. » Il ajouta que si telle était bien la vérité, il lui aurait volontiers « craché à la figure ».

Elmyr retourna à Ibiza, et moi à Bordeaux. Fernand m'écrivit mille fois, par l'intermédiaire de mes avocats. Il voulait me revoir, et tentait de m'émouvoir en évoquant nos grands souvenirs, de m'appâter en faisant briller ses richesses. Mais il ne me menaçait plus comme jadis.

Au début de 1972, le juge Weber exigea ma présence à Genève pour une nouvelle confrontation avec Elmyr. Tout le monde savait que le Hongrois ne quitterait plus la Falaise : il avait eu trop peur la première fois. Je pris tout de même un avion pour la Suisse, car M. Weber menaçait d'annuler la procédure si je ne me déplaçais pas. Comment Fernand apprit-il mon arrivée, je l'ignore. A l'aéroport, il m'attendait avec Rolls et chauffeur.

La séance avec le juge ne dura pas cinq minutes, puisque le Hongrois, comme je l'avais prévu, demeurait terré en Espagne. Lorsque je sortis du bureau où avait eu lieu mon audition, Fernand me prit par le bras.

— Tu es là pour un mois !

— Impossible ! Et mes études ?

Il a tant insisté que j'ai accepté de lui consacrer une journée. C'est alors qu'il m'a raconté les cent cinquante mille dollars empruntés à son oncle, les tableaux vendus aux riches Arabes avec des certificats de sa propre main. Lors de mon dernier passage, nous avions fait le tour de ses résidences en voiture. Cette fois, il me les fit visiter. Tout était somptueux, en effet, mais il n'y avait pas un seul tableau au mur.

— Pas une croûte ! me dit-il.

Il avait tout vendu. De sa voix douce, il me parla de ma peinture, comme il le faisait naguère. Immédiatement, j'eus envie de prendre mes jambes à mon cou et de passer la frontière. Il fit arrêter la Rolls devant un restaurant de grand luxe, commanda du champagne, du caviar, un plateau de fruits de mer époustouflant, oubliant que ces délices étaient autant de poisons pour mon rein. Un peu timide, comme un jeune homme qui ouvre son cœur pour la première fois, il m'expliqua que toutes ses richesses ne pouvaient lui offrir ce qui lui importait le plus au monde : un tableau de moi.

— Tu peux t'acheter ce que tu veux !

— Non, je veux des tableaux de TOI !

Il se pencha, quelque chose de suppliant dans le regard.

— Je ne veux plus vendre tes tableaux. Je voudrais une collection de tes œuvres pour me rappeler le passé. Juste une vingtaine. Écoute, tu écriras au stylo ultraviolet sur la toile vierge : « Peint par Réal Lessard pour le compte de Fernand Legros. » Sur la tête de ma mère, je te jure que je ne les vendrai jamais. Regarde, je t'ai préparé un chèque certifié sur le Crédit suisse de Genève. Je te paie vingt toiles soixante mille dollars. Tu acceptes ?

Il me tendit un chèque à mon ordre ; j'hésitai, puis m'en emparai : plus que par l'argent, j'étais touché par la passion avec laquelle il me faisait cette prière. Ce jour-là, j'ai eu confiance en lui, pour mille raisons qui se sont mélangées, réveillées par le champagne, le confort feutré de ce restaurant, la voix douce de Fernand. Depuis si longtemps je n'avais pas tenu un pinceau, essayant de croire que jamais plus je ne peindrais ; j'écoutais Legros, et je me rendais compte que je me comportais comme un amputé qui souffre de son bras disparu... Et Fernand aussi souffrait de ne plus pouvoir s'évader dans mes couleurs. J'ai accepté sa proposition, en spécifiant qu'en effet je signerais tout à l'ultraviolet, sur la toile. J'emporterais les photos de chaque tableau. Si, un jour, un seul apparaissait sur le marché, j'irais le réclamer devant la justice, et je braquerais moi-même la lampe à infrarouge qui révélerait ma marque.

La semaine suivante, je revins à Genève. Fernand avait réservé une suite somptueuse au dernier étage de l'Intercontinental, à côté de l'appartement de Sophia Loren. Un garde, posté devant la porte, en interdisait l'accès. Lui-même n'avait pas le droit d'entrer.

Pendant cinq jours, j'ai connu le bonheur. Mes doigts ont retrouvé leur légèreté, je suis revenu à cette intimité magique avec les génies qui me portaient au cœur de leur création. J'ai peint des Picasso, des Braque, des Dufy, des Chagall et des Derain, des Marie Laurencin et des Marquet. J'avais commencé une tête de clown de Rouault, mais Fernand préféra un Christ ; je modifiai mon dessin et fis selon sa volonté. Lui, deux fois par jour, ouvrait la porte avec sa clé, s'asseyait sur un fauteuil, silencieux, me regardait, et ce regard me portait ; il nous avait fallu tant de haine, tant de batailles pour comprendre que l'essentiel se trouvait là, sur cette palette, sur ces toiles, que cela nous liait, plus que tout. Fernand, et lui seul, avait su découvrir ce qui est bon en moi, en me vouant à la peinture. Lui et lui seul méritait mon art. Nous avions rompu tous nos liens, mais celui-là résisterait toujours, nous le savions maintenant. Parce qu'il ne pouvait le briser, il m'avait poursuivi et je n'avais pas réussi à le fuir ; que voulais-je lui prouver qu'il ne savait déjà, que voulait-il m'imposer que je n'avais déjà refusé pendant toutes nos années de guerre ? Il nous avait fallu beaucoup de haine, de bruit et de fureur pour accepter que deux vies entières puissent trouver leur sens dans cinq jours et vingt tableaux.

Quand j'eus terminé, il redevint Fernand Legros, et moi Réal Lessard. Je signai chaque toile du nom de chacun de mes maîtres, et je le proclame, ces Chagall, Dufy et autres ne sont pas des faux, car dans chacun j'ai mis le meilleur de moi-même, pour Fernand.

Chaque signature a été un petit pas vers la réalité qui m'attendait hors de cet hôtel. Fernand, revenu à ses millions, à ses parasites, à ses vingt limousines, pourrait se faire admirer devant sa splendide collection. J'avais même ajouté deux dédicaces : « Amicalement et affectueusement, à mon ami Fernand Legros — Picasso », et une autre presque identique, de Léger. Personne ne saurait jamais que les rouges et les jaunes dont j'avais baigné mes toiles correspondaient à nos couleurs favorites, flamme pour lui, soleil pour moi, réunies et consacrées par la signature des plus grands peintres de ce siècle.

Le vendredi soir, à six heures, un camion arriva à l'Intercontinental. On nous livra vingt cadres somptueux, que Fernand paya soixante mille dollars — autant que mes « honoraires », qui dormaient, depuis deux jours, dans ma valise. J'avais assez d'ennuis avec la justice pour m'encombrer d'un chèque.

C'était la première fois que Fernand Legros m'achetait ma peinture, et cet argent, il ne le récupérerait jamais, puisqu'il ne vendrait rien. En me défrayant, il nous mettait enfin sur un pied d'égalité, il nous permettait d'agir en hommes libres, lui et moi. Mais ce que nous avions échangé pendant ces cinq jours, aucune fortune au monde n'aurait pu nous en acquitter.

En une demi-heure, les tableaux étaient encadrés, accrochés aux murs, mon matériel avalé par des sacs-poubelles. Fernand, comme un gosse le soir de Noël, allait d'une toile à l'autre, touchait la peinture pour vérifier si elle séchait assez vite. Il se voyait déjà vrai collectionneur, annonçant : « Regardez, je ne suis pas vendeur ! »

Nous avons célébré la naissance de sa collection en vidant quelques bouteilles de champagne. Le lendemain, il convoqua la presse, posa sous chacun de ses cadres. La télévision suisse romande se déplaça pour le filmer. Des collectionneurs suivirent, ainsi que des marchands. Personne n'osa émettre le moindre doute sur l'authenticité de ces chefs-d'œuvre ; M. Legros était trop fortuné pour n'avoir pas raison. Il aurait suffi d'une pointe d'épingle pour constater que rien n'était sec !

Quant à moi, je me sentais comblé. Enfin j'avais mon exposition. Enfin on admirait mon œuvre, même si l'on ignorait que j'en étais l'auteur. Et pourtant, malgré le garde devant la porte,

d'autres que Fernand m'avaient vu peindre : son chauffeur espagnol Carlos, et Henri Chapuis, l'un de ses amis qui allait épouser la
chanteuse Nicoletta. Ils gardèrent le silence, comme je l'avais fait
en mon temps.

Les tableaux demeurèrent à l'Intercontinental pendant six
mois.

Je revins en France, apaisé, pour travailler à un avenir dans
lequel Fernand n'aurait pas de place. J'obtins mon premier
certificat de licence à Bordeaux, il me restait une année encore
avant d'entamer la préparation d'une thèse, ou d'un doctorat. Mes
études m'intéressaient tellement que je choisis de me rapprocher de
Paris, sans craindre que mes amis ne m'en détournent. J'ai loué un
appartement à Orléans. Je devrais dire « nous », car je continuais
d'aimer, d'être aimé, de vivre un bonheur infini, même si j'ai choisi
de ne point le dévoiler.

En décembre 1972, la justice française estima que les affaires
de Pontoise et Meadows traînaient depuis trop longtemps, que
depuis quatre ans Fernand se prélassait en Suisse et qu'il fallait en
finir. Mais comme toujours, dans ce genre de scandale où trop de
personnalités sont compromises, deux clans s'affrontaient. Les uns
voulaient que Fernand se rende à Paris, de son plein gré ; on le
condamnerait à une peine légère, pour le principe, et on oublierait
cette triste histoire. Les autres préféraient le voir loin afin d'éviter
d'être confrontés à lui, quitte à ce qu'il récolte une condamnation
par défaut ; dans ce cas-là, le tribunal choisit toujours la peine la
plus lourde. Au bout de cinq ans, la prescription intervient, on
efface tout en espérant que personne ne recommencera.

Un beau matin, les partisans de la seconde solution informèrent les avocats de Fernand que, dans trois jours, le tribunal fédéral
suisse allait décider d'accepter ou de refuser son extradition. On
suggéra que M. Legros serait peut-être bien inspiré de s'enfuir à
temps ! Fernand tremblait à l'idée d'être traduit devant une cour,
répétant qu'il ne croyait pas à une justice équitable et qu'on le
persécutait. Il décida de partir aussi vite que possible pour les États-
Unis : nul appareil judiciaire étranger ne peut poursuivre en
Amérique un citoyen américain.

Il me téléphona, j'entendis sa voix blanche.

— Il faut que tu viennes, tout de suite.

En deux mots, il me résuma la situation. Je compris que je
devais, avant tout, le rassurer. Pour commencer, j'acceptai de
recevoir Patrick et sa petite amie, Minouche, chez moi à Orléans,
bien que l'appartement ne fût pas très vaste.

Puis je pris un avion et arrivai à Genève pour trouver un Fernand méconnaissable. Blême, décomposé par la peur, il cédait à la panique dès qu'on parlait d'une extradition vers la France ; mes années de droit me permettaient de mieux comprendre sa situation ; je tentai de le raisonner. Deux solutions étaient envisageables : prendre l'avion de Paris, arriver discrètement chez le juge qui avait délivré le mandat d'arrêt, et négocier ; quand on fait ainsi la preuve de sa bonne volonté, on peut toujours discuter. Ou alors, se porter volontaire pour être extradé en France, accepter toutes les confrontations et jouer le jeu. Je savais par les magistrats, qui me convoquaient de temps à autre, qu'il ne resterait pas plus de deux mois en prison, à condition qu'il ne fasse pas de scandale.

Il ne voulut rien entendre, jura qu'il n'arriverait pas vivant à Paris. Je le voyais serrer nerveusement un sac plein de somnifères. Dans l'état de nerfs où il se trouvait, mieux valait éviter de le brusquer. Je choisis une troisième solution, moins raisonnable : j'avais loué une voiture à l'aéroport. Je le conduirais de Suisse en Italie où il prendrait un avion pour l'Amérique. Cela parut le rassurer. Il se détendit, aborda quelques problèmes pratiques. Ainsi, il voulut m'offrir sa collection de grands maîtres que le Tout-Genève avait tant admirée. Je refusai, pour de multiples raisons, par prudence surtout. C'eût été tenter le diable que de les ramener en France, risquer de me faire prendre, alors que l'affaire de Pontoise n'était pas jugée... Ils me semblaient bien trop voyants, avec leur toile signée à l'ultraviolet et leur peinture pas assez sèche. D'autre part, Fernand m'avait acheté ces tableaux. Je les avais exécutés sans contrainte, parfaitement conscient de mon acte, en souvenir de ce qui aurait dû exister entre nous. Ils représentaient une libération. Je voulais qu'ils demeurent siens. Me les offrir eût annulé toute la valeur de notre échange.

Il comprit mes réticences, chercha une autre solution pour éviter que ces toiles ne tombent entre les mains des huissiers de la justice ou des enquêteurs de police.

— Personne ne me les prendra ! Je les emporterai dans ma tombe !

Il ne fut pas long à trouver une idée en tout point excellente. En prévision d'une éventuelle fuite, l'un de ses avocats lui avait procuré un faux passeport. Legros se rendit dans une succursale de l'Union des banques suisses, dans les environs de Genève, loua un coffre énorme et y enferma ses vingt tableaux. On établit un contrat fort discret comme on sait les faire là-bas : il suffit d'un nom ; la banque l'inscrit sur un registre en face d'un numéro qui, lui seul, apparaîtra désormais dans les transactions. Fernand paya d'avance vingt ans de location, et personne ne demanda pourquoi le célèbre M Legros, dont la photo s'étalait dans toutes les gazettes depuis quatre ans, éprouvait le besoin de se faire passer pour un autre. Le délai de location du coffre n'expirant donc qu'en 1991, les toiles reposent toujours en Suisse et ne verront pas la lumière du jour avant cette date.

Les tableaux en sécurité, il voulut sauver sa Rolls. Sa fortune avait bien diminué, usée par trop de fêtes et de folies. Il craignait que, la procédure engagée, on ne mette ses biens sous séquestre, comme cela m'était arrivé. Peu lui importaient les vingt autres limousines, mais sa Silver Shadow... Elle représentait son rêve, sa réussite. Il me demanda de la prendre à mon compte. Je n'y tenais pas, mais il me supplia tant et si bien que je finis par accepter. Sur la carte grise, il apposa mon nom ; comme elle était immatriculée au Vermont, U.S.A., les formalités de transfert s'opéreraient là-bas. Je lui signai un papier selon lequel il pourrait l'utiliser à sa convenance s'il revenait dans les cinq ans. Puis je la conduisis dans un petit village de l'autre côté de la frontière où un garagiste accepta de la garder trois mois. On la recouvrit d'une bâche et je revins à Genève.

Toutes ces démarches avaient pris du temps. Il ne nous restait qu'une nuit pour quitter l'Europe avant que ne tombe la sentence d'extradition. Selon les avocats de Fernand, elle ne faisait aucun doute.

Chapitre XIII

Il fait nuit. A pas de loup, Fernand vient me rejoindre dans ma voiture. Je lui ai coupé sa barbe et fait ôter son chapeau : il n'est plus l'homme brillant qu'hier encore la presse encensait. J'ouvre sa portière, l'index appuyé sur l'interrupteur de la veilleuse pour qu'elle ne s'allume pas. Il se coule dans le siège du passager, claque la porte... et m'écrase le doigt ! J'étouffe un hurlement de douleur, serre les dents pour ne pas m'évanouir.

C'est déjà très imprudent de partir avec lui, puisque je suis témoin à charge dans les deux procès qui le concernent — la loi m'interdit d'avoir le moindre contact avec lui. Mais cela devient de la démence de conduire la nuit, sur des routes de montagnes enneigées, avec, de surcroît, une main dans cet état.

Nous partons pourtant. Il se fait aussi discret que possible, son sac de somnifères à ses pieds. Les montagnes semblent bleues sous la lune, derrière ses volets clos, la Suisse endormie se moque bien de nous. Des aventuriers vont, viennent ; demain sera un autre jour...

Nous roulons à toute vitesse vers le Simplon et la frontière. Mais la manipulation du levier de vitesses et du volant m'est de plus en plus pénible. Mon doigt devient tout noir.

— Fernand, tu vas détruire ton faux passeport.

— Tu es fou ? Et pourquoi ça ?

— S'il y a un contrôle quelconque, tu risques d'être pris en usurpation d'identité. Ça n'arrangera pas ton cas, crois-moi.

— Et mon coffre à la banque ?

— Ne discute pas.

Je souffre trop pour argumenter. Il obéit et réduit en charpie le seul papier qui l'identifie comme locataire du coffre. Dans la précipitation du départ, il a déjà oublié le numéro. De plus, la fiche sur laquelle il l'avait inscrit a disparu.

Depuis plus de quinze ans, les tableaux dorment au fond de leur cachette. Dans quelques années, le locataire ne payant plus son loyer, la banque les récupérera. J'ai leurs photos, je les ai signés à l'ultraviolet. Normalement, un faux tableau que l'on tente de vendre en le faisant passer pour vrai doit être détruit par ordre du tribunal. Où ira la collection de Legros ? J'en suis l'héritier, mais le coffre a été loué sous un nom d'emprunt et aucun document ne m'autorise à en revendiquer la propriété. Fernand avait juré de ne rien vendre, et moi de révéler la vérité si je venais à rencontrer l'une de ces toiles sur le marché. Que deviendront nos tableaux, une fois le coffre ouvert ?

Nous avons passé la frontière sans encombre. Les douaniers italiens ont jeté un vague coup d'œil sur le passeport américain que Fernand leur a tendu. Un document en règle, celui-là. A Milan, un avion partait pour Londres et Winnipeg, au Canada. A l'aéroport, on nous a laissés passer sans difficulté. Les vérifications à cette époque n'étaient pas aussi sévères, et les policiers songeaient plus à en terminer rapidement avec les deux cent cinquante passagers qui se pressaient aux portillons, qu'à rechercher un éventuel délinquant. De Winnipeg, nous aurions pu entrer directement aux États-Unis, mais j'ai préféré revenir à Montréal car je connaissais bien les postes de douanes de cette région, où deux hommes parlant français voyagent plus discrètement au Québec qu'en zone anglophone.

Un mandat d'arrêt international avait été lancé contre Fernand en 1967, mais, surtout, la police suisse avait certainement déjà eu le temps de signaler sa fuite partout dans le monde. Il ne fallait pas risquer qu'un douanier trop zélé aille chercher son nom sur l'une de ses listes. Nous avons loué une voiture et roulé jusque chez mes parents. J'ai laissé Fernand dans une cafétéria des environs. A la maison, j'ai emprunté le permis de conduire de mon frère Bertrand. Au Canada, il n'y a pas de photo sur ce genre d'attestation.

La neige s'est mise à tomber, de plus en plus dru. A la frontière, le vent soufflait en tempête. Il faisait sombre. Nous étions vêtus de façon tout à fait incongrue avec nos complets stricts, noir pour lui, bleu marine pour moi : depuis des années, la mode américaine préconisait les couleurs vives et gaies. De plus, au lieu de pataugas ou de snow-boots, nous portions de fines chaussures européennes. Les douaniers, intrigués par notre étrange accoutrement, nous demandèrent d'entrer dans le poste. Je savais que les contrôles s'opèrent toujours verbalement dans cette région. Fernand avait appris son nouveau nom, sa nouvelle date de naissance, mais il tremblait tellement qu'il ne pouvait articuler une seule parole. On nous demanda pourquoi nous voulions entrer aux États-Unis.

— L'un de nos cousins vient de mourir, à côté de Boston. On va l'enterrer.

— Où ça ?

— Je sais y aller, mais pour l'adresse...

La mine effondrée de Legros pouvait passer pour du chagrin, néanmoins les douaniers refusèrent de croire à la douleur de gens si bizarrement habillés. Ils téléphonèrent à Boston, dans le Maine, et même à New York, afin de savoir si une administration quelconque avait quelque chose à reprocher aux frères Lessard. Chaque fois, les commissaires interrogés répondaient par la négative. Nos douaniers ne pouvaient se résoudre à croire que nous étions de braves citoyens, simplement frappés par un deuil atroce. Quand, au bout de plusieurs heures, ils nous laissèrent partir, fort déçus de n'avoir rien à nous reprocher, Fernand n'était plus que l'ombre de lui-même. De mon côté, j'avoue m'être senti soulagé ; il suffisait que l'un de ces messieurs cherche à vérifier qui nous étions vraiment pour que nous nous retrouvions tous les deux à l'ombre.

A New York, Legros reprit goût à la vie : la justice française ne pouvait pas le poursuivre. Pourtant, je le persuadai de faire établir par un notaire un constat attestant qu'il se trouvait physiquement dans son pays. N'importe qui aurait pu écrire en recommandé, la parole d'un officier ministériel ne se met pas en doute, mais il envoya ce papier à Paris par l'intermédiaire de maître Tincuff. Ainsi put-il faire interrompre les recherches. Cette lettre présentait un autre avantage : si j'arrivais à le décider à rentrer en France de son plein gré, on ne le mettrait pas en prison. Je n'avais en effet toujours pas renoncé à l'idée d'une procédure à l'amiable.

Au bout d'une semaine de neige et de froid polaire, Fernand l'Égyptien décida de retrouver le dieu Soleil. Il partit pour Nassau, aux Bahamas, où l'hiver n'existe pas. Par l'intermédiaire d'un avocat local, maître Tooth, il loua une somptueuse maison avec piscine olympique, jungle paysagée, port et plage privés, meubles précieux, etc. C'est là que furent tournées plusieurs séquences d'un des meilleurs films de James Bond, *Goldfinger*.

Hélas ! un Legros silencieux serait aussi impensable qu'une louche sans caviar. Dès le lendemain de son installation, en janvier 1973, le suzerain reprit ses mauvaises habitudes. Il convoqua les journalistes, expliqua à qui voulait l'imprimer qu'on le persécutait, qu'il avait été forcé de choisir l'exil, qu'on l'accusait à tort. *Paris Match* en tête, la presse répéta ses déclarations qui, bien entendu, horripilèrent les juges. Mais comme il n'existait aucune convention d'extradition entre les Bahamas et la France, ils durent ravaler leur rancœur. Sa propriétaire, une lady anglaise, s'étrangla plus d'une fois en buvant son thé, car Fernand annonça sans la moindre pudeur que la demeure lui appartenait, comme il l'avait fait jadis à Ibiza avec la Falaise ; aussi, dès qu'il eut vidé les lieux, elle vendit tout. Aujourd'hui, les clients du Club Méditerranée nagent dans sa piscine et, dans sa jungle, les G.O. jouent à cache-cache avec les G.M...

Au bout de quelques mois à peine, Fernand s'ennuya. Nassau, malgré ses palmiers d'opérette et ses vagues turquoise, ressemblait à une prison monotone. Il avait trop besoin de briller pour se contenter d'un si petit décor.

C'est alors que Carlo Mossy conçut le projet de le ramener à Rio : il le croyait encore riche, ignorant qu'en décembre 1972 son compte en banque s'élevait à trente-deux mille dollars à peine. J'avais dit et répété qu'au Brésil Legros prenait le risque d'être extradé. Carlo prétendait le contraire : il connaissait les généraux, le président de la République ; en quarante-huit heures, le cas de Legros serait réglé à son avantage. Il coulerait alors des jours paisibles sur les plages de Copacabana. Lorsque je me trouvais à ses côtés, Fernand m'écoutait. Mais j'étais en France, et Carlo venait le voir fréquemment, lui téléphonait plus encore. Il finit par le convaincre et, en mars 1973, Fernand Legros partit pour le Brésil.

J'étais revenu à Orléans. Patrick et Minouche s'étaient installés dans l'une des chambres de l'appartement. Je n'avais jamais vu un couple aussi mal assorti : lui, un peu blond, un peu rond, elle, beaucoup plus grande, brune. Il ne travaillait pas, et n'osait pas sortir avec elle par peur du ridicule. Aussi, quand elle commença à raconter à la concierge qu'elle était ma maîtresse, on voulut bien la croire. Lorsque, quelques semaines plus tard, elle demanda à la même personne si elle pouvait lui trouver des heures de ménage, on chuchota sur mon passage. Mais le sommet fut atteint lorsque je décidai de régler le problème de la Rolls. Elle se trouvait toujours sous sa bâche, dans le garage du petit village près de la frontière suisse. Il me semblait sage de la mettre à l'abri des curiosités malsaines, en Angleterre. J'allai la chercher en pestant contre ce cadeau trop voyant, alors que mes biens demeuraient sous séquestre et que la moindre irrégularité pouvait me coûter ma liberté. Encore que sur ce chapitre, les dernières semaines en comportaient un nombre respectable...

Il était fort tard quand j'arrivai à Orléans. Sans bruit, je mis la Rolls au garage, sous l'immeuble, afin de n'alerter personne. Je comptais dormir quelques heures, et repartir aussitôt pour Londres où j'avais trouvé une cachette. Le lendemain donc, au petit matin, je descendis au parking. L'œil collé au trou de la serrure, madame la concierge était en train de détailler ma somptueuse limousine. A mon retour d'Angleterre, la rumeur publique m'apprit que j'étais un être sans cœur, qui roulait dans la même auto que la reine Élisabeth et laissait sa petite amie faire des ménages pour payer ses spaghetti! Aussi, quand Patrick et Minouche décidèrent de se séparer, je ne pus que m'en réjouir.

Comme partout, Fernand avait commencé par chercher un séjour princier. Il loua un appartement immense, à Vieira Souto, l'avenue la plus chic d'Ipanema, un quartier de luxe qui prolonge Copacabana. Selon son habitude, il s'en déclara propriétaire. C'est alors qu'intervint le quiproquo qui lui coûta sa liberté : Mossy l'avait attiré au Brésil dans l'espoir de lui soutirer de l'argent. Fernand, de son côté, était venu pour vivre des ressources de Vidya Produciones. Le dialogue de sourds dura tout un mois, Mossy réclamant des sommes démesurées pour terminer un film, Fernand exigeant ses dividendes sur les productions antérieures.

Quand il apprit que son nom ne figurait pas au générique, il haussa le ton. Mossy accepta de lui signer une reconnaissance de dettes pour trois cent mille dollars, tenta de le calmer en affirmant qu'un étranger ne pouvait apparaître dans les rôles d'une société commerciale brésilienne — ce qui est faux. Puis il invoqua des affaires importantes à Bahia, quitta Rio et laissa Fernand ronger son frein.

Celui-ci finit par se rendre au siège de Vidya, avenue Copacabana, où Bernard Goldzal, le frère, affolé par cet énergumène qui exigeait de voir les comptes de la société, lui ferma la porte au nez. Fernand fit une procuration à des avocats de Rio afin de déposer « une plainte pénale et civile pour la somme de trois cent mille dollars avancés, contre Carlo Mossy et la Vidya Films Produciones ». Bernard ne trouva rien de mieux que de se débarrasser de lui en le dénonçant à la police. Avec son mandat d'arrêt, Fernand n'attendit pas une seconde : le 14 avril 1973, on le jeta en prison et, comme en Suisse, on lui fit savoir que les autorités allaient réfléchir au bien-fondé d'une extradition. Il passa une semaine à la prison de Rio, qui est un enfer, mais on le transféra très vite à celle de Brasilia, plus moderne et plus confortable, où se trouve le tribunal compétent sur cette question.

Je venais de terminer ma licence en droit et un certificat de maîtrise. Pour être avocat en France, il m'aurait fallu suivre une année supplémentaire et obtenir le C.A.P.A., qui seul permet de plaider. Au Brésil, en revanche, j'avais toutes les qualifications nécessaires pour défendre un client. Fernand m'avait fait prévenir par Patrick et Minouche. Je savais que sa présence à Rio le mettait en danger et pourtant cette nouvelle m'attrista : Fernand en prison, humilié, battu par le sort, cela me dérangeait. Il m'écrivit chaque jour, appelant à l'aide, me suppliant de lui pardonner le mal qu'il m'avait fait. Je pris un avion pour Brasilia et me rendis à la prison. Normalement, l'entrée en est formellement interdite, mais un Canadien bardé de diplômes français peut se faire ouvrir toutes les portes, surtout quand il a la chance de connaître des gens influents qui interviennent en sa faveur !

Fernand me reçut comme le Messie. Je lui expliquai mon point de vue : dans son intérêt, il devait rentrer en France avec moi ; nous pouvions partir dans l'heure, et le juge le recevrait à Paris. Il refusa avec véhémence, jurant qu'il préférait mourir plutôt que de revenir en France dans ces conditions. Pendant de longues heures, je tentai de le raisonner. J'avais un peu étudié son cas, en me fondant sur les indications que mes amis brésiliens m'avaient fournies ; il n'y avait pas grand-chose à espérer : le tribunal de Brasilia allait examiner la demande d'extradition, cela prendrait du temps... Il répondit que sa décision était prise, qu'il attendrait. Il ne me restait plus qu'à tenter de rendre sa captivité moins pénible. Je lui fis parvenir un téléviseur et une machine à écrire, que je dus remplacer trois fois ; quand il ne la cassait pas, elle se brisait toute seule. Il écrivait sans cesse et m'envoya personnellement plus de deux cents lettres. Ses gardiens, de leur côté, s'étaient pris d'affection pour lui. J'en ai connu plusieurs qui rêvaient de s'enfuir avec lui ; il me fallut beaucoup de diplomatie pour les en dissuader : Legros ne supporterait pas de vivre une seule journée dans une cahute de Fortaleza ou de Salvador. Et puis surtout, fugitif, il risquerait sa vie : au Brésil, on ne plaisante pas avec le règlement, sauf avec le règlement intérieur des prisons — chaque jour, par l'intermédiaire d'un maton ou d'un autre, il commandait ses repas à l'un des restaurants de la ville, et nourrissait le personnel et ses compagnons d'infortune. Pour l'en remercier, quand un beau garçon venait purger sa peine, on l'enfermait dans sa cellule !

Bientôt, il régna sur ce digne établissement, détrônant Ronald Biggs qui avait pourtant réussi à piller le train postal Glasgow-Londres et qui attendait, lui aussi, une éventuelle extradition. Bien entendu, à chacun de mes passages on me remettait la liasse de ses factures, et je payais. A part moi, Fernand n'avait plus d'amis sur qui compter.

Je fus désigné comme chef du collège de défense de Fernand Legros. Plus de dix avocats s'occupèrent de son dossier, mais six seulement accomplirent un travail efficace ; parmi eux, il y eut Evaristo de Moraïs, dont le père rédigea le code de procédure pénale brésilien, et Robichet Pena, un ancien préfet de Brasilia. Je préparais ma thèse de maîtrise sur l'extradition, je connaissais donc parfaitement la question.

Comme en Suisse, le Tribunal suprême devait s'interroger sur la légitimité d'une demande d'extradition, et non pas sur la culpabilité de Legros. En guise de plaidoyer, je rédigeai plusieurs avis de droit. Ce sont des démonstrations juridiques où les textes des lois tiennent lieu d'arguments et où l'on ne s'occupe pas des faits — du droit pur, en somme. Le procureur général de la République, Jose Carlos Moreira Alves, dans sa conclusion du 4 décembre 1973, déclara que la prescription de l'action pénale était acquise en faveur de Fernand Legros. C'était suggérer au tribunal de rejeter la demande d'extradition, conformément au paragraphe 88-VI du décret de la loi 941/59.

Le prisonnier aurait été libéré, si l'ambassade de France n'avait alors transmis un complément d'information à la Cour suprême : la prescription n'était pas acquise, car des actes juridiques l'avaient interrompue. Le doute ainsi jeté, le tribunal refusa de remettre Fernand en liberté.

Cette nouvelle le plongea dans un profond désespoir. Il m'écrivit des lettres déchirantes, évoquant l'éventualité d'un suicide. Il m'annonça aussi qu'il avait rédigé un testament par lequel je serais son seul héritier. Je le revoyais dans ma voiture, sur la route du Simplon, avec son sac de somnifères à ses pieds ; il était assez fou pour tenter de mettre fin à ses jours. Une fois de plus, je repartis pour Brasilia, persuadé qu'il ferait mieux d'accepter un retour en France. Et puis, je le connaissais assez pour savoir que, aveuglé par la peur, il serait capable de tout.

Reprenant le dossier, je refis d'autres avis de droit, qui furent approuvés par Evaristo de Moraïs, arguant qu'un tribunal français ne pouvait juger d'une affaire américaine.

Un vendredi de juin 1973, Fernand ne voulut pas me laisser partir, me supplia de rester encore un peu avec lui. Il était tellement pathétique que j'acceptai. L'avion dans lequel j'aurais dû rentrer en France s'écrasa en atterrissant à Orly...

En janvier 1974, l'espoir revint. Le ministre de la Justice Jaci Alves Falcon m'accorda une audience et me donna quelques indications. J'eus le sentiment que la demande d'extradition allait être refusée. Des personnalités importantes me disaient combien le sort de Fernand leur semblait pénible. Nul n'admettait qu'on le sorte de sa cellule de Brasilia pour le jeter entre les griffes de la justice française. La décision finale appartenait aux neuf sages du Tribunal suprême, mais nous pouvions désormais l'imaginer favorable.

Au début d'avril 1974, un journaliste vint interviewer Fernand dans sa prison. Cela faisait partie des privilèges qu'on lui accordait. Il lui posa mille questions sur son aventureuse carrière et termina en lui demandant comment il se sentait à la veille de sa probable libération. Fernand annonça qu'en effet, le soir même, il sortirait de sa geôle, libre, et la tête haute.

— Pourquoi ? demanda le journaliste.

Fernand se contenta de frotter son pouce contre son index, geste universel pour évoquer un paiement discret.

Dans son édition de l'après-midi, *La Ultima Hora* de Brasilia fit son gros titre de cette déclaration : « Legros achète le ministre de la Justice. »

L'extradition fut votée par huit voix contre une.

Quelle mouche avait piqué Fernand, il ne put jamais me l'expliquer. Selon lui, le journaliste avait tout inventé. De mon côté, je me sentais un peu déçu ; depuis un an, je bataillais pour qu'il reste au Brésil, j'avais presque fini par me prendre au jeu. Et maintenant, je le voyais se lamenter, répéter qu'il n'arriverait pas vivant à Paris. Je m'efforçai de le rassurer, lui jurant de le défendre là-bas comme ici. Je tins parole, établis plusieurs avis de droit pour lui, en usant d'astuces nombreuses car j'étais en même temps cité comme témoin à charge, contre lui.

La veille de mon départ, Carlo Mossy voulut le rencontrer dans sa cellule. Le directeur lui en refusa l'entrée ; il insista. Finalement, Legros accepta de le recevoir, mais en ma présence. Le directeur céda.

« Je suis responsable de la venue de Fernand Legros au Brésil, je voulais qu'il mette beaucoup d'argent dans le cinéma ! » avait déclaré Mossy à grand fracas, lors de l'arrestation du suzerain. « C'est l'argent de tes tableaux qu'il a eu ! » m'avait plusieurs fois répété Legros. Les deux hommes se détestaient, maintenant. Mossy n'eut pas un regret. Pendant une année, il n'avait pas levé le petit doigt pour l'aider, seul l'argent l'intéressait. Ce jour-là, il avait fait le voyage de Rio à Brasilia à seule fin de récupérer des miettes de l'hypothétique fortune cachée par Legros, ou ses vingt voitures restées à Genève, ou la Rolls... n'importe quoi, du moment que ça puisse se revendre.

Je rentrai en France, pour la dernière fois. En un an, j'avais traversé quinze fois l'Atlantique. Maintenant, tout allait se jouer à Paris. Fernand m'avait fait jurer, solennellement, de ne jamais révéler ni mon rôle ni ses méthodes ; depuis sept ans qu'on m'interrogeait, je n'avais rien dit, il n'avait aucune raison de s'inquiéter. Je lui avais expliqué sa situation : un nouveau juge d'instruction venait d'être nommé, M. Le Caignec. Comme ses prédécesseurs, il avait lu les milliers de pages qui constituaient son dossier. Pour se sortir de ce guêpier, Fernand devait avant tout reconnaître le caractère apocryphe des toiles incriminées — en un mot, avouer qu'il s'agissait de faux. Quant au faussaire, la justice n'en faisait apparemment pas grand cas. Personne ne croyait à la compétence d'Elmyr, mais on voulait bien lui accorder ce rôle qu'il revendiquait si fort. En avouant cette malhonnêteté, Fernand permettait à la justice d'économiser beaucoup d'argent : pour établir qu'un tableau est truqué, il faut réunir un collège d'experts, qui font des prélèvements, des analyses, émettent des opinions définitives et facturent cela très cher. Dans l'affaire Meadows, le bel Algur avait déposé plainte en ignorant ce détail. Il aurait dû verser une caution pour couvrir les frais d'expertise. Mais il s'y refusa. Ainsi, c'est pour un délit commis par un Américain, au détriment d'un autre Américain, et hors de France de surcroît, que paya le contribuable français !

Ces dépenses sans fin indisposaient le Parquet. D'un mot, Fernand pouvait les interrompre. On lui en saurait gré, à condition qu'il se montre plus discret qu'à Brasilia.

Le 13 avril, il m'envoya une nouvelle lettre : il n'arriverait jamais en Europe ; il avait rédigé un second testament en ma faveur, légalisé par un notaire de Brasilia, chez qui il avait déposé sa signature. Je savais qu'il n'avait plus un sou, mais son geste m'émut, car il était dicté par l'amitié.

Le dimanche 14 avril, vers quinze heures, la télévision annonça que Fernand Legros venait d'être découvert inconscient dans les toilettes du Boeing de la Varig qui le ramenait à Paris. Il avait absorbé des barbituriques. J'appris ensuite qu'il les avait distraits des rations quotidiennes qu'on lui attribuait au Brésil.

Une ambulance l'attendait au pied de la passerelle et l'emmena au centre antipoisons Fernand-Vidal où l'on parvint à le sauver.

Toute ma vie, j'entendrai la voix du présentateur. Toute ma vie, il sera quinze heures, le dimanche 14 avril 1974. Et aujourd'hui encore, je retrouve le souvenir de mon sang glacé, de mon souffle coupé, comme si, moi aussi, j'avais avalé trop de somnifères. Fernand détruit, jeté par terre comme un Kleenex usé entre un cabinet et un lavabo, Fernand mort... je ne voulais pas que cela soit possible, je ne pouvais pas l'accepter.

Comme un fou, je me suis précipité au centre Vidal. Il reposait, très faible. On me refusa l'entrée de sa chambre parce que je n'étais pas de sa famille. Cela fut sans doute une bonne chose, car je pris le temps de réfléchir. A la faculté de droit, j'avais appris qu'un juge doit venir annoncer à un extradé la levée du mandat d'arrêt, et cela dans les quarante-huit heures suivant son arrivée sur le sol français, faute de quoi la procédure est annulée. Qu'il fût conscient ou non ne changeait rien à l'affaire. Je fis un effort démesuré pour m'arracher à mon angoisse et m'occuper de lui. Maître Tincuff ayant quitté Paris pour quelques jours, j'appelai maître Mastronardi, à Genève, qui l'avait déjà fort bien défendu en Suisse. Il accourut sans perdre une seconde.

Fernand commençait à reprendre conscience quand il arriva. Dans le sillage de l'avocat, je me glissai à son chevet, et je le regardai... Depuis un an, tout avait changé entre nous. Nous avions terminé nos guerres sans fin, laissant la place à une profonde amitié qui rachetait nos erreurs passées, nos laideurs. Il avait besoin de moi maintenant, je ne l'abandonnerais jamais.

M. Le Caignec vint faire ce que la loi française exige. Il lui annonça que le mandat d'arrêt avait été levé, transformé en mandat de dépôt — c'est-à-dire d'emprisonnement. « Attendu qu'il n'avait pas été matériellement possible de déférer dans les quarante-huit heures de l'incarcération de Legros Fernand à l'obligation stipulée à l'article 133 du paragraphe sus-visé... »

La scène relevait du cauchemar : Fernand, blanc et inconscient sur son lit d'hôpital, et cet homme qui incarnait l'autorité judiciaire, récitant des paroles qu'un profane ne comprend pas, un demi-ressuscité moins encore... Si M. Le Caignec n'avait pas exécuté cette démarche indispensable, Fernand se serait retrouvé libre.

Huit jours plus tard, le malade avait retrouvé ses forces. M. Le Caignec, qui l'avait bel et bien mis en cellule, organisa une série de confrontations entre nous deux. Ce fut une période affreuse. Je voyais Fernand arriver, les menottes aux poignets, accompagné par un gendarme. Le juge reprenait mes déclarations. Depuis sept ans, il y en avait des centaines. Entre ce que j'avais dit et ce que les juges précédents avaient dicté au greffier, je découvrais des abîmes. Fernand et moi étions sortis de notre enfer et, dans ce petit bureau qui sentait le vieux papier, on nous le renvoyait au visage, et force nous était de le revivre... Oui, j'avais vu Elmyr de Hory tenir à la main le *Soleil* de Derain qui allait déclencher le scandale de Pontoise ; oui, j'avais assisté à de nombreuses conversations entre Algur Meadows et Fernand Legros ; Fernand qui poussait des hurlements, maudissait le ciel et accusait la terre entière ! Depuis un an, je l'avais aidé mieux que quiconque, et l'on me transformait en accusateur. J'avais beau savoir qu'il mettait une grande part de simulation dans ses colères, je redoutais ces confrontations et la violence qui les entourait. Il faut cependant rendre hommage à M. Le Caignec. En dix séances, il réussit à calmer le jeu, à dépassionner ce que l'on appelait « la fameuse affaire Legros ».

En juin, Elmyr fit rebondir toute l'histoire. Le retour de Fernand en France l'inquiétait énormément : son avocat lui avait certainement expliqué que Legros ne demeurerait pas longtemps incarcéré. Or il y avait toujours cette sombre histoire de meurtre au L.S.D. qui n'avait jamais été réglée entre eux. Pour éviter des représailles, à ses yeux inévitables, Legros devait rester en prison. Au mois de juin, Mme Motte organisait à Genève une vente de grand prestige ; elle annonça qu'on pourrait y acquérir *La Femme au collier bleu*, l'un des chefs-d'œuvre de Van Dongen. Elle ignorait qu'Elmyr avait mille fois raconté aux journalistes qu'il l'avait peint dans les années 1964-1965 ; plus grave encore, il l'avait utilisé pour illustrer la couverture de l'édition allemande de *Fake*. Le baron se lança alors dans une série de déclarations tonitruantes, à propos de ce tableau dont il persistait à s'arroger la paternité, largement reprises par la télévision suisse et *La Tribune de Genève* qui lui consacra, le 7 juin, une demi-page. On en parla dans le Landernau de la peinture et Mme Motte fut obligée de retirer son tableau de sa liste. Les fanfaronnades du Hongrois l'avaient brûlé.

Or je savais qu'Elmyr mentait ; j'ai expliqué plus haut qu'on retrouvait la trace de cette *Femme au collier bleu* dans les archives de la galerie Bernheim Jeune — l'une des rares qui demeura toujours à l'écart de l'affaire Legros — jusqu'à l'année 1911.

Un avocat d'Elmyr, afin de perdre Fernand, envoya un exemplaire de *La Tribune* à M. Le Caignec. De mon côté, je me rendis chez lui, avec les copies des documents indiquant les ventes où ce tableau avait figuré et une lettre de la galerie Bernheim qui précisait son histoire depuis 1911. Devant ce flagrant délit de mensonge, la justice ne pouvait plus suivre la thèse de l'inspecteur Legoffic selon laquelle le baron était le faussaire de Legros.

M. Le Caignec, en dépit des accords passés entre les juges qui l'avaient précédé et Elmyr, décida d'émettre un mandat d'arrêt international contre lui ; jusqu'alors, le Parquet s'en était tenu à de simples mandats nationaux. Elmyr fut arrêté, au cours d'une réception à Ibiza. Immédiatement, ses amis et protecteurs s'employèrent à le faire libérer. Maître Mari Bayonna, son avocat, se trouva alors confronté à un choix cornélien : en tant que consul de France à Ibiza, il se trouvait du côté des persécuteurs ; en tant que défenseur d'Elmyr, il se trouvait du côté du persécuté. La diplomatie l'emporta. Du reste, le juriste ne pouvait ignorer qu'un jour les manœuvres de son client le mèneraient au désastre.

Au cours d'un interrogatoire, j'avais raconté au juge qu'un jour où j'avais réussi à pénétrer dans ma maison pour faire l'inventaire de ce qui restait de mes meubles, j'avais trouvé une série de notes écrites de la main d'Elmyr. Il y racontait sa version de l'histoire Legros, un récit fort différent de *Fake*. A cause des policiers espagnols qui m'accompagnaient sans me quitter d'une semelle, je ne les avais pas chapardées. M. Le Caignec me suggéra, très officieusement, un petit voyage à Ibiza, d'autant plus qu'il y envoyait deux policiers et une commission rogatoire. Il en profita pour m'apprendre qu'après son arrestation, Elmyr, du fond de sa cellule, avait appelé tout le monde à la rescousse, racontant qu'on voulait le dépouiller. Ses amis avaient alors entrepris de vider la maison ; parmi eux, les gendarmes espagnols avaient remarqué la présence d'une star, sex symbol féminin du cinéma américain, inconditionnelle du baron, qui possédait une villa non loin de là.

A la descente de l'avion, autour du tapis roulant où l'on récupère les bagages, je reconnus parmi les voyageurs l'idole masculine des studios romains, chevalier servant de la belle actrice. Les deux policiers en civil se placèrent innocemment derrière lui. L'Américaine survint, se jeta dans ses bras, et pendant qu'il attendait ses valises, lui fit le récit de sa journée :

— Elmyr m'a demandé d'enlever les objets de la maison. J'ai fait deux voyages sans être vue. Au troisième, la police espagnole m'a demandé de remettre à sa place tout ce que je transportais dans la voiture.

Aussitôt mes pandores décidèrent d'inculper l'actrice pour recel. Elle fut interpellée, conduite au poste de police où l'on dressa procès-verbal de son audition. Après quoi, on cessa de l'inquiéter : trop de scandale à Ibiza, c'est mauvais pour le tourisme !

A la Falaise, après les razzias opérées par Legros, Mossy et Elmyr, il ne restait plus grand-chose. La perquisition fut un échec complet et personne ne put remettre la main sur ces mystérieux carnets. Mais le lendemain, l'acteur italien repartait pour Paris, une grosse valise à la main. Les policiers, qui le surveillaient, signalèrent son arrivée à Orly. A son tour, il fut interpellé et fouillé. Quand il fut nu comme un ver, on s'occupa de sa valise : elle ne contenait que des bouteilles de parfum !

M. Le Caignec estima qu'il en savait assez pour le moment. Il libéra Legros, sept semaines après l'avoir incarcéré, plus vite encore que je ne l'imaginais. Cet élargissement fut accompagné d'une astreinte à résidence, d'une caution de cent cinquante mille francs et d'une recommandation précise et expresse : aucune déclaration à la presse, aucune provocation dans ses dires ou dans son comportement à l'égard de la justice. Fernand jura tout ce qu'on voulut ; le soir même il quittait la Santé, caché dans le coffre d'une voiture afin de n'être pas repéré par les journalistes qui guettaient sa sortie. Les magistrats soupirèrent de soulagement : enfin Legros avait compris.

Trois jours plus tard, sans un sou en poche, car le fisc helvète avait bloqué ses comptes en banque, il reprenait sa vie de vedette : conférence de presse, interviews, on le voyait à toutes les fêtes, suivi d'une horde de paparazzi certains de vendre leurs photos aux gazettes en mal de sensation.

Il voulut récupérer sa Rolls et me demanda de la chercher. Je n'en avais ni le temps ni l'envie. Il le fit lui-même. Malgré son astreinte à résidence, il partit pour Londres ; je lui avais confié une photocopie de la carte grise, il revint au volant de sa précieuse Silver Shadow.

Depuis sa remise en liberté, il habitait un hôtel fort confortable rue des Arcades. Mais Legros ne supportait que le somptueux. Il transporta ses pénates à l'Intercontinental, dans une suite impériale qui donnait sur les Tuileries. Je le mis en garde contre cette dépense trop lourde. Il balaya mes objections : un coup de téléphone au directeur de l'Intercontinental de Genève lui avait valu une recommandation auprès de celui de Paris. On lui consentait un crédit illimité, et l'administration de l'hôtel lui avait même offert une gigantesque gerbe de fleurs et un magnum de son meilleur champagne. On avait appris à Paris ce qu'il avait dépensé à Genève, ignorant encore qu'il était ruiné.

Et Fernand renoua avec ses habitudes de nabab. Il commandait ses chapeaux chez Cardin, ses bijoux chez Cartier, faisait envoyer la note à l'Intercontinental. Le concierge payait, portait la somme à son débit. Bientôt, on commença à m'envoyer quelques-unes de ses factures comme celle de quarante mille francs pour une fête dans sa suite, à laquelle il avait convié le Tout-Paris. D'autres suivirent, qui m'affolèrent. Fernand haussa les épaules, déclarant qu'il projetait d'écrire ses Mémoires, et qu'il gagnerait ainsi beaucoup d'argent. Une ou deux fois, il me demanda de lui peindre un petit Derain ou un Dufy. Devant mon refus, il tenta de m'intimider.

— Et si je disais que c'était toi, le faussaire ?

— Vas-y, qu'est-ce qui t'en empêche ?

Je prenais un air faraud. En réalité, je tremblais. Ce qui devait arriver arriva. Les directeurs des deux Intercontinental se concertè-rent, parvinrent à la même conclusion : Legros n'avait plus un sou vaillant. On le jeta dehors, avec interdiction de reparaître dans les hôtels de la chaîne.

Je payai ses dettes les plus criantes. Entre les voyages au Brésil, ses avocats et l'Intercontinental, les soixante mille dollars gagnés à Genève fondaient à toute vitesse.

M. Legros père, qui n'avait pas vu son fils depuis de longues années, l'invita à Villeneuve-Loubet pendant l'été 1974. Il savait ce que j'avais fait pour l'aider et me convia aussi. J'avais gardé un excellent souvenir de ce vieux monsieur. Depuis sept ans, je ne l'avais pas rencontré une seule fois. Je m'aperçus que j'avais de l'affection pour lui et qu'il me manquait. Je fus heureux d'avoir accepté son invitation ; pendant les quatre jours passés avec lui, il me parla de son métier, de son fils, de cette Égypte qu'il aimait tant, et c'était un bonheur de l'écouter. Il mourut quelques mois plus tard...

Un soir, nous sommes allés dîner à Cannes, chez Félix. Roger Peyrefitte s'y trouvait aussi, accompagné de Philippe Malagnac. Il remarqua aussitôt Fernand ; qui aurait pu l'ignorer, avec sa barbe, son chapeau et ses lunettes noires ? Fernand le reconnut aussi. On rapprocha les deux tables : le diable rencontrait son biographe. Chacun complimenta l'autre sur ses exploits respectifs ; l'écrivain nous invita à son dîner d'anniversaire, le 17 août 1974. Fernand entreprit alors de faire le tour des boutiques de luxe de Cannes, y commanda des cadeaux dont il envoya la facture à l'Intercontinental, qui, à cette date, ne l'avait pas encore rayé de ses listes. Et les vendeurs se pliaient en mille courbettes, et les boys se précipitaient pour ouvrir les portières de la Rolls, et les passants chuchotaient en le voyant parader comme un pharaon...

C'est au cours de ce dîner d'anniversaire que naquit l'idée des *Tableaux de chasse,* biographie de Legros imaginée par Fernand, rédigée par Roger. Le suzerain, très en verve, entreprit de raconter sa vie à sa manière. Ébahi, je l'entendis débiter des torrents de mensonges, expliquer comment il avait payé les veuves des peintres, soudoyé les experts et compromis les marchands. C'était un déballage vulgaire, qui salissait tout le monde, et lui le premier ; un ramassis de fadaises nées d'une imagination certainement plus malade que je ne voulais le croire. Profitant d'une question de Peyrefitte, émerveillé, je soufflai à Fernand que s'il ne cessait pas de débiter ces inepties, je quittais la table.

Nous étions sur le point de nous disputer, quand un murmure parcourut le restaurant : Joséphine Baker entrait, toujours sublime, accompagnée de Jean-Claude Brialy et d'une autre personne dont j'ignore le nom. Elle vint à nous, souriante, nous embrassa, s'assit un instant à notre table avec la simplicité qui est l'apanage des grandes dames. J'en fus très ému, surtout ce soir-là. Je me rendais compte en écoutant Fernand qu'il fallait le chasser de ma vie, au moins l'oublier un temps. Il commençait à se réfugier dans un délire méchant où je ne voulais pas le suivre. Ces calomnies qu'il accumulait et qui enchantaient Peyrefitte, je ne voulais pas les partager. Elles sonnaient le glas de notre amitié si durement construite. Seize ans plus tôt, quand nous étions clairs et pleins d'espoir, le premier geste de Fernand, en arrivant à Paris, avait été de m'emmener la voir. Elle, la grande Joséphine, qui dansait et chantait au Théâtre des Champs-Élysées. Une boucle se bouclait, ici, à cette table d'un restaurant de Cannes.

Vint le moment des cadeaux. Un jeune homme, ami de Peyrefitte, en réclama un, car il était né lui aussi un 17 août. On voulut bien rire de sa plaisanterie, mais on vérifia sur sa carte d'identité qu'il disait la vérité... Tout le monde profitait de tout le monde, ce soir-là, avec plus ou moins d'élégance.

Le lendemain, Paul Lombard, ténor du barreau de Marseille, nous emmena dîner à la Colombe-d'Or, à Saint-Paul-de-Vence. Fernand y reprit le récit de sa carrière à sa façon. De nouveau, il s'employa à salir ces experts et ces veuves qu'il avait bernés sans la moindre pudeur. De nouveau, il claironna qu'il les avait achetés — « pour des milliards », disait-il. Je quittai la table, l'abandonnant face à un maître Lombard un peu ébahi, et je rentrai en stop à Villeneuve-Loubet. J'y pris ma valise, saluai M. Legros et partis. La planète Legros ressemblait soudain à une poubelle.

Tel était toujours mon sentiment lorsque parut le récit de Peyrefitte, *Tableaux de chasse,* en 1976. Lors d'une émission de télévision, « Apostrophes » ou « Les dossiers de l'écran », l'écrivain déclara sans la moindre gêne qu'il n'avait rien vérifié des allégations de Legros, se contentant de les rapporter telles quelles. Cela prendrait en effet trop de temps de rétablir toutes ces vérités dont il s'est moqué. Par exemple Peyrefitte le dépeint milliardaire, à vingt-cinq ans, alors que Fernand n'avait pas un sou et louait pour trente dollars par mois un appartement minable à New York, dans le Bowery, le quartier des clochards. De même, les amours avec Dag Hammarskjöld, le secrétaire des Nations-Unies, relèvent de la mythomanie pure et simple : en 1960, un peu avant que ce secrétaire ne disparaisse dans un accident d'avion, Fernand écrivit à Peter Schnebelen et lui demanda de le lui présenter, car il le savait amateur d'art. Cette lettre est en ma possession. Peyrefitte prétend que Legros était agent de la C.I.A., envoyé en Chine ou ailleurs pour sauver le monde, au moins. Foutaises ! Jamais il ne mit les pieds en Chine. Quant à la C.I.A., c'est simplement grotesque. Il n'a jamais connu Pompidou, ni Joxe, ni aucun de ces ministres qu'il évoque. Moïse Tschombé, l'ancien président du Katanga, qu'il présente comme son ami, il l'a aperçu une fois dans l'avion de Palma à Ibiza. Ses passeports d'ambassadeur « *at large* » du Liberia et d'ailleurs, il les a inventés. Il aurait aimé vendre des armes, mais il ne l'a jamais fait : il faut de la discrétion pour cela.

Je pourrais continuer à contredire ces *Tableaux de chasse* à l'infini. Ce ramassis de ragots ne mérite pas tant de peine. Pourtant, on lui accorda à sa parution une importance démesurée. En 1976, les « Dossiers de l'écran » présentèrent un débat explosif autour du thème « Les faux ». On y montra des extraits du film que Reichenbach avait tourné avec Elmyr. Une discussion suivit. Fernand Legros, Roger Peyrefitte, des marchands comme Hervé Odermatt qui, au cours des débats, s'énerva plus que de raison, des critiques d'art qui avaient défilé en leur temps, éblouis et flattés, dans les salons dorés de l'avenue Henri-Martin. Tous affirmaient, l'air angélique, qu'ils ne se seraient pas laissé prendre aux jeux truqués de Legros... Menteurs et tartufes soudain réconciliés par le diable son biographe et quelques caméras.

Lorsque je quittai la Côte d'Azur, je pris la direction d'Ibiza où mes amis m'attendaient, maître Tincuff et les siens, et mon amour. Le baron, que l'on n'avait pas extradé, ni même gardé en prison, avait réintégré ma maison, buvant dans mes verres, dormant dans mon lit. Je louai un appartement à Figueretas, juste en dessous de chez moi, à côté de la plage.

L'année suivante, le tribunal finit par me donner raison. Elmyr fut expulsé de la Falaise, en toute légalité. Comme on lui avait signifié le jugement quinze jours avant l'exécution, il en profita pour la vider de tout ce qu'il y avait remis après l'épisode des déménageurs. Mais le jour où il devait rendre les clefs au juge, nouveau venu dans l'île, son avocat présenta un recours au nom de Mark Forgy, un ami du baron. Selon lui, le jeune homme occupait la Falaise en vertu d'un contrat de location établi par Elmyr, et ce depuis quatre ans. Les amis du couple qui l'accompagnaient au palais de justice appuyèrent ces dires, et proposèrent même une caution de quatre cent mille pesetas, une somme rondelette. Le juge estima que, si l'on immobilisait une telle fortune, il y avait peut-être anguille sous roche. Il accepta la caution. Elmyr se frotta les mains. Il se voyait déjà de retour chez moi.

Enchanté, il courut à la maison, y déposa deux grandes malles et, avec l'aide de Mark, éparpilla quelques vêtements pour lui donner un air habité. Ce dernier rebondissement m'énerva au plus haut point. Le juge se rendit à la Falaise, accompagné de son secrétaire. Je leur emboîtai le pas. Les pull-overs jetés çà et là ne l'abusèrent point. Il constata qu'elle était vide. Normalement, il aurait dû me donner les clefs, mais il y avait le recours, la caution, la pression des amis d'Elmyr... Il décida de faire changer la serrure et de tout bloquer jusqu'à ce qu'il puisse éclaircir le problème posé par Forgy.

Pendant que le juge établissait ses constats, je découvris ce qu'Elmyr avait fait de ma Falaise : il ne restait rien, ni sur le sol, ni sur les murs, pas même une ampoule.

Une pierre phénicienne encastrée dans une cloison avait été défigurée à l'acide, les fils électriques arrachés, les interrupteurs défoncés à coups de balai, les fenêtres fracassées. Seules les deux malles trônaient, intactes, au milieu de ce désastre. Tant de bêtise et de brutalité me firent mal. Le baron s'était replié sur San José où il avait loué une villa. Mais il n'allait pas s'en tirer si facilement. Je réclamai au juge la restitution de mes meubles, pendant qu'Elmyr exigeait ses malles.

— Possession vaut titre, me répondit-on. Ce qui est dans la maison de San José louée par Hory est présumé être sa propriété. Ce qui est dans la vôtre, en l'occurrence les deux malles, est présumé être la vôtre.

Nos avocats tentèrent de trouver un moyen terme ; en vain. Le recours de Mark Forgy dura six mois, durant lesquels le juge essaya de déceler le vrai du faux. A la première audience, il eut le culot de lui présenter le contrat de location signé, disait-il, par Elmyr quatre ans plus tôt.

— Vous êtes sous la foi du serment. Quand a été signé ce contrat ?

— La veille de l'expulsion d'Elmyr de la maison.

Le tribunal s'esclaffa bruyamment pendant que Mark se demandait quelle bêtise il avait bien pu dire. Il avait fallu huit ans pour que je retrouve ma Falaise. Si je n'avais pas fait des études de droit, je n'aurais rien compris à cet imbroglio juridique. Peut-être aurais-je fini par prendre une mitraillette, et par tirer devant moi en espérant qu'Elmyr se trouverait dans les parages...

C'est en m'installant chez moi, enfin, que j'inspectai ces malles qu'Elmyr voulait tellement récupérer. Tout au fond, je découvris les fameux carnets que M. Le Caignec tenait tant à lire...

1976 fut une mauvaise année pour le baron. Le 8 janvier, le tribunal de Genève jugea l'affaire du Giacometti. Elmyr fut condamné à me payer quarante-trois mille francs, le prix de la sculpture, augmenté des intérêts depuis 1967, assortis de quatre mois de prison ferme.

Depuis la sortie de *Fake,* il se laissait aller à une sorte de manie de la persécution : son livre n'était qu'un tissu de mensonges et il s'imaginait que ceux qu'il mettait en cause voulaient se venger. Il voyait des tueurs partout. Après le jugement de Genève, son délire ne fit que croître. Un second mandat d'arrêt international fut lancé de Paris, refusé comme le premier sous prétexte qu'il était émis contre un certain M. Hoffmann et que, à Ibiza, on ne connaissait que M. de Hory. L'argument ne valait pas grand-chose, mais le baron savait s'entourer de gens influents.

Au troisième mandat d'arrêt, la justice française s'appuya sur un certain nombre de documents irréfutables : des clichés de ses empreintes relevées depuis 1927 sous les différents noms dont il s'affublait, des fiches d'Interpol, etc. En Espagne, on fut bien obligé de le dactyloscopier, et la vérité devint aveuglante : M. de Hory et M. Elemer Hoffmann n'étaient qu'une seule et même personne.

Elmyr réagit comme d'habitude. Il convoqua la presse et lui déclara d'un ton larmoyant que la justice française, Legros et moi complotions pour le faire emprisonner à Paris. Une fois incarcéré, on l'assassinerait. Les journaux à scandale se jetèrent sur cette passionnante révélation.

Un samedi matin de décembre 1976, Elmyr apprit par son avocat que, cette fois, les autorités espagnoles ne pourraient plus refuser son extradition. Cette nouvelle le jeta dans une panique complète. Puisqu'il ne lui restait aucun recours légal, il décida de jouer son va-tout et de devenir un véritable martyr afin d'influencer les juges.

En présence de Mark Forgy et d'une personne dont je tairai le nom, il avala un tube de somnifères. Il était sept heures du matin. Le scénario prévoyait que Mark irait chercher un médecin dès que le baron perdrait connaissance, et qu'on l'emmènerait en fanfare à l'hôpital où de dévoués docteurs l'arracheraient à la mort. Qui donc, après cela, aurait le cœur de l'envoyer à ses bourreaux français ? Mark descendit bien à Ibiza. Il y rencontra une petite amie qui dut lui faire oublier le baron. Quand il revint à San José, vers midi, Elmyr était mort, son cadavre étendu sur la route. Sans doute avait-il compris que ses instructions n'étaient pas suivies et tenté de se traîner en ville pour qu'on le sauve...

L'enquête de la police espagnole permit de reconstituer cette triste histoire dans ses moindres détails. Mark Forgy, héritier du baron, aurait pu être inculpé. On préféra le mettre dans un avion en lui recommandant d'aller se faire voir ailleurs.

Ainsi disparut Elmyr de Hory, qui toute sa vie se battit pour n'être pas Elemer Hoffmann. S'il était revenu à Paris, on lui aurait prouvé qu'il n'avait pas pu peindre ces tableaux dont il s'arrogeait la paternité. On lui aurait demandé pourquoi il les avait signés. Il n'ignorait pas que j'avais fait expertiser ses signatures si bien imitées, et qu'on allait le confondre. Plus que la justice, il avait craint le ridicule. En prenant ses cachets, il avait lancé : « Plutôt la mort que la France ! » Le destin l'avait pris au mot.

Au musée d'Ibiza figurent deux toiles abstraites, qui avaient été achetées par Fernand Legros à la galerie Spencer en 1965. Elmyr les avait trouvées dans la Falaise quand il s'y était installé et en avait fait don au musée. Elles sont authentiques, celles-là.

Chapitre XIV

Mille fois, j'avais juré de ne plus revoir Legros ; mille fois, j'avais trahi mon serment. Pourtant, en ce mois de septembre 1974, quand je revins à Paris, je savais que je tiendrais ma promesse. Dans ses folies, ses fureurs, il avait toujours gardé une certaine grandeur. A Cannes, je l'avais trouvé petit. Il ne me fascinait décidément plus.

Nous nous rencontrâmes à plusieurs reprises chez le juge, mais je refusai de lui donner mon adresse. Il m'écrivait des lettres chez Marion, comme autant de bouteilles à la mer. Elle me les transmettait, mais je ne répondais jamais. Il lui téléphonait, encore et encore, demandant inlassablement à me parler. Elle laissait tomber, avec cette hauteur polie dont elle a le secret, que je voyageais en Amérique du Sud ou ailleurs. Il finit par conclure que je l'avais épousée, puisqu'elle me cachait si bien. Cela ne l'empêcha pas de continuer à me poursuivre chez elle, avec un peu plus de ménagements cependant.

Il me restait un peu d'argent, et une fois de plus, je cherchai vers quelle carrière me tourner. J'aimais le droit, mais je ne me sentais plus le courage d'entreprendre ce certificat d'aptitude à la profession d'avocat. D'autre part, comment me présenter comme défenseur de la veuve et de l'orphelin, alors que j'étais compromis dans une affaire de faux tableaux, de trafic douanier, et j'en passe ? Un petit restaurant du quartier de Passy, où je dînais parfois, fus mis en vente. Je l'achetai, pour quatre-vingt mille francs. C'était un endroit charmant que Denise, la patronne, tenait à la perfection. Elle savait préparer une charlotte au chocolat digne d'un conte de fées, sans parler de ses terrines. Quand elle entrait en cuisine, elle entonnait une chanson qu'elle pouvait chanter tout l'après-midi et même la soirée. Son travail terminé, elle nettoyait tout — jamais je n'ai vu un endroit aussi propre. Elle accrochait son tablier à une patère, éteignait la lumière et la chanson s'arrêtait. Quand elle me vendit le restaurant, elle essaya de goûter aux joies de la retraite. Je fis redécorer la salle dans le style des années 20, et tentai de trouver un maître queux aussi habile qu'elle. Peine perdue. Mon insistance et la nostalgie des petites sauces la ramenèrent aux fourneaux. Il lui fallut neuf mois pour se décider, mais Denise accepta de revenir chanter ses hymnes à sainte Bedaine. Les clients retrouvèrent les splendeurs du bœuf aux carottes, de l'ossobucco et du lapin moutarde.

Fernand, qui jadis n'avait pu dénicher l'adresse de ma galerie, ne réussit pas plus à découvrir celle du restaurant. Il continua de m'écrire chez Marion. Quand il devenait trop impatient, il envoyait un télégramme. Alors je savais qu'il s'énervait... La vie passa, lentement. Mon bonheur aussi. Un matin, je me suis réveillé seul.

Maître Ceccaldi, en qui j'avais une confiance infinie, était mort en 1972. Maître Bauthier, avocat belge de talent, avait travaillé avec lui sur quelques grands dossiers. Il quittait alors ses brumes du Nord pour de courts séjours à Paris. Je lui demandai de me défendre, et il accepta. Or maître Bauthier avait une fille, qui venait le rejoindre de temps à autre quand Bruxelles l'ennuyait. Tout de suite, elle m'a séduit, avec ses cheveux châtain clair, ses yeux couleur de miel et sa voix douce.

Frédérique avait huit ans de moins que moi. Elle adorait la littérature, la peinture, le droit, tout ce qui est ordonné, raffiné, élégant. Nous nous sommes mariés dans l'année. Elle m'a apporté tout ce que je n'avais su trouver : une stabilité, un rythme de vie, une régularité. J'ai toujours eu besoin d'une famille, elle m'a donné un foyer. Bien sûr, je cédais à la tentation bourgeoise ; bien sûr je fermais ma porte sur ma folle jeunesse ; Frédérique m'a aidé, soutenu. Elle est l'une des rares personnes à qui j'ai montré mes dessins de jeunesse que j'avais récupérés en quittant Legros ; elle les a adorés, avec son cœur et son intelligence aussi. Je lui ai dit que j'avais beaucoup peint, mais je crois qu'elle n'imagina jamais l'étendue des dégâts.

Si nous avions eu des enfants, nous serions peut-être encore unis. En 1982, nous avons divorcé. Sans elle, je n'aurais sans doute pas réussi à traverser ces années pénibles au cours desquelles les tribunaux s'étaient enfin penchés sur mes dossiers et ceux de Legros, pour trancher. Mais qu'il était long à tomber, le couperet, et qu'il est effrayant, révoltant, de sentir toute sa vie hypothéquée par une procédure inutile, qu'on laisse traîner...

L'affaire Legros connut un petit rebondissement lorsque la Cour de cassation annula une partie de la procédure à cause de cet expert, infaillible connaisseur, qui acheta un Vlaminck encore humide aux quatre bandits que Fernand avait engagés pour m'assassiner.

Que cet expert chargé de démêler le faux du vrai dans la collection Meadows ait pu se laisser berner de façon aussi flagrante, fit tiquer les juges. Au monde des experts, nul n'est infaillible, le meilleur restant celui qui se trompe le moins. Le petit Vlaminck, pour lequel Legros l'avait dénoncé aux Douanes, pesait sur lui comme une épée de Damoclès. On fut en droit de le soupçonner de légèreté puisqu'il possédait un tableau de maître dont il ne pouvait justifier la provenance. Nul ne peut être juge et partie. La justice mit seulement cinq ans à s'en rendre compte !

Sept juges avaient perdu leur belle santé sur les tonnes de papiers qui constituaient le dossier. M. Sauret fut le huitième. L'instruction durait depuis neuf ans, et, à part l'inculpation pour le Chagall d'Olcick, n'avait pas d'autre effet que d'inquiéter et de faire énormément jaser. M. Sauret décida d'agir : il recommença une partie de la procédure et essaya de m'inculper de complicité en faux artistiques. Comme il est difficile de déclarer brusquement suspect un homme que l'on interroge comme témoin pendant tant d'années, son projet échoua. Depuis 1967, j'étais persécuté. Aucune législation européenne en matière de délit ne peut faire traîner une telle affaire au-delà de sept ans et demi. Seule la législation française se permet de l'étirer sur près de quinze ans. Dans les autres pays, on a prévu une prescription extinctive, c'est-à-dire automatique si, au terme d'un délai précis, le prévenu n'a pas été entendu par un juge, jugé par un tribunal, etc. En Suisse, elle intervient après sept ans et demi, en Belgique après six ans, dans les pays anglo-saxons et en Allemagne, après sept ans.

Être mobilisé comme je l'ai été par la justice, c'est vivre en enfer. Sans savoir si j'allais être acquitté, comme on me le promettait, ou condamné, comme je le redoutais, comment pouvais-je imaginer mon avenir ? Comment vivre, travailler ou aimer quand on est perpétuellement convoqué par un juge ou un autre qui vous pose question sur question ? J'étouffais, avec la sensation de ressembler à une mouche enfermée dans une bouteille, qui voit le monde autour d'elle et ne peut s'envoler pour autant. Pendant toutes ces années, on a disposé de moi avec le dernier cynisme, et ma vie entière était devenue une prison.

Quand le scandale de Pontoise avait éclaté en 1967, l'affreux *Soleil* de Derain-Hory disparut. Avant de s'enfuir, Fernand le mit en sécurité chez son dernier avocat, maître X, qui accepta de le garder pour lui être agréable. Cela, je le savais, et le répétais aux différents juges qui m'interrogèrent. Dans ce fameux procès de Pontoise, l'objet du délit aurait dû être examiné : une pièce à conviction porte ce nom parce qu'elle permet de prouver la culpabilité de celui qui l'a utilisée. Chaque juge décida de la faire récupérer chez maître X, mais aucun ne le fit jamais, sans doute par crainte d'indisposer un membre du barreau. La théorie prétend qu'un tableau faux, au bout de dix ou quinze ans, devient vrai. Lorsque Fernand revint en France, il voulut reprendre ce *Soleil* pourtant cause de tous ses malheurs. Maître X le lui refusa, prétextant que Fernand avait utilisé son bureau comme le sien au début de ses ennuis et lui avait laissé une note de téléphone affolante. Il se disait en plus très mécontent, car Fernand, le 14 décembre 1972, lui avait donné un chèque de deux mille trois cents francs suisses émis sur le Crédit suisse de Genève, en règlement de ses honoraires. Mais comme le fisc helvète avait bloqué ses comptes, ce chèque n'avait pu être honoré. Un faux tableau pour un chèque en bois... Ce n'était que justice.

En 1977, Alain Sauret envoya l'affaire de Pontoise devant le tribunal correctionnel de la Seine. Le verdict tomba.

Fernand récolta dix-huit mois de prison pour faux artistiques et tentative d'escroquerie. Il demeura libre, les deux séjours en préventive en Suisse et au Brésil compensant cette peine. Quant à moi, on ne m'appela même pas à la barre ; on se contenta de lire des procès-verbaux de mes témoignages.

Pour la première fois de sa carrière, Legros montra un peu de prudence : il ne fit pas appel. Une nouvelle procédure aurait pu aggraver sa peine. En revanche, il ne put renoncer à ses bravades. Avec son grand chapeau, ses lunettes et ses airs de star, il se répandit dans la presse en déclarant qu'il était tombé amoureux de son juge, une grande dame en chignon qui avait, selon lui, le charme d'une Andalouse. Pour un peu, il m'aurait demandé de la portraiturer à la Van Dongen !

Lorsqu'en 1966 j'avais eu besoin d'argent pour payer ma galerie, le Crédit municipal m'avait consenti un prêt, et avait gardé onze tableaux de ma collection en guise de caution. L'année suivante, quand l'inspecteur entreprit de me ruiner, neuf de ces toiles furent bloquées en saisie conservatoire par les Douanes ; le juge instruisant l'affaire ordonna une seconde saisie pour le compte de la justice. C'est-à-dire qu'elles demeurèrent bloquées là, à la disposition de tout le monde, sauf de moi.

M. Sauret, qui s'occupait de mon cas en même temps que de celui de Legros, eut besoin des certificats établis par Pacitti pour mon compte ; ils authentifiaient mes tableaux, précisaient leur valeur vénale et, bien entendu, ils étaient établis sur des lettres à en-tête du cabinet Pacitti et signés de sa propre main. Le juge les avait vus dans le dossier en prenant possession de la procédure. Il chercha, fouilla... les papiers ne s'y trouvaient plus.

L'affaire Meadows passa devant le tribunal correctionnel le 3 juillet 1979. Parmi les inculpés figurait Fernand Legros. Celui-ci fut condamné à deux ans de prison.

Comme pour le jugement de Pontoise, Legros ne fit pas appel.

Je fus enfin traduit devant le tribunal correctionnel pour l'affaire des Douanes. Le 3 juin 1979, on me condamna à treize mois de prison, dont huit avec sursis. Les Douanes me réclamèrent plus de cinq cent mille francs, une somme absurde.

Sans attendre, je fis appel. Je transigeai avec les Douanes pour dix mille francs. Après un second jugement un peu décevant, je me portai en cassation, en 1980. En 1981, l'amnistie présidentielle me libérait de ce cauchemar.

Fernand, qui avait été condamné à deux ans de prison pour l'affaire Meadows, demeura libre car il y avait confusion des peines avec le jugement de Pontoise. En décembre 1980 au volant de la Rolls, il renversa un passant dans une rue parisienne ; le pauvre homme n'était que très peu blessé. Mais, comme à chaque fois que Fernand passait la nuit à faire la fête, ses petits matins manquaient d'élégance : au lieu de réconforter sa victime, il l'insulta et agit de même avec les policiers qui étaient accourus sur les lieux de l'accident.

Plainte pour coups et blessures involontaires, conduite en état d'ivresse, il fut condamné par le tribunal des flagrants délits à neuf mois de prison ferme. Cette sentence annula tous les sursis précédents et il fut incarcéré, avec de longues années solitaires en perspective. Heureusement, maître Tincuff fit tant et si bien qu'il lui obtint une remise de peine. Legros sortit donc au bout de sept mois. La Rolls fut mise en fourrière, elle y demeura jusqu'en 1983. Les Domaines l'avaient estimée à quatre cent mille francs pour un particulier, trois cent mille pour un revendeur ; cette estimation tenait compte de quelques réparations nécessaires, évaluées à cinquante mille francs. L'administration la vendit, sans m'en avertir, alors que la carte grise était à mon nom, pour cinquante mille francs, c'est-à-dire une bouchée de pain.

Après sa détention, Fernand continua de jouer les vedettes. Ainsi, il s'installait à la terrasse du Fouquet's et patientait. Immanquablement, quelqu'un venait. « Vous n'êtes pas Fernand Legros, par hasard ? » Avec son chapeau, sa barbe et ses lunettes noires, il y avait peu de chances de se tromper. Et Fernand finissait par se faire inviter. Il s'était transformé en l'un de ces parasites de la vie parisienne qui font la joie des chroniqueurs mondains, rallumant l'intérêt des foules en évoquant à mots couverts une fortune cachée dans des coffres à l'étranger... On le croyait, peut-être ; il amusait, fascinait encore son public, car il n'avait rien perdu de son esprit ni de sa fantaisie.

Depuis mon départ précipité de Villeneuve-Loubet en 1974, je ne l'avais pas revu, si ce n'est une ou deux fois à l'occasion de ses procès. Ainsi, un peu avant que l'affaire Meadows ne soit jugée en 1979, il m'avait demandé — par l'intermédiaire de Marion — un avis de droit à propos de l'incompétence d'un tribunal français à juger une affaire américaine. Je l'avais définitivement écarté de ma vie, et pourtant je ne pouvais m'empêcher de lui venir en aide... Il me fixa rendez-vous chez une de ses amies, car il était fort mal logé. Sans doute m'avait-il dépeint sous un jour des plus noirs : elle me reçut très froidement, me faisant comprendre qu'elle m'estimait responsable de la déchéance de ce pauvre Fernand. Quand elle m'entendit lui expliquer cet avis de droit que je venais d'établir pour lui, elle s'interrogea... Aujourd'hui nous sommes les meilleurs amis du monde.

Il tenta de découvrir l'adresse de mon restaurant, en vain. A plusieurs reprises, il m'envoya des invitations à des fêtes. L'une d'elles lui tenait sans doute plus à cœur, car il insista beaucoup. Elle avait lieu au Warwick, un des grands hôtels de Paris. Marion, qui continuait fidèlement de jouer les boîtes aux lettres, s'y rendit à ma place. Elle arriva, somptueuse d'élégance et de beauté, et demanda au concierge où se tenait la réception de M. Legros. L'homme leva les sourcils.

— Vous voulez dire la réception du Warwick ! M. Legros est notre responsable des relations publiques !

Ainsi terminait-il sa carrière de vedette : on l'avait engagé parce qu'il ramenait de la clientèle au bar...

En juillet 1982, après mon divorce, sur le point de partir en vacances à New York, je reçus un télégramme. Il voulait me rencontrer, me fixait rendez-vous au Warwick. D'habitude, il me téléphonait, ou écrivait. Ce télégramme m'impressionna. Nous avons passé deux heures ensemble, au bar. Il avait beaucoup changé : calme, agréable, détendu, un peu bedonnant même, Fernand était devenu un homme aimable. Il avait formé un grand projet : je peindrais une quarantaine de tableaux de tous les styles, et je les signerais de mon nom, enfin. Il m'organiserait une grande exposition dans une galerie de la place Vendôme. J'y rencontrerais le Tout-Paris et il avouerait à la presse du monde entier la vérité.

Je ne l'ai pas cru. Tant de fois il m'avait menti, tant de fois il m'avait trompé... Vaincu par une vie qu'il avait trop défiée et qui se vengeait de lui maintenant, bouffon d'une *jet society* qui frissonnait d'honnêteté à son contact, il voulait m'utiliser une fois encore pour faire parler de lui. Je lui répondis que je n'avais pas le temps de me lancer dans une telle entreprise, que j'avais renoncé à peindre. Je ne lui dis pas que le miracle de Genève ne se reproduirait pas parce que je ne l'admirais plus... Nous étions entre personnes de bonne compagnie.

Je partis pour les États-Unis, écourtai mon voyage d'une dizaine de jours afin d'aller me reposer à Djerba, en Tunisie ; j'avais besoin de calme et de soleil. Une nuit, je fis un cauchemar atroce : en face de moi, je voyais sur une photo immense, barrée d'un ruban noir, Fernand mort. C'était une image si brutale et si terrifiante que je me réveillai en sueur. Il était quatre heures du matin. Incapable de démêler le rêve de la réalité, je demeurai éveillé, les yeux grands ouverts dans l'obscurité, figé par la certitude d'une malédiction.

De retour en France, j'appris que la mère de Marion venait de s'éteindre à Ibiza. Je me rendis immédiatement dans l'île afin d'aider à organiser les obsèques et soutenir mon amie. La vision de Legros rayé de noir ne me quittait pas. Il était devenu l'emblème de la mort. Trois jours plus tard, je revins à Paris. Une relation de Fernand me téléphona. La veille de notre rencontre au Warwick, les médecins de l'Hôpital américain avaient diagnostiqué un cancer à la gorge.

D'abord, je ne voulus pas y croire. Et puis il fallut bien accepter la réalité. Fernand allait mourir. Nos amis communs me dirent, me répétèrent de ne pas chercher à le revoir ; il était déjà trop atteint, épuisé, le visage déformé... Je n'ai pas eu le courage d'affronter cela ; lors de notre dernière rencontre, j'avais rencontré un homme presque serein, plein d'une vie enfin maîtrisée ; je ne voulais pas que ce souvenir soit remplacé par l'autre.

Une idée commença à me tarauder : si j'avais su qu'il était malade, ce jour-là, j'aurais accepté sa proposition de peindre, sans hésitation, parce que la mort bientôt effacerait tout. Mais peut-être

261

aussi m'aurait-elle emporté, avec lui, car il était un tourbillon auquel je n'avais échappé qu'au prix d'efforts démesurés. Même aux meilleurs moments il me répétait : « Le cimetière ou moi ! » Et ces paroles résonnaient toujours à mes oreilles comme une malédiction. Je n'avais pas peur de mourir, j'avais peur du cauchemar.

Un soir de novembre 1982, il m'invita à une fête au Martin Club, au bois de Boulogne. On y ouvrait une boîte de nuit dont il assurait le lancement. Je n'ai pas voulu y aller. Marion s'y rendit, accompagnée par deux amis, Philippe et Amadeo. Elle en revint bouleversée : Fernand n'était plus que l'ombre de lui-même. Il ne fallait pas que je le voie dans cet état.

Il n'essaya plus de me rencontrer. Il comprenait pourquoi je n'y tenais pas, estimait sans doute qu'il m'avait fait assez de mal pendant trop d'années, et que cela suffisait. Je reçus pourtant une carte postale avec une photo de Los Angeles : « Je suis passé voir Orchid Avenue. Que de souvenirs en me promenant dans cette ville ! Le temps a passé bien vite. Nouvelle vie. Bises, Fernand. »

Il n'avait pas quitté Paris. Mais ce pèlerinage par l'imagination au paradis perdu était une façon de me dire — au seuil d'une nouvelle vie qu'il imaginait dans l'au-delà — ce qui avait compté pour lui.

Il est mort dans le Périgord, chez sa sœur ; lui qui était si douillet montra un courage et une dignité admirables. Il est mort en 1983, le 7 avril, le jour anniversaire de notre rencontre. Et moi, je suis mort aussi.

Chapitre XV

Jamais je n'aurais raconté l'histoire de ma vie comme je viens de le faire s'il n'y avait eu Carlo Mossy. Ce paresseux menait une brillante carrière dans le film érotique, prouvant ainsi qu'un tel idéal peut soulever des montagnes et mettre un bon-à-rien au pinacle.

Apprenant la maladie de Fernand, il voulut à plusieurs reprises venir à son chevet. Fernand refusa de revoir celui qui l'avait volé et trahi. Vint le temps du Carnaval. Paris était devenu l'antichambre de la mort de Legros. Je ne pouvais traverser une rue ni passer devant une galerie sans le revoir, heureux ou furieux, mais vivant, et fort. Désormais, affligé par ce cancer qui le rongeait, il se raccrochait à l'espoir d'un monde meilleur, dans l'au-delà. Quand mes amis brésiliens me téléphonèrent de Rio pour m'inviter au Carnaval, j'acceptai presque avec soulagement. Je n'avais pas revu ce pays depuis 1977. Ce fut une fête à nulle autre pareille. Il y avait Luis Carlos, un peintre naïf fort en vogue, Wilma, une femme sculpteur d'une beauté renversante, et Watusi, la star, la divine, qui avait brûlé les planches du Moulin-Rouge avant d'enflammer celles de la Scala de Rio. Il y avait aussi Ricardo Manhaes, qui passa de nombreuses semaines chez moi pendant les procès, m'aida au restaurant, et m'empêcha de céder au désespoir quand, épuisé, à bout d'angoisse, j'avais envie d'abandonner le combat. Un jour où l'un de mes avocats me téléphonait, je m'étais mis à griffonner sur un bloc de papier ; sans y penser, j'ébauchai une corrida à la manière de Picasso. Ricardo m'aperçut, ses yeux s'arrondirent. Quand j'eus raccroché, il s'exclama :

— Le peintre de Legros, c'est toi !

Il aurait pu répéter cela à tort et à travers. Mais Ricardo est un véritable ami et il garda le silence. Quand il se maria, j'eus l'honneur d'être son témoin.

Le Carnaval fut extraordinaire, et les sambas qui ronflaient nuit et jour à travers la ville m'arrachèrent à ma tristesse, en surface au moins. Au début de mars, sur la plage, une voix me héla. Je me retournai, c'était Bernard, le frère de Carlo Mossy. Il semblait enchanté de me retrouver, me fit mille compliments qui m'étonnèrent : mes relations avec le clan des Goldzal n'avaient jamais justifié un tel enthousiasme. Comment parvint-il à dénicher l'adresse des amis qui m'hébergeaient, je l'ignore. Le soir même, on sonna à la porte, c'était Carlo Mossy, avec sa femme Sandra, sa belle-famille, et d'autres encore, qui venait m'inviter à dîner. J'en eus le souffle coupé : le garçon maigre et un peu maladroit s'était transformé en une boule de graisse, ses cheveux bouclés et blonds avaient disparu. Il était maintenant gros, chauve et flasque. Volubile et chaleureux, il me dit son bonheur de me savoir au Brésil. Je l'écoutais, intrigué par cette transformation et cette sympathie qu'il me témoignait. Et il me racontait qu'il était marié avec Sandra, qu'il élevait des enfants et qu'il nourrissait de grands projets ; il me parut un peu plus intelligent qu'autrefois. Peut-être s'était-il amélioré.

Je rentrai en France. Il y vint par deux fois pour présenter *Gisèle,* son chef-d'œuvre, un film érotique avec des lumières un peu plus soignées que les autres. Il en profita pour me rendre visite et je le reçus en ami, organisant pour lui une fête brésilienne dans mon jardin. C'était en juin 1983. Il faisait bon, rien ne manquait, ni la samba ni la *batida.* Quand une fille l'émoustillait, il m'appelait à la rescousse :

— Réal, dis-lui comme j'avais de beaux cheveux à vingt ans !

C'était un peu pathétique. Quelques jours après cette soirée, il me fit part de son idée : un film sur Fernand Legros, celui de la légende, avec son chapeau, sa barbe, ses lunettes noires et ses chaînes en or, qui vendait de faux tableaux à travers le monde entier. Il me parla d'un livre, signé par Legros et par lui, me montra un contrat... Une fois de plus, je l'écoutais en me demandant pourquoi je n'arrivais pas à lui faire confiance.

Il revint à son film. Rien n'aurait l'air vrai si l'on n'y voyait des tableaux aussi beaux que ceux de Fernand. Depuis 1966, Mossy savait que je les avais peints. Il voulait que j'exécute quatre-vingt-cinq tableaux « à la manière de », qui serviraient de décor. Ainsi méditait-il une combinaison à base de faux. Cela m'intriguait de plus en plus. Jusqu'où irait-il ?

Nous avons longuement négocié, lui volubile et moi plus réservé. Il me ferait revenir au Brésil, m'installerait dans un appartement où je pourrais travailler à mon aise. De quatre-vingt-cinq, je fis tomber le chiffre à vingt-six. Il achèterait les cadres et je récupérerais les toiles après le tournage : en effet, je voulais ouvrir un restaurant à Rio, avec Ricardo Manhaes qui vivait là-bas depuis son mariage. Nous avions déjà trouvé le local, à Ipanema. Les négociations suivaient leur cours. Dans la signature du bail, nous voulions entreprendre la décoration, dans le style des années 20, comme dans mon restaurant de Passy. Une collection presque fauve y serait du meilleur effet.

Carlo accepta avec enthousiasme. En décembre, il m'accompagna chez les encadreurs, où nous dénichâmes vingt-six cadres. Il me demanda de payer, promit de me rembourser par chèque sur un compte en Suisse, changea d'avis et parla de dollars liquides à Rio. J'avais décidé de jouer le jeu, je réglai la facture.

Le 23 décembre, je pris l'avion pour Rio, deux paquets de toiles vierges dans mes bagages, et un crayon à l'ultraviolet dans la poche — mais cela, Carlo l'ignorait. A l'aéroport, on me fit remplir un formulaire d'entrée. A la question : « Quelle profession exercez-vous ? », je répondis : « Artiste-peintre », sans réfléchir. Soudain, je compris que, pour la première fois de ma vie, j'allais peindre au grand jour, en toute liberté.

Un appartement vide m'attendait, rue du Maréchal-Mascaray, à deux pas des plages de Copacabana. Carlo m'en donna une clef, garda l'autre pour lui. Il me recommanda de n'ouvrir à personne et de ne rien révéler de mes activités à quiconque. J'eus envie de rire. Il était fini le temps du secret, de la peur d'être pris le pinceau à la main. A quoi jouait-il, avec ses airs de conspirateur d'opérette ? Legros pouvait m'imposer le silence, pas Carlo Mossy.

J'avais décidé de travailler ici, mais d'habiter chez Luis Carlos. Tous mes amis, Ricardo en tête, m'attendaient, curieux de savoir à quoi m'employait Mossy. Quand je leur expliquai notre projet, ils poussèrent de hauts cris : « Méfie-toi ! Il va te rouler ! » Nous étions tous d'accord, mais je voulais savoir jusqu'où il pouvait aller.

Les 25, 26, 27 et 28 décembre 1983, j'ai peint vingt-six tableaux post-impressionnistes, à la manière de Modigliani, Vlaminck, Derain, Picasso, Marquet, Dufy, etc. J'étais seul, et plus personne ne me portait comme Fernand, jadis. Il aurait dû être là, assis sur un tabouret, à me regarder, à me comprendre. Mais l'époque était révolue où j'échangeais mon silence contre son admiration. Mes doigts connaissaient la technique, avec ou sans Fernand. Vingt-six tableaux virent le jour, que les maîtres auraient pu composer s'ils en avaient eu l'idée.

Mossy me rendait visite quotidiennement, cinq minutes à peine. Il me dérangeait.

— Mets plus de rouge ! disait-il.

Quand Legros me donnait un conseil, je le suivais parce qu'il avait raison. Ce n'était pas le cas de Moïse Abraham Goldzal, le roi du porno *carioca*. Mes amis vinrent me voir. Ils se doutaient que j'avais peint pour le suzerain, mais ils ne pouvaient imaginer mon habileté. Ricardo en fut ahuri, bien qu'il eût compris tout seul quel rôle j'avais tenu, autrefois. Mossy ignora que j'avais travaillé devant témoins et n'imagina pas un seul instant que je signais chaque toile vierge au crayon ultraviolet, ni que je prenais une photo de chaque tableau achevé.

Le 28 décembre, j'avais terminé. Mes vingt-six portraits et paysages, appuyés contre le mur, me prouvaient que je pouvais peindre sans Fernand, même si cela me faisait souffrir. Dehors le soleil brillait. En décembre, il fait chaud au Brésil, une belle chaleur d'été qui chasse toutes les mélancolies. Je sortis pour respirer les odeurs de l'océan, pour retrouver cete vie qui jaillit de partout, et que j'aime tant ici.

Le lendemain, je découvris que Mossy avait fait poser une seconde serrure à la porte de l'appartement.

— Tu comprends, c'est pour la sécurité, les voleurs sont tellement audacieux !

— Attention, Carlo, il ne faut pas que mes tableaux disparaissent !

— Mais qu'est-ce que tu vas imaginer ? Est-ce que je te ferais un coup pareil, moi ?

Je revins en Europe, où mon restaurant me réclamait. Ricardo s'occupait de notre futur restaurant. L'année passa, lentement. Je m'habituai à l'idée que Fernand était mort ; de temps à autre, je songeais à la peinture. L'épisode de Rio m'avait rassuré sur mes capacités, mais je n'étais pas encore prêt à me lancer dans une œuvre véritable. Je fis quelques brefs séjours au Brésil, pour le restaurant. Là-bas, tout est très lent. Mossy s'affairait à monter son film, mes tableaux attendaient le tournage.

Peu après le 26 mars 1984, je reçus par courrier aérien une liasse de journaux. En pleine page et en couleurs, Carlo Mossy annonçait qu'il venait d'hériter de la collection Legros : quatre-vingt-cinq toiles — il tenait à ce nombre — peintes par... Elmyr de Hory ! Je m'attendais à une folie, mais de cette taille ! Le souffle coupé, je le découvris posant avantageusement devant mes Derain, Vlaminck et autres Dufy, ceux-là mêmes que j'avais peints pour son long métrage.

Le journal *Globo* annonça l'événement à plusieurs reprises, sous la plume de Carlo Swan et d'Ibrahim Suez. Le numéro du 3 avril 1984 annonçait même que Carlo allait organiser une exposition des faux peints par Elmyr et qu'elle serait ensuite envoyée au Centre Pompidou de Paris, puis à Sao Paulo. L'information fut reprise le 22 avril. Carlo Swan, que rien n'effrayait, alla jusqu'à parler du « musée de Hory ». Des Hory signés Lessard à l'ultraviolet ! Sans parler des innombrables empreintes que j'avais laissées dans la peinture même en travaillant avec les doigts...

Manchete, une revue à gros tirage, montrait sur deux pages Carlo Mossy et sa collection dans un reportage de Herman Nass. *Veja,* une autre revue, en principe très sérieuse, racontait, le 28 mars, l'histoire de cet héritage fabuleux, photos à l'appui. Le journaliste, à l'évidence, rapportait les paroles de Mossy comme Peyrefitte répéta celles de Legros, sans rien contrôler. Le *Jornal do Brasil* consacrait une page entière à ce vrai conte de fées, reproduisant certains de mes tableaux. *L'Estado de Sao Paulo* s'étendit sur le sujet... Je demeurai stupéfait par l'audace de Mossy. Il ne pouvait ignorer que j'avais des amis au Brésil, qu'on m'informerait de sa manœuvre. Et même s'il n'imaginait pas qu'on m'avait vu peindre, il devait se douter que tout ce qui concernait Fernand m'intéresserait aussi.

Je fus encore plus étonné par la légèreté de ces journaux. Quand Fernand se trouvait à la prison de Brasilia, ils lui avaient largement ouvert leurs colonnes. Et quand il fut extradé, l'un de ses avocats, Pedro Calmone, donna lecture de son dernier testament devant les journalistes et les caméras de la télévision. Ce fut un show typiquement sud-américain, inimaginable en Europe : il pleura abondamment pendant qu'on le filmait, lut les dernières volontés de ce pauvre *Seu Legros,* qui venait de se suicider dans l'avion et, sa publicité faite, rentra chez lui. Cela se passait le 14 avril 1974, tous les quotidiens, *Globo* entre autres, reproduisirent le testament manuscrit en français, avec une traduction en portugais. N'importe quel stagiaire aurait pu descendre aux archives et sortir le dossier Legros ; il y aurait trouvé ce texte * :

Ceci est mon testament.
Je soussigné, Fernand Charles Ernest Legros, né le 26 janvier 1931 à Ismaïlia, Égypte, sain de corps et d'esprit, déclare par la présente annuler toutes les dispositions précédentes et les remplacer exclusivement par ce qui suit : mon seul et unique héritier, légal et universel, est Joseph Lessard esq., canadien, né à Mansonville, province de Québec, Canada. J'ajoute n'avoir aucune dette envers qui que ce soit. Joseph Lessard s'acquittera de la somme de 100 (cent) dollars à mon épouse Gina Jackson Legros. Il prendra à sa charge, comme il lui conviendra, les personnes qui m'ont fidèlement entouré.
Fait à Brasilia, ce 13 avril 1974.
Signé : Fernand Legros

---

* Voir la reproduction en annexe.

« Mon seul et unique héritier, légal et universel. » Une simple vérification eût fait éclater la vérité sur les affirmations de Mossy. Mais non. On se contenta de transcrire ses paroles pour faire rêver dans les favellas.

Bien entendu, personne n'évoquait le moindre projet de film sur Legros. Je bondis sur mon téléphone, appelai le Brésil. Carlo tenta de me rassurer ; il ne voulait rien vendre, il ne s'agissait que d'une simple opération promotionnelle afin de dégager des capitaux pour le film, de la publicité en somme !

Le soir même, je pris un avion pour Rio. Je me rendis au petit appartement qu'on me prêtait chaque fois que mes affaires me réclamaient là-bas ; du courrier m'attendait qu'on ne m'avait pas fait suivre à Paris. Je découvris un catalogue qui annonçait le vernissage de l'exposition Mossy à la galerie Paolo Klabin. En le feuilletant, je vis les reproductions de trois tableaux attribués à Elmyr de Hory. Le professeur Frederico Moraïs, critique d'art célèbre et respecté, avait écrit une préface sur un thème éternel : « Où se termine le crime, où commencent l'art et la culture ? »

La presse annonçait cette extraordinaire exposition depuis presque un mois ; dans *Caderno B-Journal Brasil,* du 26 mars 1984, Wilson Coutino s'était laissé aller à écrire une sorte de méditation sur le thème du vrai et du faux... C'était totalement surréaliste !

Mossy avait oublié de donner à sa secrétaire l'ordre de me rayer de la liste de ses amis et relations à qui elle envoyait régulièrement des invitations de presse. Fou de rage, je me précipitai chez lui. Il ne se démonta point : ce n'était qu'une petite promotion pour le film, j'avais bien tort de le soupçonner, je voyais le mal partout, etc.

Le jour du vernissage, ma décision était prise : j'annoncerais à la foule des invités que j'avais peint ces tableaux, qu'il suffisait d'une lampe à infrarouge pour voir mon nom apparaître sous la peinture ; que je les avais terminés avec les doigts et que mes empreintes restaient incrustées dans la pâte, comme dans tous les tableaux de Legros d'ailleurs, et que la peinture n'était que superficiellement sèche ; enfin, que Mossy mentait, trichait, espérait me voler.

Pour me donner du courage, j'avalai un grand verre de *cachaça,* cet alcool de canne aussi fort que tous les schnaps de Bavière et d'Alsace réunis. Ricardo, Luis et quelques autres m'escortèrent pour me soutenir.

Jamais on n'avait vu autant de vedettes, d'acteurs, de producteurs, de cinéastes ; tout ce que Rio compte de personnalités s'était retrouvé ici, autour de la galerie Klabin. Trois chaînes de télévision filmaient l'événement, et le lieu pullulait de journalistes à l'affût.

Tous parlaient, riaient, buvaient. Des femmes en paillettes et émeraudes accompagnées d'hommes en smoking blanc étaient venues déposer leur admiration aux pieds du fantôme d'Elmyr. Des amis me reconnurent, qui ignoraient tout du drame. On m'entoura, on me congratula, en me vantant la splendeur de ces tableaux.

Soudain ma colère tomba. J'étais stupéfait, anéanti, affolé presque. Jamais je n'aurais imaginé que le phénomène prendrait une telle ampleur. Comment pourrais-je affronter tout seul cette multitude ? J'étais fort de ma vérité, mais d'elle seule. M'entendrait-on seulement, vociférant des choses incroyables au milieu du brouhaha ?

C'est alors que Mossy m'aperçut. Avec un bel aplomb, il vint vers moi, en souriant et se jeta à mon cou, ce Judas !

— Quelle publicité, hein ! Dans quelques jours, je commence le tournage. Dès qu'il sera fini, tu récupéreras les tableaux ! Sandra, occupe-toi de Réal !

Sa femme essaya de me faire la conversation ; Georges Pinto, un avocat qui s'était occupé de Mossy autrefois, et qui suivait mon affaire de restaurant, vint vers moi à son tour. Il connaissait toute la vérité, lui, me félicita de la qualité des toiles. Dépassé, je répondis à côté, pour finir par rentrer chez moi, incapable de trouver une solution à mon problème.

Pendant les quelques jours que je passai à Rio, je n'entendis parler que de ce vernissage sublime : on ne pouvait même pas poser les pieds dans la galerie tant elle fourmillait de personnalités, on y avait vu un tel et un tel...

Je revins en Europe plein de perplexité. Attaquer Mossy de front... il était bien trop puissant. Après toutes mes années perdues en procès et procédures, je préférais éviter un nouveau scandale. D'autre part, je savais qu'il essayait vraiment de monter ce film ; mais je savais aussi qu'il voulait garder les tableaux : il les exhibait avec trop de suffisance. La collection Legros se transformerait en centaines de milliers de dollars. Mossy n'aimait ni l'art ni la peinture. Mais s'il arrivait à tout vendre, il garderait l'argent : un producteur risque celui des autres, jamais le sien ; seuls les bons producteurs se mettent personnellement en danger. Ils sont rares.

Carlo dut percevoir mon désarroi, car il me téléphona à Paris pour m'annoncer qu'il avait décidé de me rendre mes œuvres. Deux mois plus tard, l'exposition était achevée, le film pas encore commencé, quant à mes tableaux...

Ricardo Manhaes et Georges Pinto me téléphonèrent à leur tour : Mossy venait de les prévenir que son appartement avait été cambriolé. La collection s'était envolée. Tous deux avaient eu la même réaction :

— Dépose plainte !

— Non, je ne veux pas de scandale !

A peine eurent-ils raccroché que j'appelai Mossy.

— Mon pauvre Réal ! Nous sommes victimes d'un terrible coup du sort ! Mais comment imaginer ça ?

Des trémolos dans la voix, des invocations au ciel, des silences douloureux, tout y passa. Je répondis qu'il fallait immédiatement aviser la police, que je possédais les photos des tableaux ; j'en profitai pour lui révéler les signatures à l'ultraviolet.

— Non, ce serait une publicité désastreuse ! J'ai engagé un détective. Nous avons une piste, attends un peu.

Ricardo, sur mes instructions, lui apporta une série de duplicata des photos, preuve qu'on pouvait les identifier sans peine s'ils apparaissaient ici ou là. Mais il ne voulut pas démordre de sa version. J'attendis, espérant qu'il viendrait à la raison, car j'étais persuadé qu'il n'y avait jamais eu le moindre cambriolage.

Au cours de cette année 1984, je le harcelai un peu. Toujours éploré, il me raconta que son projet de film n'avait pu se monter, mais que de nombreux amateurs s'étaient intéressés aux tableaux lors de l'exposition. Puis il changea de ton.

— Écoute, Réal, tu m'en fais une nouvelle série, je vends chaque pièce douze à quinze mille dollars. Tu gardes l'argent pour toi. Comme ça, je te dédommage. Ça te va ?

Décidément, il se prenait pour Legros ! Je lui répondis comme il convient :

— *Va tonar c. !* [Va te faire... !]

Cette conversation se répéta plusieurs fois avec, invariablement, la même conclusion !

Le 1er février 1985, avec Marion à mon bras, je pris l'avion de Rio. A l'escale de Madrid, j'achetai le numéro du 30 janvier de *Globo.* Une fois de plus, le hasard venait à ma rencontre. Un titre attira mon attention : « Faux à vendre. » Carlo Swan, qui avait annoncé l' « héritage » de Mossy, racontait maintenant qu'il se défaisait de sa collection. Du reste de sa collection, précisait-il, car l'année précédente, il en avait déjà cédé une partie, à Sao Paulo et à Rio.

Pendant les dix heures et quarante-cinq minutes de traversée, j'éclusai nombre de whiskies pendant que Marion essayait de me calmer. A sept heures du matin, le Boeing se posait à Rio ; j'empoignai un téléphone. La tête de Mossy doit encore résonner de tout ce qu'il entendit : insultes, reproches, malédictions, j'étais dans un tel état de rage qu'il n'y avait plus de décalage horaire, plus de fatigue, plus rien qu'une immense envie de pulvériser Moïse Abraham Goldzal.

Il finit par admettre que les tableaux n'avaient pas été volés qu'il les avait mis en sécurité à Buenos Aires parce qu'il se doutait bien que je m'opposerais à leur vente.

— Moïse, si tu ne me les rends pas, avec les cadres, je vais à la télévision, et je dis tout !

Là-dessus, j'ajoutai une volée d'injures à faire pâlir un légionnaire, et je raccrochai. Carlo, comprenant qu'il ne réussirait pas à m'amadouer, tenta de négocier par l'intermédiaire de Georges Pinto. Il se heurta à un mur. Alors il essaya la manière forte, m'annonçant qu'il allait me faire rosser, expulser, casser le bras, couper la main... Par pudeur, je m'arrêterai là. Legros aussi m'avait menacé, jadis. Il ne m'avait pas effrayé. Voyant qu'il n'arrivait à rien, il reprit son refrain favori :

— Fais-moi une autre collection, je la vendrai pour te payer.

— Plutôt me couper moi-même le poignet !

S'il avait eu deux sous de bon sens, il m'aurait restitué mon bien. Mais il s'entêta.

Je me mis en rapport avec la chaîne de télévision Manchete, et avec quelques-uns des grands journalistes de la presse écrite. En direct, je peignis cinq ou six fauves. Moi qui ne supporte personne quand je travaille, je peignis devant les caméras qui ronronnaient, devant les preneurs de son qui surveillaient leurs micros, et j'expliquai pourquoi j'agissais ainsi. Cela se passait un vendredi soir, le pays entier apprit que les tableaux de Mossy ne devaient rien à Elmyr de Hory, mais tout à moi. Que j'étais le faussaire de Legros. Que l'héritage n'existait pas. Qu'il aurait suffi de piquer la surface de la peinture pour se rendre compte qu'elle était encore fraîche, que mes empreintes digitales y étaient imprimées. Et je joignais le geste à la parole.

Une bombe aurait fait moins d'effet. Mossy devint transparent. Il parvint à faire capoter mon projet de restaurant parce qu'il avait des relations influentes, mais cela ne l'empêcha pas de perdre la face. Il parvint néanmoins, toujours avec l'aide de puissantes relations, à bloquer l'information, qui ne sortit jamais du Brésil. Dès le lundi, elle disparut des colonnes des journaux. Malgré l'efficacité d'un tel black-out, la réputation de Mossy, au Brésil au moins, était bel et bien ruinée.

Les tableaux demeurèrent introuvables. On m'a dit qu'il y en aurait quelques-uns dans un musée. Mais les autres se sont évaporés. Ils finiront, comme toujours, par reparaître.

271

Ce coup d'éclat à la télévision m'a libéré. Jusqu'alors, je n'avais peint que pour d'autres, par crainte de la lumière. Je venais de me jeter dans le public comme on se jette à l'eau. Et je ne m'étais pas cassé la tête. Au contraire, je me sentais soudain libre, fabuleusement libre.

Je me mis à peindre, avec acharnement. Des paysages virent le jour, illuminés par cette lumière particulière du Brésil, douce et intense à la fois. En quelques journées, je terminai dix-huit toiles, dont un portrait de Watusi la sculpturale, et d'autres hommes politiques importants. Un ami rêvait devant mon chevalet il devint le *Jeune Homme à la chemise bleue,* à la manière de Modigliani des années 1915-1916.

On me demanda des expositions. J'allai poser ma palette à Belo Horizonte, où je peignis une nouvelle série. Ainsi ai-je fait à Buenos Aires et Sao Paulo. Chaque fois, j'ai travaillé sur place. Plus jamais je ne traverserai une frontière avec un tableau dans mes bagages. Plus jamais, un Adjudant ne viendra briser ma vie. De toutes ces années de tourmente, il me reste des peurs comme celle-ci, mais surtout une envie de paix, de bonheur et de clarté, à laquelle je ne renoncerai plus.

Quand j'eus terminé mes dix-huit autres tableaux à Rio, on les admira, et on me félicita, moi ! Aujourd'hui, je regarde mes toiles. Les couleurs chantent, fortes et vibrantes. Une amie, les examinant, m'a dit :

— Quand tu peins comme tu es, tu réunis tous les styles à la fois.

Mes maîtres s'appelaient Derain, Dufy, Braque... Il m'aura fallu vingt-sept ans pour prendre un pinceau et signer Réal Lessard. Sur la peinture. Comme un adieu à Fernand Legros.

Et il en sera toujours ainsi.

Annexes

Monaco le 4-7-66

Le tableau reproduit
ci-contre est une
œuvre de moi pein-
te vers 1910

Van Dongen

Je suis de l'avis de Monsieur
Van Dongen et estime que le
tableau reproduit ci contre est
une œuvre authentique de
Van Dongen.

Ce tableau mesurant :
Haut 0.81 Larg 0.65 est signé
à gauche en bas

PAUL .... Paris le 11 octobre 1965
TABLEAUX MODERNES
EXPERT PRÈS LES DOUANES FRANÇAISES
INV.69-55   6, RUE ERNEST-PSICHARI VII

EBSTEIN

*Lettre du peintre et certificat qui attribuent
Le Portrait de femme avec chapeau à plumes à Van Dongen.*

Certificat de Berthe Vlaminck.

Facture de la galerie Knœdler pour l'achat de Marine à Collioure, *présenté comme un authentique Derain.*

Je soussigné Paul Ebstein, expert près
[...] Douanes Françaises estime que l'aquarelle
[...] reproduite ci contre est une œuvre
[origin]al de Raoul Dufy.
Cette aquarelle mesurant haut : 0,50
[larg?] : est signée en bas au milieu
Paris le 11 octobre 1950

Je certifie que le tableau reproduit ci contre
(huile sur toile) mesurant 0m65 x 0m55
datant de 1905 — est bien une œuvre
authentique de mon mari André Derain
Chambourcy, 17 octobre 1966
Alice Derain

Certificats d'Alice Derain et de Paul Ebstein.

277

to Troyes le 28 Avril 1963

A Paris, place François 1er
Balzac 34-29.

Certificat d'André Pacitti pour un tableau de Raoul Dufy.

A QUI DE DROIT

Je soussigné Fernand Legros , attestpar la pésente ce qui suit:
Je n'ai jamais collaboré ou fait écrire un livre intitulé:(Fernand Legr
ou le Fou Génial " édité à Anvers par Bob Dirix . Je n'ai jamais au
torisé la parution ou la publication d'un tel livre et par la présent
je donne pouvoir àReal Lessard d'intenter les procès qu'il jugera utile
contre le signataire de ce livre et la maison de publication , voire
obtenir le retrait de ce ce livre du marché et obtenir des dommages et
intérêts pour son préjudice et le mien. Je donne jour par document
mauscrit, séparé pouvoir àRéal Lessard.
  Le présent document sera confié à mon conseil parisien Maître
                    , avocat au barreau de Paris. Les faits relatés plus b
tas devront restés secrets jusqu'en 1985ou en l'occurence jusqu'à ma
mort si celle-ci devait intervenir plutôt. En aucun cas avant la fin
de mes deux procès pénaux actuellement en cours aParis ,je veux dire
les affaires de Pontoise et celle de Meadows.Cette date de 1985 serait
dans cette hypothèse retardée jusqu'au jugement définitif de ces deux
affaires. Ces condition remplies le présent document pourra être rendu
public selon l'utilité que jugera bon Real Lessard.
  Toutes mes archives seront déposées à ce dernier et libre à lui
de les détruires ou de rétablir la vérité sur les xixx 15 derniè res
années de ma vie, c'est pourquoi je déclare ce qui suit:
  Je réaffirme ce que j'ai déjà dit dans un document antérieur
la voiture Rolly Royce que j'utilise sera définitivement la propri
été (Real Lessard puisque celle-ci a déjà été mise à son nom par mes
soins depuis 1972, bien qu'il soit prévu que j'en garderai l'usage
pendant cinq ans si toutefois j'avais le courage de revenir à Paris.
  Je reconfirme que le Sieur Elmyr Hoffmann alias de Hory Dory -R
Boutin ou Daury n'a jamais peint de tableaux pour moi ,il l'a
d'ailleurs confirmé à plusieurs reprises de vant des magistrats ente
autre le juge Weber de Genève ou il avait été arrêter sur plaintes de
moi pour chantage. Par contre je dois avouer que ce dernier a presqu si
signé tous les tableaux vendus par moi sans les voir. Je m'explique
je rencontrais elmyr à Madrid ou à Paris dans une chambre d'hotel
et je lui soumettais les toiles à signer quau préalable j'avais pris
personellement soins de recouvrir de papier marron recto verso avec
seulement un espace ouverte pour la signature en lui expliquent ce
que je voulais comme signature et comme époque. C'est ainsi qu'i a été
dans l'impossibilité de pouvoir identifier les oeuvres qu'il avait sig
nées. Ceci par précaution car j'avais déjà été victime de chantage
par lui dès les années 59-60, alors que je vendais des lithographies
trafiquées par lui à travers les U.S. .
  Je confirme ce qui a déjà été dit conernant Moises Abraham
Goldai alias Carlo Mossy ce dernier ne m'a jamais sauvé la vie
comme il a prétendu à plusieurs reprises mais par contre il a été
l'instigateur de mon arrestation ici au Brésil . J'ai connu Moises
Abraham en 1965 par l'intermédiaire de Real Lessard dont il était une
relation . Pour faire ce tte connaissance j'ai dû offrir a son frère
une voiture Woskwagen et à lui un tableau soit disant par Dufy.
  Je donne pouvoir àRéal Lessrd dès ma sortie du Brésil de commenc
contous les procès contre ce dernier et la société Vidya Product ion
ceux qui seront intentés au nom de mon oncle maternel Roland Chakour
avec qui Real Lessard devra partager toutes les sommes qui seront obtent
ainsi que tous les appareils payés par chèque sur le Crédit Suisse de
Geneve par le débit de mon compte chez eux. (Environ 300000. U.S.)
  Je précise que tous mes tableaux n'ont eu un seul et unique peintre
qui était Réal Lessard , ces toile ont pour la plpart été peintes e
ent 1958 et 1961 . Les signatures et le vieillement ayant inter venu
des années plus tard;par des personnes différentes comme ce fut le ç
cas avec Elmyr pour les signatures ,le vieillessement ayant été fait
par un vieux restaurateur de tableau parisien dont je tiens
à taire le nom .
  Tous les droits sur ma vie , mon histoire , sont la proprité
de la société Aliocha Films Production dont j'ai fait Réal Lessard
par document séparé le principal actionnaire.

                    Fait à Brasilia
                       e 15 décembre 73
               Fernand Lofics

Premier testament de Fernand Legros,
du 15 décembre 1973, fait à Brasilia.

Portrait de Fernand Legros, *par Réal Lessard, 1958,*
Berverly Hills, dessin à la mine de plomb.

Brasilia ce 13 (Treize) Avril 1974

Testament

Ceci est mon testament — Je soussigné
Fernand Charles Ernest LEGROS,
né le 26 Janvier 1931 à Ismaïlia
ÉGYPTE, sain de corps et d'esprit, déclare par la présente annuler toutes les
dispositions précédentes et les remplacer
exclusivement par ce qui suit :

Mon seul et unique héritier et légataire
universel est Joseph LESSARD, mon cher
Dieu, né à Maniwaneville, Province de
Québec, Canada —

Je n'ai contracté aucune dette envers
qui que ce soit — Joseph LESSARD remettra
la somme de 100 (cent) dollars à mon
épouse Gina Jackson Legros —

Il prendra à sa charge comme il lui
conviendra les personnes qui m'ont fidèlement entourée —

Fait à Brasilia ce Treize Avril 1974
Fernand Legros

*Deuxième testament de Fernand Legros,
du 13 avril 1974, fait à Brasilia.*

281

Achevé d'imprimer en décembre 1987
sur presse CAMERON,
dans les ateliers de la S.E.P.C.
à Saint-Amand-Montrond (Cher)

23-61-4234-01
ISBN : 2-01-012555-X

— N° d'édit. 87537/7959. — N° d'imp. 2701-2006.
Dépôt légal : 7438, janvier 1988.

Imprimé en France